新编高职高专经济管理类规划教材

会计电算化

金蝶 KIS 专业版

毛华扬　陈丰　王文平　编著

清华大学出版社
北　京

内 容 简 介

会计电算化是一门发展迅速、实践性非常强的学科。本书结合职业院校的教学实际情况，涵盖了会计电算化概述、会计软件的运行环境、会计软件的应用、电子表格在会计中的应用、金蝶KIS软件应用(含账务处理、报表与分析、往来处理、工资和固定资产等模块)等内容，能较好地帮助学生提升会计电算化应用水平。

本书主要供高职高专经济管理类相关专业的学生作为教材使用。本书提供丰富的教学资源，KIS安装程序、实验账套、课件和习题答案等可以从http://landmao.blog.163.com列示的相关资料中下载。

图书在版编目(CIP)数据

会计电算化：金蝶KIS专业版 / 毛华扬，陈丰，王文平　编著. —北京：清华大学出版社，2017(2023.6重印)

(新编高职高专经济管理类规划教材)

ISBN 978-7-302-45242-3

Ⅰ.①会…　Ⅱ.①毛… ②陈… ③王…　Ⅲ.①会计电算化　Ⅳ.①F232

中国版本图书馆 CIP 数据核字(2016) 第 244054 号

责任编辑：崔　伟　马遥遥
封面设计：牛艳敏
版式设计：方加青
责任校对：成凤进
责任印制：沈　露

出版发行：清华大学出版社
网　　址：http://www.tup.com.cn，http://www.wqbook.com
地　　址：北京清华大学学研大厦 A 座　　**邮　　编**：100084
社 总 机：010-83470000　　**邮　　购**：010-62786544
投稿与读者服务：010-62776969，c-service@tup.tsinghua.edu.cn
质 量 反 馈：010-62772015，zhiliang@tup.tsinghua.edu.cn
课 件 下 载：http://www.tup.com.cn，010-62781730
印 装 者：三河市科茂嘉荣印务有限公司
经　　销：全国新华书店
开　　本：185mm×260mm　　**印　　张**：18.75　　**字　　数**：421 千字
版　　次：2017 年 1 月第 1 版　　**印　　次**：2023 年 6 月第 9 次印刷
定　　价：58.00 元

产品编号：071504-03

前 言

会计电算化是一门发展迅速、实践性非常强的学科。为培养实用型、技能型、高素质的会计专业人才，本书结合职业院校的教学实际情况，将会计电算化基础知识的讲解与上机实验紧密、有机地结合起来，既方便学生理解会计电算化的原理与相关基础知识，又能快速掌握当前国内主流的会计信息化软件的使用方法。

本书具有以下显著特点：

(1) 突出“教、学、做”一体化。本书以理解会计电算化基本原理与会计软件的实操能力培养为主线，每章后均附有大量的练习题。每一项内容都经过精心编排，可操作性强，力求学以致用。

(2) 体现会计专业特色，语言简练，深入浅出。本书充分考虑了高职高专学生及会计初学者的实际情况，所以尽可能用通俗、简明的语言将会计专业的特点描述出来，讲解深刻，覆盖面广。

(3) 教学资源丰富。本书以金蝶KIS专业版V13.0为蓝本编写，KIS安装程序、教学课件、实验账套和习题答案等教学资源可以从http://landmao.blog.163.com列示的相关资料中下载。相关问题还可加入QQ群(13434069)进行讨论。

本书由具有多年教学与实践经验的会计信息化教育专家毛华扬老师负责整体结构设计、总纂及定稿工作，陈丰和王文平参加了部分章节的编写工作。

本书在编写过程中得到了金蝶国际软件集团有限公司(www.kingdee.com)的大力支持和帮助，在此表示衷心的感谢！在编写过程中，我们还参考了有关文献，在此也对这些文献的原作者表示感谢。

由于编者水平有限，书中疏漏之处在所难免，恳请广大读者和专家批评指正。联系邮箱：cuiwei80@163.com。

目 录

第一章 会计电算化概述

第二章 会计软件的运行环境

第三章 会计软件的应用

第四章 电子表格在会计中的应用

第五章 金蝶KIS专业版应用

第一章　会计电算化概述

第一节　会计电算化的概念及其特征

一、会计电算化的相关概念

(一) 会计电算化

会计电算化有狭义和广义之分。狭义的会计电算化是指以电子计算机为主体的电子信息技术在会计工作中的应用；广义的会计电算化是指与实现电算化有关的所有工作，包括会计软件的开发应用及其软件市场的培育、会计电算化人才的培训、会计电算化的宏观规划和管理、会计电算化制度建设等。

“会计电算化”一词是1981年中国会计学会在长春市召开的“财务、会计、成本应用电子计算机专题讨论会”上提出来的。它是指将电子计算机技术应用到会计业务处理工作中，用计算机来辅助会计核算和管理，通过会计软件指挥计算机替代手工完成手工很难完成的会计工作，即电子计算机在会计应用中的代名词。

会计电算化在我国从启蒙到现在，已经走过了30多年的历程，取得了很大成效。实施会计电算化的企业数量逐步上升，形成了商品化通用会计软件产业，同时政府的管理和调控作用也得到了加强，这些都体现了会计电算化带来的新思想、新方法和新作用，使会计工作的作用和地位得到很大的提升。

(二) 会计信息化

会计信息化是指企业利用计算机、网络通信等现代信息技术手段开展会计核算，以及利用这些技术手段将会计核算与其他经营管理活动有机结合的过程。

相对于会计电算化而言，会计信息化是一次质的飞跃。

1999年4月，在深圳举行的会计信息化理论专家座谈会上，根据当时会计电算化的发展状况，会计理论界的专家提出了“从会计电算化到会计信息化”的发展方向，首次明确提出“会计信息化”这一概念。

会计信息化是指采用现代信息技术，对传统的会计模型进行重构，建立信息技术与会计学科高度融合的、充分开放的现代会计信息系统。这种会计信息系统将全面运用现代信息技术，通过网络系统，使业务处理高度自动化，信息高度共享，能够主动进行和实时报告会计信息。它不仅仅是信息技术运用于会计上的变革，更代表的是一种与现代信息技术环境相适应的新兴会计思想。

会计信息化与会计电算化的主要区别如下。

(1) 目标

会计电算化是立足于会计核算业务的计算机处理，会计信息化是为了实现会计业务全面信息化，充分发挥会计在企业管理中的核心作用。

(2) 理论基础

会计电算化是以传统会计理论和计算机技术为基础的，而会计信息化的理论基础还包含信息技术、系统论和信息论等现代技术手段和管理思想。

(3) 功能范围

会计电算化以实现业务核算为主，会计信息化不仅进行业务核算，还有会计信息管理和决策分析，并能够根据信息管理的原理和信息技术重组会计信息处理的流程，与ERP、电子商务等构成一个一体化的信息管理系统。

(4) 信息输入输出方式

信息输入方面，会计电算化强调由会计部门自己输入，而在会计信息化下，大量的数据可以从企业内外其他系统中直接获取；信息输出方面，会计电算化强调由财务部门自己打印输出，并且报送其他机构，而在会计信息化下，企业内外的各个机构、部门都可以根据授权直接从系统当中或从互联网上获取财务信息。

(三) 会计软件

1. 会计软件的概念

会计软件是指企业使用的，专门用于会计核算、财务管理的计算机软件、软件系统或者其功能模块。

任何一个会计软件都是由模块、数据库和会计软件文档三大部分组成的。

模块是程序的集合体，一个或数个程序组成一个模块，完成一个相对独立的功能。例如，凭证输入模块、总账打印模块、报表编制模块等。数个相互联系又相对独立的模块装配在一起形成一个独立的会计软件，如账务处理子系统、工资核算子系统等。一个模块完成的功能可多可少，通常也可以将“账务处理子系统”称为一个功能模块。

数据库是数据的集合体，用于存放各种数据，如凭证、账簿、报表等。数据库由多个数据文件或表组成，任何一个会计软件都必须有数据库，用于存储相关数据。

会计软件文档是对会计软件模块和数据库所作的文字说明，包括用户需求说明书、概要设计说明书、软件测试报告、用户手册等技术文档和使用文档。

2. 会计软件的基本术语

(1) 会计主体与账套设置

会计主体也称会计个体，是指会计工作为之服务的一个特定单位。进行会计工作，首先应当明确会计核算的空间范围，即为谁核算、核算谁的经济业务。会计主体既可以是企业，也可以是事业单位、机关团体，但是这些单位在经济上应是独立或相对独立的。这些单位应拥有一定数量的资产，能独立进行生产经营或业务活动，能独立编制财务会计报告。

在手工会计下，会计主体的界限很容易划分。在会计电算化下，会计主体的界限划分主要是通过账套设置进行的。一个独立核算的单位具有一套独立的账簿体系，称为一个账套。目前，各会计软件开发商开发的会计软件均能同时处理数百家(甚至更多)会计主体的会计账，即可以同时设置数百个账套。这一功能拓宽了会计软件的应用范围，使一套会计软件可同时为多个单位或部门共享，同时还能实现各个账套之间的数据传输和共享。单位在首次使用会计软件时，应为本会计主体设置相应的账套，至少应包括账套编号和账套名称，它相当于手工会计下的单位编号和单位名称。

(2) 会计期间

企业的生产经营活动在时间上是连续不断的，为了能及时报告企业的财务状况和经营成果，就需要将企业持续不断的经营活动人为地划分为一定的时间段落，以便能及时地为企业提供会计信息。这种分段进行会计核算的时间区间就称为会计期间，如果以一年为一个会计期间，则称为会计年度。会计年度有不同的划分方法，可以是以12个月份为终止的历年制，也可以是以某个月份为终止的营业年。《中华人民共和国会计法》(以下简称《会计法》)规定，以公历年度作为会计年度，即以每年的1月1日起至12月31日止作为一个会计年度。有些国家的会计年度是以头年的7月1日至第二年的6月30日或以头年的10月1日至第二年的9月30日终止。此外，会计期间还分为半年度、季度、月度，为了能更及时了解企业的经营情况，企业还要对不同的会计期间分别编制对应期间的财务报告。

(3) 货币计量

会计核算是连续、系统、全面、综合的一种记录方式。为了满足综合性这一要求，会计核算必须有一个统一的计量尺度，即货币。一个会计主体的会计核算以什么货币作为统一的计量单位，一般应由企业会计准则规定。我国《企业会计准则——基本准则》规定，会计核算应当以人民币为记账本位币。业务收支以人民币以外的其他货币为主的单位，也可以选定其中一种货币作为记账本位币，但编报的财务会计报告应当折算为人民币。在选择折算汇率的时候，一般可选择期初汇率或业务发生当日汇率来折算。目前，国内各大会计软件开发商开发的会计软件一般都有专门设置记账本位币和折算汇率的功能。

(4) 会计分工

配备与单位会计工作相适应的会计人员是完成会计工作的先决条件。同时，根据内部控制制度的规定，还需对会计人员进行合理的分工和职责权限划分。在会计电算化下，为体现不同会计人员的职责划分，主要是通过设置权限的方式来加以控制的。为此，应根据内部管理制度的规定，对不同的会计人员设置相应的职责权限，并不定期地更换密码来限制越权操作。

3. 会计软件的分类

会计软件按其适用范围不同，可划分为通用会计软件和专用会计软件；按提供信息的层次不同，可分为核算型会计软件和管理型会计软件。

(1) 通用会计软件与专用会计软件

通用会计软件是指在某一特定范围内普遍适用的会计软件，通常又分为适用于各行各业的全通用会计软件和适用于某一行业的行业通用会计软件。通用会计软件的特点是含有较少的会计核算规则和管理方法，需由单位根据具体情况自行设定，较为灵活。但是，由于通用会计软件没有考虑不同用户的会计核算个性，企业初始化的工作量较大，且操作起来有一定的难度，需要得到软件开发商的帮助才能顺利实施。

专用会计软件是指仅适用于处理个别单位会计业务的会计软件。专用会计软件通常是由企业根据自身会计核算和经营管理的特点自行开发或委托他人开发研制的，将会计核算规则和管理方法固化在程序中，其优点是适合本单位会计电算化工作的需要，针对性强，但灵活性较差，如会计政策一旦发生变更就需要通过修改程序来满足会计工作的需求。

(2) 核算型会计软件与管理型会计软件

核算型会计软件是指专门用于完成会计核算工作的应用软件，它面向事后核算，通过采用专门的会计核算方法，实现会计数据处理的电算化，提供会计信息资料，从而完成会计电算化基础工作。核算型会计软件的主要功能包括对账务、工资、固定资产、成本、应收款、应付款、存货、往来账款等内容的核算以及会计报表处理等。

管理型会计软件是对核算型会计软件功能的延伸，它利用会计核算软件所提供信息以及其他生产经营活动资料，采用各种管理模型和方法，对企业的经营状况进行分析和评价，具有事前预测、事中控制和辅助决策等功能。在核算型会计软件完成会计核算基本任务的基础上，管理型会计软件具有分析、预算和控制等扩展功能。其中，分析功能主要包括对各种财务报表和预算报表的财务结构、财务指标进行定比和环比等多项比较分析；预算功能提供从一般经营活动到投资、筹资、资本支出、收入、成本和现金流量等方面的预算；控制功能包括对固定成本、变动成本、预计流动比率、预计投资收益率、保本点等的计算控制，通过预算报表和实际执行中的反馈结果进行控制。

4. 会计软件的基本功能

会计软件的基本功能是指会计软件必须具备的功能和完成这些功能的基本步骤。

手工会计账务处理的基本流程是将原始凭证进行加工生成记账凭证，然后将记账凭证分类登记在会计账簿中，根据会计账簿数据编制财务报表，从而完成整个会计核算过程。使用会计软件的根本目的是替代手工进行会计核算，因此，会计软件首先必须满足会计核算的需要，各功能的设计应符合我国会计法律、法规和规章的规定，以确保会计数据的合法、真实、完整、准确。为确保会计核算工作正常进行，会计软件应具备会计数据输入、会计数据处理、会计数据存储和会计数据输出这四个方面的基本功能。计算机会计数据处理的流程如图1-1所示。

(1) 会计数据输入

会计核算所需要的文字、数值、计算公式的字母及符号等统称为会计数据，将它们传送到计算机内，进行分类、归集的过程称为会计数据输入。会计软件的会计数据输入可以采用键盘手工输入、U盘光盘输入和网络传输输入等多种形式。为了保证会计数据处理结果的正确性，会计数据输入环节的防错变得非常重要。因而，会计软件一般只提供一个数据入口，并且还设置有对入口处的数据源进行校验的功能。一般情况下，会计数据的输入包括以下内容。

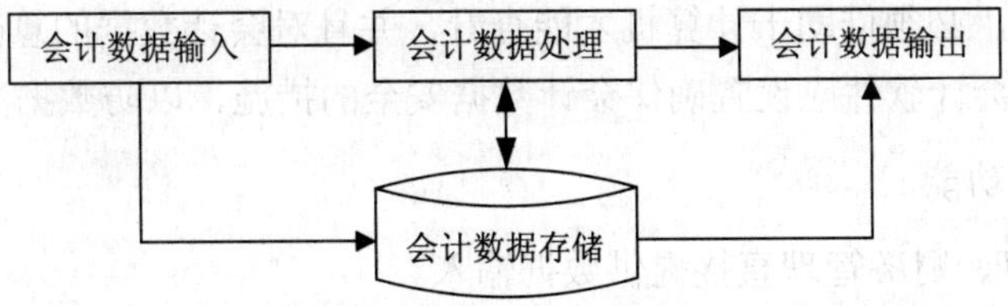

图1-1　会计数据处理流程

① 会计软件初始化数据输入

企业首次使用会计软件，需对系统进行初始化，其目的是在会计软件中根据企业实际情况设置一个特定的工作环境。初始化的主要内容包括：确定操作人员的财务分工；设置总账、明细账的编码和名称，输入期初数据；选择会计核算方法，如固定资产折旧方法、成本核算方法等；定义自动转账凭证，如期末对成本费用进行分配、期末各损益的自动结转等。

② 原始凭证和记账凭证的输入

原始凭证的输入有两种方式。方式一，输入记账凭证的同时，输入相应的原始凭证。输入的有关原始凭证汇总金额与输入的记账凭证相应金额不符时，应当给予提示并拒绝通过；在对已输入的记账凭证进行审核的同时，应对输入的所附原始凭证进行审核；输入的记账凭证通过审核或登账后，对输入的相应原始凭证不能直接进行修改。方式二，记账凭证未输入前，直接输入原始凭证，由会计软件自动生成记账凭证。

记账凭证的输入是会计人员编制并审核凭证后将其内容输入计算机的过程，包括记账凭证的日期、经济业务摘要、会计科目或编码、金额、附件张数等项目。软件将对进入系统的凭证进行正确性、合法性的校验，拒绝错误凭证的进入。

(2) 会计数据处理

将输入系统审核无误的会计数据，按照会计核算要求进行分类、计算、汇总的过程称为会计数据处理。会计数据处理包括以下内容。

① 根据审核无误的会计凭证登记会计账簿

在会计软件中，有形的账簿已经不复存在，系统内的账簿是一些数据文件，登账过程即是数据文件的处理过程。系统可根据用户的需求，适时生成各种形式的会计账簿，且处理速度快、准确性高。

② 银行对账

将输入的银行对账单与机内银行存款日记账进行核对，从而完成银行对账，并自动生成银行存款余额调节表。

③ 编制会计报表

用户通过定义报表格式、项目、各报表项目的取数公式，以及表内和表间的数据运算和钩稽关系后，会计报表系统自动从会计账簿数据等文件中取数，生成所需的会计报表。

(3) 会计数据输出

会计数据输出就是将机内的会计数据提供出来，以满足核算和管理需要。会计数据输出有屏幕显示输出、打印输出和储存介质或网络数据传输输出等几种方式。

(4) 会计数据存储

会计软件所生成的各种会计数据的存储方式与手工会计不同，所有数据都以文件形式保存在储存介质中，必须借助于计算机才能查看，并且对会计数据的篡改变得非常容易且不留痕迹。因此，会计软件应设置确保会计数据安全的措施，以防数据文件被非法篡改。

5. 会计软件的功能

(1) 为会计核算、财务管理直接提供数据输入。

(2) 生成凭证、账簿、报表等会计资料。

(3) 对会计资料进行转换、输出、分析、利用。

(四) 会计信息系统

会计信息系统(Accounting Information System，AIS)是指利用信息技术对会计数据进行采集、存储和处理，完成会计核算任务，并提供会计管理、分析与决策相关会计信息的系统，其实质是将会计数据转化为会计信息的系统，是企业管理信息系统的一个重要子系统。

会计信息系统根据信息技术的影响程度可划分为手工会计信息系统、传统自动化会计信息系统和现代会计信息系统；根据其功能和管理层次的高低，可以分为会计核算系统、会计管理系统和会计决策支持系统。

在整个会计信息系统中，会计信息处于核心的地位，从会计信息的收集、处理到会计信息的输出，最终传递给决策者和使用者，都是一个信息流动的过程。而在这个过程中，伴随着对会计活动的管理与控制。

(五) ERP和ERP系统

ERP(Enterprise Resource Planning，企业资源计划)是指利用信息技术，一方面将企业内部所有资源整合在一起，对开发设计、采购、生产、成本、库存、分销、运输、财务、人力资源、品质管理进行科学规划；另一方面将企业与其外部的供应商、客户等市场要素有机结合，实现对企业的物资资源(物流)、人力资源(人流)、财务资源(财流)和信息资源(信息流)等进行一体化管理(即“四流一体化”或“四流合一”)，其核心思想是供应链管理，强调对整个供应链的有效管理，提高企业配置和使用资源的效率。

在功能层次上，ERP除了最核心的财务、分销和生产管理等管理功能以外，还集成了人力资源、质量管理、决策支持等企业其他管理功能。会计信息系统已经成为ERP系统的一个子系统。

1. ERP的发展过程

20世纪40年代，由于计算机系统还没有出现，不可能利用计算机系统解决库存问题，为解决库存控制问题，人们提出了订货点法。到了20世纪60年代，随着计算机的出现和发展，使得短时间内对大量数据的复杂运算成为可能，人们为解决订货点法的缺陷，提出了一种库存订货计划方法，即物料需求计划阶段(Material Requirements Planning，MRP)，简称时段式MRP或基本MRP阶段。

随着人们认识的加深及计算机系统的进一步普及，到了20世纪70年代，MRP的理论范畴也得到了发展，为解决采购、库存、生产、销售的管理，发展了生产能力需求计划、车间作业计划以及采购作业计划理论，出现了闭环MRP阶段(Closed-loop MRP)，作为企业的一种生产计划与控制系统。

到了20世纪80年代，伴随着计算机网络技术的发展，企业内部信息得到充分共享，闭环MRP集合了采购、库存、生产、销售、财务、工程技术等子系统，发展成为了MRPⅡ理论，即制造资源计划阶段(Manufacture Resource Planning，为了区别于基本MRP而记为MRPⅡ)，作为一种企业经营生产管理信息系统。

进入20世纪90年代，随着计算机网络技术的迅猛发展，统一的国际市场已经形成。针对国际化的销售和采购市场以及全球的供需链环境，企业MRPⅡ面临需求的挑战。由于MRPⅡ系统仅仅包括制造资源，而不包括面向供需链管理的概念，因此无法满足企业对资源全面管理的要求。在这种环境下，从20世纪80年代MRPⅡ主要面向企业内部资源全面计划管理的思想，逐步发展成为20世纪90年代怎样有效利用和管理整体资源的管理思想，ERP随之产生。

ERP是由美国加特纳公司(Gartner Group Inc.)在20世纪90年代初期首先提出的，是一种面向企业供需链的管理，可对供需链上的所有环节进行有效的管理，这些环节包括订单、采购、库存、计划、生产制造、质量控制、运输、分销、服务与维护、财务管理、人事管理等。

2. ERP软件的基本构成

ERP扩展了业务管理的范围及深度，包括质量、设备、分销、运输、多工厂管理、数据采集接口等。ERP的管理范围涉及企业的所有供需过程，是对企业运作实施的全面管理。ERP的基本结构如图1-2所示。

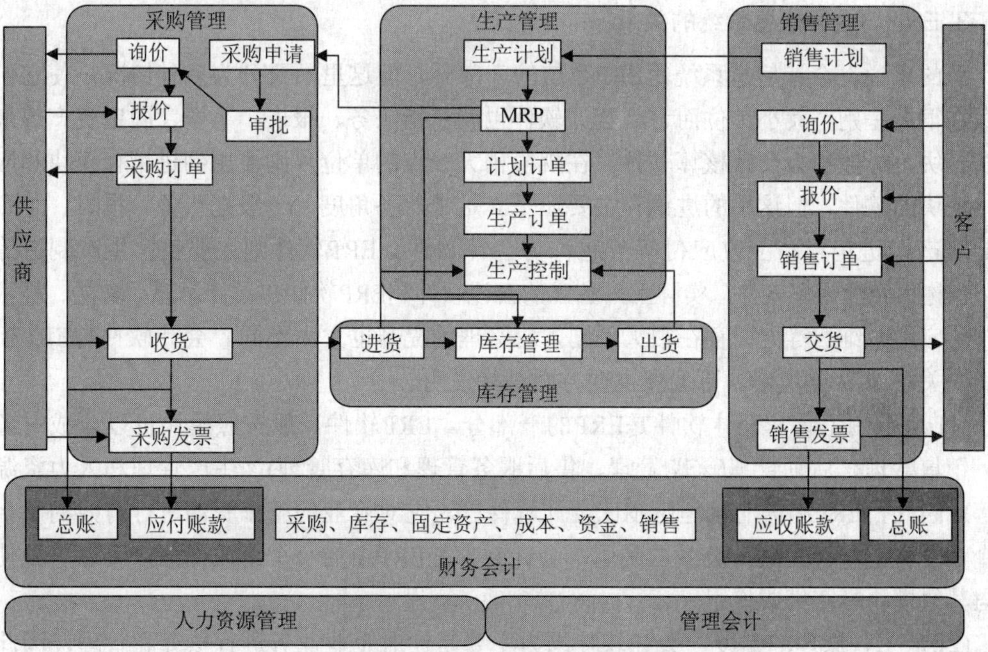

图1-2 ERP的基本构成

在实际应用中，ERP的含义往往泛指企业管理软件。ERP本身是一个动态的发展过程，针对具体的软件，其包含的内容比ERP所包含内容少或超越原有内容都是正常的。

将ERP的经营业务充分简化，以信息流、工作流、资金流、物流、增值流抽象出ERP的工作原理图，如图1-3所示。

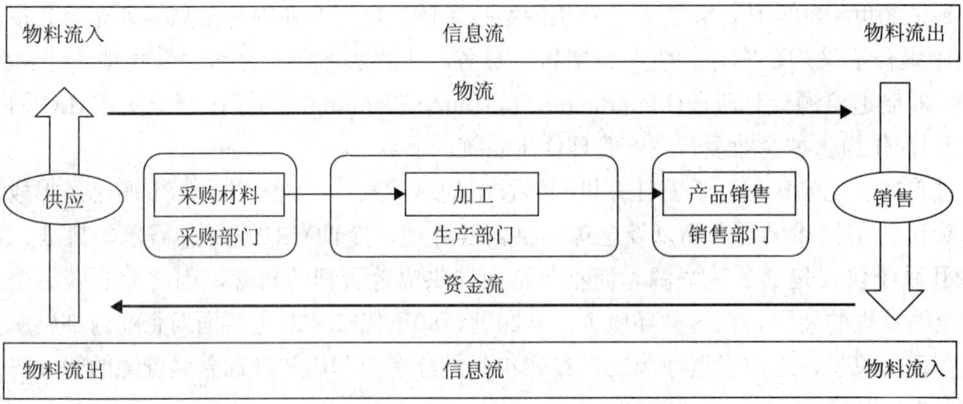

图1-3　ERP的工作原理图

ERP理论所表示的企业生产经营运作过程如下：客户将对产品的需求传递给企业的销售部门；销售部门又将客户的需求传递给企业的生产部门安排和组织生产；生产部门将生产所需的原材料需求信息传递给企业的采购部门；采购部门将企业的材料需求传递给供应商。供应商将原材料供给企业，企业将原材料投入生产，生产出产品销售给客户。在整个过程中还贯穿着财务和成本管理，客户的资金流向企业，企业将资金投入到销售、生产和采购等各项事务中，企业还将一些资金作为原材料货款付给供应商。这是一个企业的简单运作过程，企业的实际工作由于受各种各样内外部环境的影响要比这复杂得多。

3. ERP与会计信息系统的关系

总的来说，会计信息系统是ERP系统的一部分，但这里面又分为多种情况，使它们之间存在很大差别。就小单位而言，会计软件也就是指账务、报表、工资、固定资产等最基本的模块，一般称为会计核算软件。在规模稍大一点的单位，则要用到进销存模块和应收应付模块的软件，但这里的进销存主要还是立足于财务角度，一般把账务、报表、工资、固定资产、进销存、应收应付等一起称为会计软件。ERP软件则还要包含生产制造等模块，也称为企业管理软件。实际上，独立的会计软件和ERP软件在设计思想、功能、技术、实施、应用、维护等方面存在很大不同，对管理的提升也大大不同。会计软件与ERP模块之间的关系如图1-4所示。下面就主要方面进行说明。

(1) 从范围上看，会计软件是ERP的一部分。ERP软件一般按照模块可以分成财务管理、销售管理、后勤管理(采购管理、售后服务管理和库存管理)、生产管理和人力资源管理等。因此，ERP涵盖的管理范围比会计软件广，它对企业的整个资源进行有效的整合，使企业的资源能够得到最有效的利用。会计软件是ERP中的一个组成部分，可以单独使用或与其他模块紧密集成使用。

(2) 从工作原理的角度，会计软件因为主要是针对企业业务进行核算和管理，因此核算前提是对各项业务单据编制凭证手工输入系统，系统再进行汇总和分析。会计人员大部分的时间仍然要面对繁琐的凭证录入工作而无法将时间用在管理工作上。而ERP中企业的业务是以流程为导向，会计模块通过ERP中的自动凭证制作系统将这些流程紧密集成在一起，针对不同的业务类型自动触发会计业务事件，而这些会计业务事件对应的凭证已经预先定义会计科目和相关参数，所以当业务发生时，系统自动产生会计凭证，并自动记录有关账簿。会计人员的工作内容就是对这些凭证进行审核或由系统自动审核，这样就大大减轻了会计人员的工作量，将时间集中在管理工作中。

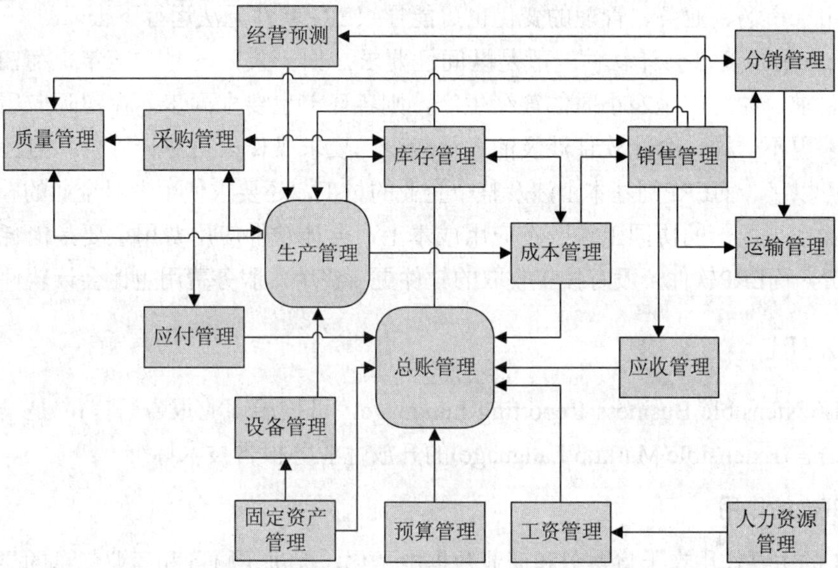

图1-4　会计软件与ERP模块之间的关系图

(3) 从会计软件与ERP核心的角度，会计软件的核心是总账，以此为中心设置了许多分类账，如往来账、存货账、销售账等，它从财务的角度将企业的活动资金化。财务信息十分重要，它是经营的成果数据，体现了一个企业的业绩和价值。财务信息的“结果”来源于供、产、销等活动。制造企业的核心价值是将低价值的原料通过生产加工，产出较高价值的符合市场需求的产品，通过市场的分销渠道以适当的营销方式使用户接受其产品。制造企业通过物流的增值来体现自身的价值，围绕整个物流增值过程的供应链管理的核心基础是产品的属性(有关生产、计划、成本、财务、库存等)、产品的结构(BOM)和产品的生产工艺。ERP软件正是以此为核心，进行整个供应链的管理和规划，并通过凭证接口等方式与财务集成，将供、产、销等业务数据及时、准确地转化为会计上所需要的信息，从而对企业的经营过程进行控制。

(4) 从功能上看，目前会计软件主要以核算为基本目的，从表面上已经能够满足企业的会计核算要求，但是从管理角度来看，管理人员或决策高层更需要的是对各项业务进行分析，如通过财务部门提供的销售收入、成本和销售毛利，希望能从多角度(如客户类型、产品、销售流向区域、销售部门、业务员业绩、计划等)来分析销售情况，单纯对会计数据进行加工无法完全满足这些要求。ERP软件是以业务流程为导向，因此发生的各种会计数据能够与业务联系在一起，在分析时就能够与业务联系起来，进行不同层次的分析。

(5) 从实施角度，会计软件实施相对较为简单，一般由开发商的分支机构或代理实施，或者由使用单位直接实施。实施周期较短，单体企业一般一两个月就可完成。而ERP的实施则很复杂，一般由咨询服务机构等第三方实施，实施时间少则几个月，多则半年、一年甚至几年，实施费用很高，甚至超过购买ERP软件本身的费用。从实施的风险角度，会计软件由于规范性较强，变化相对较小，所以实施的成功率很高，一般只存在应用深度问题，而不存在无法应用的问题。但ERP软件则不同，由于涉及企业的各种业务，而且关联性非常强，业务的变化往往引起整个应用模式的变化，实施的风险就很大。就算是现在应用了，由于市场、业务、管理的变化也可能导致ERP软件无法运行下去。

(6) 从应用角度，会计软件一般是区间性要求，如一天、一月、一年，而ERP软件则是实时性要求。如生产是24小时的连续生产，则各环节也要求同步。在实际应用过程中对人员的要求也不一样，会计软件涉及的人员较少，要求操作人员对计算机和自己的业务比较熟悉就可以了。而ERP则基本上涉及整个企业的员工，还要求使用者对企业的整体情况很了解，才能实现内部的协同工作。在应用成本上，会计软件应用费用主要是消耗材料和较少的服务费，而ERP软件一般有按年收取的软件更新费用，服务费用也比会计软件高得多。

(六) XBRL

XBRL(eXtensible Business Reporting Language，可扩展商业报告语言)，是一种基于可扩展标记语言(Extensible Markup Language)的开放性业务报告技术标准。

1. XBRL的作用

XBRL的主要作用在于将财务和商业数据电子化，促进了财务和商业信息的显示、分析和传递。XBRL通过定义统一的数据格式标准，规定了企业报告信息的表达方法。XBRL的主要作用如下。

第一，XBRL利用统一的信息技术标准，简化了财务报告的编制、传输和分析过程，在不改变任何会计原则、会计假设的前提下将之转化为统一的数据标准。由于在大范围内使用相同的标准，加上计算机技术，会使数据传输速度更快，从而帮助管理层能够及时获取相关的信息。

第二，采用XBRL系统后，由于会计信息元素标准从交易类型、账簿记录、报告披露等会计环节实现统一，并要求企业必须将采用的会计概念、遵循的会计准则、执行的会计政策等规范进行定义，而且这些定义必须注明来源和出处，从而形成一个概念清晰的具有约束力的定义文件。这样，XBRL可以使企业采用的会计准则和执行的会计政策处于可检查的状态。

第三，采用XBRL的企业可以非常方便地建立相应的信息平台，将企业的定期报告、临时报告、重大交易和主要财务数据，以及会计准则和会计政策等定义文件放置于该平台之上，数据对比就会变得简单方便。监管部门据此可以方便地了解、监督企业对会计准则的执行情况。在受到有效监管的情况下，企业通常会采用高标准、普遍认可的会计准则。

2. 我国XBRL的发展历程

我国的XBRL发展始于证券领域。2003年11月，上海证券交易所在全国率先实施基于XBRL的上市公司信息披露标准；2005年1月，深圳证券交易所颁布了1.0版本的XBRL报送系统；2005年4月和2006年3月，上海证券交易所和深圳证券交易所先后分别加入了XBRL国际组织；2008年11月，XBRL中国地区组织成立；2009年4月，财政部在《关于全面推进我国会计信息化工作的指导意见》中将XBRL纳入会计信息化的标准。

2010年10月19日，国家标准化管理委员会和财政部在北京举行“可扩展商业报告语言(XBRL)技术规范系列国家标准和企业会计准则通用分类标准发布会”，该标准从2011年1月1日起执行。

《可扩展商业报告语言(XBRL)技术规范》系列国家标准分四个部分。

(1) GB/T 25500.1-2010 可扩展商业报告语言(XBRL)技术规范 第1部分：基础。

(2) GB/T 25500.2-2010 可扩展商业报告语言(XBRL)技术规范 第2部分：维度。

(3) GB/T 25500.3-2010 可扩展商业报告语言(XBRL)技术规范 第3部分：公式。

(4) GB/T 25500.4-2010 可扩展商业报告语言(XBRL)技术规范 第4部分：版本。

财政部还专门制定了《企业会计准则通用分类标准》，它是按照我国企业会计准则规定编制XBRL格式财务报告(实例文档)所需遵循的标准，符合XBRL系列国家标准。

二、会计电算化的特征

1. 人机结合

在会计电算化方式下，会计人员填制电子会计凭证并审核后，执行记账功能，计算机将根据程序和指令在极短的时间内自动完成会计数据的分类、汇总、计算、传递及报告等工作。

2. 会计核算自动化、集中化

在会计电算化方式下，试算平衡、登记账簿等以往依靠人工完成的工作，都由计算机自动完成，大大减轻了会计人员的工作负担，提高了工作效率。计算机网络在会计电算化中的广泛应用，使得企业能将分散的数据统一汇总到会计软件中进行集中处理，既提高了数据汇总的速度，又增强了企业集中管控的能力。

3. 数据处理及时准确

利用计算机处理会计数据，可以在较短的时间内完成会计数据的分类、汇总、计算、传递和报告等工作，使会计处理流程更为简便，核算结果更为精确。此外，在会计电算化方式下，会计软件运用适当的处理程序和逻辑控制，能够避免在手工会计处理方式下出现的一些错误。

4. 内部控制多样化

在会计电算化方式下，与会计工作相关的内部控制制度也将发生明显的变化，内部控制由过去的纯粹人工控制发展成为人工与计算机相结合的控制方式。内部控制的内容更加丰富，范围更加广泛，要求更加严格，实施更加有效。

第二节 会计软件的配备方式及其功能模块

一、会计软件的配备方式

企业配备会计软件的方式主要有购买、定制开发、购买与开发相结合等方式。

其中，定制开发包括企业自行开发、委托外部单位开发、企业与外部单位联合开发三种具体开发方式。

(一) 购买通用会计软件

通用会计软件是指软件公司为会计工作而专门设计开发，并以产品形式投入市场的应用软件。企业作为用户，付款购买即可获得软件的使用、维护、升级以及人员培训等服务。

采用这种方式的优点主要有：①企业投入少，见效快，实现信息化的过程简单；②软件性能稳定，质量可靠，运行效率高，能够满足企业的大部分需求；③软件的维护和升级由软件公司负责；④软件安全保密性强，用户只能执行软件功能，不能访问和修改源程序。

采用这种方式的缺点主要有：①软件的针对性不强，通常针对一般用户设计，难以适应企业特殊的业务或流程；②为保证通用性，软件功能设置往往过于复杂，业务流程简单的企业可能感到不易操作。

1. 商品化会计软件选择的步骤

商品化会计软件的选择方法本质上与会计软件的开发方法是一致的，因为其要达到的目标相同。一般采用下述步骤。

(1) 进行初步的需求分析，确定对软件的功能、安全性、可靠性及其他性能的要求，如确定账务模块应有建账、科目及编码增删改、记账凭证录入及复核、记账、结账、年终结账、账簿查询、数据备份与恢复、凭证及账簿打印等功能。

(2) 对商品化软件供应商进行调查，了解有关商品化软件供应商有哪些定位的会计软件品种和功能模块，以及这些软件对设备、系统环境的要求、使用情况和维护情况。

(3) 选择几家商品化软件供应商进行调查，了解其产品。首先通过网站了解相关的初步情况。然后通过阅读产品简介，观看产品演示和询问、讨论等方式，观察其是否满足本单位的需求，如对会计业务岗位的设置、会计科目的编码方案、业务处理模式等。

(4) 确定1～3家的产品，争取到其用户单位参观，详细了解产品的使用情况、对客户的服务情况、本地代理的维护能力等。

(5) 了解具体的招标或谈判方式，确定选择的对象。具体确定软件模块、价格、付款方式、试用条件、后续维护、人员培训等问题。

2. 商品化会计软件的评价

虽然对商品化会计软件的评价没有固定的指标，是一项比较复杂的工作，但客户需要了解的问题、范围及要求是相对固定、可以考查的，主要包括以下几方面。

(1) 符合国家有关法规、制度要求的情况

会计工作要遵循国家统一会计制度和其他财经法规中的有关规定，会计软件作为其重要组成部分也不例外。同时，作为一种技术产品，会计软件还应满足国家相关部门对会计软件的管理规定。

(2) 适用性

适用性主要是指会计软件适于本单位会计业务处理的性能，是否适用主要根据所作的需求分析来确定。一般应主要评价：软件的功能是否满足本单位的需求；软件输出的信息是否满足本单位的要求；本单位是否能提供软件需输入的信息，是否方便；软件提供的接口是否能满足本单位会计信息化工作进一步开展的要求，软件提供的数据接口是否满足会计软件数据接口国家标准的要求，是否满足我国XBRL标准的要求。如使用单位是一大型企业，由于业务量大，不可能一人多岗，所以岗位设置是一人一岗，因此就要考查该软件是否能达到此要求。

(3) 通用性

通用性是指会计软件满足不同的企事业单位、不同的会计工作需要及单位会计工作不同时期需要的性能，其包括纵向与横向两方面的通用性。纵向的通用性指会计软件适应单位不同时期会计工作需要的性能；横向的通用性是指会计软件适应不同单位会计工作需要的性能。对商品化会计软件的这两个方面都应考虑。在通用方面主要应考查以下几个方面。

① 各种自定义功能是否能满足使用单位的要求。对于会计工作中不十分规范、变化较多的处理，通用软件一般都是通过自定义功能来实现通用的。例如，通用报表生成系统中，就应由使用人员定义数据来源、报表项目的算法、打印格式等。

② 各种编码方案是否具备由使用人员自定义的功能，即编码规则定义和增删改等维护功能。例如，会计科目的分级数和每级科目的长度及编号就应由使用人员按有关会计制度的规定自行设置，且对会计科目及其编码应有增删改功能，以保证适应核算内容的变化。

③ 对一些无法直接实现通用的功能是否设有可选功能，是否满足通用要求。在一些功能无法直接实现通用的情况下，应增加可选功能，由使用单位选择组合以满足其具体要求。例如，成本核算就可设置定额核算法、平行结转法、分步法等各种可选方法，具体由单位自行选择。

④ 对一些变化较多的算法可由使用人员进行自定义。例如，由使用人员自定义成本核算中的产品费用归集公式。

⑤ 软件的系统初始设置及维护功能是否能充分设置本单位所需的各种初始数据。如建账的科目余额，是否能适应单位不同时期的要求进行各种非程序性的维护。

⑥ 会计软件是否提供了对外符合有关标准的数据接口。如哪些数据提供了数据输出和输入接口，提供了哪些形式的接口等。

(4) 安全可靠性

安全性是指会计软件防止会计信息被泄漏和破坏的能力。可靠性是指软件防错、查错、纠错的能力。评价会计软件的安全可靠性主要包括：软件提供的各种可靠性保证措施结合起来，是否能有效地防止差错的发生，在错误发生时是否能及时查出并进行修改；安全性保证措施是否能有效地防止会计信息的泄漏和破坏。具体应从以下几方面进行考查。

① 是否有数据备份与恢复功能，并能有效地备份与恢复各种历史数据。

② 是否有权限设置功能，并能最大限度地保证各有关人员只能执行其权限范围内的工作。

③ 是否采用了各种容错技术，保证会计人员操作失误时，能及时发现和纠正错误。

④ 是否将会计业务存在各种钩稽关系的特点融于软件中，随时检查各种生成数据的正确性。

⑤ 对各种上机操作是否留有记录，以便随时追踪查询各种失误与安全隐患。

(5) 易使用性

易使用性是指会计软件易学、易操作的性能。对它的评价主要从以下几个方面着手：用户操作手册内容是否完整，通俗易懂；联机帮助是否充分；软件操作是否简便易学；软件操作过程中的难点是否设有辅助功能，辅助功能是否实用；软件提供的界面是否清晰，并符合会计人员的习惯；对操作的关键环节是否具有特别控制，如结账、删除往年数据等；软件是否按会计工作的需要，由易到难等。

(6) 先进性

先进性是指该软件在同类产品中的先进程度，包括安全性、可靠性、功能的完备性、通用性、运行效率、软件技术平台的先进性和软件设计的优良性等，先进性是单位选择商品化会计软件的因素之一，但对于会计工作，主要应考虑其实用性，即前5个评价标准。

(二) 自行开发

自行开发是指企业自行组织人员进行会计软件开发。

采用这种方式的企业能够在充分考虑自身生产经营特点和管理要求的基础上，设计最有针对性和适用性的会计软件。

采用这种方式的缺点主要有：①系统开发要求高、周期长、成本高，系统开发完成后，还需要较长时间的试运行；②自行开发软件系统需要大量的计算机专业人才，普通企业难以维持一支稳定的高素质软件人才队伍。

(三) 委托外部单位开发

委托外部单位开发是指企业通过委托外部单位进行会计软件开发。

采用这种方式的企业开发的会计软件的针对性较强，降低了用户的使用难度。

采用这种方式的缺点主要有：①委托开发费用较高；②开发人员需要花大量的时间了解业务流程和客户需求，会延长开发时间；③开发系统的实用性差，常常不适用于企业的业务处理流程；④外部单位的服务与维护承诺不易做好。因此，这种方式目前已很少使用。

(四) 企业与外部单位联合开发

企业与外部单位联合开发是指企业联合外部单位进行软件开发，由本单位财务部门和网络信息部门进行系统分析，外单位负责系统设计和程序开发工作，开发完成后，对系统的重大修改由网络信息部门负责，日常维护工作由财务部门负责。

采用这种方式的企业开发工作既考虑了企业的自身需求，又利用了外部单位的软件开发力量，开发的系统质量较高。

采用这种方式的缺点主要有：①软件开发工作需要外部技术人员与内部技术人员、会计人员充分沟通，系统开发的周期较长；②企业支付给外单位的开发费用相对较高。

二、会计软件的功能模块

(一) 会计软件各模块的功能描述

完整的会计软件的功能模块包括：账务处理模块、固定资产管理模块、工资管理模块、应收管理模块、应付管理模块、成本管理模块、报表管理模块、存货核算模块、财务分析模块、预算管理模块、项目管理模块以及其他管理模块。

不同行业在具体模块使用上有所差异，如要对购进的商品(原材料)进行加工，使之成为产成品，然后进行销售。工业企业的特点决定了工业企业的会计信息系统主要对其供、产、销过程进行核算、反映和控制，因此，必然需要建立与生产过程有关的会计子系统。尽管不同的生产特点要求不同的核算方法，但其核算的内容却大同小异，因此，其子系统划分的方法基本一致，如图1-5所示。

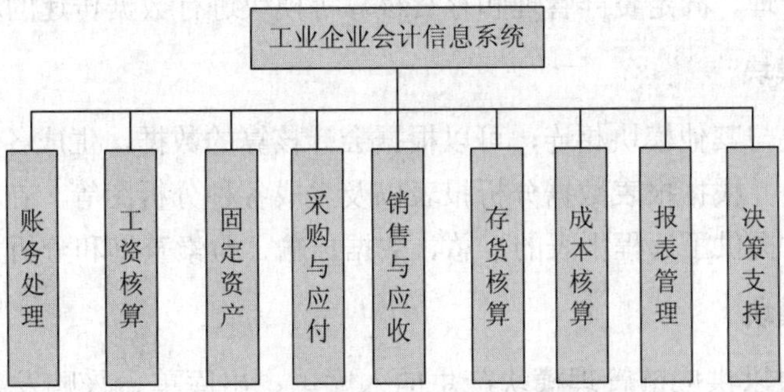

图1-5　工业企业会计信息系统的结构

这种子系统的划分方法也有一些差异，如有的会计软件将账务处理系统中有关现金银行的功能独立出来，专门设立现金银行或出纳管理子系统，以加强对现金和银行存款的管理。报表子系统是为适应软件通用化和商品化的要求而设计的，报表的主要数据一般来自账务处理、成本核算和产成品及销售核算等子系统。

1. 账务处理模块

账务处理模块是以凭证为数据处理起点，通过凭证输入和处理，完成记账、银行对账、结账、账簿查询及打印输出等工作。

2. 固定资产管理模块

固定资产管理模块主要是以固定资产卡片和固定资产明细账为基础，实现固定资产的会计核算、折旧计提和分配、设备管理等功能，同时提供了固定资产按类别、使用情况、所属部门和价值结构等进行分析、统计和各种条件下的查询、打印功能，以及该模块与其他模块的数据接口管理。

3. 工资管理模块

工资管理模块是进行工资核算和管理的模块，该模块以人力资源管理模块提供的员工及其工资的基本数据为依据，完成员工工资数据的收集、员工工资的核算、工资发放、工资费用的汇总和分摊、个人所得税计算和按照部门、项目、个人等条件进行工资分析、查询和打印输出以及该模块与其他模块的数据接口管理。

4. 应收、应付管理模块

应收、应付管理模块以发票、费用单据、其他应收单据、应付单据等原始单据为依据，记录销售、采购业务所形成的往来款项，处理应收、应付款项的收回、支付和转账，进行账龄分析和坏账估计及冲销，并对往来业务中的票据、合同进行管理，同时提供统计分析、打印和查询输出功能，以及与采购管理、销售管理、账务处理等模块进行数据传递的功能。

5. 成本管理模块

成本管理模块主要提供成本核算、成本分析、成本预测功能，以满足会计核算的事前预测、事后核算分析的需要。此外，成本管理模块还具有与生产模块、供应链模块，以及账务处理、工资管理、固定资产管理和存货核算等模块进行数据传递的功能。

6. 报表管理模块

报表管理模块与其他模块相连，可以根据会计核算的数据，生成各种内部报表、外部报表、汇总报表，并根据报表数据分析报表以及生成各种分析图等。在网络环境下，很多报表管理模块同时提供了远程报表的汇总、数据传输、检索查询和分析处理等功能。

7. 存货核算模块

存货核算模块以供应链管理模块产生的入库单、出库单、采购发票等核算单据为依据，核算存货的出入库和库存金额、余额，确认采购成本，分配采购费用，确认销售收入、成本和费用，并将核算完成的数据，按照需要分别传递到成本管理模块、应付管理模块和账务处理模块。

8. 财务分析模块

财务分析模块从会计软件的数据库中提取数据，运用各种专门的分析方法，完成对企业财务活动的分析，实现对财务数据的进一步加工，生成各种分析和评价企业财务状况、经营成果和现金流量的信息，为决策提供正确依据。

9. 预算管理模块

预算管理模块将需要进行预算管理的集团公司、子公司、分支机构、部门、产品、费用要素等对象，根据实际需要分别定义为利润中心、成本中心、投资中心等不同类型的责任中心，然后确立各责任中心的预算方案，指定预算审批流程，明确预算编制内容，进行责任预算的编制、审核、审批，以便实现对各个责任中心的控制、分析和绩效考核。

10. 项目管理模块

项目管理模块主要是对企业的项目进行核算、控制与管理。项目管理主要包括项目立项、计划、跟踪与控制、终止的业务处理以及项目自身的成本核算等功能。

11. 其他管理模块

根据企业管理的实际需要，其他管理模块一般包括领导查询模块、决策支持模块等。领导查询模块可以按照领导的要求从各模块中提取有用的信息并加以处理，以最直观的表格或图形显示，使得管理人员通过该模块及时掌握企业信息；决策支持模块利用现代计算机、通信技术和决策分析方法，通过建立数据库和决策模型，向企业决策者提供及时、可靠的财务和业务决策辅助信息。

上述各模块既相互联系又相互独立，有着各自的目标和任务，它们共同构成了会计软件，实现了会计软件的总目标。

(二) 会计软件各模块的数据传递

会计软件是由各功能模块共同组成的有机整体，为实现相应功能，相关模块之间相互依赖、互通数据。

(1) 存货核算模块生成的存货入库、存货估价入账、存货出库、盘亏/毁损、存货销售收入、存货期初余额调整等业务的记账凭证，并传递到账务处理模块，以便用户审核登记存货账簿。

(2) 应付管理模块完成采购单据处理、供应商往来处理、票据新增、付款、退票处理等业务后，生成相应的记账凭证并传递到账务处理模块，以便用户审核登记赊购往来及其相关账簿。

(3) 应收管理模块完成销售单据处理、客户往来处理、票据处理及坏账处理等业务后，生成相应的记账凭证并传递到账务处理模块，以便用户审核登记赊销往来及其相关账簿。

(4) 固定资产管理模块生成固定资产增加、减少、盘盈、盘亏、固定资产变动、固定资产评估和折旧分配等业务的记账凭证，并传递到账务处理模块，以便用户审核登记相关的资产账簿。

(5) 工资管理模块进行工资核算，生成分配工资费用、应交个人所得税等业务的记账凭证，并传递到账务处理模块，以便用户审核登记应付职工薪酬及相关成本费用账簿；工资管理模块为成本管理模块提供人工费资料。

(6) 成本管理模块中，如果计入生产成本的间接费用和其他费用定义为来源于账务处理模块，则成本管理模块在账务处理模块记账后，从账务处理模块中直接取得间接费用和其他费用的数据；如果不使用工资管理、固定资产管理、存货核算模块，则成本管理模块还需要在账务处理模块记账后，自动从账务处理模块中取得材料费用、人工费用和折旧费用等数据；成本管理模块的成本核算完成后，要将结转制造费用、结转辅助生产成本、结转盘点损失和结转工序产品耗用等记账凭证数据传递到账务处理模块。

(7) 存货核算模块为成本管理模块提供材料出库核算的结果；存货核算模块将应计入外购入库成本的运费、装卸费等采购费用和应计入委托加工入库成本的加工费传递到应付管理模块。

(8) 固定资产管理模块为成本管理模块提供固定资产折旧费数据。

(9) 报表管理和财务分析模块可以从各模块取数编制相关财务报表，进行财务分析。

(10) 预算管理模块编制的预算经审核批准后，生成各种预算申请单，再传递给账务处理模块、应收管理模块、应付管理模块、固定资产管理模块、工资管理模块，进行责任控制。

(11) 项目管理模块中发生和项目业务相关的收款业务时，可以在应收发票、收款单或者退款单上输入相应的信息，并生成相应的业务凭证传递至账务处理模块；发生和项目相关采购活动时，其信息也可以在采购申请单、采购订单、应付模块的采购发票上记录；在固定资产管理模块引入项目数据可以更详细地归集固定资产建设和管理的数据；项目的领料和项目的退料活动等数据可以在存货核算模块进行处理，并生成相应凭证传递到账务处理模块。

此外，各功能模块都可以从账务处理模块获得相关的账簿信息；存货核算、工资管理、固定资产管理、项目管理等模块均可以从成本管理模块获得有关的成本数据。

数据传递关系是指一个子系统的数据输出作为另一个子系统的数据输入，供其加工处理，实现数据共享。会计软件各子系统的数据联系如图1-6所示。

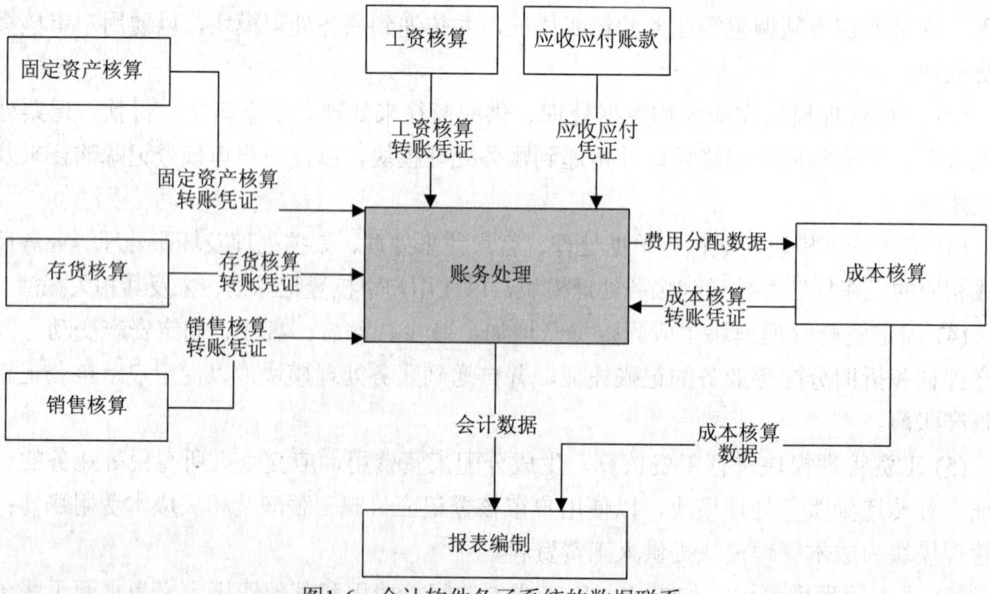

图1-6 会计软件各子系统的数据联系

第三节 企业会计信息化工作规范

一、会计软件和服务

(一) 对会计软件服务的要求

1. 合法性要求

(1) 会计软件应当保障企业按照国家统一会计准则制度开展会计核算，不得有违背国家统一会计准则制度的功能设计。

(2) 会计软件的界面应当使用中文并且提供对中文处理的支持，可以同时提供外国或者少数民族文字界面对照和处理支持。

(3) 会计软件应当提供符合国家统一会计准则制度的会计科目分类和编码功能。

(4) 会计软件应当提供符合国家统一会计准则制度的会计凭证、账簿和报表的显示和打印功能。

2. 标准化要求

(1) 软件供应商在会计软件中集成可扩展商业报告语言(XBRL)功能，便于企业生成符合国家统一标准的XBRL财务报告。

(2) 会计软件应当具有符合国家统一标准的数据接口，满足外部会计监督需要。

3. 会计信息可追溯性要求

(1) 会计软件应当提供不可逆的记账功能，确保对同类已记账凭证的连续编号，不得提供对已记账凭证的删除和插入功能，不得提供对已记账凭证日期、金额、科目和操作人的修改功能。

信息化条件下，对数据的增、删、改操作非常便利。但便利性是把双刃剑，它能提高会计工作的效率，同时也对会计核算过程的可信赖性、可追溯性造成威胁。如会计软件提供反审核、反记账、反结账等各种逆向操作功能，导致会计核算过程失去严肃性，核算结果随意可变。这种变更数据的情况不符合会计信息化的要求。

(2) 会计软件应当具有会计资料归档功能，提供导出会计档案的接口，在会计档案存储格式、元数据采集、真实性与完整性保障方面，符合国家有关电子文件归档与电子档案管理的要求。

(3) 会计软件应当记录生成用户操作日志，确保日志的安全、完整，提供按操作人员、操作时间和操作内容查询日志的功能，并能以简单易懂的形式输出。

操作日志应当满足以下要求：

一是完整性。会计软件必须能保证日志记录的完整，将所有对会计核算结果可能形成影响的用户操作记录下来，包括对核算结果有直接影响的数据录入、修改、插入、删除，对核算工作所依赖的基础数据(如会计科目表、银行账户信息、辅助核算项目信息、人员信息)的维护。

二是安全性。会计软件应当采取技术手段，保证用户操作日志中的信息不被用户以任何手段修改和删除。

三是可查询性。用户操作日志必须提供对各类操作的查询，以便会计监督人员筛选出想要的信息。否则，庞大的记录数据就是信息垃圾，没有实用价值。查询应当可以按照操作人员姓名或者用户名、操作的时间范围、操作内容等各种条件分别或者组合进行。这里的操作是业务层面的概念，如记账凭证的录入、修改，记账会计期间的打开、关闭，会计科目的增加，尚未记账凭证的删除，对凭证审核的取消等。

日志功能应当记录具体的操作内容、操作人以及精确到分秒的操作时间。对于不同的操作，需要记录的操作内容是不一样的。例如，对于科目的增加，系统应当记录增加的科目名称、代码以及属性。对于记账凭证的修改，应当记录修改的项目以及修改前后的内容。对于已结账期间的重新开启，应当记录开启期间的起止日期。

(二) 会计软件服务

(1) 以远程访问、云计算等方式提供会计软件的供应商，应当在技术上保证客户会计资料的安全、完整。对于因供应商原因造成客户会计资料泄露、毁损的，客户可以要求供应商承担赔偿责任。

(2) 客户以远程访问、云计算等方式使用会计软件生成的电子会计资料归客户所有。软件供应商应当提供符合国家统一标准的数据接口供客户导出电子会计资料，不得以任何理由拒绝客户导出电子会计资料的请求。

(3) 以远程访问、云计算等方式提供会计软件的供应商，应当做好本厂商不能维持服务的情况下，保障企业电子会计资料安全以及企业会计工作持续进行的预案，并在相关服务合同中与客户就该预案作出约定。

(4) 软件供应商应当努力提高会计软件相关的服务质量，按照合同约定及时解决用户使用中的故障问题。会计软件存在影响客户按照国家统一会计准则制度进行会计核算问题的，软件供应商应当为用户免费提供更正程序。

(5) 鼓励软件供应商应采用呼叫中心、在线客服等方式为用户提供实时技术支持。

(6) 软件供应商应当就如何通过会计软件开展会计监督工作，提供专门教程和相关资料。

二、企业会计信息化

(一) 企业会计信息化建设

(1) 企业应当充分重视会计信息化工作，加强组织领导和人才培养，不断推进会计信息化在本企业的应用。企业应当建立专门机构或岗位负责会计信息化工作。未设置会计机构和配备会计人员的企业，由其委托的代理记账机构开展会计信息化工作。

(2) 企业开展会计信息化工作，应当根据发展目标和实际需要，合理确定建设内容，避免投资浪费。

(3) 企业开展会计信息化工作，应当注重信息系统与经营环境的契合，通过信息化推动管理模式、组织架构、业务流程的优化与革新，建立健全适应信息化工作环境的制度体系。

(4) 大型企业、企业集团开展会计信息化工作，应当注重整体规划，统一技术标准、编码规则和系统参数，实现各系统的有机整合，消除信息孤岛。

(5) 企业配备的会计软件应当符合会计软件和服务规范的要求。

(6) 企业配备会计软件，应当根据自身技术力量以及业务需求，考虑软件功能、安全性、稳定性、响应速度、可扩展性等要求，合理选择购买、定制开发、购买与开发相结合等会计软件配备方式。

(7) 企业通过委托外部单位开发、购买等方式配备会计软件，应当在有关合同中约定操作培训、软件升级、故障解决等服务事项以及软件供应商对企业信息安全的责任。

(8) 企业应当促进会计信息系统与业务信息系统的一体化，通过业务的处理直接驱动会计记账，减少人工操作，提高业务数据与会计数据的一致性，实现企业内部信息资源共享。

(9) 企业应当根据实际情况，开展本企业信息系统与银行、供应商、客户等外部单位信息系统的互联，实现外部交易信息的集中自动处理。

(10) 企业进行会计信息系统前端系统的建设和改造，应当安排负责会计信息化工作的专门机构或者岗位参与，充分考虑会计信息系统的数据需求。

(11) 企业应当遵循企业内部控制规范体系要求，加强对会计信息系统规划、设计、开发、运行、维护全过程的控制，将控制过程和控制规则融入会计信息系统，实现对违反控制规则情况的自动防范和监控，提高内部控制水平。

(12) 对于信息系统自动生成且具有明晰审核规则的会计凭证，可以将审核规则嵌入会计软件，由计算机自动审核。未经自动审核的会计凭证，应当先经人工审核再进行后续处理。

(13) 处于会计核算信息化阶段的企业，应当结合自身情况，逐步实现资金管理、资产管理、预算控制、成本管理等财务管理信息化；处于财务管理信息化阶段的企业，应当结合自身情况，逐步实现财务分析、全面预算管理、风险控制、 绩效考核等决策支持信息化。

(14) 外商投资企业使用的境外投资者指定的会计软件或者跨国企业集团统一部署的会计软件，应当符合会计软件和服务规范的要求。

(二) 信息化条件下的会计资料管理

(1) 分公司与子公司数量多、分布广的大型企业、企业集团应当探索利用信息技术促进会计工作的集中，逐步建立财务共享服务中心。实行会计工作集中的企业以及企业分支机构，应当为外部会计监督机构及时查询和调阅异地储存的会计资料提供必要条件。

(2) 企业会计信息系统数据服务器的部署应当符合国家有关规定。数据服务器部署在境外的，应当在境内保存会计资料备份，备份频率不得低于每月一次。境内备份的会计资料应当能够在境外服务器不能正常工作时，独立满足企业开展会计工作的需要以及外部会计监督的需要。

(3) 企业会计资料中对经济业务事项的描述应当使用中文，可以同时使用外国或者少数民族文字对照。

(4) 企业应当建立电子会计资料备份管理制度，确保会计资料的安全、完整和会计信息系统的持续、稳定运行。

(5) 企业不得在非涉密信息系统中存储、处理和传输涉及国家秘密，关系国家经济信息安全的电子会计资料；未经有关主管部门批准，不得将其携带、寄运或者传输至境外。

(6) 企业内部生成的会计凭证、账簿和辅助性会计资料，同时满足下列条件的，可以不输出纸面资料：①所记载的事项属于本企业重复发生的日常业务；②由企业信息系统自动生成；③可及时在企业信息系统中以人类可读形式查询和输出；④企业信息系统具有防止相关数据被篡改的有效机制；⑤企业对相关数据建立了电子备份制度，能有效防范自然灾害、意外事故和人为破坏的影响；⑥企业对电子和纸面会计资料建立了完善的索引体系。

(7) 企业获得的需要外部单位或者个人证明的原始凭证和其他会计资料，同时满足下列条件的，可以不输出纸面资料：①会计资料附有外部单位或者个人的、符合《中华人民共和国电子签名法》的可靠的电子签名；②电子签名经符合《中华人民共和国电子签名法》的第三方认证；③所记载的事项属于本企业重复发生的日常业务；④可及时在企业信息系统中以人类可读形式查询和输出；⑤企业对相关数据建立了电子备份制度，能有效防范自然灾害、意外事故和人为破坏的影响；⑥企业对电子和纸面会计资料建立了完善的索引体系。

(8) 企业会计资料的归档管理，遵循国家有关会计档案管理的规定。

(9) 实施企业会计准则通用分类标准的企业，应当按照有关要求向财政部报送XBRL财务报告。

同步测试题

一、思考题

1. 会计电算化和会计信息化的定义分别是什么？
2. 会计软件的概念是什么？它分为哪几种类型？
3. 简述会计软件与ERP软件的区别与联系。
4. 会计软件由哪些模块构成？模块之间有什么关系？
5. 简述企业会计信息化工作规范的主要内容。

二、判断题

1. 会计电算化之所以促进了会计工作的规范化，是由于会计电算化对会计数据的输出提供了一系列规范化的控制和格式。(　　)

2. 会计电算化是进行会计核算的人机相结合的控制系统。(　　)

3. 不同会计软件中基本模块的功能大致相同。(　　)

4. “会计电算化”是对用电子计算机处理会计业务的通俗称谓。(　　)

5. 会计软件可以划分为若干个子系统，每个子系统可划分为几个功能模块。(　　)

6. 会计软件的每个模块都有相对独立的功能。(　　)

7. 固定资产核算模块生成的固定资产分配、折旧转账凭证要传递给账务模块。(　　)

8. 账务处理模块是会计核算软件系统的核心模块，主要负责凭证处理、账簿处理、出纳及银行对账以及系统初始化、系统管理等。(　　)

9. 按会计信息系统的共享方式划分，会计软件可分为单机结构会计软件和网络结构会计软件。(　　)

10. ERP软件中用于处理会计核算数据部分的模块，也属于会计核算软件范畴。(　　)

11. 电算化会计核算流程与手工会计核算流程基本相同，在核算流程中各环节的工作内容没有差别。(　　)

12. XBRL是数据输入的格式标准。(　　)

13. 手工会计系统与信息化系统，虽然信息载体不同，但会计档案资料同样应当妥善保管。(　　)

14. 一个单位只要有了计算机及会计软件，就能实现会计电算化。(　　)

15. 会计软件中的数据库是软件开发单位设计的，所以会计数据由使用单位和开发单位共享。(　　)

三、单项选择题

1. “会计电算化”一词是中国会计学会于(　　)在长春会议上提出来的。

A. 1989年　　B. 1990年

C. 1981年　　D. 1995年

2. 我国会计电算化的开始时间，一般认为是从(　　)开始的。

A. 1979年　　B. 1990年　　C. 1981年　　D. 1994年

3. 我国会计电算化的管理体制是由(　　)管理。

A. 国务院　　B. 中国注册会计师协会

C. 审计署　　D. 财政部

4. 使用会计软件的最基本目的是(　　)。

A. 提高单位的总体管理水平　　B. 替代手工进行会计核算工作

C. 简化账务处理流程　　D. 减少财务部门的人员编制

5. 发展会计电算化的瓶颈是(　　)。

A. 硬件　　B. 人才　　C. 制度　　D. 软件

6. 会计电算化是通过(　　)替代手工完成或手工很难完成的会计工作。

A. 操作系统　　B. 计算机

C. 会计软件指挥计算机　　D. 系统软件指挥计算机

7. 会计软件是以(　　)和会计方法为核心，以会计制度为依据，以计算机及其应用技术为基础，以会计数据为处理对象的软件系统。

A. 会计理论　　B. 税务制度

C. 计算机及其应用技术　　D. 会计数据

8. 学习会计电算化的过程中，重要的是(　　)。

A. 计算机基本知识　　B. 会计知识

C. 将会计和计算机知识有机结合　　D. 会计和计算机的区别

9. 实现会计电算化的最终目的是为(　　)服务。

A. 管理、决策　　B. 税务

C. 会计监督　　D. 审计

10. 我国会计软件市场形成的重要标志是(　　)。

A. 有自主开发的会计软件　　B. 具有一套完善的会计软件管理办法

C. 有一批较成熟的商品化会计软件　　D. 商品化软件多由专业软件公司开发

11. 按照会计软件的服务层次和提供管理的程度划分，会计软件可分为(　　)。

A. 核算型和管理型　　B. 通用型和专用型

C. 单用户型、网络与多用户型　　D. 以上全不是

12. 开展会计电算化工作第一步要做的是(　　)。

A. 购买计算机硬件　　B. 会计核算电算化

C. 会计管理电算化　　D. 培训会计电算化人员

13. 目前，大多数会计软件是在(　　)操作系统下运行的。

A. MS-DOS　　B. Linux　　C. Windows　　D. UNIX

14. (　　)是应用电子计算机对会计业务进行处理的通俗称谓。

A. 财务处理模块　　B. 电算化会计

C. 会计电算化　　D. 会计核算软件

15. (　　)是一切会计电算化工作的基础。

A. 会计管理电算化　　B. 会计核算电算化

C. 会计决策电算化　　D. 会计流程电算化

16. 会计电算化系统由(　　)直接使用。

A. 会计人员　　B. 计算机人员　　C. 软件维护人员　　D. 单位负责人

17. 会计软件是由一组程序及(　　)组成的。

A. 数据库　　B. 加密卡　　C. 模块　　D. 会计软件文档

18. 会计软件中最基本的功能模块是(　　)。

A. 账务处理与成本处理　　B. 工资计算与应收、应付处理

C. 账务处理与会计分析决策系统　　D. 账务处理与报表处理

19. 固定资产核算模块自动编制的固定资产分配、折旧转账凭证要传递给(　　)子系统。

A. 成本　　B. 账务　　C. 材料　　D. 报表

20. (　　)是整个会计软件数据交换的桥梁，它把其他子系统有机地结合在一起形成了完整的会计软件系统。

A. 账务处理系统　　B. 报表系统

C. 工资核算系统　　D. 固定资产系统

21. 工资核算系统是会计核算系统中的(　　)。

A. 大系统　　B. 子系统　　C. 总系统　　D. 分析系统

22. (　　)模块为报表处理提供数据。

A. 账务处理　　B. 出纳管理　　C. 财务分析　　D. 账簿处理

23. 固定资产模块通过会计软件的转账功能，将折旧凭证转入(　　)。

A. 账务处理子系统　　B. 财务分析模块

C. 工资核算模块　　D. 往来账款核算模块

24. (　　)一般不是应收账款子系统的模块。

A. 供应商管理　　B. 发票管理　　C. 客户管理　　D. 付款管理

25. 就大多数企业而言，开展会计信息化工作一般应选择(　　)。

A. 商品化软件　　B. 自行开发软件

C. 委托软件公司开发软件　　D. 定点开发软件

26. 一般情况下，账务处理子模块不具备(　　)功能。

A. 记账　　B. 期末转账　　C. 商品入库　　D. 结账

27. 专用会计软件与通用会计软件的最大区别是(　　)。

A. 会计软件的功能不同　　B. 不需要设置账套

C. 能满足单位特殊业务处理的需要　　D. 操作更简单

28. 在会计核算软件中，其核心子系统是(　　)。

A. 报表子系统　　B. 账务处理子系统

C. 财务分析子系统　　D. 成本核算子系统

29. 按照会计软件的服务层次和提供管理的程度划分，会计软件可分为(　　)。

A. 核算型、管理型、决策型三种　　B. 通用型和专用型

C. 单用户型、网络与多用户型　　D. 以上全不是

30. ERP软件的核心是(　　)。

A. 会计核算　　B. 财务分析　　C. 财务决策

D. 对企业物流、资金流和信息流进行全面一体化管理

四、多项选择题

1. 商品化会计软件与专用会计软件相比，(　　)以及准确性等各项性能指标较高。

A. 安全性　　B. 可靠性　　C. 稳定性　　D. 易学性

2. 在开展会计电算化工作过程中，应着重作好(　　)等方面的工作。

A. 会计电算化管理和制度的建立　　B. 建立电算化会计信息系统

C. 会计人员培训　　D. 计算机审计

3. (　　)的正确选择与配置，是开展会计电算化工作的一个重要前提。

A. 会计档案　　B. 计算机硬件设备

C. 计算机软件　　D. 会计人员

4. 进行会计电算化的费用主要由(　　)等部分组成。

A. 硬件费用　　B. 软件费用　　C. 准备费用　　D. 运行维护费用

5. 会计电算化的费用项目主要是(　　)。

A. 硬件费用　　B. 软件费用　　C. 运行维护费用　　D. 人员招聘费用

6. 会计软件是由一组程序及(　　)组成的。

A. 数据库　　B. 加密卡　　C. 数据　　D. 会计软件文档

7. 使用对象为会计软件的用户文档是(　　)。

A. 需求说明书　　B. 概要设计说明书　　C. 维护手册　　D. 用户手册

8. 商品化会计软件一般具有(　　)特点。

A. 通用性　　B. 先进性

C. 进行了加密　　D. 必须进行初始化

9. 会计软件的一个子系统具备相对独立完整的会计数据(　　)的功能。

A. 输入　　B. 初始化　　C. 处理　　D. 输出

10. 应收账款子系统的业务处理功能往往和(　　)子系统相关。

A. 成本　　B. 账务　　C. 库存　　D. 销售

11. 应付账款子系统的功能往往和(　　)子系统相关。

A. 成本　　B. 账务　　C. 采购　　D. 销售

12. 单用户版会计软件也能在(　　)上运行。

A. 服务器　　B. 手机　　C. 客户机　　D. 笔记本

13. 选择通用型会计软件的优点有(　　)等。

A. 费用低　　B. 见效快　　C. 使用可靠　　D. 维护有保障

14. 内部控制的目标是(　　)。

A. 会计资料的真实与完整性　　B. 财产物资的安全与完整

C. 保证国家法规的有效执行　　D. 保证会计人员的合法权益

15. 以下对会计软件的描述正确的是(　　)。

A. 会计软件是一种应用型软件　　B. 会计软件能自动登记账簿

C. 会计软件能自动编制会计凭证　　D. 会计软件是一种系统软件

第二章　会计软件的运行环境

第一节　会计软件的硬件环境

一、硬件设备

硬件设备一般包括输入设备、处理设备、存储设备、输出设备和通信设备。

(一) 输入设备

输入设备(Input Unit)用于计算机中各种信息的输入，是计算机信息的入口。让计算机执行指定的任务就必须向计算机提供相应的数据和信息，不同的输入设备将有不同的信息表现形式(如数字、字符、图形、图像、声音)，并将它们转换成计算机能识别的形式(如电信号、二进制编码)存放在内存中。

计算机常见的输入设备有键盘、鼠标、光电自动扫描仪、条形码扫描仪(又称扫码器)、二维码识读设备、POS机、芯片读卡器、语音输入设备、手写输入设备等。

在会计软件中，键盘一般用来完成会计数据或相关信息的输入工作；鼠标一般用来完成会计软件中的各种用户指令，选择会计软件各功能模块的功能菜单；扫描仪一般用来完成原始凭证和单据的扫描，并将扫描结果存入会计软件相关数据库中。

(二) 处理设备

处理设备主要是指计算机主机。中央处理器(Central Processing Unit，CPU)是计算机主机的核心部件，主要功能是按照程序给出的指令序列，分析并执行指令。

中央处理器是计算机系统的核心部件，主要由运算器和控制器组成，用以完成计算机的运算和控制功能，并对其他各部件进行统一协调和控制。CPU的型号常用来表示计算机的等级。CPU外形如图2-1所示。

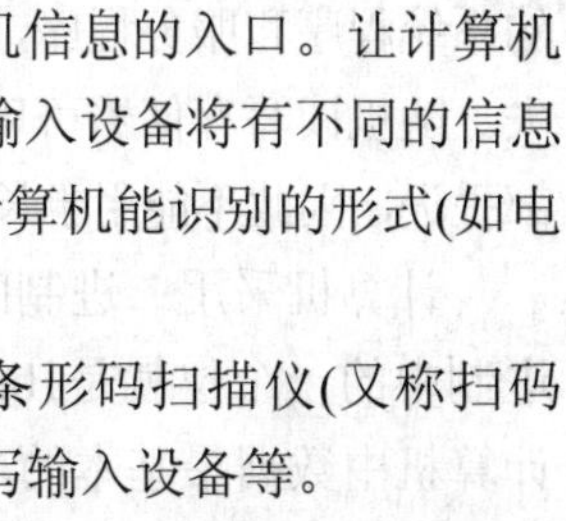

图2-1　中央处理器

(1) 运算器

运算器是指在控制器控制下完成加减乘除运算和逻辑判断的计算机部件。运算器是计算机的核心装置之一，在计算过程中，运算器不断从存储器中获取数据，经计算后将结果再返回存储器。

(2) 控制器

控制器是整个计算机的指挥中心，它负责从存储器中取出指令，并对指令进行分析判断后产生一系列的控制信号，控制计算机各部件自动连续地工作。

(三) 存储设备

存储器(Memory)是指计算机系统中具有记忆能力的部件，用来存放程序和数据。存储器分为内存储器和外存储器。

1. 内存储器

内存储器简称内存，又称为主存储器，一般只存放急需处理的数据和正在执行的程序，其安装在主板上，与CPU直接相连，存储容量较小，但速度快。它由半导体器件组成，因此读(取出)写(存入)速度快。内存的外形如图2-2所示。

图2-2　内存外形图

内存储器按读写功能，可分为只读存储器(Read-Only Memory，ROM)和随机读写存储器(Random Access Memory，RAM)两种。只读存储器中已由厂家固化了一些管理机器自身的系统程序和服务程序，用户只能读出使用，而不能任意改写，断电后ROM中的程序不会丢失。随机读写存储器可以由用户随时对其进行读写操作，断电后RAM中的程序和数据将会全部丢失，因此不能用于长期保存数据。

计算机采用二进制的形式来存储信息，二进制中只能有两个不同的数码——0和1。二进制中的一个位就是1bit，这是计算机中数据的最小单位。八位二进制组成一个字节，是计算机中数据最基本的单位。存储容量是指存储器可容纳的二进制位信息量。度量存储容量的常用单位还有千字节(KB)、兆字节(MB)和吉字节(GB)等。具体换算关系如下：

$$1B=8bit$$

$$1KB=2^{10}B=1024B$$

$$1MB=2^{20}B=1024^{2}B=1024KB$$

$$1GB=2^{30}B=1024^{3}B=1024MB$$

$$1TB=1024GB$$

2. 外存储器

外存储器简称为外存。外存一般存储容量大，价格低，但存储速度较慢，通常用来存放大量暂时不用的程序、数据和中间结果，需要时可成批地与内存储器进行信息交换。

常见的外存储器有硬盘、U盘、光盘等，如图2-3所示。会计软件中的各种数据一般存储在外存储器中。

固态硬盘(Solid State Disk，SSD)是用固态电子存储芯片阵列而制成的硬盘，由控制单元和存储单元(Flash芯片、Dram芯片)组成。固态硬盘在接口的规范和定义、功能及使用方法上与普通硬盘的完全相同，在产品外形和尺寸上也与普通硬盘完全一致，但其读写速度数倍于机械硬盘。目前固定硬盘也已出了多种接口，显著提升了使用效率。

图2-3　常见的外存

(四) 输出设备

输出设备(Output Unit)是将计算机中的数据信息向外部传送的设备，是计算机信息的出口。输出设备可以将计算机中的二进制编码信息转换成为人们需要的信息形式(如字符、曲线、图像、表格和声音)表现出来，使人们得以利用。

计算机的输出设备种类很多，如显示器、打印机、绘图仪、音响装置等。在会计软件中，显示器既可以显示用户在系统中输入的各种命令和信息，也可以显示系统生成的各种会计数据和文件；打印机一般用于打印输出各类凭证、账簿、财务报表等各种会计资料。

(五) 通信设备

通信设备包括有线通信设备和无线通信设备。

有线通信设备主要解决工业现场的串口通信、专业总线型的通信、工业以太网的通信以及各种通信协议之间的转换设备，主要包括路由器、交换机、Modem等设备。无线通信设备主要包括无线AP、无线网桥、无线网卡、无线避雷器、天线等设备。

二、硬件结构

硬件结构是指硬件设备的不同组合方式。电算化会计信息系统中常见的硬件结构通常有单机结构、多机松散结构、多用户结构和微机局域网络四种形式。

(一) 单机结构

单机结构属于单用户工作方式，一台微机同一时刻只能由一人使用。

单机组织模式是在一台计算机上运行会计软件，这种模式的优点是维护简单、投资很少，适用于业务量不大的单位使用。该模式的缺点比较多，包括：①每次仅能一人上机处理数据，集中输入速度低；②不能同时处理多项业务，实时性差；③已生成的会计信息，仅能在一台计算机上利用，信息的共享性差；④不能进行分布式处理，对业务量大或需要多项会计业务同时开展会计信息化的单位不可行。因此，单机模式只适用于业务量少的小企业。

(二) 多机松散结构

多机松散结构是指有多台微机，但每台微机都有相应的输入输出设备，每台微机仍属单机结构，各台微机不发生直接的数据联系，仅通过磁盘、光盘、U盘、移动硬盘等传送数据。

多机松散结构的优点在于输入输出集中程度高、速度快；其缺点在于数据共享性能差，系统整体效率低，主要适用于输入量较大的企业。

(三) 多用户结构

多用户结构又称为联机结构，整个系统配备一台计算机主机(通常是中型机，目前也有配置高档微机的主机)和多个终端(终端由显示器和键盘组成)。主机与终端的距离较近(0.1千米左右)，并为各终端提供虚拟内存，各终端可同时输入数据。其结构如图2-4所示。

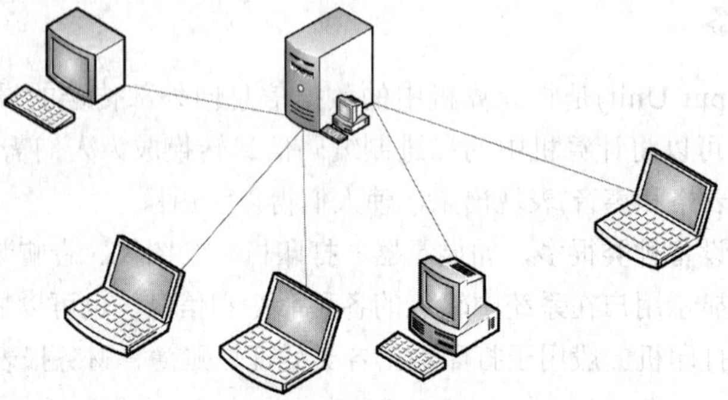

图2-4 多用户结构

多用户结构的优点在于会计数据可以通过各终端分散输入，并集中存储和处理；缺点在于费用较高，应用软件较少，主机负载过大，容易形成拥塞，主要适用于输入量大的企业。

这种组织模式的优点是系统维护简单，可靠性高，能够实现会计数据的实时处理。缺点是运行效率受主机影响很大，挂接的终端数量有限，而且只要主机有问题，系统就会全部瘫痪。这种模式适用于业务处理量不是很大的单位。如果主机采用大中型计算机，就能实现大中型规模应用，但相应的投资和维护费用就会大大提高。

(四) 微机局域网络

局域网(Local Area Network，LAN)是将一个区域内的各种通信设备互联在一起的通信网络。局域网的主要特点有以下几个方面。

(1) 局域网是一种通信网络。它将连接到局域网络的数据通信设备加上协议和网络软件组成计算机网络。

(2) 联入局域网的数据通信设备是广义的，包括计算机、终端和各种外部设备等。

(3) 局域网覆盖的地理范围较小，一般在几十米到几千米之间，如一个办公室、一幢大楼等。

微机局域网络(又称为网络结构)，是由一台服务器(通常是高档微机)将许多中低档微机连接在一起(由网络接口卡、通信电缆连接)，相互通信、共享资源，组成一个功能更强的计算机网络系统。其物理组织的逻辑模式如图2-5所示。

这种模式的缺点是投资相对较高，维护难度相对较大。其优点有：①处理的所有数据都存放在服务器内，可以共享；②可多人同时操作，对一项业务或多项业务进行处理，实时性好；③可将会计业务之间的联系体现在一套会计软件系统中，充分体现了会计是一个信息系统的特点；④工作站的数量可以达到几百甚至上千个，适应性较强；⑤可通过互联网或专线实现局域网之间的连接，实现一个较大的网络数据处理系统。对于大型单位和跨地区的单位来说是一种比较好的组织模式。

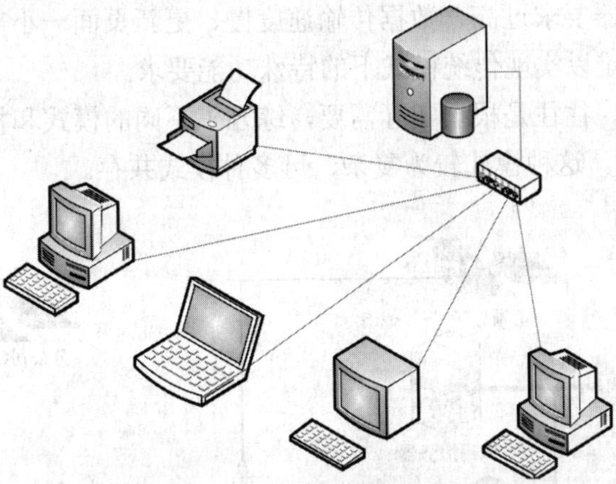

图2-5　微机局域网络组织模式

微机局域网络通常分为客户机/服务器(Client/Server，C/S)结构和浏览器/服务器(Browser/Server，B/S)结构两种，主要适用于大中型企业。

1. 客户机/服务器结构

客户机/服务器(C/S)结构是把数据库内容放在远程的服务器上，而在客户机上安装相应软件。C/S结构由两部分构成：前端是客户机(Client)，即用户界面结合了表示与业务逻辑，接受用户的请求，并向数据库服务器提出请求，通常是一个PC机；后端是服务器(Server)，即服务器将数据提交给客户端，客户端将数据进行计算并将结果呈现给用户。服务器还要提供完善的安全保护及对数据的完整性处理等操作，并允许多个客户同时访问同一个数据库。在这种结构中，服务器的硬件必须具有足够的处理能力才能满足客户的要求。

客户机/服务器结构模式下，服务器需配备大容量存储器并安装数据库管理系统，负责会计数据的定义、存取、备份和恢复，客户端安装专用的会计软件，负责会计数据的输入、运算和输出。

客户机/服务器结构的优点在于技术成熟、响应速度快、适合处理大量数据；其缺点在于系统客户端软件安装维护的工作量大，且数据库的使用一般仅限于局域网的范围内。

2. 浏览器/服务器结构

浏览器/服务器(B/S)结构是只安装维护一个服务器，而客户端采用浏览器(Browser)运行软件。它是随着互联网技术的兴起，对C/S结构的一种变化和改进。B/S结构主要利用了不断成熟的WWW浏览器技术，结合多种Script语言(VBscript、Javascript等)和ActiveX技术，其优势明显，目前已被广泛应用。

在B/S结构系统中，通过浏览器向分布在网络上的许多服务器发出请求，服务器对浏览器的请求进行处理，将所需信息返回到浏览器。而其余如数据请求、加工、结果返回以及动态网页生成、对数据库的访问和应用程序的执行等全部由Web Server完成。随着

Windows将浏览器技术植入操作系统内部，这种结构已成为当今应用软件的首选体系结构。显然，B/S结构应用程序相对于传统的C/S结构应用程序是一个非常大的进步。

B/S结构的主要特点是分布性强、维护方便、共享性强、总体拥有成本低。但是存在数据安全性、对服务器要求过高、数据传输速度慢、更新页面一小部分数据就要回传整个页面等方面的不足，难以实现传统模式下的特殊功能要求。

在具体的企业中，往往是根据实际需要，综合了不同的模式和技术，集团企业的网络构成模式如图2-6所示。这种模式较为复杂，可多种模式共存。

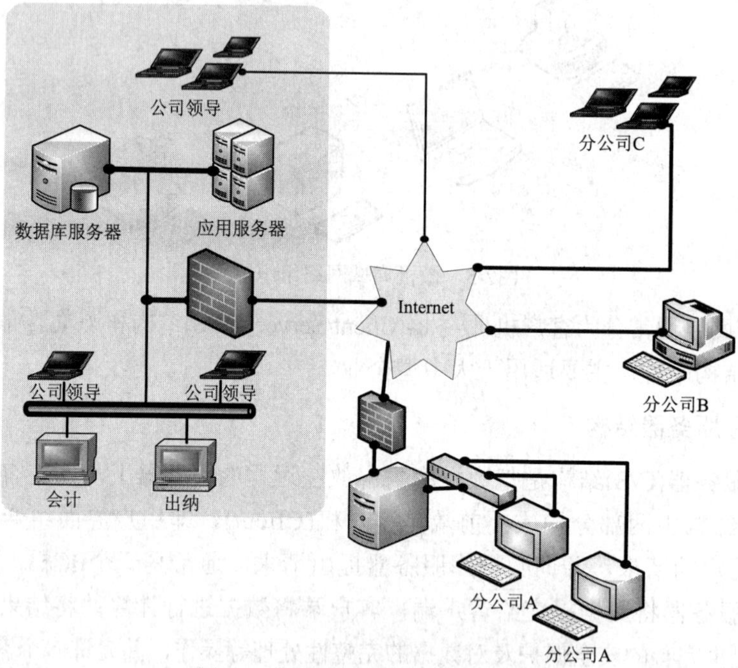

图2-6　集团企业网络构成模式图

第二节　会计软件的软件环境

一、软件的类型

（一）系统软件

系统软件是用来控制计算机运行，管理计算机的各种资源，并为应用软件提供支持和服务的一类软件。系统软件是计算机系统必备的软件。系统软件主要包括操作系统、语言处理程序、支撑服务程序、数据库管理系统等。Windows操作系统即属于系统软件。

1. 操作系统

操作系统是最底层的系统软件，它是对硬件系统功能的扩充，也是其他系统软件和应用软件能够在计算机上运行的基础。

操作系统实际上是一组程序，它们用于统一管理计算机中的各种软、硬件资源，合理地组织计算机的工作流程，协调计算机系统各部分之间、系统与用户之间、用户与用户之间的关系。由此可见，操作系统在计算机系统中占有特殊的地位。通常，操作系统具有五个方面的功能：内存储器管理、处理机管理、设备管理、文件管理和作业管理。这也就是通常所说的操作系统的五大任务。DOS、Windows、UNIX、Linux等都是常用的操作系统。

2. 数据库管理系统

数据库是将具有相互关联的数据以一定的组织方式存储起来，形成相关系列数据的集合。它具有数据冗余度小、可共享等特点。随着计算机在信息管理领域中日益广泛深入的应用，产生和发展了数据库技术，随之出现了各种数据库管理系统(Data Base Management System，DBMS)。

DBMS是计算机实现数据库技术的系统软件，它是用户和数据库之间的接口，是帮助用户建立、管理、维护和使用数据库进行数据管理的一个软件系统。目前常用的数据库管理系统有Oracle、Sybase、Visual FoxPro、Informix、SQL Server、Access等。

数据库系统主要由数据库、数据库管理系统组成，此外还包括应用程序、硬件和用户。会计软件是基于数据库系统的应用软件。

3. 支撑软件

支撑软件是指为配合应用软件有效运行而使用的工具软件，是软件系统的一个重要组成部分。它主要包括环境数据库、各种接口软件和工具组。著名的软件开发环境有IBM公司的WebSphere、微软公司的Studio.NET等。

4. 语言处理程序

人们要利用计算机解决实际问题，首先就要编制程序。程序设计语言就是用户用来编写程序的语言，它是人与计算机之间交换信息的工具。程序设计语言是软件系统的重要组成部分，而相应的各种语言处理程序属于系统软件。语言处理程序的作用就是负责把用程序设计语言编写的程序翻译成能被计算机直接识别和执行的机器指令程序。程序设计语言一般分为机器语言、汇编语言和高级语言三类。

(1) 机器语言

计算机中的数据都是用二进制表示的，机器指令是用一串由“0”和“1”不同组合的二进制代码表示。机器语言是直接用机器指令作为语句与计算机交换信息的语言。用机器语言编写的程序，计算机能识别，可直接运行，但很难理解。

(2) 汇编语言

汇编语言是由一组与机器语言指令一一对应的符号指令和简单语法组成的。汇编语言是一种符号语言，它将难以记忆和辨认的二进制指令码用有意义的英文单词(或缩写)作为辅助记符，使之比机器语言编程前进了一大步。

(3) 高级语言

机器语言和汇编语言都是面向机器的语言，一般称为低级语言。低级语言对机器的依赖性太大，用它们开发的程序通用性很差。

高级语言与具体的计算机硬件无关，其表达方式接近于被描述的问题，易为人们接受和掌握。用高级语言编写程序要比低级语言容易得多，并大大简化了程序的编制和调试，使编程效率得到大幅度的提高。高级语言的显著特点是独立于具体的计算机硬件，通用性和可移植性好。

(二) 应用软件

应用软件是为了解决计算机各类问题而编写的程序，分为应用软件包(Package)与用户程序。它是在硬件和系统软件的支持下，面向具体问题和具体用户的软件。随着计算机应用的日益广泛深入，各种应用软件的数量不断增加，质量日趋完善，使用更加方便灵活，通用性越来越强。有些软件已逐步标准化、模块化，形成了解决某类典型问题的较通用的软件，这些软件称为应用软件包。目前常用的软件包有文字处理软件、表格处理软件、会计软件、图形图像处理软件、统计软件等，如表2-1所示。

表2-1 常见的应用软件举例

分类名称	应用软件
文字处理软件	写字板、记事本、Word、WPS
电子表格处理软件	Excel、金山表格
图形图像处理软件	AutoCAD、Photoshop、CorelDraw
网络通信软件	Outlook Express、FoxMail、CC-Mail
统计软件	SPSS、SAS

1. 用户程序

用户程序是用户为了解决特定的问题而开发的软件。充分利用计算机系统各种现成的软件，在系统软件和应用软件包的支持下可以更加方便、有效地开发用户专用程序。各种票务管理系统、人事管理系统和会计软件等都属于用户程序。

2. 文字处理软件

文字处理软件主要用于对输入到计算机中的文字进行编辑并能将输入的文字以多种字形、字体及格式打印出来。常用的文字处理软件有Microsoft Word、金山WPS等。

3. 表格处理软件

表格处理软件用于处理各式各样的表格并存盘打印。目前常用的表格处理软件有Microsoft Excel、金山表格等。

4. 图形图像处理软件

随着计算机硬件和软件技术的飞速发展，以及用户对图形图像处理的需求越来越大，利用计算机创作图形图像已经成为计算机应用的一个重要分支。利用图形图像处理软件可以对图像进行加工、处理，能满足不同用户的各种要求。

二、安装会计软件的前期准备

在安装会计软件前，技术支持人员必须首先确保计算机的操作系统符合会计软件的运行要求。某些情况下，技术支持人员应该事先对操作系统进行一些简单的配置，以确保会计软件能够正常运行。

在检查并设置完操作系统后，技术支持人员需要安装数据库管理系统。

会计软件的正常运行需要某些支撑软件的辅助。因此，在设置完操作系统并安装完数据库管理系统后，技术支持人员应该安装计算机缺少的支撑软件。

在确保计算机操作系统满足会计软件的运行要求，并安装完毕数据库管理软件和支撑软件后，技术支持人员方可开始安装会计软件，同时应考虑会计软件与数据库系统的兼容性。

第三节　会计软件的网络环境

一、计算机网络基本知识

(一) 计算机网络的概念与功能

随着计算机技术的迅猛发展，计算机已经在各个领域得到广泛的应用，人们对信息的处理不再局限于单机的数据归纳和计算，还要进行大量的信息传递，因此计算机网络应运而生。1969年，美国国防部研究计划局(ARPA)主持研制的ARPAnet计算机网络投入运行。在这之后，世界各地计算机网络的建设如雨后春笋般迅速发展起来。

计算机网络是现代计算机技术与通信技术相结合的产物，它是以硬件资源、软件资源和信息资源共享及信息传递为目的，在统一的网络协议控制下，将地理位置分散的许多独立的计算机系统连接在一起所形成的网络，如图2-7所示。

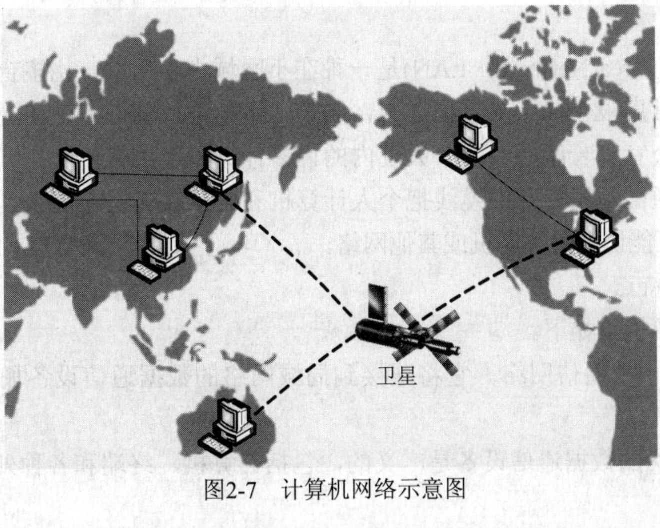

图2-7　计算机网络示意图

计算机网络连接的方式(介质)可以用电缆、光纤、微波、无线和通信卫星等，网络中的计算机是相互独立的。它们之间没有明显的主从关系，即一台计算机不能强制启动、中止或控制网络中的另一台计算机。

计算机网络的功能主要体现在资源共享、数据通信、分布处理三个方面。

1. 资源共享

在计算机网络中，各种资源可以相互通用，用户可以共同使用网络中的软件、硬件和数据。这里所讲的资源是指构成计算机网络系统的所有元素，包括计算机硬件设备、软件和数据资源等。资源共享是指网上的用户能部分或全部地享用网络系统中的资源，从而大大提高系统资源的利用率。

2. 数据通信

计算机网络可以实现各计算机之间的数据传送，可以根据需要对这些数据进行集中与分散管理。信息传送功能是计算机网络最基本的功能，主要完成计算机网络中各个结点之间的系统通信。强大的网络系统为人们提供了高速的通信手段，人们可以在网上传送电子邮件、发布新闻消息、进行电子商务、远程教育、远程医疗等活动。

3. 分布处理

当计算机中的某个系统负荷过重时，可以将其处理的任务传送到网络中较空闲的其他系统中，以提高整个系统的利用率。所谓分布式，就是指网络系统中若干台计算机可以互相协作共同完成一个任务，或者说，一个程序可以分布在几台计算机上并行处理。这样就可将一项复杂的任务划分成许多部分，由网络内各计算机分别完成有关的部分，提高了系统的可靠性，使整个系统的性能大为增强。

(二) 计算机网络的分类

按照覆盖的地理范围进行分类，计算机网络可以分为局域网、城域网和广域网三类。

1. 局域网

局域网(Local Area Network，LAN)是一种在小区域内使用的，由多台计算机组成的网络，覆盖范围通常局限在10千米范围之内，属于一个单位或部门组建的小范围网。例如，把分散在一个办公室、一座楼、一个大院内的许多计算机连接在一起相互通信组成的计算机网络。局域网通常是用特殊电缆线把个人计算机和电子设备互连起来，使得用户可以通信、共享资源，还能访问远程主机或其他网络。

(1) 局域网的特点

局域网的主要特点如下。

① 局域网是一种通信网络。它将连接到局域网络的数据通信设备加上协议和网络软件组成计算机网络。

② 联入局域网的数据通信设备是广义的，包括计算机、终端和各种外部设备等。

③ 局域网覆盖的地理范围较小，一般在几十米到几千米之间，如一个办公室、一幢大楼等。

(2) 局域网拓扑类型

由于局域网设计的主要目标是覆盖一个公司、一所大学或两幢办公大楼等“有限的地理范围”，因此局域网在网络拓扑上主要采用了星型、总线型、环型结构，在网络传输介质上主要采用双绞线、同轴电缆和光纤。

① 星型拓扑。在局域网的星型拓扑中存在一个中心结点，每个结点通过点对点线路与中心结点连接，任何两个结点之间的通信都要通过中心结点转接。

典型的星型拓扑如图2-8所示。

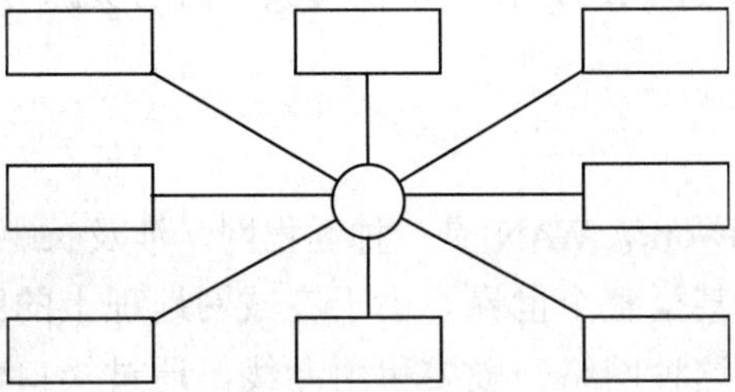

图2-8　星型拓扑

② 总线型拓扑。总线型拓扑是局域网主要的拓扑构型之一。图2-9给出了总线型局域网计算机的实际连接情况。

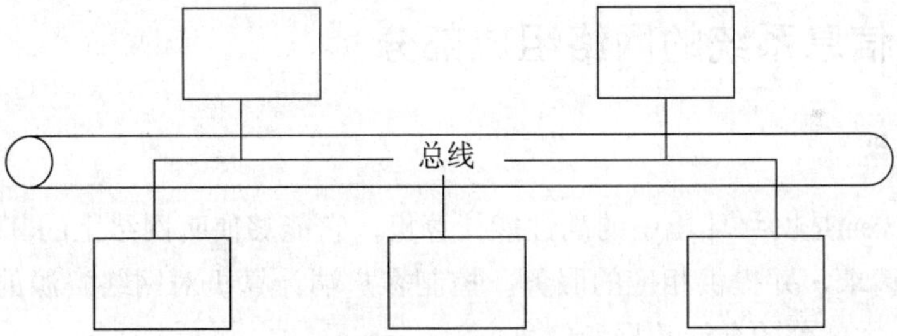

图2-9　总线型拓扑

总线型拓扑结构的特点是：

- 所有的结点都通过相应的网卡直接连接到一条作为公共传输介质的总线上；
- 总线通常采用同轴电缆或双绞线作为传输介质；
- 所有结点都可以通过总线传输介质发送或接收数据，但一段时间内只允许一个结点利用总线发送数据。当一个结点利用总线传输介质以“广播”方式发送数据时，其他结点可以用“收听”方式接收数据。
- 由于总线作为公共传输介质为多个结点共享，就有可能出现同一时刻有两个或两个以上结点利用总线发送数据的情况，因此会出现“冲突”，造成传输失败。

总线型拓扑的优点是：结构简单，实现容易，易于扩展，可靠性较好。

③ 环型拓扑。环型拓扑也是共享介质局域网最基本的拓扑构型之一，如图2-10所示。在环型拓扑中，结点通过相应的网卡使用点对点连接线路构成闭合的环型。环中数据沿着一个方向绕环逐站传输。

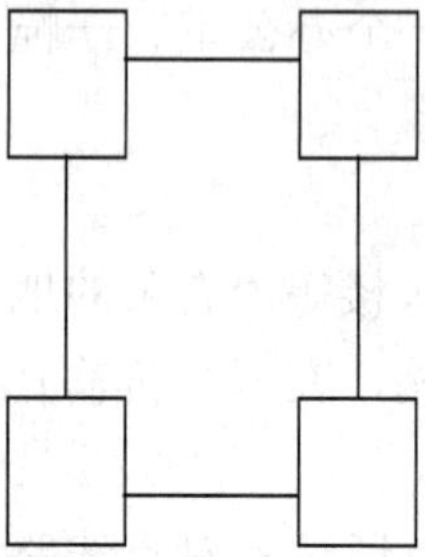
图2-10 环型拓扑

需要指出的是，以上是从局域网基本技术的分类，以及构成局域网基本组成单元的角度讨论了局域网拓扑问题。任何实际应用的局域网系统都可能是一种或几种基本拓扑的扩展与组合，但是无论局域网络系统的结构有多复杂，构成它的基本局域网单元都符合以上讨论的基本特征。

2. 城域网

城域网(Metropolitan Area Network，MAN)是作用范围在广域网与局域网之间的网络，其网络覆盖范围通常可以延伸到整个城市，借助通讯光纤将多个局域网联通公用城市网络形成大型网络，使得不仅局域网内的资源可以共享，局域网之间的资源也可以共享。

3. 广域网

广域网(Wide Area Network，WAN)是一种远程网，涉及长距离的通信，覆盖范围可以是一个国家或多个国家，甚至整个世界。由于广域网地理上的距离可以超过几千千米，所以信息衰减非常严重，这种网络一般要租用专线，通过接口信息处理协议和线路连接起来，构成网状结构，解决寻径问题。 广域网一般采用无规则的网状形拓扑结构，速度慢、延迟长。

二、会计信息系统的网络组成部分

(一) 服务器

服务器(Server)是网络环境中的高性能计算机，它能够侦听网络上的其他计算机(客户机)提交的服务请求，并提供相应的服务，控制客户端计算机对网络资源的访问，并能存储、处理网络上大部分的会计数据和信息。

服务器通常分为文件服务器、数据库服务器和应用程序服务器。它的高性能主要体现在高速度的运算能力、长时间的可靠运行、强大的外部数据吞吐能力等方面。服务器的构成与普通计算机基本相似，有处理器、硬盘、内存、系统总线等，它们是针对具体的网络应用特别制定的，因而在处理能力、稳定性、可靠性、安全性、可扩展性、可管理性等方面存在很大差异。因此CPU、芯片组、内存、磁盘系统、网络等硬件和普通PC有所不同。

(二) 客户机

客户机又称为用户工作站，是连接到服务器的计算机，能够享受服务器提供的各种资源和服务。会计人员通过客户机使用会计软件，因此客户机的性能也必须适应会计软件的运行要求。

客户机和服务器都是独立的计算机。当一台连入网络的计算机向其他计算机提供各种网络服务(如数据、文件的共享等)时，它就被叫做服务器。而那些用于访问服务器资料的计算机则被叫做客户机。

(三) 网络连接设备

网络连接设备是把网络中的通信线路连接起来的各种设备的总称，这些设备包括中继器、网桥、交换机、路由器和网关等。网络连接设备的构成如图2-11所示。

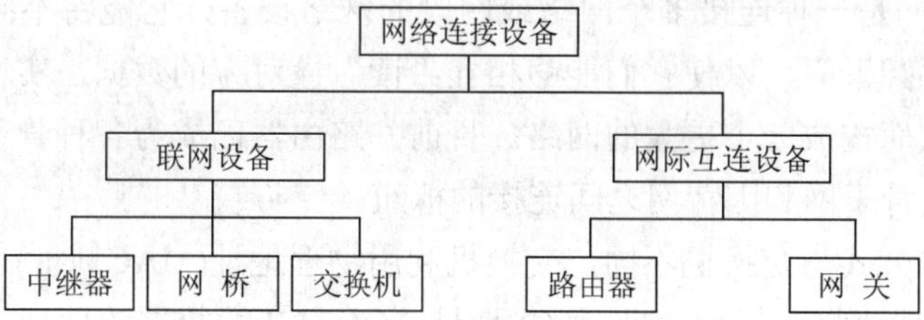

图2-11　网络连接设备

1. 中继器

中继器(Repeater)是一种放大模拟信号或数字信号的网络连接设备，通常具有两个端口。它接收传输介质中的信号，将其复制、调整和放大后再发送出去，从而使信号能传输得更远，延长信号传输的距离。中继器不具备检查和纠正错误信号的功能，它只负责转发信号。

2. 网桥

网桥(Bridge)的主要功能是将两个相同类型的局域网连起来，根据MAC(网卡的硬件地址)地址来转发帧，网桥可以看做一个“低层的路由器”。最简单的网桥是在一台计算机中插入两块网卡，每一块网卡与一个局域网连接，再在这台计算机上运行相应的网桥软件而形成的(即这一台计算机具有网桥功能)。

网桥分为内部网桥(简称为内桥)和外部网桥(简称为外桥)两种。内桥由服务器担任，即在服务器上插入一块网卡并运行相应的网桥软件而构成的网桥。外桥可用一台单独的计算机来担任，即在计算机上插入两块网卡并运行相应的网桥软件而构成的网桥。

3. 集线器

集线器(HUB)使网络上的计算机可以进行通信。使用以太网电缆将每台计算机连接到集线器后，从一台计算机发送到另一台计算机的信息就会通过该集线器。集线器无法识别所接收信息的来源或预期目标，因此它会将信息发送到与其连接的所有计算机(包括发送该信息的计算机)。集线器可以发送或接收信息，但不能同时发送并接收信息。

4. 交换机

交换机(Switch)又称交换式集线器，在网络中用于完成与它相连的线路之间的数据单元的交换，是一种基于MAC识别，完成封装、转发数据包功能的网络设备。在局域网中可以用交换机来代替集线器，其数据交换速度比集线器快得多。这是由于集线器不知道目标地址在何处，只能将数据发送到所有的端口。而交换机中会有一张地址表，通过查找表格中的目标地址，把数据直接发送到指定端口。

利用交换机连接的局域网叫交换式局域网。在用集线器连接的共享式局域网中，信息传输通道就好比一条没有划出车道的马路，车辆只能在无序的状态下行驶，当数据和用户数量超过一定的限量时，就会发生抢道、占道和交通堵塞的现象。交换式局域网则不同，就好比将上述马路划分为若干车道，保证每辆车能各行其道、互不干扰。

5. 路由器

路由器(Router)是一种连接多个网络或网段的网络设备，它能将不同网络或网段之间的数据信息进行“翻译”，以使它们能够相互“读”懂对方的数据，实现不同网络或网段间的互联互通，从而构成一个更大的网络。目前，路由器已成为各种骨干网络内部之间、骨干网之间、一级骨干网和因特网之间连接的枢纽。

路由器的工作方式与交换机不同，交换机利用物理地址(MAC地址)来确定转发数据的目的地址，而路由器则是利用网络地址(IP地址)来确定转发数据的地址。另外，路由器还具有数据处理、防火墙及网络管理等功能。

6. 网关

网关(Gateway)又称网间连接器、协议转换器。网关是最复杂的网络互联设备，既可以用于广域网互联，也可以用于局域网互联。与网桥只是简单地传达信息不同，网关对收到的信息要重新打包，以适应目的系统的需求。

第四节 会计软件的安全

一、安全使用会计软件的基本要求

常见的非规范化操作包括密码与权限管理不当、会计档案保存不当、未按照正常操作规范运行软件等。这些操作均有可能威胁会计软件的安全运行。

(一) 严格管理账套使用权限

在使用会计软件时，用户应该对账套使用权限进行严格管理，防止数据外泄；用户不能随便让他人使用电脑；在离开计算机时，必须立即退出会计软件，以防止他人偷窥系统数据。

设置操作员权限是从内部控制的角度出发，对系统操作人员进行严格的岗位分工，严禁越权操作的行为发生，保证系统使用的安全性。

系统管理员和账套主管都有权设置操作员权限，不同的是：系统管理员可以指定或取消某一操作员为一个账套的主管，也可以对各个账套的操作员进行授权；账套主管的权限局限于他所管辖的账套，在该账套内，账套主管默认拥有全部操作权限，可以针对本账套的操作员进行权限设置。

按照内部控制制度的要求，企业不同的角色及不同的会计人员应具有不同的操作权限，因此在增加了系统的操作员之后，紧接着是要进行角色的权限及操作人员权限的设定，即会计分工。

会计软件的权限管理一般分为三个层次：①功能级权限管理；②数据级权限管理；③科目、金额级权限管理。

(二) 定期打印备份重要的账簿和报表数据

为防止硬盘上的会计数据遭到意外或被人为破坏，用户需要定期将硬盘数据备份到其他磁性介质上(如U盘、光盘等)。在月末结账后，对本月重要的账簿和报表数据还应该打印备份。 对于应该打印哪些账表、什么时候打印，应根据具体单位的情况来确定。一般应打印的账簿有现金日记账和银行日记账、明细账、总账等。

会计报表是指由计算机根据主管部门统一规定设计格式打印出的外部报表。根据人员职责的规定，由主管报表的人员统一收集、整理和保存。年终将全年的会计报表交与档案管理员办理存档手续。在检查无误后，按时间顺序加封面后装订成册。封面要逐项写明报表名称、页数、日期等，经会计负责人审核盖章后，可归档保存。

(三) 严格管理软件版本升级

对会计软件进行升级的原因主要有：因改错而升级版本；因功能改进和扩充而升级版本；因运行平台升级而升级版本。经过对比审核，如果新版软件更能满足实际需要，企业应该对其进行升级。

会计软件随着计算机技术、软件开发工具和业务的变化，会不断推出新的版本。具体推出的频度，依据不同的软件和厂家有所不同。软件升级即意味着错误的纠正、功能的增强，也可能是有重大的创新。对于会计人员来讲是新技术的进步和功能的进一步增强，将会进一步提高会计工作效率。

1. 会计软件升级的作用

(1) 纠正软件中存在的错误

由于种种原因，原有的软件可能存在某些错误，这些错误往往是在具体的应用中才发现的。软件厂家会不断地完善原有的软件，进行升级软件就可以把以前的缺陷解决。软件中存在的错误，一般分为程序错误和功能错误。

(2) 更新功能

根据新的业务或管理的需要，升级软件会增加新的功能。例如在新的版本中增加了一些管理分析报表等。

(3) 界面和易用性的改进

有些软件虽然可以应用，但界面不美观，流程不清晰，甚至影响应用的效果，为此进行的改进就是对界面的设计和优化。对于有些功能，虽然能用，但用起来不方便，这类改进就属于易用性的提高。

2. 软件更新带来的问题

当我们使用一个软件后，即会养成特定的操作习惯，因人而异，不尽相同。如有的人习惯在菜单中寻找命令，有的人则直接利用快捷键，有的喜欢使用流程图方式。在软件升级过程中，往往会加入一些新的功能，很可能有些以前已经适应的习惯到新版本中会变得不适应。当这种情况发生后，就必须放弃以前的习惯，去适应新的操作方式。

3. 软件升级的种类

(1) 程序补丁

根据用户对新功能的需要，或者是要解决原软件中的一些问题，会计软件研发单位会针对自己的产品开发一个补丁程序。不同版本的会计软件，或者不同的系统平台，补丁程序可能会有差异。用户得到补丁程序之后，只需要在一定条件下简单地执行一些操作就可以获得新的功能。

一般来讲，程序补丁只是做一些小的功能改进，或修改一些小错误。当错误较多或新增功能较多时，一般都会发布一个新的版本。

(2) 程序升级

当补丁较多，或者是打补丁需要对数据进行一些复杂的操作时，会计软件研发单位一般都会提供升级程序，方便用户自动完成升级工作。

4. 升级的具体方法

获取升级程序，一般是登录会计软件研发单位的网站，了解相关的信息。一般来说，对于会计软件的重大升级，在软件开发单位的网站上都会有相关的披露，并提供软件补丁的获取方式，供会计软件使用单位自己升级。用户也可以跟会计软件的销售服务商联系，获取升级程序。

在下载补丁时，要特别注意以下问题。

(1) 自己使用的会计软件属于哪个种类。软件研发单位一般都针对不同类型的使用单位，开发有针对低端、中端、高端的相关产品，而且往往还有针对行业的会计软件。

(2) 下载本单位所使用版本的补丁程序。对于同一种软件，由于新版本的不断推出，往往在实际中本单位使用的并不一定是最新的版本，或者因为某种原因(如在该版本进行了专项开发)不能进行升级，所以就要特别注意所使用的版本号，如果不清楚，应该主动询问软件服务机构。

(3) 安装新的补丁程序。用户得到补丁程序之后，应该仔细核对补丁程序所适用的版本、适用环境等信息，严格按照补丁程序的操作说明进行操作。在给使用中的会计软件安装补丁之前，一定要做好充分的系统备份和数据备份。第一步是复制一个完全独立的测试系统，然后安装补丁程序。第二步是测试原来会计软件的各项功能是否能够正常使用。第三步是测试新提供的功能是否能够正常应用。第四步是在以上过程测试完毕后，对运行中的系统安装补丁程序，安装完成后，同样要进行原有功能的测试和新功能的测试。如果运行正常，则可启用新的系统。若测试出现异常，则恢复原来的系统，并与研发单位或服务单位联系处理。

由于软件升级涉及许多复杂的技术问题，如果本单位实施升级有困难，应要求软件研发单位的服务人员来进行升级。

二、计算机病毒的防范

计算机病毒是指编制者在计算机程序中插入的破坏计算机功能或数据，影响计算机使用并且能够自我复制的一组计算机指令或程序代码。简单地说，计算机病毒是一种特殊的危害计算机系统的程序，它能在计算机系统中驻留、繁殖和传播。

(一) 计算机病毒的特点

1. 寄生性

病毒可以寄生在正常的程序中，跟随正常程序一起运行。一旦程序被执行，病毒也就被激活，开始编制或者在程序中插入破坏计算机功能或者数据的一组计算机指令。

2. 传染性

病毒可以通过不同途径传播。计算机病毒不但本身具有破坏性，而且具有极强的传染性，一旦病毒被复制或产生变种，其速度之快令人难以预防。传染性是病毒的基本特征。只要一台计算机染毒，如果不及时处理，病毒就会在这台机器上迅速扩散，计算机的大量文件(一般是可执行文件)会被感染。被感染的文件又成了新的传染源，再与其他机器进行数据交换或通过网络接触时，病毒会继续传播。

正常的计算机程序一般是不会将自身的代码强行连接到其他程序之上的，病毒却能使自身的代码强行传染到一切符合其传染条件的未受到传染的程序之上。计算机病毒可通过各种可能的渠道，如U盘、计算机网络去传染其他的计算机。

3. 潜伏性

计算机在工作时被染上病毒后，一般并不立刻发作。各种病毒有各自特定的条件和等待时间，当时机成熟便即刻转入各自的病毒发作子程序。

一个编制精巧的计算机病毒程序，进入系统之后一般不会马上发作，可能在几周或者几个月甚至几年内隐藏在合法文件中，不断对其他系统进行传染而不被发现。潜伏性越好，其在系统中的存在时间就越长，病毒的传染范围就会越大。例如“黑色星期五”病毒，不到预定时间丝毫察觉不出来，等到条件具备的时候就集中大规模爆发，对系统进行破坏。

潜伏性的第一种表现是病毒程序不用专用检测程序是检查不出来的；第二种表现是计算机病毒的内部往往有一种触发机制，不满足触发条件时，计算机病毒除了传染外不做什么破坏。触发条件一旦得到满足，有的在屏幕上显示信息、图形或特殊标识，有的则执行破坏系统的操作，如对数据文件做加密、封锁键盘以及使系统死锁、删除文件等。

4. 隐蔽性

病毒往往寄生在U盘、光盘或某些程序文件中，尤其是后者很难被发觉。

5. 破坏性

病毒的目的在于破坏系统，主要表现在占用系统资源、破坏数据、干扰运行，甚至造成系统瘫痪，有些病毒如CIH病毒还可以攻击BIOS，破坏硬件。

6. 可触发性

病毒既要隐蔽又要维持杀伤力，因此必须具有可触发性。病毒具有预定的触发条件，可以在条件成熟时被触发。这些条件可能是时间、日期、文件类型或某些特定数据等。病毒运行时，触发机制检查预定条件是否满足，如果满足则启动感染或破坏动作，使计算机受到感染或攻击。

(二) 计算机病毒的类型

1. 按计算机病毒的破坏能力分类

计算机病毒可分为良性病毒和恶性病毒。良性病毒是指那些只占用系统CPU资源，但不破坏系统数据，不会使系统瘫痪的计算机病毒，仅仅是减少内存、显示图像、发出声音等影响。与良性病毒相比，恶性病毒对计算机系统的破坏力更大，包括删除文件、破坏盗取数据、格式化硬盘、导致系统瘫痪等。

2. 按计算机病毒存在的方式分类

计算机病毒可分为引导型病毒、文件型病毒和网络病毒。

(1) 引导型病毒

引导型病毒是在系统开机时进入内存后控制系统，进行病毒传播和破坏活动的病毒。

引导型病毒进入系统，一定要通过启动过程。在无病毒环境下使用的U盘或硬盘，即使它已感染引导区病毒，也不会进入系统并进行传染。但是，只要用感染引导区病毒的磁盘引导系统，就会使病毒程序进入内存，形成病毒环境。

(2) 文件型病毒

文件型病毒系计算机病毒的一种，主要通过感染计算机中的可执行文件(.exe)和命令文件(.com)对计算机的源文件进行修改，使其成为新的带毒文件。一旦计算机运行该文件就会被感染，从而达到传播和破坏的目的。

(3) 网络病毒

组成网络的每一台计算机都能连接到其他计算机，数据也能从一台计算机发送到其他计算机上。如果发送的数据感染了计算机病毒，接收方的计算机将自动被感染，因此，有可能在很短的时间内感染整个网络中的计算机。

随着互联网的高速发展，网络病毒已经成为计算机病毒的第一传播途径。除了传统的文件型计算机病毒以文件下载、电子邮件的附件等形式传播外，新兴的模式层出不穷。甚至还有利用网络分布计算技术将自身分成若干部分，隐藏在不同的主机上进行传播的计算机病毒。

(三) 导致病毒感染的人为因素

1. 不规范的网络操作

不规范的网络操作可能导致计算机感染病毒。其主要途径包括浏览不安全网页、下载被病毒感染的文件或软件、接收被病毒感染的电子邮件、使用即时通信工具等。

2. 使用被病毒感染的磁盘

使用来历不明的硬盘和U盘等存储介质，如果本身是带毒的，就容易使计算机感染病毒。

(四) 感染计算机病毒的主要症状

当计算机感染病毒时，系统会表现出一些异常症状，具体如下。

(1) 系统启动时间比平时长，运行速度减慢。

(2) 系统经常无故发生死机现象。

(3) 系统异常重新启动。

(4) 计算机存储系统的存储容量异常减少，磁盘访问时间比平时长。

(5) 系统不识别硬盘。

(6) 文件的日期、时间、属性、大小等发生变化。

(7) 打印机等一些外部设备工作异常。

(8) 程序或数据丢失或文件损坏。

(9) 系统的蜂鸣器出现异常响声。

(10) 其他异常现象。

(五) 防范计算机病毒的措施

计算机病毒虽然是一些小程序，但具有很强的破坏力，并且能够迅速传播。计算机病毒防范体系的建设是一个社会性的工作，不是一两个人、一两家企业能够实现的，需要全社会的参与，充分利用所有能够利用的资源，形成广泛的、全社会的计算机病毒防范体系网络。

防范计算机病毒的措施主要如下。

(1) 规范使用U盘等存储介质的操作。在使用外来的存储介质时应该首先用杀毒软件检查是否有病毒，确认无病毒后再使用。

(2) 使用正版软件，杜绝购买盗版软件。

(3) 谨慎下载与接收网络上的文件和电子邮件。

(4) 经常升级杀毒软件。

(5) 在计算机上安装防火墙。

(6) 经常检查系统内存。

(7) 计算机系统要专机专用，避免使用其他软件。

(六) 计算机病毒的检测与清除

1. 计算机病毒的检测

目前病毒的破坏力越来越强，几乎所有的软件、硬件故障都可能与病毒有牵连，所以当发现计算机有异常情况时，首先应考虑的就是病毒在作怪，而最佳的解决办法就是用杀毒软件对计算机进行一次全面的清查。

为防止计算机病毒的侵害，一方面要预防，另一方面还要经常检测和消除病毒。

计算机病毒的检测方法通常有两种：

(1) 人工检测。人工检测是指通过一些软件工具进行病毒检测。这种方法需要检测者熟悉机器指令和操作系统，因而不易普及。

(2) 自动检测。自动检测是指通过一些诊断软件来判断一个系统或一个软件是否有计算机病毒。自动检测比较简单，一般用户都可以进行。

2. 计算机病毒的清除

对于一般用户而言，清除病毒一般使用杀毒软件进行。杀毒软件可以同时清除多种病毒，并且对计算机中的数据没有影响。

杀毒软件也称反病毒软件，是用于消除电脑病毒、特洛伊木马和恶意软件的一类软件。杀毒软件通常集成监控识别、病毒扫描和清除及自动升级等功能，有的杀毒软件还带有数据恢复等功能。

杀毒软件的任务是实时监控和扫描存储介质。部分杀毒软件通过在系统添加驱动程序的方式进驻系统，并且随操作系统启动。

三、计算机黑客的防范

计算机黑客是指通过计算机网络非法进入他人系统的计算机入侵者。他们对计算机技术和网络技术非常精通，能够了解系统的漏洞及其原因所在，通过非法闯入计算机网络来窃取机密信息，毁坏某个信息系统。

(一) 黑客常用的手段

1. 密码破解

黑客通常采用的攻击方式有字典攻击、假登录程序、密码探测程序等，主要目的是获取系统或用户的口令文件。

黑客破解密码的主要方法如下。

(1) 暴力破解

密码破解技术中最基本的就是暴力破解，也叫密码穷举。如果黑客事先知道了账户号码，如邮件账号、QQ用户账号、网上银行账号等，而用户的密码又设置得十分简单，如用简单的数字组合，黑客使用暴力破解工具很快就可以破解出密码来。因此，用户要尽量将密码设置得复杂一些。

(2) 击键记录

如果用户密码较为复杂，那么就难以使用暴力破解的方式破解，这时黑客往往通过给用户安装木马病毒，设计“击键记录”程序，记录和监听用户的击键操作，然后通过各种方式将用户击键内容传送给黑客，这样，黑客通过分析用户击键信息即可破解出用户的密码。

(3) 屏幕记录

为了防止击键记录工具破解密码，产生了使用鼠标和图片录入密码的方式，这时黑客便会通过木马程序将用户屏幕截屏下来然后记录鼠标点击的位置，通过记录鼠标位置对比截屏的图片，从而破解用户密码。

(4) 网络钓鱼

网络钓鱼是利用欺骗性的电子邮件和伪造的网站登录站点来进行诈骗活动，受骗者往往会泄露自己的敏感信息，如用户名、口令、账号、PIN码(个人识别密码)或信用卡详细信息等。

(5) 嗅探器

在局域网上，黑客要想迅速获得大量的账号(包括用户名和密码)，最为有效的手段是使用嗅探器(Sniffer)程序。这是一种威胁性极大的被动攻击工具。使用嗅探器可以监视网络的状态、数据流动情况以及网络上传输的信息。

当信息以明文的形式在网络上传输时，便可以使用网络监听的方式窃取网上传送的数据包。任何直接通过HTTP、FTP、POP、SMTP、TELNET协议传输的数据包都会被嗅探器程序监听。

(6) 工具破解

对于本地保存的一些以星号方式设置的密码，可以使用工具破解，执行工具后，原来显示密码的星号就可直接显示出密码的具体原文。

(7) 远程控制

使用远程控制木马监视用户本地电脑的所有操作，用户的任何键盘和鼠标操作都会被远程的黑客所截取。

(8) 不良习惯

有些人虽然设置了很长的密码，但是却将密码写在纸上，还有人使用自己的名字或者生日作为密码，还有些人使用常用的单词作为密码，这些不良的习惯都将导致密码轻易被破解。

(9) 分析推理

如果用户使用了多个系统，黑客可以通过先破解较为简单的系统的用户密码，然后用已经破解的密码推算出其他系统的用户密码，比如很多用户对于所有系统都使用相同的密码。

(10) 密码心理学

很多著名的黑客破解密码并非使用尖端的技术，而只是用到了密码心理学，从用户的心理入手，从细微之处分析用户的信息和心理，从而更快速破解出密码。

2. IP嗅探与欺骗

IP嗅探是一种被动式攻击，又叫网络监听。它通过改变网卡的操作模式来接收流经计算机的所有信息包，以便截取其他计算机的数据报文或口令。

欺骗是一种主动式攻击，它将网络上的某台计算机伪装成另一台不同的主机，目的是使网络中的其他计算机误将冒名顶替者当成原始的计算机而向其发送数据。

黑客的一举一动都会被服务器记录下来，所以黑客必须伪装自己使得对方无法辨别其真实身份，这需要有熟练的技巧来伪装自己的IP地址、使用踏板逃避跟踪、清理记录扰乱对方线索、巧妙躲开防火墙等。

3. 攻击系统漏洞

系统漏洞是指程序在设计、实现和操作上存在的错误。黑客利用这些漏洞攻击网络中的目标计算机。

4. 端口扫描

由于计算机与外界通信必须通过某个端口才能进行。黑客可以利用一些端口扫描软件对被攻击的目标计算机进行端口扫描，搜索到计算机的开放端口并进行攻击。

一个端口就是一个潜在的通信通道，也就是一个入侵通道。对目标计算机进行端口扫描，能得到许多有用的信息。进行扫描的方法很多，可以是手工进行扫描，也可以用端口扫描软件进行扫描。

（二）防范黑客的措施

1. 制定相关法律法规加以约束

随着网络技术的形成和发展，有关网络信息安全的法律法规相继诞生，并有效规范和约束与网络信息传递相关的各种行为。

2. 数据加密

数据加密是指通过加密算法和加密密钥将明文转变为密文，而解密则是通过解密算法和解密密钥将密文恢复为明文。数据加密的目的是保护系统内的数据、文件、口令和控制信息，同时也可以提高网上传输数据的可靠性。数据加密目前仍是计算机系统对信息进行保护的一种最可靠的办法。

3. 身份认证

系统可以通过密码或特征信息等来确认用户身份的真实性，只对确认了身份的用户给予相应的访问权限，从而降低黑客攻击的可能性。

4. 建立完善的访问控制策略

系统应该设置进入网络的访问权限、目录安全等级控制、网络端口和节点的安全控制、防火墙的安全控制等。通过各种安全控制机制的相互配合，才能最大限度地保护计算机系统免受黑客的攻击。

在实际工作中，如果数据备份及时，即便系统遭到黑客攻击，也可以在短时间内修复，挽回不必要的经济损失。数据的备份最好放在其他电脑或者驱动器上，这样黑客进入服务器之后，破坏的数据只是一部分，对于服务器的损害也不会太严重。

然而一旦受到黑客攻击，管理员不要只设法恢复损坏的数据，还要及时分析黑客的来源和攻击方法，尽快修补被黑客利用的漏洞，然后检查系统中是否被黑客安装了木马、蠕虫或者被黑客开放了某些管理员账号，尽量将黑客留下的各种蛛丝马迹和后门清除干净，防止黑客的下一次攻击。

建立防黑客扫描和检测系统，一旦检测到被黑客攻击，能够迅速作出应对措施。防范黑客最好的方法是在黑客找到安全漏洞并加以利用之前找到并修补漏洞。随着计算机技术的不断发展，新的安全漏洞不断出现。所以，必须对最新发现的安全漏洞及时进行修补，并定期进行检测，做到永远领先于黑客一步。

同步测试题

一、思考题

1. 什么是计算机硬件？什么是计算机软件？什么是系统软件？

2. 计算机的软件系统分为哪几类？分别说明其基本功能。

3. 计算机主要应用在哪些方面？并举例说明。

4. 计算机局域网络的特点有哪些？其拓扑类型主要有哪几种？

5. 为什么要加强计算机安全管理？应采取哪些手段预防？

二、判断题

1. 计算机是一种能够按照指令对各种数据和信息进行自动加工和处理的电子设备。(　　)

2. 硬件系统是指构成计算机的五大部分：运算器、控制器、存储器、输入设备和输出设备。(　　)

3. ROM的特点是存入的内容可以读出也可以写入。(　　)

4. 当关闭计算机的电源后，RAM中的程序和数据就消失了。(　　)

5. 体积微小的机器就是微机。(　　)

6. CPU的主要性能指标只有字长。(　　)

7. 硬盘具有容量大、存取速度较快、每兆字节成本低等优点。(　　)

8. 突然断电时，外部存储器中的信息保持不变，ROM中的信息和RAM中的信息会丢失。(　　)

9. CD-ROM、DVD-ROM是只读型光盘。(　　)

10. 鼠标按其工作原理的不同一般可以分为机械鼠标和光电鼠标。(　　)

11. ROM只能用于暂时存储而不能永久保存信息，一旦关机或突然断电，其中的数据就会丢失。(　　)

12. 计算机网络不能实现资源共享。(　　)

13. 计算机病毒是一种人为蓄意编制的程序。(　　)

14. 计算机网络按其规模大小和延伸范围，常分为局域网、单机和广域网。(　　)

15. 使用杀毒软件时，要不断更新才能防止新的病毒。(　　)

16. 防火墙是企业内部网与互联网之间的一道屏障，在一定程度上可以保护企业网免受黑客的攻击。(　　)

17. 网络技术中，“下载”是指把文件从远程计算机复制到用户本地计算机中的过程。(　　)

18. 程序设计语言一般分为机器语言、汇编语言、高级语言三类，其中以高级语言的通用性和可移植性最好。(　　)

19. 字长、时钟频率、运算速度和内存容量都是微机的主要性能指标。(　　)

20. 在计算机中用KB、MB、GB、TB等单位来表示存储容量，其中1GB=1024MB。(　　)

三、单项选择题

1. 计算机系统包括(　　)。

A. CPU、输入和输出设备　　B. 主机和它的外围设备

C. 系统软件和应用软件　　D. 计算机硬件系统和软件系统

2. 计算机硬件系统是由(　　)、控制器、存储器、输入和输出设备五个基本部分组成。

A. 硬盘驱动器　　B. 运算器　　C. 加法器　　D. RAM

3. 下列各组设备中，输入、输出和存储的设备分别是(　　)。

A. 键盘、显示器、光盘　　B. 打印机、显示器、磁带

C. 键盘、鼠标、磁盘　　D. CPU、显示器、RAM

4. 计算机中用于存放程序和数据的设备是(　　)。

A. 输入设备　　B. 输出设备　　C. 存储器　　D. 控制器

5. 目前市场上流行的U盘，采用(　　)接口传输数据。

A. TCP　　B. 并口　　C. USB　　D. 串口

6. 在表示存储器容量时，1MB的准确含义为(　　)。

A. 1024B　　B. 1B　　C. 1024KB　　D. 1024字节

7. 操作系统是(　　)的接口。

A. 主机和外设　　B. 用户和计算机

C. 系统软件和应用软件　　D. 高级语言和机器语言

8. 下列软件中属于应用软件的是(　　)。

A. 系统软件　　B. 会计软件

C. 数据库管理系统　　D. 编译系统

9. 操作系统是一种(　　)。

A. 便于计算机操作的硬件　　B. 便于计算机操作的规范

C. 管理计算机系统资源的软件　　D. 计算机硬件资源

10. 目前最主要的输入设备为(　　)。

A. 声音输入　　B. 手写输入　　C. 智能输入　　D. 键盘输入

11. 下列会计软件运行模式中，基于互联网环境和技术的是(　　)。

A. Internet模式　　B. C/S模式　　C. B/S模式　　D. 网络模式

12. IP的中文意思是(　　)。

A. 网络协议　　B. 网际协议　　C. 通信协议　　D. 以上都对

13. U盘属于计算机的(　　)。

A. 输入设备　　B. 输出设备　　C. 控制设备　　D. 存储设备

14. 打印机属于(　　)。

A. 输入设备　　B. 输出设备　　C. 运算器　　D. 控制器

15. 网上所说的“黑客”是指(　　)。

A. 总在晚上上网的人　　B. 匿名上网的人

C. 黑社会的人　　D. 在网上私闯他人计算机系统的人

16. 计算机的性能指标是指可以衡量计算机系统功能强弱的指标，下列指标中不属于计算机性能指标的是(　　)。

A. 计算机的速度　　B. 存储器的容量

C. 计算机的字长　　D. 显示器的分辨率

17. 鼠标器属于(　　)。

A. 输出设备　　B. 输入设备　　C. 存储器设备　　D. 显示设备

18. 计算机病毒是指(　　)。

A. 带病毒的计算机

B. 具有自我复制能力并可制造系统故障的程序

C. 已经损坏的磁盘

D. 被破坏了的程序

19. 计算机病毒以(　　)为媒介进行传播，在计算机内反复进行自我繁殖和扩散。

A. 键盘、磁盘、光盘　　B. 磁盘、光盘、显示器

C. 磁盘、光盘、网络　　D. 鼠标、光盘、网络

20. 我们称通过计算机网络非法进入他人系统的计算机入侵者为(　　)。

A. 不法访问者　　B. 危险分子　　C. 异类　　D. 黑客

21. 下列除了(　　)以外，都是计算机病毒传播的途径。

A. 通过操作员接触传播　　B. 通过磁盘拷贝文件传播

C. 通过网络传播　　D. 通过电子邮件传播

22. 若发现某个U盘已经感染上病毒，则应(　　)。

A. 将该U盘毁掉

B. 将该U盘上的文件复制到另一张U盘上再使用

C. 用反病毒软件清除该软盘上的病毒

D. 放一段时间使病毒慢慢消失后再使用

四、多项选择题

1. 关于计算机的性能指标，考虑的因素有(　　)。

A. 主频　B. 字长　C. 外存容量　D. 内存容量

2. 一般内存可分为(　　)。

A. ROM　B. CD-R　C. RAM　D. CD-RW

3. 现在主要使用的外存为(　　)。

A. U盘　B. 光盘　C. 软盘　D. 硬盘

4. 下列软件属于应用软件的是(　　)。

A. 人事管理系统　B. DOS　C. Word　D. 会计软件

5. 常见的输出设备有(　　)。

A. 键盘　B. 显示器　C. 打印机　D. 鼠标

6. 程序设计语言按其对计算机硬件的依赖程度，可分为(　　)。

A. 机器语言　B. 汇编语言　C. 高级语言　D. 编码语言

7. 存储器分为(　　)。

A. 随机存储器　B. 只读存储器　C. U盘　D. 硬盘

8. 打印机的类型有(　　)。

A. 针式打印机　B. 喷墨打印机　C. 激光打印机　D. 彩色打印机

9. 高级语言的显著特点有(　　)。

A. 独立于具体的计算机硬件　B. 执行效率高　C. 可移植性好

D. 高级语言编写的源程序在计算机上能直接执行

10. 按网络所连接地区的大小和距离可以把网络分为(　　)。

A. 局域网络　B. 广域网络　C. 微型机网络　D. 大型机网络

11. 黑客攻击的主要目标是(　　)。

A. 网络服务　B. 计算机系统　C. 信息资源　D. 网络客户端

12. 计算机病毒的主要特点是(　　)。

A. 计算机病毒是一种具有传染性和破坏性的计算机程序

B. 计算机病毒在计算机内部能反复进行自我繁殖和扩散

C. 计算机病毒只以软盘、硬盘和光盘为媒介进行传播

D. 计算机病毒可以修改或删除系统程序和数据文件，使系统陷于瘫痪

13. 防范黑客的主要措施包括(　　)。

A. 通过制定相关法律加以约束

B. 采用防火墙、防黑客软件等防黑产品

C. 采用加密技术

D. 访问控制

第三章　会计软件的应用

第一节　会计软件的应用流程

会计软件的基本结构是从系统的功能层次结构来反映的，功能层次结构是指系统按其功能分层、分块的结构形式，即模块化的结构。一个系统可以划分为若干个子系统，每个子系统可划分为几个功能模块，每个功能模块再划分为若干个层次，每个层次沿横向又分为若干个模块，每个模块都有相对独立的功能。一个子系统对应一个独立完整的管理职能，在系统中有较强的独立性；一个功能模块完成某一项管理业务，是组成子系统的基本单位；一个程序模块则实现某一具体加工处理，是组成功能模块的基本要素，各层之间、各块之间也有一定的联系。通过这种联系，将各层、各块组成一个有机的整体，去实现系统目标。

大部分的会计软件按会计核算功能划分为若干个相对独立的子系统，由于系统每一部分的功能简单明了且相对独立，各子系统的会计信息相互传递与交流，从而形成完整的会计信息系统。会计软件中具备相对独立地完成会计数据输入、处理和输出功能的各个部分，称为会计软件的子系统。

一个典型的会计软件主要有账务处理、工资核算、固定资产核算、存货处理、成本核算、销售核算、应收及应付账款、会计报表、财务分析等子系统。根据行业的特点，也可以将存货及销售组合成进销存核算子系统。这些模块之间的关系及流程如图3-1所示。

会计软件的应用流程一般包括系统初始化、日常处理和期末处理等环节。

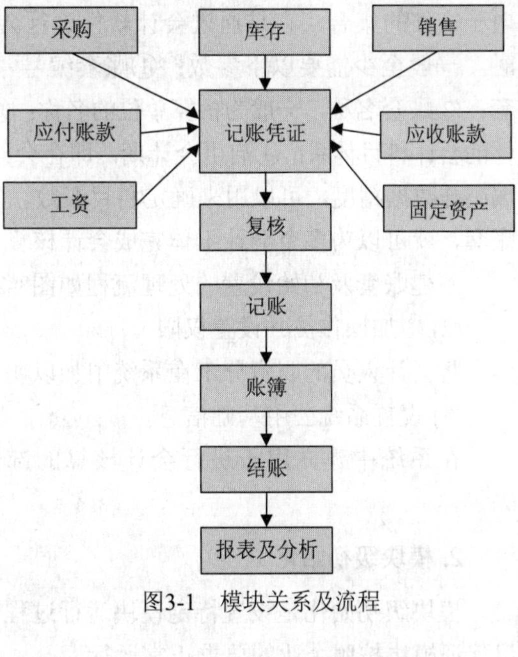

图3-1　模块关系及流程

一、系统初始化

（一）系统初始化的作用

系统初始化是系统首次使用时，根据企业的实际情况进行参数设置，并录入基础档案与初始数据的过程。

系统初始化是会计软件运行的基础。它将通用的会计软件转变为满足特定企业需要的系统，使手工环境下的会计核算和数据处理工作得以在计算机环境下延续和正常运行。

系统初始化在系统初次运行时一次性完成，但部分设置可以在系统使用后进行修改。系统初始化将对系统的后续运行产生重要影响，因此系统初始化工作必须完整且尽量满足企业的需求。

（二）系统初始化的内容

系统初始化的内容包括系统级初始化和模块级初始化。

1. 系统级初始化

系统级初始化是设置会计软件所公用的数据、参数和系统公用基础信息，其初始化的内容涉及多个模块的运行，不特定专属于某个模块。

系统级初始化主要包括如下三个方面的工作。

(1) 创建账套并设置相关信息

在会计信息系统中，应用会计软件开展会计核算工作，先要在系统中建立当前会计主体独立使用的账套。所谓账套，就是会计核算单位用以记录一套账务数据所用的计算机电子文件的集合，它是通过会计软件进行会计核算生成的，并存储在计算机中。建立账套时，一般至少需要以下参数：①账套编号，便于计算机进行数据处理，以区别不同的账套；②账套名称，一般为核算单位的名称；③行业和采用的会计制度，通过本项能够确定具体的会计科目体系；④启用会计期，即在会计信息系统中进行会计核算的开始期间；⑤分类编码与数据精度，可以用来确定科目级数、每级的位数在一个会计软件中，通过建立多个账套，就可以为多个会计主体完成会计核算任务。

新建账套及初始设置的处理流程如图3-2所示。

(2) 增加操作员并设置权限

将会计人员的职责分工在系统中加以明确，同时使系统具有了合法的使用者。

(3) 设置系统公用基础信息

在系统中建立用于进行会计核算的部门编码、人员编码、物料编码、往来单位编码等。

2. 模块级初始化

模块级初始化是设置特定模块运行过程中所需要的参数、数据和本模块的基础信息，以保证模块按照企业的要求正常运行。

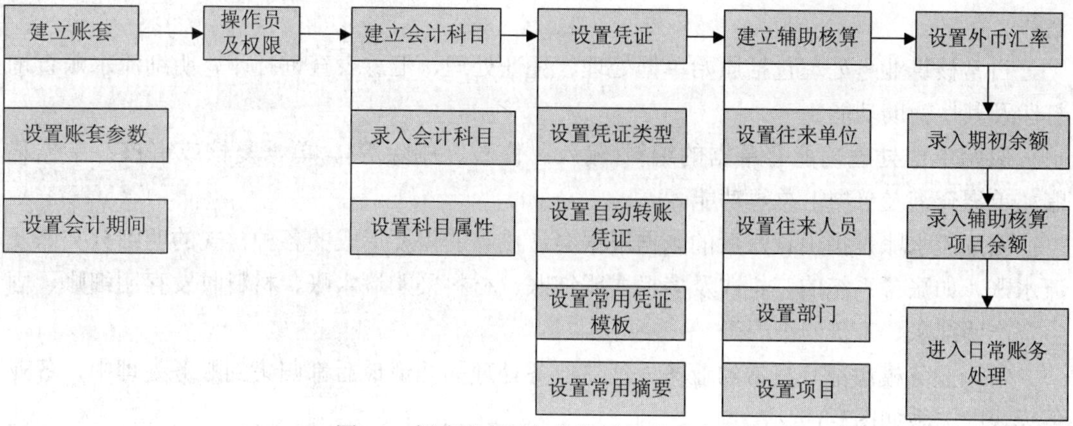

图3-2　新建账套及初始设置的处理流程

模块级初始化主要包括：

(1) 设置系统控制参数

系统根据输入数据、控制数据及处理逻辑自动执行业务处理过程，控制数据在其中起到了决定性的作用。同时，很多内部控制点的控制标准、控制方法已预先制定并嵌入在系统的应用程序中，这些嵌入系统中的控制标准和控制方法在系统中都是以各式各样的控制数据、配置数据等形式实现的。

① 反映业务处理逻辑的控制数据。例如，销售部门的人工成本应该在结账时记入销售费用科目，如果科目配置不正确，系统处理得到的会计信息就是不真实的。管理部门所使用办公设备的折旧要记入管理费用中，如果系统配置时将办公设备的折旧科目设置成生产成本，那么产生的会计信息也是不真实的。

② 反映内控制度的控制数据。例如，假设企业的采购部门主管的采购审批权限是100万元，如果系统设置的审批权限是200万元，就没能实现这一审批权限的控制目标。

(2) 设置模块基础信息

会计软件的基础信息主要有账套号、采用的会计制度、启用日期、会计期间、单位基本信息。在会计软件中，一般通过建账过程或者基础设置完成。

(3) 录入模块初始数据

业务初始化就是输入初始余额，将原来已经存在于手工系统的业务初始数据转入到信息化系统中来，如科目余额、固定资产余额、应收应付余额、物料余额等，以便进行信息化后的会计核算。

初始设置完成后，需要启用账套。启用账套后即进入日常业务处理阶段，一般不能再修改初始余额和编码规则等参数。

二、日常处理

(一) 日常处理的含义

日常处理是指在每个会计期间内，企业日常运营过程中重复、频繁发生的业务处理过程。

日常核算业务处理包括原始单据处理、凭证处理、汇总表查询打印、明细流水账查询打印及其他辅助功能。

原始单据处理功能有单据的编辑(输入、修改、删除等)、单据复核或审核、单据记账、单据查询及单据汇总等功能。

明细流水账是指由记账后的单据根据会计核算的需要形成的各种样式的明细分类账及流水账。如账务系统的三栏式及多栏式明细账、材料采购流水账、材料收发存明细账、固定资产明细账、工资明细表等。

每个业务模块都有日常的业务处理，业务处理的凭证最后都归集到账务处理中，各业务模块的关系如图3-3所示。

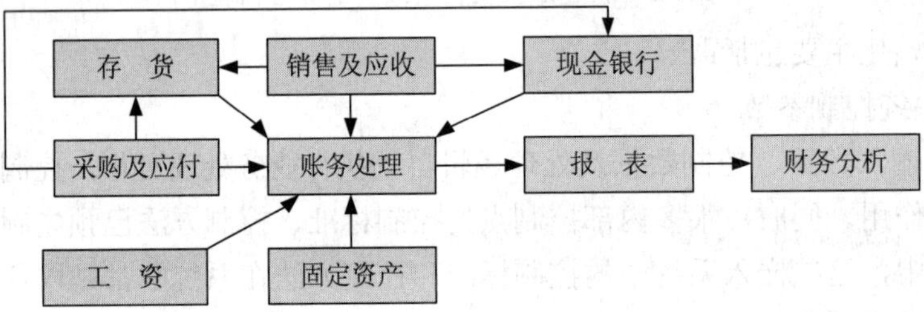

图3-3　业务处理模块之间的关系

(二) 日常处理的特点

(1) 日常业务频繁发生，需要输入的数据量大。

(2) 日常业务在每个会计期间内重复发生，所涉及金额不尽相同。

三、期末处理

(一) 期末处理的含义

期末处理是指在每个会计期间的期末所要完成的特定业务。

期末核算一般由期末计算、期末结转凭证生成、期末结账等功能组成。其中最主要的功能是期末结账，用于终结某会计月份或年度的核算处理，故也可将期末核算称为期末结账。

(二) 期末处理的特点

(1) 有较为固定的处理流程。

(2) 业务可以由计算机自动完成。

四、数据管理

在会计软件应用的各个环节均应注意对数据的管理。

（一）数据备份

数据备份是指将会计软件的数据输出保存在其他存储介质上，以备后续使用。数据备份主要包括账套备份、年度账备份等。

目前的会计软件一般都提供了专门的数据备份功能，而且一般是按会计账套或数据库整个进行备份。这里需要提醒的是，一些会计软件的电子报表一般是以独立文件的形式存放的，并不包含在账套数据库中，因此对这些文件需要另外进行备份。

为了保证备份数据的安全性，可以采用AB备份法进行备份，具体操作方法如下。

每年年初准备若干张介质，把这些介质分成A组和B组。每当使用会计软件输入了凭证、业务数据或对其他数据做了一定的改动后，必须用备份功能将数据备份到A组介质。例如每天备份一次，每周备份一次。每隔1周或10天或15天将数据备份到B组介质。每月月底结账前做两次备份，分别把数据备份到A组介质和B组介质。A组介质和B组介质要放在相隔较远的不同办公室，以防止火灾等意外发生后数据备份全被破坏。这种方法可确保数据万无一失。当硬盘数据丢失时，可用A组盘恢复到最新状态。如果A组介质存在问题，还可用B组介质恢复到较近状态。

备份数据时，在介质标签上一定要写明最近一次备份日期、备份人和备份的是哪年的数据以供数据恢复时查看。现在刻录光盘已经普及，而且成本很低。所以对于数据量较大的单位，应采用此类介质，其可靠性更高。对于数据量大的集团企业，可以将数据备份到灾难数据管理中心。

（二）数据还原

数据还原又称数据恢复，是指将备份的数据使用会计软件恢复到计算机硬盘上。它与数据备份是一个相反的过程。数据还原主要包括账套还原、年度账还原等。

数据恢复将覆盖硬盘中现有的数据，因而只有在硬盘数据被破坏的情况下才能使用该功能，硬盘数据正常时禁止使用该功能，而且应限定少数有权限的人才能进行此项操作。

进行数据恢复之前，应当进行一次数据备份，以便数据恢复不成功或原备份盘有问题时还可以恢复当前的数据。数据恢复时，不要在恢复过程中突然关机或重新启动机器，也最好不要强行结束数据恢复程序，否则可能会造成数据库损坏或其他不可预测的后果。

第二节　系统级初始化

系统级初始化包括创建账套并设置相关信息、增加操作员并设置权限、设置系统公用基础信息等内容。

一、创建账套并设置相关信息

（一）创建账套

账套是指存放会计核算对象的所有会计业务数据文件的总称，账套中包含的文件有会计科目、记账凭证、会计账簿、会计报表等。一个账套只能保存一个会计核算对象的业务资料，这个核算对象可以是企业的一个分部，也可以是整个企业集团。

建立账套是指在会计软件中为企业建立一套符合核算要求的账簿体系。在同一会计软件中可以建立一个或多个账套。

（二）设置账套相关信息

建立账套时需要根据企业的具体情况和核算要求设置相关信息。账套信息主要包括账套号、企业名称、企业性质、会计期间、记账本位币等。

（三）账套参数的修改

账套建立后，企业可以根据业务需要对某些已经设定的参数内容进行修改。如果账套参数内容已被使用，进行修改可能会造成数据的紊乱，因此，对账套参数的修改应当谨慎。

二、管理用户并设置权限

（一）管理用户

用户是指有权登录系统，对会计软件进行操作的人员。管理用户主要是指将合法的用户增加到系统中，设置其用户名和初始密码或对不再使用系统的人员进行注销其登录系统的权限等操作。

会计电算化后，根据单位规模的大小和实际情况设置具体管理岗位。在会计软件应用中，各岗位的基本职责如下。

1. 系统管理人员

系统管理人员也称电算主管，职能是负责协调计算机及会计信息系统的运行工作，要求具备会计和计算机知识，以及相关的会计电算化组织管理经验。电算主管可由会计主管兼任，采用大中小型计算机和计算机网络会计软件的单位，应该设立此岗位。系统管理人员的权限很大，一般可调用所有的功能和程序，但不能调用系统的源程序及详细的技术资料。系统管理人员不能由软件的开发人员担任。根据实际情况，也可以将部分职能分配给其他的人员负责。

系统管理人员的具体职责如下。

① 负责会计软件的日常管理工作，监督并保证系统有效、安全、正常运行，在系统发生故障时，应及时到场，监督与组织有关人员恢复系统的正常运行。

② 协调系统各类人员之间的工作关系。

③ 负责组织和监督系统运行环境的建立，以及系统建立时的各项初始化工作。

④ 负责系统各有关资源(包括设备、软件、数据及文档资料等)的调用、修改和更新的审批。

⑤ 负责系统操作运行安全性、正确性、及时性的检查。

⑥ 负责计算机输出的账表、凭证数据正确性和及时性的检查与审批。

⑦ 负责做好系统运行情况的总结，提出更新软件或修改软件的需求报告。

⑧ 负责规定系统内各使用人员的权限等级。

⑨ 负责系统内各类人员的工作质量考评，以及提出任免意见。

2. 业务操作人员

业务操作人员也称软件操作员，负责输入记账凭证和原始凭证、业务凭证等会计数据，输出记账凭证、会计账簿、报表和进行部分会计数据处理工作，要求具备会计软件操作知识，达到会计电算化会计从业资格知识培训的水平。一般由基本会计岗位(原手工会计业务岗位)的会计人员任软件操作岗位的工作。操作员不能由系统开发人员担任，不能调用非自己权限内的功能。

业务操作人员的主要职责如下。

① 负责本岗位业务的录入、处理与输出。

② 严格按照系统操作说明进行操作。

③ 系统操作过程中发现故障，应及时报告系统管理员，并做好故障记录及上机记录等事项。

④ 做到当日账当日清。

⑤ 按分工规定打印系统明细账、总分类账和会计报表，以及自动转账凭证。

3. 数据审核人员

数据审核人员也称审核记账员，负责对输入计算机的会计数据(记账凭证和原始凭证等)进行审核，操作会计软件登记机内账簿，对打印输出的账簿、报表进行确认。此岗位要求具备会计和计算机知识，达到会计电算化会计从业资格知识培训的水平，可由主管会计兼任。

数据审核人员的主要职责如下。

① 负责输入数据凭证的审核工作，包括各类代码的合法性、摘要的规范性和数据的正确性审核。

② 负责输出数据正确性的审核工作。

③ 对不真实、不合法、不完整、不规范的凭证或票据退还各有关人员更正、补齐，再行审核。

④ 对于不符合要求的凭证和不正确的输出账表数据，不予签章确认。

4. 系统维护人员

系统维护人员也称电算维护员，负责保证计算机硬件、软件的正常运行，管理机内会计数据。此岗位要求具备计算机和会计知识，经过会计电算化中级知识培训。采用大型、中型、小型计算机和计算机网络会计软件的单位，应设立此岗位，此岗位在大中型企业中应由专职人员担任。因为系统维护员十分了解所用的软件，所以，其不能同时从事系统的业务操作工作。

系统维护人员的主要职责如下。

① 定期检查软件、硬件设备的运行情况。

② 负责系统运行中的软件、硬件故障的排除工作。

③ 负责系统的安装和调试工作。

④ 负责与有关会计人员一起，利用软件提供的通用功能，生成满足新需求的操作维护工作。

5. 电算审查人员

电算审查人员负责监督计算机及会计软件系统的运行，防止利用计算机进行舞弊，要求具备计算机和会计知识，达到相当于会计电算化中级知识培训的水平。此岗位可由会计稽核人员或内部审计人员兼任。采用大型、中型、小型计算机和大型会计软件的单位，可设立此岗位。

电算审查人员的主要职责如下。

① 协助制定有关的内部控制措施和制度。

② 对有关数据及现象进行分析，发现线索。

③ 进行日常审查。

6. 财务分析人员

财务分析人员负责对计算机内的会计数据进行分析，提交有关分析报告。要求具备计算机和会计知识，达到会计电算化中级知识培训的水平。采用大型、中型、小型计算机和计算机网络会计软件的单位，可设立此岗位，可由主管会计兼任。

财务分析人员的主要职责如下。

① 协助建立日常的分析制度和规范。

② 提交有关的常规分析报告。

③ 完成领导下达的有关分析任务。

7. 档案管理人员

档案管理人员负责保管各类数据和会计档案，应具备计算机常识，如U盘、光盘的使用与保护等，一般应由能做好安全保密的人员担任。

档案管理人员的主要职责如下。

① 负责系统的各种开发文档、系统操作手册、各类数据U盘、光盘及各类账表、凭证、资料的备份和存档保密工作。

② 做好各类数据、资料、账表、凭证的安全保密工作，不得擅自借出。

③ 按规定期限，向各类有关人员催交备份数据及存档数据。

(二) 设置权限

在增加用户后，一般应该根据用户在企业核算工作中所担任的职务、分工来设置、修改其对各功能模块的操作权限。通过设置权限，用户不能进行没有权限的操作，也不能查看没有权限的数据。

建立好账套后，一般都有一个默认的操作用户，如系统主管、System、Manager、Admin等，使用户第一次进入账套时可以正常地使用软件。不同的会计软件，其默认的操作用户及其密码是不同的，可以在该软件的说明书上找到。

使用默认操作用户及其密码进入软件后，首先应使用操作人员及权限设置功能设置软件的具体操作人员，同时删除软件默认的操作用户，防止有人使用默认操作用户的账户及密码非法进入软件。

操作人员及权限设置功能十分重要，使用时应严格按照会计电算化岗位划分及会计电算化制度的要求进行设置，使操作员之间相互牵制，防止计算机舞弊的可能性。如同一操作员不能具有制单和审核功能，具有系统管理及维护功能权限的操作员不能有制单和审核的操作权限，设置操作员及权限功能应仅授权给系统负责人。

一般与系统管理、期末处理有关的模块，要求由会计主管或电算主管人员执行；对账务处理模块的权限可以赋予除出纳员之外的所有会计人员；对现金银行模块权限只能赋予出纳人员，对其中的银行余额调节表等查询功能，亦可适当赋予会计人员负责定期查询、核对银行对账情况；报表及财务分析模块一般由会计主管、主管会计执行，以确保会计数据的安全。

三、设置系统公用基础信息

设置系统公用基础信息包括设置编码方案、基础档案、收付结算信息、凭证类别、外币和会计科目等。

(一) 设置编码方案

设置编码方案是指设置具体的编码规则，包括编码级次、各级编码长度及其含义。其目的在于方便企业对基础数据的编码进行分级管理。设置编码的对象包括部门、职员、客户、供应商、会计科目、存货分类、成本对象、结算方式和地区分类等。编码符号能唯一地确定被标识的对象。

(二) 设置基础档案

设置基础档案是后续进行具体核算、数据分类、汇总的基础，其内容一般包括设置企业部门档案、职员信息、往来单位信息、项目信息等。

1. 设置企业部门档案

设置企业部门档案一般包括输入部门编码、名称、属性、负责人、电话、传真等。其目的是方便会计数据按照部门进行分类汇总和会计核算。

2. 设置职员信息

设置职员信息一般包括输入职员编号、姓名、性别、所属部门、身份证号等，其目的在于方便进行个人往来核算和管理等操作。

3. 设置往来单位信息

往来单位包括客户与供应商。

设置客户信息是指对与企业有业务往来核算关系的客户进行分类并设置其基本信息，一般包括输入客户编码、分类、名称、开户银行、联系方式等。其目的是方便企业录入、统计和分析客户数据与业务数据。

设置供应商信息是指对与企业有业务往来核算关系的供应商进行分类并设置其基本信息，一般包括输入供应商编码、分类、名称、开户银行、联系方式等。其目的是方便企业对采购、库存、应付账款等进行管理。

4. 设置项目信息

项目是指一个特定的核算对象或成本归集对象。企业需要对涉及该项目的所有收入、费用、支出进行专项核算和管理。设置项目信息一般包括定义核算项目，建立项目档案，输入其名称、代码等。

(三) 设置收付结算方式

设置收付结算方式一般包括设置结算方式编码、结算方式名称等。其目的是建立和管理企业在经营活动中所涉及的货币结算方式，方便银行对账、票据管理和结算票据的使用。

(四) 设置凭证类别

设置凭证类别是指对记账凭证进行分类编制。用户可以按照企业的需求选择或自定义凭证类别。

凭证类别设置完成后，用户应该设置凭证类别限制条件和限制科目，两者组成凭证类别校验的标准，供系统对录入的记账凭证进行输入校验，以便检查录入的凭证信息和选择的凭证类别是否相符。

在会计软件中，系统通常提供的限制条件包括借方必有、贷方必有、凭证必有、凭证必无、无限制等。

凭证类型设置如表3-1所示。

表3-1 凭证类型定义表

编码	类型名称	简称	借方必有科目	贷方必有科目	必有科目	必无科目
01	收款凭证	收款	1001、1002			
02	付款凭证	付款		1001、1102		
03	转账凭证	转账				1001、1002

凭证类别的限制科目是指限制该凭证类别所包含的科目。

在记账凭证录入时，如果录入的记账凭证不符合用户设置的限制条件或限制科目，则系统会提示错误，要求对其进行修改，直至符合为止。

(五) 设置外币

设置外币是指当企业有外币核算业务时，设置所使用的外币币种、核算方法和具体汇率。用户可以增加、删除币别。通常在设置外币时，需要输入币符、币名、固定汇率或浮动汇率、记账汇率和折算方式等信息。

(六) 设置会计科目

设置会计科目就是将企业进行会计核算所需要使用的会计科目录入到系统中，并按照企业核算要求和业务要求，对每个科目的核算属性进行设置。设置会计科目是填制会计凭证、记账、编制报表等各项工作的基础。

1. 增加、修改或删除会计科目

系统通常会提供预置的会计科目。用户可以直接引入系统提供的预置会计科目，在此基础上根据需要，增加、修改、删除会计科目。如果企业所使用的会计科目与预置的会计科目相差较多，用户也可以根据需要自行设置全部会计科目。

增加会计科目时，应遵循先设置上级会计科目，再设置下级会计科目的顺序。会计科目编码、会计科目名称不能为空。增加的会计科目编码必须遵循会计科目编码方案。

删除会计科目时，必须先从末级会计科目删除。删除的会计科目不能为已经使用的会计科目。

2. 设置科目属性

(1) 会计科目编码

会计科目编码按照会计科目编码规则进行。在对会计科目编码时，一般应遵守唯一性、统一性和扩展性原则。

(2) 会计科目名称

从会计软件的要求来看，企业所使用的会计科目的名称可以是汉字、英文字母、数字等符号，但不能为空。

(3) 会计科目类型

按照国家统一的会计准则制度要求，会计科目按其性质划分为资产类、负债类、共同类、所有者权益类、成本类和损益类共六种类型。用户可以选择一级会计科目所属的科目类型。如果增加的是二级或其以下会计科目，则系统将自动与其一级会计科目类型保持一致，用户不能更改。

(4) 账页格式

用于定义该会计科目在账簿打印时的默认打印格式。一般可以分为普通三栏式、数量金额式、外币金额式等格式。当会计科目有数量核算时，账簿格式设置为“数量金额

式”；当会计科目有外币核算要求时，账簿格式设置为“外币金额式”。

(5) 外币核算

用于设定该会计科目核算是否有外币核算。

(6) 数量核算

用于设定该会计科目是否有数量核算。如果有数量核算，则需设定数量计量单位。

(7) 余额方向

用于定义该会计科目余额默认的方向。一般情况下，资产类、成本类、费用类会计科目的余额方向为借方，负债类、权益类、收入类会计科目的余额方向为贷方。

(8) 辅助核算性质与作用

用于设置会计科目是否有辅助核算。辅助核算的目的是实现对会计数据的多元分类核算，为企业提供多样化的信息。辅助核算一般包括部门核算、个人往来核算、客户往来核算、供应商往来核算、项目核算等。辅助核算一般设置在末级科目上。某一会计科目可以同时设置多种相容的辅助核算。

如果不使用辅助核算项目，就需要在相关的科目输入具体的部门或者人员、往来单位、项目等。这样输入的工作量大，而且容易出错，也不利于管理。

如果使用辅助核算，就在相关的科目进行设置，如将销售费用的办公费设置了部门核算，那么所有的部门就自动挂到“销售费用—办公费”科目下，不用逐个录入。其他科目设置了部门核算后，也一样为所有部门公用，如图3-4所示。

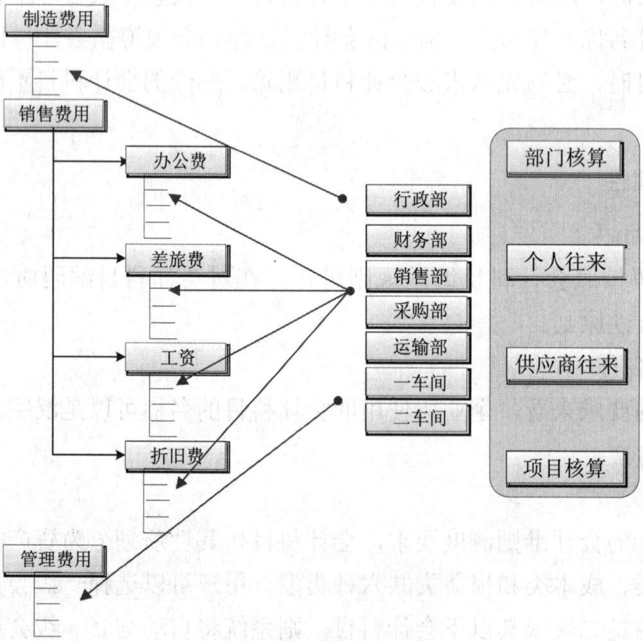

图3-4　使用辅助核算

个人、供应商、项目核算等也是相同的原理。

① 客户核算

当某一账户需要核算和反映不同的客户信息时，可以使用客户核算。例如，企业可能需要按不同客户核算和反映其应收账款、应收票据、预收账款、其他应收款等账户信息，因而可以将这些账户设置为客户核算；再如，当企业需要按客户对商品销售进行流向分析以反映各客户购买排序及比重情况时，可以将主营业务收入账户设置为客户核算。

② 供应商核算

当某一账户需要核算和反映不同的供应商信息时，可以使用供应商核算。例如，企业可能需要按不同供应商核算和反映其应付账款、应付票据、预付账款、其他应付款等账户信息，因而可以将这些账户设置为供应商核算。

③ 个人核算

当某一账户需要核算和反映不同的个人信息时，可以使用个人核算。例如，当企业需要按不同职员反映其差旅费等借款情况时，可将其他应收款设置为个人核算；当企业需要反映不同业务员的销售业绩时，可以将主营业务收入账户设置为个人核算。

④ 部门核算

当某一账户需要核算和反映不同的部门信息时，可以使用部门核算。例如，当企业需要按不同部门反映其制造费用、管理费用等情况时，可以将制造费用、管理费用等账户设置为部门核算；当企业需要反映不同部门的销售业绩时，可以将主营业务收入账户设置为部门核算。

⑤ 项目核算

项目核算是一个广义的概念，由于可以将不同的客户、供应商、个人和部门看做不同的项目，因而可以采用项目核算。如果企业需要反映不同在建工程项目的建造成本时，可以将在建工程账户设置为项目核算，而将各项在建工程项目作为不同的项目；如果企业需要反映不同产品的生产成本时，可以将生产成本账户设置为项目核算，而将各种产品看做不同的项目；如果企业需要反映在不同地区的销售情况，以统计产品在哪些地区更受用户欢迎时，可以将主营业务收入账户设置为项目核算，而将各地区看做不同的项目。因此，项目核算可根据实际需要进行设置。

辅助核算的作用主要有以下几个方面。

① 简化会计科目体系。由于进行辅助核算时，可以用相关的辅助档案代替明细科目，从而达到简化会计科目体系的作用。使用辅助核算后，当辅助核算相关信息发生变动时不会影响会计科目，因而使得会计科目体系变得相对稳定。

② 对同一科目数据提供多个分析入口和统计口径。例如差旅费，如果设置了部门、人员、项目，就可以从这几个维度和组合维度进行分析，使数据更好地为管理服务。

③ 实现多重关系下的跨科目查询和分析数据。使用传统明细核算时，只能进行“纵向查询”，而使用辅助核算时，不仅可以进行“纵向查询”，还可以进行“横向查询”和相关的统计、分析。如辅助核算设置了部门、人员、项目，就可以进行单项、多种组合的跨科目账簿查询，并可以从多个维度/多种组合来查询和分析数据。

(9) 日记账和银行账

用于设置会计科目是否有日记账、银行账核算要求。

第三节　账务处理模块的应用

一、账务的处理流程

账务处理模块在一些会计软件中也被称为总账处理模块。

信息化条件下，数据处理工作可借助于计算机设备集中快速完成，所以不再考虑各种手工流程，而是结合计算机的特点，以记账凭证处理流程为主，采用一种全新的如图3-5所示的核算处理流程。

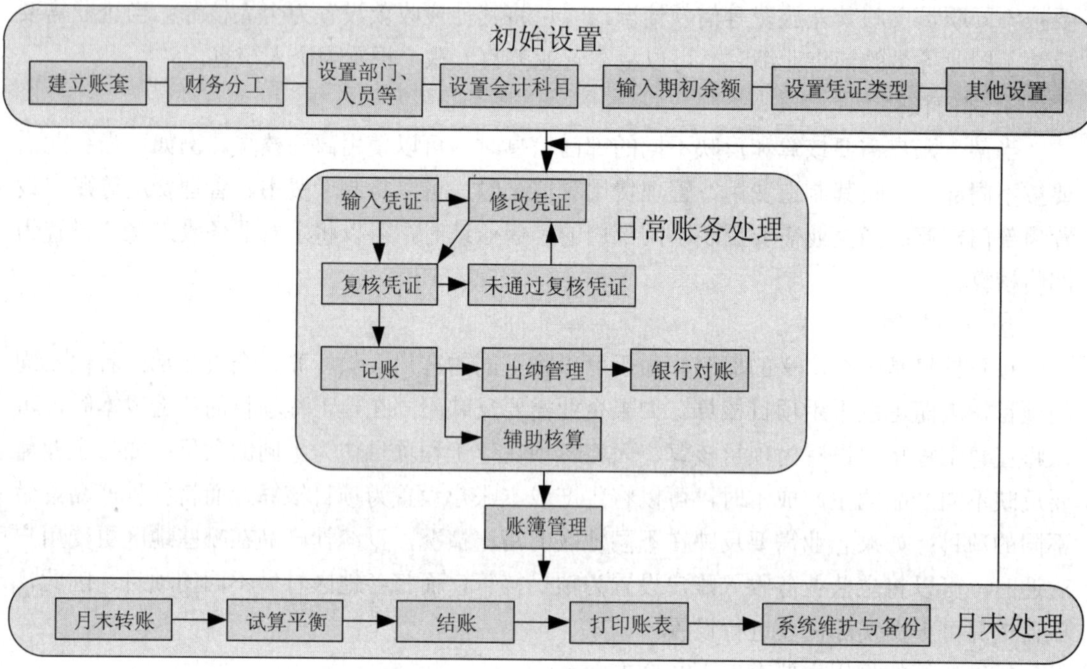

图3-5　账务处理流程

(一) 信息化账务处理流程的特点

比较手工处理与信息化账务处理流程，从表3-2可见，信息化处理流程并没有改变手工账务处理程序，而是将许多原手工操作的业务，改为由账务处理子系统设定，软件在后台自动处理，从而提高了账务核算的效率与准确度。

表3-2　手工处理与信息化账务处理流程对比表

方式	建账	制作凭证	审核	记账过程			用账
软件	初始设置	凭证输入或业务生成	复核	记账			自动生成
手工	设置账户	填制凭证	复核	凭证汇总	登总账	登日记账和明细账	固定

(二) 账务与其他子系统之间的数据关系

信息化后，各模块之间的数据关系是隐藏在系统中的，业务处理直接影响相关系统的数据，其主要关系如图3-6所示。

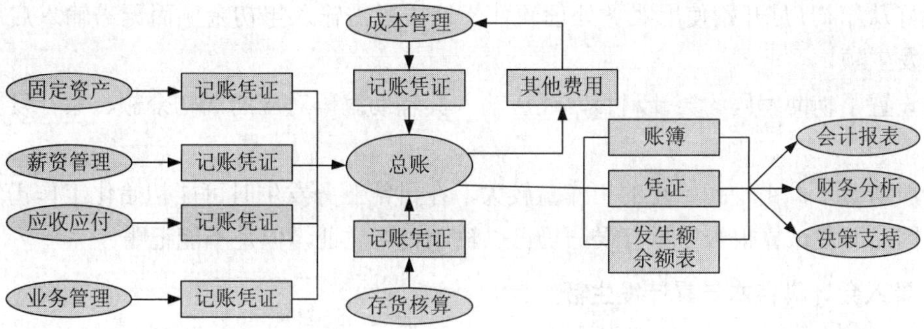

图3-6　账务与其他子系统之间的数据关系

在使用会计软件过程中，要特别注重对数据流的了解，当出现数据有误时，需要按照数据形成的流程来检查。

二、账务处理模块初始化工作

(一) 设置控制参数

在会计软件运行之前，企业应该根据国家统一的会计准则制度和内部控制制度来选择相应的运行控制参数，以符合企业核算的要求。在账务处理模块中，常见的参数设置包括：凭证编号方式、是否允许操作人员修改他人凭证、凭证是否必须输入结算方式和结算号、现金流量科目是否必须输入现金流量项目、出纳凭证是否必须经过出纳签字、是否对资金及往来科目实行赤字提示等。

(二) 录入会计科目初始数据

会计科目初始数据录入是指第一次使用账务处理模块时，用户需要在开始日常核算工作前将会计科目的初始余额以及发生额等相关数据录入到系统中。

1. 录入会计科目期初余额

在系统中一般只需要对末级科目录入期初余额，系统会根据下级会计科目自动汇总生成上级会计科目的期初余额。如果会计科目设置了数量核算，用户还应该输入相应的数量和单价；如果会计科目设置了外币核算，用户应该先录入本币余额，再录入外币余额；如果会计科目设置了辅助核算，用户应该从辅助账录入期初明细数据，系统会自动汇总并生成会计科目的期初余额。

输入所有会计科目的期初余额后，会计软件会自动计算已存在的所有科目或总账的年初余额、年初借方余额、年初贷方余额、借方累计发生额、贷方累计发生额、启用月份期初借方余额(当前余额)、启用月份期初贷方余额(当前余额)。

输入期初余额后，账务处理软件要对输入的借、贷方发生额和年初余额试算平衡。平衡是指按照会计制度的要求：全部账户的借方余额合计=全部账户的贷方余额合计；资产=负债+净资产；明细科目汇总值=上级科目值；借方累计发生额=贷方累计发生额。不平则会显示出相关信息，应根据提示修改相应的期初余额。

最好从年初1月开始使用账务处理软件，这样只需输入年初余额而无需输入启用月前各月的发生额。

对设置了辅助编码的会计科目，还应输入其辅助编码对应的期初余额、累计发生额或计划额。

一般情况下，由于初始化的工作量较大，在日常业务发生时可能初始化工作仍然没有完成，因此即使试算报告提示有误，仍可以输入记账凭证，但是不能记账。

2. 录入会计科目本年累计发生额

用户如在会计年度初建账，只需将各个会计科目的期初余额录入系统中即可；用户如在会计年度中建账，则除了需要录入启用月份的月初余额外，还需录入本年度各会计科目截至上月份的累计发生额。系统一般能根据本月月初数和本年度截至上月份的借、贷方累计发生数，自动计算出本会计年度各会计科目的年初余额。

三、账务处理模块日常处理

日常账务处理主要是围绕凭证进行的账务处理工作。它是账务处理子系统中使用最频繁的功能模块，主要功能模块有会计凭证的录入修改、会计凭证的审核(复核)、会计凭证的记账(过账)、会计凭证的查询打印及会计凭证的汇总等。

凭证是账务核算的基础，是会计软件中最重要的业务数据，是账务处理的核心功能。凭证处理的及时性和正确性是账务处理的基础。凭证是登记账簿的依据，在实行计算机处理账务后，电子账簿的准确与完整完全依赖于凭证，因而必须确保凭证输入的准确、完整。

(一) 凭证管理

1. 凭证处理工作流程

账务处理软件中处理凭证的流程与手工处理凭证相似，其工作流程如图3-7所示。

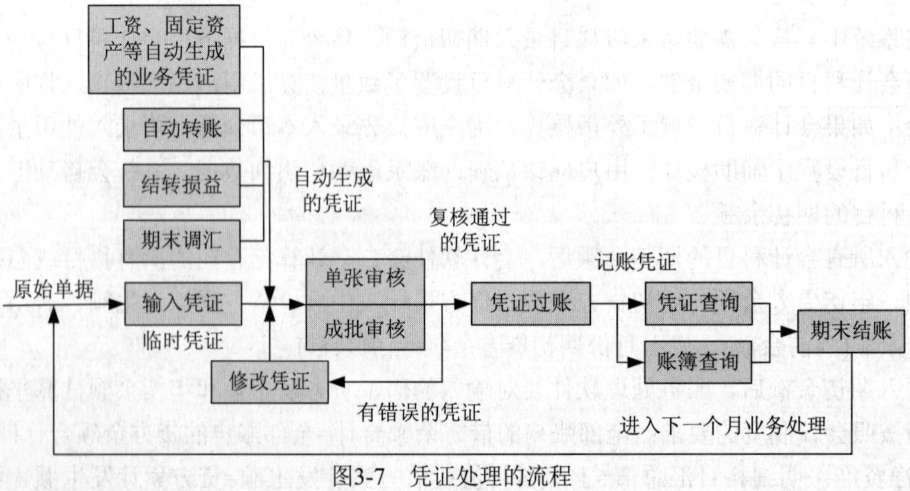

图3-7　凭证处理的流程

常规的日常凭证制作过程是将每个月会计期间的凭证输入到账务软件中，通过复核记账后，再经过月末结账，进入下一个月会计期间，然后重复进行相同的处理过程。凭证录入后，可以立即进行复核记账，也可以在以后进行复核记账。

与手工账务处理中一样，凭证一般是按月会计期间进行编号的。用户登录时，账务软件会将当前的日期作为软件的默认日期，这个日期也是凭证录入时系统默认的制单日期，当然这个日期在会计期间日期范围中对应的月会计期间也是默认的月会计期间。

某些特殊情况下(一般是月初)，在输入本月会计期间凭证的同时，可能还需要输入上个月会计期间的部分凭证(一般是月末结转凭证)，账务软件将这种同时处理两个月会计期间的凭证情况称为跨月处理。跨月处理的前提是上个月份会计期间没有结账，因为对于一般的账务处理软件，只要月会计期间还未结账，就可以输入凭证，这样就能处理同时输入的相连两个月份会计期间的凭证。

2. 凭证录入

(1) 凭证录入的内容

凭证录入的内容包括凭证类别、凭证编号、制单日期、附件张数、摘要、会计科目、发生金额、制单人等。用户应该确保凭证录入的完整、准确。另外，对于系统初始设置时已经设置为辅助核算的会计科目，在填制凭证时，系统会弹出相应的窗口，要求根据科目属性录入相应的辅助信息；对于设置为外币核算的会计科目，系统会要求输入外币金额和汇率；对于设置为数量核算的会计科目，系统会要求输入该会计科目发生的数量和交易的单价。

(2) 凭证录入的修改与校验

凭证录入及修改功能是账务处理子系统软件中使用最频繁的功能，软件一般都提供了全屏幕凭证编辑功能，每张凭证包括的行数不受限制。在输入过程中，还提供各种联机帮助、辅助计算器等功能。为保证凭证录入的正确性，软件采用了大量的正确性检验控制措施，会自动发现录入中的某些错误。

凭证录入格式在不同的账务处理软件中是有一定差异的，但录入的项目基本上相同，凭证录入与修改过程十分简单直观。其基本的操作流程如图3-8所示。

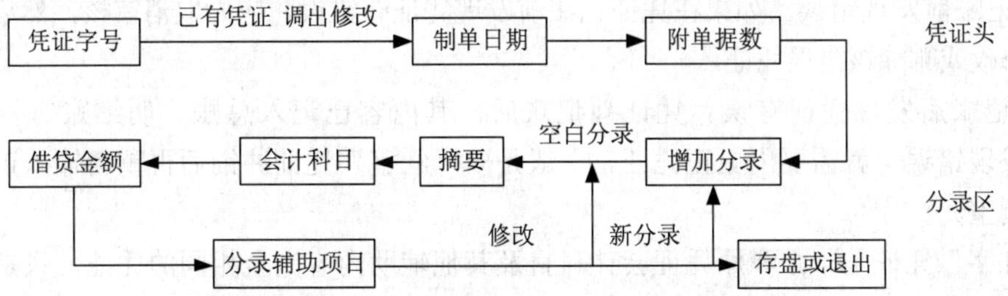

图3-8　凭证录入与修改的操作流程

凭证录入与修改过程中有许多需要使用者输入的项目，这些项目的含义和手工凭证中的含义基本相同。但在输入时，账务处理软件有一些基本要求和规定，有的账务处理软件为方便用户操作，还提供一些辅助输入手段。

在凭证实时校验时，系统会对凭证内容的合法性进行校验。校验的内容包括：

① 会计科目是否存在，即会计科目是否是初始化时设置的会计科目；

② 会计科目是否为末级科目；

③ 会计科目是否符合凭证的类别限制条件；

④ 发生额是否满足“有借必有贷，借贷必相等”的记账凭证要求；

⑤ 凭证必填内容是否填写完整；

⑥ 手工填制凭证号的情况下还需校验凭证号的合理性。

3. 凭证修改

(1) 凭证修改的内容

凭证可以修改的内容一般包括摘要、科目、金额及方向等。凭证类别、编号不能修改，制单日期的修改也会受到限制。在对凭证进行修改后，系统仍然会按照凭证录入时的校验标准来对凭证内容进行检查，只有满足了校验条件后，才能进行保存。

(2) 凭证修改的操作控制

① 修改未审核或审核标错的凭证。对未审核的凭证或审核标错的凭证，可以由填制人直接进行修改并保存。审核标错的凭证在修改正确后，出错的标记将会消失。

② 修改已审核而未记账的凭证。经过审核人员审核，并已签章而未记账的凭证，如果存在错误需要修改，应该由审核人员首先在审核模块中取消对该凭证的审核标志，使凭证恢复到未审核状态，然后再由制单人员对凭证进行修改。

③ 修改已经记账的凭证。会计软件应当提供不可逆的记账功能，确保对同类已记账凭证的连续编号，不得提供对已记账凭证的删除和插入功能，不得提供对已记账凭证日期、金额、会计科目和操作人的修改功能。

④ 修改他人制作的凭证。如果需要修改他人制作的凭证，在账务处理模块参数设置中需要勾选允许修改他人凭证的选项，修改后凭证的制单人将显示为修改凭证的操作人员。如果参数设置中选择不允许修改他人凭证，该功能将不能被执行。

(3) 错误凭证的处理

凭证制作中出现错误是难免的，处理错误的凭证一般采用如下方法。

① 记账前发现错误。如果在凭证记账前发现凭证有错误，应先取消审核，然后再对凭证进行修改或删除该错误凭证。

② 记账后发现凭证有误。凭证被记账后，其内容已记入总账、明细账等相关账簿中，若发现错误，就需要出更正凭证。一般是出“红字”凭证冲销后再重新输入正确的凭证进行调整。

“红字”凭证是一张和原凭证会计科目及其他辅助内容完全相同的凭证，只是凭证的金额为负数(红字)，须在凭证的摘要中写明冲销哪一张凭证。注意，冲销凭证时不允许使用金额为正数、借贷方向相反的“蓝字”凭证进行冲销。

如果科目没有错，仅仅是金额错误，可以采用补充登记法进行更正。

4. 凭证审核

凭证审核即审核人员按照会计制度，对制单人输入的会计凭证与原始凭证进行核对，审查认为有误的凭证应返回制单人修改后，再进行审核。对于审查无误的凭证，经审核人审核后，便可据以登记有关账簿，包括总账、明细账及相关辅助账。实际上“审核”也就是对凭证数据表记上审核标志。

凭证审核的目的在于防止输入人员有意或无意的错误操作，要求非凭证输入人员使用凭证审核功能，以便形成牵制关系。因此制单人与审核人不能为同一人，如果当前操作员为该凭证的制单人时，应先更换操作员，再进行审核记账工作。

取消审核是指从已审核的凭证上抹去审核人员的姓名，使该张凭证成为未审核的凭证。抹去后该张凭证可以被修改，账务软件一般要求审核人员只能取消自己审核过的凭证。凭证一经审核，就不能被修改、删除，只有被取消审核后才可以进行修改或删除。

出纳审核是指出纳人员对涉及现金科目、银行科目的凭证进行的专门审核。

(1) 凭证审核功能

凭证审核是指审核人员按照国家统一会计准则制度规定，对于完成制单的记账凭证的正确性、合规合法性等进行检查核对，审核记账凭证的内容、金额是否与原始凭证相符，记账凭证的编制是否符合规定，所附单据是否真实、完整等。

(2) 凭证审核的操作控制

① 审核人员和制单人员不能是同一人；

② 审核凭证只能由具有审核权限的人员进行；

③ 已经通过审核的凭证不能被修改或者删除，如果要修改或删除，需要审核人员取消审核签字后，才能进行；

④ 审核未通过的凭证必须进行修改，并通过审核后方可被记账。

5. 凭证记账

凭证记账实现对已审核过的会计凭证进行批量或单张记账的功能。实际上“记账”也就是对凭证数据表打上记账标志，同时计算这些凭证所有分录所对应会计科目余额表的相应数据。

凭证记账的同时还对各科目的本月发生额进行累加，产生各科目最新的本月发生额和累计发生额，根据期初余额也就能求出最新的余额。各科目的发生额和余额在账务处理软件中用一个称为会计科目余额表的数据表存放。

有的账务处理软件也将“记账”称为“过账”“登账”，记过账的凭证就可以在各种明细账、日记账查询中出现。

实际工作中，一般由审核凭证人员负责凭证记账工作，也可以指定专门人员负责。

在记账过程中，为保证数据的正确，应尽量保证机器正常运行，不允许关机或重启，有条件的单位应尽量配备不间断供电电源，以防止在记账过程中突然停电造成数据错误甚至系统损坏。

在一些单位，凭证是先打印并进行相关的人工审核。在这种情况下，也可选择批量审核与批量记账，以提高效率。

(1) 记账功能

在会计软件中，记账是指由具有记账权限的人员，通过记账功能发出指令，由计算机按照会计软件预先设计的记账程序自动进行合法性校验、科目汇总、登记账目等操作。

(2) 记账的操作控制

① 期初余额不平衡的，不能记账；

② 上月未结账的，本月不可记账；

③ 未被审核的凭证不能记账；

④ 一个月可以一天记一次账，也可以一天记多次账，还可以多天记一次账；

⑤ 记账过程中，不应人为终止记账。

6. 凭证查询

在会计业务处理过程中，用户可以查询符合条件的凭证，以便随时了解经济业务发生的情况。

凭证查询功能可以设置多种查询条件查询任何月日、任何类型的凭证，而且可以指定某类凭证的序号范围。

凭证查询的范围有凭证类型、凭证号范围、制单日期范围、金额范围、会计科目范围、制单人、是否复核、是否记账等。

有的账务软件对未记账凭证还具有模拟记账功能。模拟记账并不是真记账，只是显示出模拟记账后的余额表和相关账簿。

凭证的查询也可以在明细账簿查询时通过明细账来直接调用。

(二) 出纳管理

出纳主要负责现金和银行存款的管理。出纳管理的主要工作包括：现金日记账、银行存款日记账和资金日报表的管理，支票管理，进行银行对账并输出银行存款余额调节表。出纳管理的应用流程如图3-9所示。

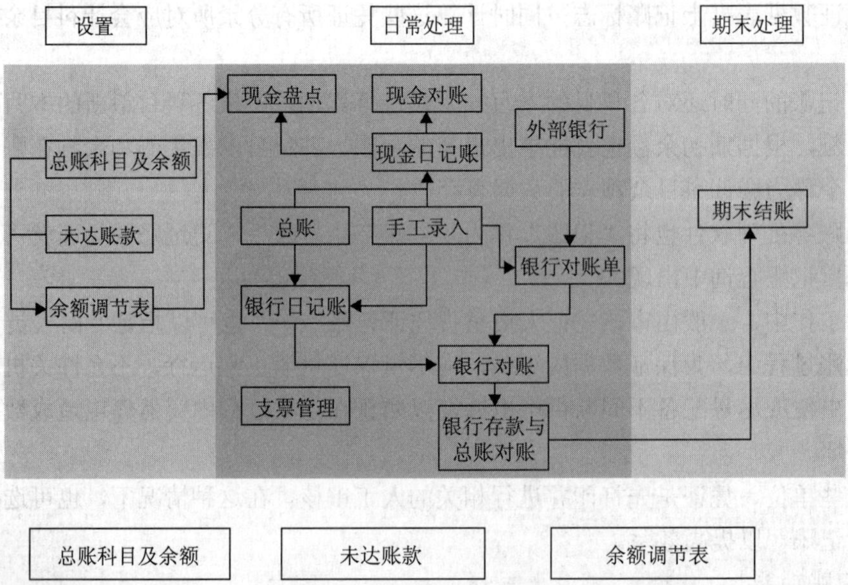

图3-9 出纳管理应用流程

1. 现金日记账、银行存款日记账及资金日报表的管理

出纳对现金日记账、银行存款日记账的管理包括查询和输出现金及银行存款日记账。

资金日报表以日为单位，列示现金、银行存款科目当日累计借方发生额和贷方发生额，计算出当日的余额，并累计当日发生的业务笔数，对每日的资金收支业务、金额进行详细汇报。出纳对资金日报表的管理包括查询、输出或打印资金日报表，提供当日借、贷金额合计和余额以及发生的业务量等信息。

2. 支票管理

支票管理功能主要包括支票的购置、领用和报销。

(1) 支票购置

支票购置是指对从银行新购置的空白支票进行登记操作。登记的内容包括购置支票的银行账号、购置支票的支票规则、购置的支票类型、购置日期等。

(2) 支票领用

支票领用时应登记详细的领用记录，包括领用部门、领用人信息、领用日期、支票用途、支票金额、支票号、备注等。

(3) 支票报销

对已领用的支票，在支付业务处理完毕后，应进行报销处理。会计人员应填制相关记账凭证，并填入待报销支票的相关信息，包括支票号、结算方式、签发日期、收款人名称、付款金额等。

3. 银行对账

由于企业与银行的账务处理和入账时间上的差异，通常会发生双方账面不一致的情况。为防止记账发生差错，正确掌握银行存款的实际余额，必须定期将企业银行存款日记账与银行发出的对账单进行核对并编制银行存款余额调节表。

银行对账就是将企业登记的银行存款日记账与银行对账单进行核对，银行对账单来自企业开户行。银行对账的流程如图3-10所示。

银行对账是指在每月月末，企业的出纳人员将企业的银行存款日记账与开户银行发来的当月银行存款对账单进行逐笔核对，勾对已达账项，找出未达账项，并编制每月银行存款余额调节表的过程。

会计软件中执行银行对账功能，具体步骤包括：银行对账初始数据录入、本月银行对账单录入、对账、银行存款余额调节表的编制等。

(1) 银行对账初始数据录入

在首次启用银行对账功能时，需要事先录入账务处理模块启用日期前的银行和企业账户余额及未达账项，即银行对账的初始数据。从启用月份开始，上月对账的未达账项将自动加入到以后月份的对账过程中。

(2) 银行对账单录入

对账前，必须将银行对账单的内容录入到系统中。录入的对账单内容一般包括入账日期、结算方式、结算单据字号、借方发生额、贷方发生额，余额由系统自动计算。

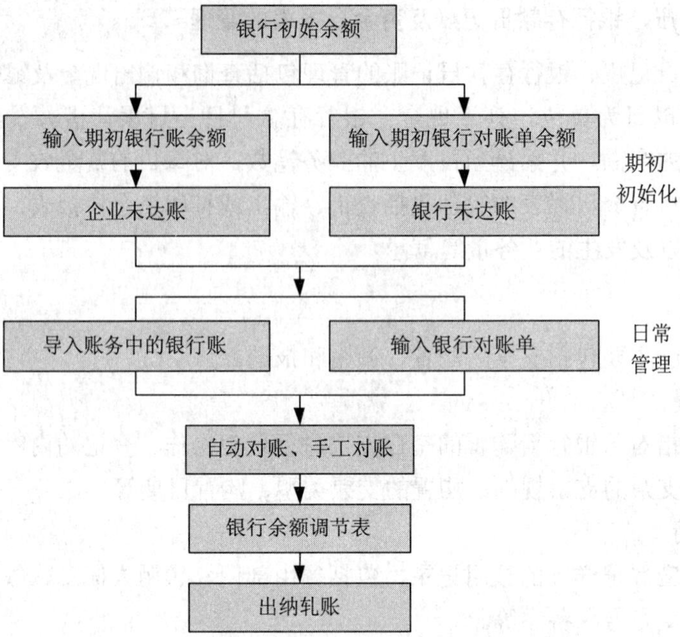

图3-10 银行对账流程

(3) 对账

在会计电算化环境下，系统提供自动对账功能，即系统根据用户设置的对账条件进行逐笔检查，对达到对账标准的记录进行勾对，未勾对的即为未达账项。

系统进行自动对账的条件一般包括：业务发生的日期、结算方式、结算票号、发生金额相同等。其中，发生金额相同是对账的基本条件，对于其他条件，用户可以根据需要自定义选择。

除了自动对账外，系统一般还提供手工对账功能。特殊情况下，有些已达账项通过设置的对账条件系统无法识别，这就需要出纳人员通过人工识别进行勾对。

(4) 余额调节表的编制

对账完成后，系统根据本期期末的银行存款日记账的余额、银行对账单的余额对未达账项进行调整，自动生成银行存款余额调节表。调整后，银行存款日记账和银行对账单的余额应该相等。用户可以在系统中查询余额调节表，但不能对其进行修改。

(三) 账簿查询

1. 科目账查询

(1) 总账查询

用于查询各总账科目的年初余额、各月期初余额、发生额合计和期末余额。总账查询可以根据需要设置查询条件，如会计科目代码、会计科目范围、会计科目级次、是否包含未记账凭证等。在总账查询窗口下，系统一般允许联查当前会计科目当前月份的明细账。

(2) 明细账查询

用于查询各账户的明细发生情况，用户可以设置多种查询条件查询明细账，包括会计科目范围、查询月份、会计科目代码、是否包括未记账凭证等。在明细账查询窗口下，系统一般允许联查所选明细事项的记账凭证及联查总账。

(3) 余额表查询

用于查询统计各级会计科目的期初余额、本期发生额、累计发生额和期末余额等。用户可以设置多种查询条件。利用余额表可以查询和输出总账科目、明细科目在某一时期内的期初余额、本期发生额、累计发生额和期末余额；可以查询和输出某会计科目范围在某一时期内的期初余额、本期发生额、累计发生额和期末余额；可以查询和输出包含未记账凭证在内的最新发生额及期初余额和期末余额。

(4) 多栏账查询

多栏账即多栏式明细账，用户可以预先设计企业需要的多栏式明细账，然后按照明细科目保存为不同名称的多栏账。查询多栏账时，用户可以设置多种查询条件，包括多栏账名称、月份、是否包含未记账凭证等。

(5) 日记账查询

用于查询除现金日记账、银行日记账之外的其他日记账。用户可以查询输出某日所有会计科目(不包括现金、银行存款会计科目)的发生额及余额情况。用户可以设置多种查询条件，包括查询日期、会计科目级次、会计科目代码、币别、是否包含未记账凭证等。

2. 辅助账查询

辅助账查询一般包括客户往来、供应商往来、个人往来、部门核算、项目核算的辅助总账、辅助明细账查询。在会计科目设置时，如果某一会计科目设置多个辅助核算，则在输出时会提供多种辅助账簿信息。

四、账务处理模块期末处理

账务处理模块的期末处理是指会计人员在每个会计期间的期末所要完成的特定业务，主要包括会计期末的转账、对账、结账等。

(一) 自动转账

自动转账是指对于期末那些摘要、借贷方会计科目固定不变，发生金额的来源或计算方法基本相同，相应凭证处理基本固定的会计业务，将其既定模式事先录入并保存到系统中，在需要的时候让系统按照既定模式，根据对应会计期间的数据自动生成相应的记账凭证。自动转账的目的在于减少工作量，避免会计人员重复录入此类凭证，提高记账凭证录入的速度和准确度。

1. 自动转账的步骤

(1) 自动转账定义

自动转账定义是指对需要系统自动生成凭证的相关内容进行定义。在系统中应事先进行自动转账定义，设置的内容一般包括编号、凭证类别、摘要、会计科目、辅助项目、方向、发生额计算公式等。

(2) 自动转账生成

自动转账生成是指在自动转账定义完成后，用户每月月末只需要执行转账生成功能，即可快速生成转账凭证，并被保存到未记账凭证中。

用户应该按期末结转的顺序来执行自动转账生成功能。此外，在自动转账生成前，应该将本会计期间的全部经济业务填制记账凭证，并将所有未记账凭证审核记账。

保存系统自动生成的转账凭证时，系统同样会对凭证进行校验，只有通过了系统校验的凭证才能进行保存。生成后的转账凭证将被保存到记账凭证文件中，制单人为执行自动转账生成的操作员。自动生成的转账凭证同样要进行后续的审核、记账。

2. 常用的自动转账功能

(1) 自定义转账

自定义转账包括自定义转账定义和自定义转账生成。自定义转账定义允许用户通过自动转账功能自定义凭证的所有内容，然后用户可以在此基础上执行转账生成。

(2) 期间损益结转

期间损益结转包括期间损益定义和期间损益生成，期间损益结转用于在一个会计期间结束时，将损益类科目的余额结转到本年利润科目中，从而及时反映企业利润的盈亏情况。

用户应该将所有未记账凭证审核记账后，再进行期间损益结转。在操作时需要设置凭证类别，一般凭证类别为转账凭证。执行此功能后，一般系统能够自动搜索和识别需要进行损益结转的所有科目(即损益类科目)，并将它们的期末余额(即发生净额)转到本年利润科目中。

(二) 对账

对账是指为保证账簿记录正确可靠，对账簿数据进行检查核对。对账主要包括总账和明细账、总账和辅助账、明细账和辅助账的核对。为了保证账证相符、账账相符，用户应该经常进行对账，至少一个月一次，一般可在月末结账前进行。只有对账正确，才能进行结账操作。

(三) 月末结账

1. 月末结账功能

结账主要包括计算和结转各账簿的本期发生额和期末余额，终止本期的账务处理工作，并将会计科目余额结转至下月作为月初余额。结账每个月只能进行一次。

2. 月末结账操作的控制

结账工作必须在本月的核算工作都已完成，系统中数据状态正确的情况下才能进行。因此，结账工作执行时，系统会检查相关工作的完成情况，主要包括：

(1) 检查本月记账凭证是否已经全部记账，如有未记账凭证，则不能结账。

(2) 检查上月是否已经结账，如上月未结账，则本月不能结账。

(3) 检查总账与明细账、总账与辅助账是否对账正确，如果对账不正确则不能结账。

(4) 对会计科目余额进行试算平衡，如试算不平衡将不能结账。

(5) 检查损益类账户是否已经结转到本年利润，如损益类科目还有余额，则不能结账。

(6) 当其他各模块也已经启用时，账务处理模块必须在其他各模块都结账后，才能结账。

结账只能由具有结账权限的人进行。在结账前，最好进行数据备份，一旦结账后发现业务处理有误，可以利用备份数据恢复到结账前的状态。

第四节 固定资产管理模块的应用

一、固定资产管理模块初始化工作

(一) 使用前的准备工作

固定资产子系统在投入使用前要认真细致地做好系统使用的准备工作，这是因为企业固定资产的管理和核算由设备和会计部门分别进行，而固定资产的使用几乎与企业的所有部门均有关系，数据来源分散。由于固定资产的特殊情况，同一固定资产的数据在不同部门归口收集、汇总、使用，数据重复多，各部门往往难以得到必要的相关数据，造成各部门提供的数据遗漏、脱节、重复、交叉现象严重，产生较大的差异，各部门都无法提供完整的信息。其次，限于手工处理能力，对固定资产核算的处理一般单位都采用简化的方法，这些方法远远不能满足现代企业的管理要求。例如，固定资产的计提折旧是固定资产核算的核心工作之一。手工条件下限于人的处理能力，多数企业采用按固定资产类别计提折旧的方式。这种方式对成本核算到班组甚至到岗位的企业则远远不能满足需要。

企业固定资产的管理从手工向计算机过渡，其基本目的是细化固定资产的核算、规范固定资产的管理。因此固定资产子系统使用前的准备工作主要是围绕这两方面进行。另外，信息化后会计业务处理与手工业务处理在处理方法上有很大区别。因此在进行使用前的准备工作时，必须充分考虑这些区别和要求带来的影响。

固定资产子系统使用前的准备工作主要应从以下几个方面进行。

1. 规范固定资产数据的收集

根据企业管理的需要对现有手工系统数据的情况进行调查分析，搞清楚存在的数据冗余、遗漏、脱节的原因；制定制度规定数据收集的方式、内容、凭证格式；优化数据传递的渠道；规定数据管理的责任部门，从而保证固定资产数据的完整、系统和及时。

2. 规范固定资产的基础数据和历史数据

(1) 固定资产的基础数据主要是进行计算机处理必不可少的各种编码和为了管理需要而制定的各种控制指标数据。数据编码是系统高效运行的基础。手工条件下固定资产的各种资料，或者没有编码，或者编码存在不足，或者不便于计算机使用，因此在系统投入使用前需要根据企业管理和计算机系统数据处理的需要进行规范。对这些数据进行规范主要考虑：第一，编码是否科学、合理；第二，编码在各个会计子系统中是否统一；第三，确定的编码体系是否符合所选软件对编码的要求。

(2) 对固定资产历史数据的规范其根本目的是对原有手工系统进行一次全面的清理，对历史遗留问题进行一次彻底解决，以便使计算机系统一开始就在一个良好的基础上运行。固定资产历史数据的清理规范主要解决两个问题。第一，会计部门固定资产二级明细账与设备部门管理的固定资产卡片的分类合计是否符合。固定资产卡片上每件固定资产是否记录了折旧计提的情况，是否与会计部门“累计折旧”账户的记录相符合。第二，所有部门记录的固定资产的单、证、账、表上的数据与实际存在的固定资产是否符合。

3. 确定折旧方法

固定资产折旧的计算是固定资产核算的核心工作。由于计算机系统基本不必考虑处理能力的问题，因此在向计算机系统过渡时只需根据企业细化会计核算的需要在会计制度允许的范围内选择折旧计算方法即可。一般选用单台折旧方法核算固定资产折旧更合适。

4. 规范信息输出

固定资产的信息输出主要是以报表的形式提供。手工条件下，会计部门和固定资产管理部门分别根据自己记录的资料编制相应的报表。因此在系统投入使用前应根据企业管理的需要确定报表的种类、格式和具体内容，以便据以确定计算机系统报表的格式和计算公式。

5. 规范计算机系统的工作程序

规范计算机系统的工作程序有两个目的。一个是确保数据处理的正确性，另一个是通过规范工作程序从制度上建立系统使用的内部控制体系。这是因为会计核算工作有其确定的工作顺序：固定资产的各种增减、内部调动和使用状况变动没有进行处理，计提的折旧就可能发生错误；固定资产子系统生成的记账凭证没有向账务子系统传递，账务子系统就已结账，凭证无法传递，账务子系统与固定资产有关的账簿记录就会出现错误。

(二) 设置控制参数

1. 设置启用会计期间

启用会计期间是指固定资产管理模块开始使用的时间。固定资产管理模块的启用会计期间不得早于系统中该账套建立的期间。设置启用会计期间在第一次进入固定资产管理模块时进行。

2. 设置折旧相关内容

设置折旧相关内容一般包括：是否计提折旧、折旧率小数位数等。

如果确定不计提折旧，则不能操作账套内与折旧有关的功能。

3. 设置固定资产编码

固定资产编码是区分每一项固定资产的唯一标识。

(三) 设置基础信息

1. 设置折旧对应科目

折旧对应科目是指折旧费用的入账科目，资产计提折旧后必须设定折旧数据应归入哪个成本或费用科目。根据固定资产的使用状况，某一部门内的固定资产的折旧费用可以归集到一个比较固定的会计科目，便于系统根据部门生成折旧凭证。

2. 设置增减方式

企业固定资产增加或减少的具体方式不同，其固定资产的确认和计量方法也不同。记录和汇总固定资产具体增减方式的数据也是为了满足企业加强固定资产管理的需要。

固定资产增加的方式主要有：直接购买、投资者投入、捐赠、盘盈、在建工程转入、融资租入等。

固定资产减少的方式主要有：出售、盘亏、投资转出、捐赠转出、报废、毁损、融资租出等。

3. 设置使用状况

企业需要明确固定资产的使用状况，加强固定资产的核算和管理。同时，不同使用状况的固定资产折旧计提处理也有区别，需要根据使用状况设置相应的折旧规则。

固定资产使用状况包括在用、经营性出租、大修理停用、季节性停用、不需要和未使用。

4. 设置折旧方法

设置折旧方法是系统自动计算折旧的基础。折旧方法通常包括不计提折旧、平均年限法、工作量法、年数总和法和双倍余额递减法等。系统一般会列出每种折旧方法的默认折旧计算公式，企业也可以根据需要，定义适合自己的折旧方法的名称和计算公式。

5. 设置固定资产类别

固定资产种类繁多，规格不一，需建立科学的固定资产分类体系。为强化固定资产管理，企业可根据自身的特点和管理方法，确定一个较为合理的固定资产分类方法。

(四) 录入原始卡片

固定资产卡片是固定资产核算和管理的数据基础。在初始使用固定资产模块时，应该录入当期期初(即为上期期末)的固定资产数据，作为后续固定资产核算和管理的起始基础。

在运用固定资产模块进行核算之前，要先完成固定资产的定义。第一步就是在基础设置中完成初始信息的录入，即生成固定资产卡片。需要录入的初始信息包括固定资产的编码、名称、规格型号、类别、建造单位或生产厂家、数量、计量单位、原值、启用时间、预计使用年限、已使用年限、累计折旧、预计净残值、折旧方法、年(月)折旧率、保存地点、使用部门、附属设备清单、备注等。除了以上提到的基础信息外，系统要求输入的项目还包括固定资产的类型、增加减少的方式、使用状态等信息，以及用户根据自己的需要自定义的一些项目。

二、固定资产管理模块日常处理

企业日常运营中会发生固定资产相关业务，一般包括固定资产增加、固定资产减少、固定资产变动等。在每个会计期间，用户可在固定资产管理模块中对相关日常业务进行管理和核算。

(一) 固定资产业务处理流程

固定资产日常都要发生增加、减少、内部调动等业务，其基本业务流程如图3-11所示。

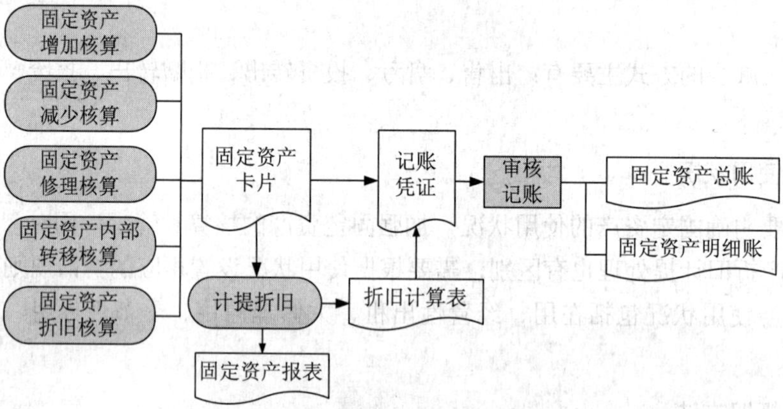

图3-11　固定资产的业务流程

对固定资产所有的日常管理都是基于固定资产卡片的，从图3-12很容易看出它们之间的关系。

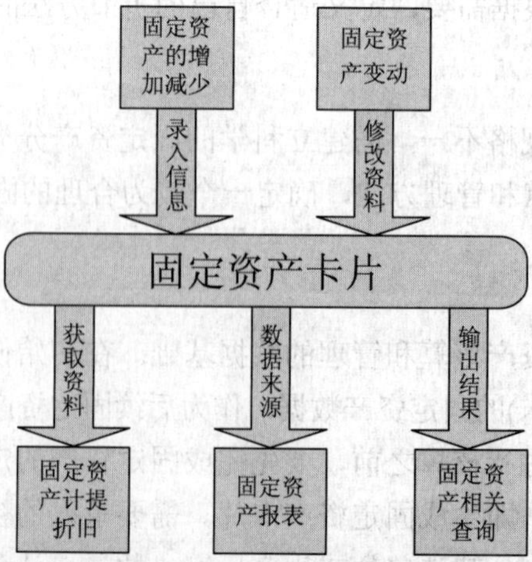

图3-12　固定资产日常管理与固定资产卡片的关系图

(二) 固定资产增加

固定资产采用计算机管理后，当发生购入、投资转入、盘盈以及其他方式增加企业的资产时，对新增加的资产就要进行“新卡片录入”的操作。其基本操作与在基础设置阶段所做的工作基本一致，唯一不同的是，在资产的基本信息录入完成后，要根据该项业务的内容生成相关凭证，而凭证通常是由系统根据设置自动生成的。

新卡片第一个月不计提折旧。如果新增的是旧资产，其在其他企业已计提折旧的月份、累计折旧和累计工作量等信息应准确记录，否则不能正确计算折旧。

(三) 固定资产减少

这里所说的资产减少，仅指系统已经开始计提折旧后发生的出售、报废、盘亏以及其他方式引起的企业资产的减少，否则减少资产只需移除相关卡片即可。

减少的固定资产当月仍要计提折旧。

固定资产减少业务的核算不是直接减少固定资产的价值，而是输入资产减少卡片，说明减少原因，记录业务的具体信息和过程，保留审计线索。

(四) 固定资产变动

固定资产变动业务包括价值信息变更和非价值信息变更两部分内容。

1. 价值信息变更

(1) 固定资产原值变动

固定资产使用过程中，其原值变动的原因一般包括：根据国家规定，对固定资产重新估价；增加补充设备或改良设备；将固定资产的一部分拆除；根据实际价值调整原来的暂估价值；发现原记录固定资产的价值有误等几种情况。

(2) 折旧要素的变更

折旧要素的变更包括使用年限调整、折旧方法调整、净残值(率)调整、累计折旧调整等。

2. 非价值信息变更

固定资产非价值信息变更包括固定资产的使用部门变动、使用状况变动、存放地点变动等。

(五) 生成记账凭证

设置固定资产凭证处理选项之后，固定资产管理模块对于需要填制记账凭证的业务能够自动完成记账凭证填制工作，并传递给账务处理模块。

固定资产模块与账务模块之间存在着数据的传输，而这里的传输是通过制作传送到账务子系统的记账凭证来完成的。要生成正确的凭证，首先要正确、完整地设置会计科目，如“固定资产”“累计折旧”以及有关生产(经营)成本、费用账户。其中“累计折旧”是

“固定资产”的备抵账户，这一账户只进行总分类核算，而不进行明细分类核算。如果要查看某一项固定资产的累计折旧，可以查阅该固定资产卡片中的累计折旧信息。由于固定资产折旧凭证是自动生成的，所以折旧费用科目和计提折旧的时间在固定资产的初始设置时应进行定义，通过这些信息可以查询固定资产卡片。当会计核算方法改变时，也可以进行相应的修改。

三、固定资产管理模块期末处理

(一) 计提折旧

固定资产管理模块提供自动计提折旧的功能。初次录入固定资产原始卡片时，应将固定资产的原值、使用年限、残值(率)以及折旧计提方法等相关信息录入系统。在期末，系统利用自动计提折旧功能，对各项固定资产按照定义的折旧方法计提折旧，并将当期的折旧额自动累计到每项资产的累计折旧项目中，减少固定资产账面价值。然后，系统将计提的折旧金额依据每项固定资产的用途归属到对应的成本、费用项目中，生成折旧分配表，并以此为依据，制作相应的记账凭证，并传递给账务处理模块。

系统还可以提供折旧清单，显示所有应计提折旧的资产已计提折旧的信息。

对固定资产计提折旧是有规律的操作，系统根据录入的各种固定资产增减变动情况，按照定义的折旧方法自动在每个会计期间的期末计算每项资产的折旧，完成折旧费用的分配，生成记账凭证，自动完成记账，并且自动登记固定资产卡片中的累计折旧信息。

(二) 对账

固定资产管理模块对账功能主要是指与账务处理模块进行对账。对账工作主要是为了保证固定资产管理模块的资产价值、折旧、减值准备等与账务处理模块中对应科目的金额相一致。

(三) 月末结账

用户在固定资产管理模块中完成本月全部业务和生成记账凭证并对账正确后，可以进行月末结账。

(四) 相关数据查询

固定资产管理模块提供账表查询功能，用户可以对固定资产相关信息按照不同标准进行分类、汇总、分析和输出，以满足各方面管理决策的需要。

固定资产的报表一般有如下几种。

(1) 统计类：包括固定资产汇总表、固定资产增减表、固定资产清单。

(2) 分析类：包括固定资产类别构成分析表、固定资产类别价值结构分析表、固定资产部门构成分析表，固定资产使用情况分析表。

(3) 折旧类：包括固定资产折旧汇总表、固定资产累计折旧表。

(4) 账簿类：包括固定资产总账、固定资产明细账(卡片)。

第五节　工资管理模块的应用

一、工资管理模块初始化工作

(一) 工资业务处理

工资管理的应用，主要流程是初始化工作、每月变化的数据录入、计算汇总后进行相关的查询打印和凭证结转。具体如图3-13所示。

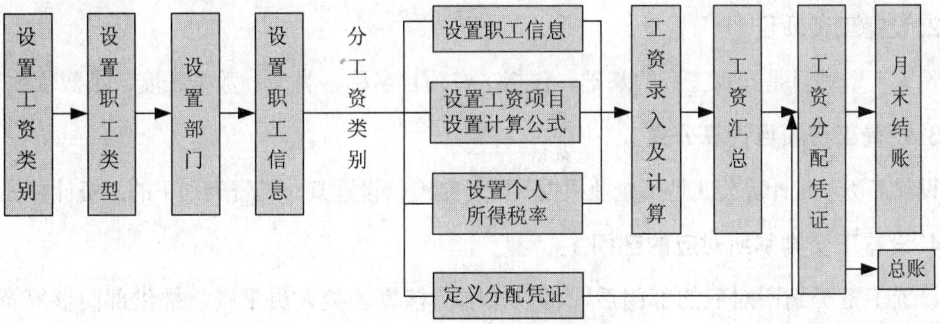

图3-13　工资业务基本流程

下面就主要的功能进行说明。

(1) 组织机构设置。组织机构设置是根据单位的组成情况，设置相应的二级部门组成机构、职工的岗位类别分类及职工的基本信息。有的系统是在人力资源管理中完成，一般是在系统初始化时同时完成。

(2) 工资初始化。根据国家和单位的工资政策设置工资种类和各类工资的对应项目结构，对每种工资项目结构定义其计算公式，根据工资发放特征，确定是否进行工资尾数结余、银行代储等。

(3) 工资编辑。首先是对上月工资数据进行修改和增删。在编辑时，一方面需要根据人力资源部门或其他部门提供的人员变动或工资补贴调整资料、职工工资变动等信息，对相应工资的固定项目进行修改。另一方面还应根据本月生产、总务等部门的考勤记录、代扣款项等信息，对工资表中相应的变动项目(如病假扣款、事假扣款、奖金)进行修改。

(4) 根据工资数据变动情况及计算公式计算工资，生成工资发放明细表。如果在工资初始化阶段定义了尾数结余，则要计算工资尾数。

(5) 按职工类别和部门类别进行汇总，生成工资结算汇总表。如果是现金发放工资，应计算出每一部门实发工资的票面分解值，生成票面分解一览表，以便向银行提款发放工资；对实行工资代储的工资种类及项目，一般自动产生银行储蓄存条、储蓄明细表及汇总表等。

(6) 按工资的用途对工资费用进行分配，形成工资费用分配汇总表，为成本计算提供资料。

(7) 按职工费用类别、规定的工资组成和规定计算比例，计算本月应提取的职工福利等费用，并生成职工福利费计提分配表等。

(8) 根据工资汇总数据、工资费用分配汇总表、职工福利费计提分配表等的内容，自动生成汇总转账凭证，传送给账务处理子系统和成本核算子系统，作为账务处理子系统和成本核算子系统登记总账和明细账的依据。

(二) 设置基础信息

1. 设置工资类别

工资类别用于对工资核算范围进行分类。企业一般可按人员、部门或时间等设置多个工资类别。

2. 设置工资项目

设置工资项目是计算工资的基础，包括工资项目名称、类型、数据长度、小数位数等。

3. 设置工资项目计算公式

设置工资项目计算公式是指企业根据其财务制度，设置某一工资类别下的工资计算公式。

4. 设置工资类别所对应的部门

设置工资类别所对应的部门后，可以按部门核算各类人员工资，提供部门核算资料。

5. 设置所得税

为了计算与申报个人所得税，需要对个人所得税进行相应的设置。设置内容具体包括基本扣减额、所得项目、累进税率表等。

6. 设置工资费用分摊

企业在月内发放的工资，不仅要按工资用途进行分配，而且需要按工资一定比例计提某些费用。为此系统提供设置计提费用的种类和设置相应科目的功能。

(三) 录入工资基础数据

第一次使用工资管理模块必须将所有人员的基本工资数据录入计算机。

由于工资数据具有来源分散等特点，工资管理模块一般提供以下数据输入方式。

(1) 单个记录录入。选定某一特定员工，输入或修改其工资数据。

(2) 成组数据录入。先将工资项目分组，然后按组输入。

(3) 按条件成批替换。对符合条件的某些工资项目，统一替换为一个相同的数据。

(4) 公式计算。适用于有确定取数关系的数据项。

(5) 从外部直接导入数据。指通过数据接口将工资数据从车间、人事、后勤等外部系统导入工资管理模块。

二、工资管理模块日常处理

(一) 工资计算

1. 工资变动数据录入

工资变动是指对工资可变项目的具体数额进行修改，以及对个人的工资数据进行修改、增删。工资变动数据录入是指输入某个期间内工资项目中相对变动的数据，如奖金、请假扣款等。

2. 工资数据计算

工资数据计算是指按照所设置的公式计算每位员工的工资数据。

(二) 个人所得税计算

工资管理模块提供个人所得税自动计算功能，用户可以根据政策的调整，定义最新的个人所得税税率表，系统可以自动计算个人所得税。

(三) 工资分摊

工资分摊是指对当月发生的工资费用进行工资总额的计算、分配及各种经费的计提，并自动生成转账凭证传递到账务处理模块。工资费用分摊项目一般包括应付工资、应付福利费、职工教育经费、工会经费、各类保险等。

(四) 生成记账凭证

根据工资费用分摊的结果及设置的借贷科目，生成记账凭证并传递到账务处理模块。

三、工资管理模块期末处理

(一) 期末结账

在当期工资数据处理完毕后，需要通过期末结账功能进入下一个期间。系统可以对不同的工资类别分别进行期末结账。

(二) 工资表的查询输出

工资数据处理结果最终通过工资报表的形式反映，工资管理模块提供了主要的工资报表，报表的格式由会计软件提供，如果对报表提供的固定格式不满意，用户也可以自行设计。

1. 工资表

工资表主要用于对本月工资发放和统计，包括工资发放表、工资汇总表等。用户可以对系统提供的工资表进行修改，使报表格式更符合企业的需要。

2. 工资分析表

工资分析表是以工资数据为基础，对按部门、人员等方式分类的工资数据进行分析和比较，生成各种分析表，供决策人员使用。

第六节 应收管理模块的应用

一、应收管理模块初始化工作

(一) 设置控制参数和基础信息

1. 设置控制参数

(1) 设置基本信息

主要包括企业名称、银行账号、启用年份与会计期间设置。

(2) 设置坏账处理方式

企业应当按期估计坏账损失，计提坏账准备，当某一应收款项全部确认为坏账时，应根据其金额冲减坏账准备，同时转销相应的应收款项金额。

在账套使用过程中，如果当年已经计提过坏账准备，则坏账处理方式这一参数不能更改；如确需更改的，只能在下一年修改。

(3) 设置应收款核销方式

应收款核销是确定收款与销售发票、应收单据之间对应关系的操作，即指明每一次收款是哪几笔销售业务款项。应收管理模块一般提供按单据、按存货等核销方式。

(4) 设置规则选项

应收管理模块的规则选项一般包括：核销是否自动生成凭证、预收冲应收是否生成转账凭证等。

2. 设置基础信息

(1) 设置会计科目

设置会计科目是指定义应收管理模块凭证制单所需的基本科目。

(2) 设置对应科目的结算方式

设置对应科目的结算方式即设置对应科目的收款方式，主要包括现金、支票、汇票等。

(3) 设置账龄区间

设置账龄区间是指为进行应收账款账龄分析，根据欠款时间，将应收账款划分为若干等级，以便掌握客户欠款时间的长短。

(二) 录入期初余额

初次使用应收管理模块时，要将系统启用前未处理完的所有客户的应收账款、预收账款、应收票据等数据录入到系统，以便以后的核销处理。一般包括初始单据、初始票据、初始坏账的录入。

当第二年度处理时，应收管理模块自动将上年未处理完的单据转为下一年的期初余额。

二、应收管理模块日常处理

(一) 应收管理

1. 单据处理

(1) 应收单据处理

企业的应收款来源于销售发票(包括专用发票、普通发票)和其他应收单据。如果应收管理模块与销售管理模块同时使用，则销售发票必须在销售管理模块中填制，并在审核后自动传递给应收管理模块，在应收管理模块中只需录入未计入销售货款和税款的其他应收单数据(如代垫款项、运输装卸费、违约金等)；企业如果不使用销售管理模块，则全部业务单据都必须在应收管理模块中录入。

应收管理模块具有销售发票与其他应收单据的新增、修改、删除、查询、预览、打印、制单、审核记账以及其他处理功能。

(2) 收款单据处理

收款单据用来记录企业收到的客户款项。收款单据处理主要是对收款单和预收单进行新增、修改、删除等操作。

(3) 单据核销

单据核销主要用于建立收款与应收款的核销记录，加强往来款项的管理，同时核销日期也是账龄分析的重要依据。

2. 转账处理

(1) 应收冲应收

应收冲应收是指将一家客户的应收款转到另一家客户中。通过将应收款业务在客户之间转入、转出，实现应收业务的调整，解决应收款业务在不同客户间入错户和合并户等问题。

(2) 预收冲应收

预收冲应收用于处理客户的预收款和该客户应收欠款的转账核销业务。

(3) 应收冲应付

应收冲应付是指用某客户的应收款冲抵某供应商的应付款项。通过应收冲应付，将应收款业务在客户和供应商之间进行转账，实现应收业务的调整，解决应收债权与应付债务的冲抵。

(二) 票据管理

票据管理用来管理企业销售商品、提供劳务收到的银行承兑汇票或商业承兑汇票。对应收票据的处理主要是对应收票据进行新增、修改、删除及收款、退票、背书、贴现等操作。

(三) 坏账处理

1. 坏账准备计提

坏账准备计提是系统根据用户在初始设置中选择的坏账准备计提方法，自动计算坏账准备金额，并按用户设置的坏账准备科目，自动生成一张计提坏账的记账凭证。

2. 坏账发生

用户选定坏账单据并输入坏账发生的原因、金额后，系统将根据客户单位、单据类型查找业务单据，对所选的单据进行坏账处理，并自动生成一张坏账损失的记账凭证。

3. 坏账收回

坏账收回是指已确认为坏账的应收账款又被收回。一般处理方法是：当收回一笔坏账时，先填制一张收款单，其金额即为收回坏账的金额；然后根据客户代码查找并选择相应的坏账记录，系统自动生成相应的坏账收回记账凭证。

(四) 生成记账凭证

应收管理模块为每一种类型的收款业务编制相应的记账凭证，并将凭证传递到账务处理模块。

三、应收管理模块期末处理

(一) 期末结账

当月业务全部处理完毕，在销售管理模块月末结账的前提下，可执行应收管理模块的月末结账功能。

(二) 应收账款查询

应收账款查询包括单据查询和账表查询。单据查询主要是对销售发票和收款单等单据的查询；账表查询主要是对往来总账、往来明细账、往来余额表的查询，以及总账、明细账、单据之间的联查。

(三) 应收账龄分析

账龄分析主要是用来对未核销的往来账余额、账龄进行分析，及时发现问题，加强对往来款项动态的监督管理。

第七节 应付管理模块的应用

一、应付管理模块初始化工作

(一) 设置控制参数和基础信息

1. 设置控制参数

(1) 设置基本信息

主要包括企业名称、银行账号、启用年份与会计期间设置。

(2) 设置应付款核销

应付款核销是确定付款与采购发票、应付单据之间对应关系的操作，即指明每一次付款是哪几笔采购业务款项。应付管理模块一般提供按单据、按存货等核销方式。

(3) 设置规则选项

应付管理模块规则选项一般包括：核销是否自动生成凭证、预付冲应付是否生成转账凭证等。

2. 设置基础信息

(1) 设置会计科目

设置会计科目是指定义应付管理模块凭证制单所需的基本科目，如应付科目、预付科目、采购科目、税金科目等。

(2) 设置对应科目的结算方式

设置对应科目的结算方式即设置对应科目的付款方式，主要包括现金、支票、汇票等。

(3) 设置账龄区间

设置账龄区间是指为进行应付账款账龄分析，根据欠款时间，将应付账款划分为若干等级，以便掌握对供应商的欠款时间长短。

(二) 录入期初余额

初次使用应付管理模块时，要将系统启用前未处理完的所有供应商的应付账款、预付账款、应付票据等数据录入到系统中，以便以后进行核销处理。

当第二年度处理时，应付管理模块会自动将上年未处理完的单据转为下一年的期初余额。

二、应付管理模块日常处理

(一) 应付管理

1. 单据处理

(1) 应付单据处理

企业的应付款来源于采购发票(包括专用发票、普通发票)和其他应付单据。如果应付管理模块与采购管理模块同时使用，采购发票必须在采购管理模块中填制，并在审核后自动传递给应付管理模块，应付管理模块中只需录入未计入采购货款和税款的其他应付单数据。企业如果不使用采购管理模块，则全部业务单据都必须在应付管理模块中录入。

应付管理模块具有对采购发票与其他应付单据的新增、修改、删除、查询、预览、打印、制单、审核记账以及其他处理功能。

(2) 付款单据处理

付款单据用来记录企业支付给供应商的款项。付款单据处理主要包括对付款单和预付单进行新增、修改、删除等操作。

(3) 单据核销

单据核销主要用于建立付款与应付款的核销记录，加强往来款项的管理，同时核销日期也是账龄分析的重要依据。

2. 转账处理

(1) 应付冲应付

应付冲应付是指将一家供应商的应付款转到另一家供应商中。通过将应付款业务在供应商之间转入、转出，实现应付业务的调整，解决应付款业务在不同供应商间入错户和合并户等问题。

(2) 预付冲应付

预付冲应付用于处理供应商的预付款和对该供应商应付欠款的转账核销业务。

(3) 应付冲应收

应付冲应收是指用某供应商的应付款，冲抵某客户的应收款项。通过应付冲应收，将应付款业务在供应商和客户之间进行转账，实现应付业务的调整，解决应付债务与应收债权的冲抵。

(二) 票据管理

票据管理用来管理企业因采购商品、接受劳务等而开出的商业汇票，包括银行承兑汇票和商业承兑汇票。对应付票据的处理主要是对应付票据进行新增、修改、删除及付款、退票等操作。

(三) 生成记账凭证

应付管理模块为每一种类型的付款业务编制了相应的记账凭证，并将记账凭证传递到账务处理模块。

三、应付管理模块期末处理

(一) 期末结账

当月业务全部处理完毕，在采购管理模块月末结账的前提下，可执行应付管理模块的月末结账功能。

(二) 应付账款查询

应付账款查询包括单据查询和账表查询。单据查询主要是对采购发票和付款单等单据的查询；账表查询主要是对往来总账、往来明细账、往来余额表的查询，以及总账、明细账、单据之间的联查。

(三) 应付账龄分析

账龄分析主要是用来对未核销的往来账余额、账龄进行分析，及时发现问题，加强对往来款项动态的监督管理。

第八节　报表管理模块的应用

一、报表编制的一般方法

在手工记账的情况下，编制报表是一项非常复杂的工作。在实现会计电算化后，编制报表就变得简单多了。会计软件提供了非常丰富的报表模板，只需要利用系统提供的报表模板，对相应的参数进行设置，便可完成报表的编制工作。

对于单位的内部管理报表，需要自行定义，通过报表模块来编制报表，主要工作流程如图3-14所示，具体软件在操作上会有一些差异。

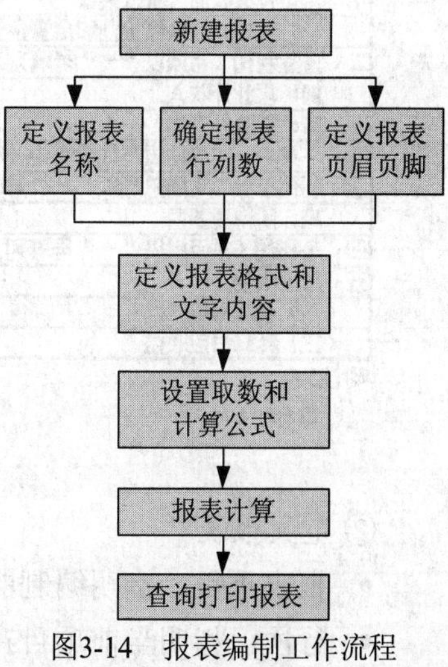

图3-14　报表编制工作流程

(1) 确定报表数据来源账套

这一步是对进行编制的报表数据来源及操作人员权限的定义。

① 账套。指明所要编制的报表，其数据是来自于哪个账套，也就是由哪个账套的数据来加工产生目前的这张报表，可以通过浏览功能进行选择。

② 日期。报表编制中会根据这一日期进行相关会计期间的报表编制，因此，在实际工作中，要根据编制报表的会计期间对这一日期进行更改。例如，要编制2014年4月份的利润表，就要将日期修改为2014-04-30。

③ 操作员。指明是由谁来编制生成的这张报表，这里的操作员只能是在前面指定的账套中出现过的，对此类报表有操作权限的操作员。

④ 口令。即操作员的口令，这样设置可以避免没有相关操作权限的人员通过电子表格来查看数据。

(2) 报表的构成及定义报表

① 会计报表的构成

- 页眉(表头)：页眉是指报表上部的描述部分，如表名、编号、单位、日期等。
- 表体：表体是报表的主要组成部分，包括列标题、项目说明和数据。行、列坐标均从表体开始计算。
- 附注：附注是报表的补充资料，报表的附注始终在表体与页脚之间。
- 页脚(表尾)：页脚是指报表底部的描述部分，如制表人、审核人等。

下面以简化的利润表的格式来说明报表页眉、表体、附注、页脚的具体划分，如图3-15所示。

项目	行次	本年金额	上年金额
一、营业收入	1	1,232,844.00	
减：营业成本	2	896,153.91	
营业税金及附加	3		
销售费用	4	74,436.27	
管理费用	5	47,349.21	
财务费用	6	7,440.00	
资产减值损失	7		
加：公允价值变动净收益	8		
投资收益（净损失以“－”号填列）	9		
其中：对联营企业和合营企业的投资收益	10		
二、营业利润（亏损以“－”号填列）	11	207,464.61	
加：营业外收入	12		
减：营业外支出	13		
其中：非流动资产处置损失（净收益以“－”号填列）	14		
三、利润总额（亏损总额以“－”号填列）	15	207,464.61	
减：所得税费用	16		
四、净利润（净亏损以“－”号填列）	17	207,464.61	
五、每股收益	18		
（一）基本每股收益	19		
（二）稀释每股收益	20		

图3-15 报表构成示意图

② 定义报表

- 报表项目：指明编制的报表所包含的经济项目。
- 行次：指明当前项目在报表中所处的行次。

- 数据来源：指明当前项目所表示的经济数据的来源。

(3) 定义计算公式和钩稽关系公式

① 定义计算公式

让报表软件来生成一张符合实际需要的报表，关键在于报表的数据来源，即如何让电子表格自动、快速、准确地生成报表中每个单元的数据。

取数公式就是从哪里把数据取来，如取出科目发生额余额表的某个数据。计算公式就是将有关数据进行加减乘除等运算，然后将计算获得的结果放入某单元。在具体定义公式时，取数和计算往往是放在一起的。

公共函数则包括了数据转换函数、日期时间函数、文件系统函数、财务函数、系统信息函数、系统交互函数、数学函数和字符串函数等，要根据需要引用。

② 定义钩稽关系公式

钩稽关系公式，也称为审核公式。报表审核就是通过事先定义的审核公式，对相关数据进行自动核对、验证报表数据正确性的一种方法。其中又分为本表内的数据审核和表间数据审核。

报表计算与报表审核的差别是，报表计算是按照定义的报表取数和计算公式改变报表中的数据，而报表审核只是进行相关的验证，对不符合审核公式规则的数据进行提示，但不改变数据本身。

(4) 生成报表

在“报表项目”“行次”“数据来源”、取数公式和计算公式定义完成后，系统将根据所指定的账套、会计期间以及相关公式，自动计算出报表各项目的数据。

(5) 调整报表

如果电子表格生成的报表与实际所要求的格式不一致，或为了让报表更便于阅读和美观，可以对报表的格式进行设置。这需要通过对相关单元格的属性进行调整修改，使最后打印出来的报表与实际要求相符。除需要增补的内容外，应严格使用自动生成的数据，保证数据的一致性。

(6) 完成报表编制

完成报表编制后，可进行报表的查询、打印等工作。

对于一些常用的报表，一般在报表软件中事先设定了模板，并定义了相关的公式。因此，对于这部分报表，如果不需要修改，就可直接使用，一般称为“自动制表”。即便如此，具体应用时也应该仔细检查，以防止错误发生。

二、报表数据来源

(一) 手工录入

报表中有些数据需要手工输入，例如，资产负债表中“一年内到期的非流动资产”和“一年内到期的非流动负债”需要直接输入数据。

（二）报表管理模块其他报表

会计报表中，某些数据可能取自某会计期间同一会计报表的数据，也可能取自某会计期间其他会计报表的数据。

（三）系统内其他模块

会计报表数据也可以来源于系统内的其他模块，包括账务处理模块、固定资产管理模块等。

三、报表管理模块应用基本流程

（一）格式设置

报表格式设置的具体内容一般包括：定义报表尺寸、定义报表行高列宽、画表格线、定义单元属性、定义组合单元、设置关键字等。

（二）公式设置

在报表中，由于各报表的数据间存在着密切的逻辑关系，所以报表中各数据的采集、运算需要使用不同的公式。报表中，主要有计算公式、审核公式和舍位平衡公式。

1. 计算公式

计算公式是指对报表数据单元进行赋值的公式，是必须定义的公式。计算公式的作用是从账簿、凭证、本表或他表等处调用、运算所需要的数据，并填入相关的单元格中。

2. 审核公式

审核公式用于审核报表内或报表间的数据钩稽关系是否正确，不是必须定义的。

审核公式由关系公式和提示信息组成，是把报表中某一单元或某一区域与另外某一单元或某一区域或其他字符之间用逻辑运算符连接起来。

3. 舍位平衡公式

舍位平衡公式用于报表数据进行进位或小数取整后调整数据，如将以“元”为单位的报表数据变成以“万元”为单位的报表数据，表中的平衡关系仍然成立。舍位平衡公式不是必须定义的公式。

（三）数据生成

报表公式定义完成后，或者在报表公式未定义完需要查看报表数据时，将报表切换到显示数据的状态，就生成了报表的数据。

（四）报表文件的保存

对于新建的报表文件，用户需要对其进行保存。

(五) 报表文件的输出

会计报表输出是报表管理系统的重要功能之一。会计报表按输出方式的不同，通常分为屏幕查询输出、图形输出、磁盘输出、打印输出和网络传送等五种类型。

1. 屏幕查询输出

报表屏幕查询输出简称为查询输出，又称屏幕输出、屏幕显示、显示输出，是最为常见的一种输出方式。不同的会计报表，打印输出的要求不同。

2. 图形输出

根据报表的数据生成图形时，系统会显示与会计报表数据有关的图形，便于分析会计报表。

3. 磁盘输出

一般指将报表以文件的形式输出到磁盘，以便上报下传。

4. 打印输出

打印输出是指将编制出来的报表以纸介质的形式表现出来。

不同的会计报表，打印输出的要求不同。其中，库存现金日记账、银行存款日记账需要每日打印，资产负债表、利润表等月报要求每月打印。

5. 网络传送

网络传送方式是通过计算机网络将各种报表从一个工作站传递到另一个或几个工作站的报表传输方式。

四、利用报表模板生成报表

报表管理模块通常提供按行业设置的报表模板，为每个行业提供若干张标准的会计报表模板，以便用户直接从中选择合适的模板快速生成固定格式的会计报表。用户不仅可以修改系统提供报表模板中的公式，而且可以生成、调用自行设计的报表模板。

一般资产负债表、利润表、现金流量表等标准的报表，在会计软件中均提供了模板，可以直接生成。

在使用预置报表时，同样需要逐项检查，防止预置的报表本身存在问题或本单位业务处理不同导致数据出错。

同步测试题

一、思考题

1. 会计软件的基本模块由哪些构成？

2. 会计软件的基本流程是什么？

3. 怎样做好会计软件的初始化工作？

4. 简述会计软件各模块之间的关系。

二、判断题

1. 账务模块与其他模块之间是接收数据的关系。( )

2. 会计信息系统的应用流程中，其先后次序是可以颠倒的。( )

3. 会计信息系统在初始化后，随时可以更改各种初始化参数。( )

4. 会计科目与辅助核算项目都是独立的，它们的数据之间没有关系。( )

5. 用户密码只能由用户本人设置，系统管理员无法设置其他用户的密码。( )

6. 为保证数据安全，应经常进行账套备份。( )

7. 自己审核的凭证只能自己取消审核。( )

8. 自己输入的凭证自己可以复核记账。( )

9. 在某科目已经输入了凭证之后，该科目还可以修改。( )

10. 由于会计软件的各个账套是相互独立的，会计报表中只能使用本账套的会计数据。( )

11. 在会计软件中，会计科目编码是最重要的编码之一。( )

12. 系统运行环境设置是在会计软件安装时进行，安装后就不能进行修改了。( )

13. 原始凭证由会计核算软件自动生成记账凭证，在生成正式机内记账凭证前，可以不进行审核确认。( )

14. 报表系统中，通常可以把自定义报表以模板形式保存起来，以便于以后调用。( )

15. 会计软件的初始化是每月必须进行的工作。( )

16. 发现凭证有误，可随时删除或修改。( )

17. 使用过总账系统的操作员暂时离职后，管理员可以在系统中停用该操作员。( )

18. 结账工作由计算机自动进行数据处理，每月可多次进行。( )

19. 记账凭证审核中发现错误，只能编制一张相反记账凭证或补充记账凭证进行修改。( )

20. 会计核算软件中的“操作日志”功能是记录整个系统的运行过程和状态的，它由软件运行时自动记录。( )

三、单项选择题

1. 系统初始化包括手工资料准备、会计科目等代码设置、( )、运行环境的初始设定等。

A. 账簿格式　　B. 会计报表　　C. 初始数据录入　　D. 记账凭证

2. 在凭证录入时，以下(　　)内容是不需操作人员录入的。

A. 摘要　　B. 科目　　C. 制单人姓名　　D. 核算项目

3. 在凭证录入中，会计科目一般是以(　　)的形式进行录入。

A. 词组　　B. 单个字　　C. 科目代码　　D. A+B

4. 以下哪种说法是错误的(　　)。

A. 期末结账前可以录入下期的凭证　　B. 期末结账后可以查询上期的报表

C. 期末结账后可以再打印上期的账簿　　D. 期末结账后可以直接修改上期的凭证

5. 下列几种凭证中，可以直接修改的是(　　)。

A. 未审核凭证　　B. 已审核凭证　　C. 已经过账凭证　　D. 上月凭证

6. 某账套的科目级次定为4-2-2-4，则编码为10020202的科目为(　　)明细科目。

A. 二级　　B. 三级　　C. 四级　　D. 五级

7. 已审核的凭证必须先(　　)后才可修改。

A. 结转损益　　B. 取消审核　　C. 过账　　D. 结账

8. 在自定义报表中，审核公式主要检查(　　)。

A. 报表和账簿之间的钩稽关系　　B. 报表内部的钩稽关系

C. 报表之间的钩稽关系　　D. 报表内部和报表之间的钩稽关系

9. 以下操作只能由系统管理员进行的是(　　)。

A. 新建用户　　B. 给其他用户设置密码

C. 反审核　　D. 删除凭证

10. 职员调出单位时，应及时对相关职员进行(　　)处理。

A. 撤销　　B. 修改　　C. 删除　　D. 禁用

11. 出纳管理中“银行存款对账”是指(　　)。

A. 银行日记账与会计银行存款总账对账　　B. 银行对账单与会计银行存款总账对账

C. 银行日记账与银行对账单对账　　D. 以上都不是，仅仅是一个查询功能

12. 采用一个账套使用一个数据库文件的方法的会计软件，数据库文件名称设置属于(　　)。

A. 运行环境设置　　B. 系统初始化

C. 账套建立与设置　　D. 系统安装

13. 第一个会计期间的期初数据是通过(　　)得到的。

A. 本会计期间的凭证数据计算　　B. 上个会计期间的期初余额数据转移

C. 上个会计期间的余额数据转移　　D. 用户通过手工录入

14. 下列对余额表操作的功能，(　　)必须进行余额表平衡的检查。

A. 打印余额表　　B. 期末结账　　C. 初始余额数据录入 D. 凭证记账

15. 关于账套设置的叙述正确的是(　　)。

A. 一个单位只能有一套账

B. 会计软件只能管理一套账

C. 会计软件可管理多套账，一般一个单位只有一套账

D. 对账簿的设置没有限制

16. 会计软件中账务处理子系统的输入数据一般来源于(　　)。

A. 记账凭证　　B. 原始凭证　　C. 账册数据　　D. 报表数据

17. 会计软件的“记账”功能，每月(　　)。

A. 只能使用一次　　B. 可以使用多次

C. 只能使用指定次数　　D. 每月使用次数和凭证张数相同

18. 会计软件中，可以生成日记账的科目是(　　)。

A. 管理费用　　B. 现金和银行存款　　C. 销售收入　　D. 以上全部

19. 操作权限的分配在(　　)时完成。

A. 系统管理　　B. 操作员注册　　C. 凭证输出　　D. 初始设置

20. 计算机记账后，所有记过账的凭证都不能修改，只能通过(　　)来处理。

A. 红字冲销　　B. 补充登记　　C. 划线更正　　D. 转账更正

21. 账务系统中，凭证修改应在(　　)前进行。

A. 记账　　B. 审核　　C. 打印　　D. 结账

22. 计算机账务处理中，当月结账后不能再输入(　　)凭证。

A. 当月　　B. 下月　　C. 下年　　D. 下季度

23. 账务系统中，每张凭证的借贷方数据的平衡关系是由(　　)校对的。

A. 手工　　B. 机器自动　　C. 录入员　　D. 审核员

24. 账务处理系统中，结账功能每月只能使用(　　)。

A. 1次　　B. 多次　　C. 2次　　D. 3次

25. 会计核算软件应当具有在机内会计数据被破坏的情况下，利用现有数据恢复到(　　)状态的功能。

A. 当前　　B. 最近　　C. 一天前　　D. 一周前

26. 发现已经输入并审核通过或者登账的记账凭证有错误的，应当采用红字凭证冲销法或者补充凭证法进行更正，红字可用(　　)表示。

A. 红色　　B. 负数　　C. 负号　　D. 反方向

27. 一般会计软件中的账簿种类与手工账簿类似，主要有总分类账、明细账、(　　)三类账簿。

A. 多栏式明细账　　B. 台账　　C. 日记账　　D. 流水账

28. 编制报表的关键就是正确定义相应的(　　)。

A. 取数公式　　B. 报表格式　　C. 报表初始化　　D. 报表参数

29. 对于采用工作量法计提折旧的固定资产，固定资产初始化时须输入该固定资产已使用的(　　)。

A. 折旧率　　B. 工作量　　C. 折旧方法　　D. 折旧类型

30. 对于固定资产折旧，一个月会计期间只能(　　)。

A. 进行多次　　B. 期末自动进行　　C. 进行一次　　D. 下月初自动进行

31. 会计电算化后，会计科目编码应符合会计制度的要求，与会计制度保持一致指的是(　　)会计科目。

A. 一级及其明细　　B. 一级　　C. 一级和部分明细　　D. 辅助核算

32. 会计核算中的(　　)是往来科目。

A. 应付福利费　　B. 预付账款　　C. 未交税款　　D. 应交税费

四、多项选择题

1. 账务处理系统由以下(　　)模块组成。

A. 凭证处理　　B. 月末处理　　C. 账簿输出　　D. 编制报表

2. 会计软件中备份功能是重要的基本功能，进行这一工作时应(　　)。

A. 注明备份时间　　B. 备份介质应有多份

C. 删除数据前必须先备份　　D. 先恢复数据

3. 会计软件中恢复功能是系统非常重要的基本功能，进行这一工作时应当(　　)。

A. 检查备份日期　　B. 所有人员均有恢复权

C. 恢复往年数据前备份当前数据　　D. 指定专人操作

4. 银行对账功能，对账单在核对中出现(　　)情况时不能使用自动核销功能，核销未达账项。

A. 多对多　　B. 多对一　　C. 一对多　　D. 一对一

5. 在账务处理系统进行科目设置时，设置的会计科目代码应(　　)。

A. 符合会计制度规定　　B. 代码必须唯一

C. 符合级次级长要求　　D. 代码只有4位

6. 账务处理系统中初始化设置主要设置的内容是(　　)。

A. 账套设置　　B. 科目

C. 各种初始数据的录入　　D. 凭证类别

7. 账务系统中，对结算方式进行设置的目的主要是(　　)。

A. 便于对票据管理　　B. 便于进行银行对账

C. 便于进行记账　　D. 便于进行编号

8. 下列凭证可以由机器自动生成的有(　　)。

A. 账务处理系统内部预提、摊销等每月固定的转账凭证

B. 工资、固定资产、成本、存货等业务核算系统转给账务系统的凭证

C. 由电子商务产生的电子凭证

D. 外汇核算科目的汇兑损益转账

9. 下列属于银行对账功能的操作包括(　　)。

A. 录入银行对账期初　　B. 录入银行对账单

C. 银行对账　　D. 生成银行存款余额调节表

10. 账页格式一般有(　　)。

A. 金额式　　B. 外币金额式　　C. 数量金额式　　D. 数量外币式

11. 审核人员在审核记账凭证时(　　)。

A. 应该审核附件张数与原始凭证的张数是否一致

B. 应该审核凭证的科目对应关系和金额数是否正确

C. 应该审核摘要是否准确、简明和规范

D. 发现凭证的错误应立即进行修改

12. 下列关于数据恢复的叙述，正确的是(　　)。

A. 数据恢复是指将备份的会计数据覆盖当前硬盘现有的数据

B. 当硬盘的数据被破坏时才进行数据的恢复

C. 数据恢复工作由凭证输入人员来完成

D. 当一月或一年的数据处理完成后，需要进行数据恢复

13. 下列人员中，(　　)属于会计电算化系统操作人员。

A. 软件编程人员　　B. 数据录入员

C. 数据审核员　　D. 记账、结账操作员

14. 下列关于凭证审核和记账操作说法正确的是(　　)。

A. 凭证审核需要重新注册更换操作员，由具有审核权限的操作员来进行

B. 凭证可以成批审核，也可逐张审核

C. 记账操作每月可进行多次

D. 上月未记账，本月同样可以记账

15. 有关结账的正确说法是(　　)。

A. 若指定月份月末有尚未记账的凭证，则不允许结账

B. 若指定月份月末有尚未编制凭证的业务，则不允许结账

C. 上个月未结账，则下一个月不能记账

D. 指定月份月末结账后，不能再输入当月的记账凭证

16. 公司财务部于2016年5月启用账务处理模块，则其建账时需要输入的各科目期初余额数据有(　　)。

A. 2016年5月月初余额　　B. 2016年1—4月份借、贷方累计发生额

C. 2015年全年借、贷方累计发生额　　D. 2016年年初余额

17. 在账务处理模块中进行银行对账时，如果银行存款余额调节表显示账面余额不平，可以考虑查看(　　)。

A. “银行对账期初”中的调整后余额是否平衡

B. 长期未达账审计的情况

C. 银行对账单输入是否正确

D. 银行对账中勾对是否正确、对账是否平衡

18. 报表系统中，报表公式定义包括(　　)。

A. 取数公式　　B. 审核公式　　C. 舍位平衡公式　　D. 汇总公式

19. 与工资核算直接相关的初始设置项目是(　　)。

A. 部门设置　　B. 职员设置　　C. 职员类别　　D. 凭证字

20. 与固定资产核算相关的初始设置项目是(　　)。
A. 部门设置　　B. 固定资产初始卡片数据录入
C. 固定资产变动方式　　D. 固定资产类别

21. 如果某企业账套的启用期间为8月，则用户必须录入(　　)。
A. 1－8月所有科目的借方累计发生额　　B. 1－8月所有科目的贷方累计发生额
C. 8月份的期初余额　　D. 所有科目的年初数

22. 可以修改的记账凭证有(　　)。
A. 未审核的凭证　　B. 正在录入的凭证
C. 经过取消审核的已审核凭证　　D. 已过账凭证

23. 系统中凭证审核方式有(　　)几种。
A. 单张审核　　B. 成批审核
C. 选中区域审核　　D. 自定义审核

24. 以下属于初始建账的功能是(　　)。
A. 设置凭证类型　　B. 原有余额录入
C. 原有凭证输入　　D. 设置会计科目编码

25. 会计报表系统通过定义公式自动生成(　　)。
A. 工资表　　B. 利润表
C. 现金流量表　　D. 绝大部分会计核算需要的报表

26. 一个账套具有自己独立的、与其他账套不同的(　　)。
A. 数据库　　B. 会计科目体系　　C. 报表文件　　D. 操作用户

27. (　　)是会计软件中的原始单据。
A. 账簿　　B. 工资单　　C. 银行对账单　　D. 现金日记账

28. 会计软件处理流程的初始设置必须包括(　　)。
A. 设置报表公式　　B. 设置账套参数
C. 设置会计人员操作权限　　D. 设置科目级次和科目级长

29. 电算化日常账务处理包括(　　)。
A. 数据库的一致性检查　　B. 操作员密码管理
C. 凭证的输入与输出　　D. 记账、结账

30. 会计报表中的数据可能来源于(　　)。
A. 记账凭证　　B. 固定数据
C. 其他会计报表数据　　D. 会计软件其他子系统的数据资料

31. 工资管理子系统中，对固定项目和有规律变动项目一般采用在该项目初始定义时输入其(　　)的方法。
A. 取值范围　　B. 金额　　C. 计算公式　　D. 参数

32. 通用固定资产子系统允许用户自己定义本单位需要的(　　)。
A. 折旧方法　　B. 折旧率　　C. 固定资产类型　　D. 卡片项目

第四章　电子表格在会计中的应用

第一节　电子表格软件概述

一、常用的电子表格软件

电子表格，又称电子数据表，是指由特定软件制作而成的，用于模拟纸上计算的由横竖线条交叉组成的表格。

Windows操作系统下常用的电子表格软件主要有微软的Excel、金山WPS电子表格等；Mac操作系统下则有苹果的Numbers，该软件同时可用于iPad等手持设备。此外，还有专业电子表格软件如Lotus Notes、第三方电子表格软件如Formula One等。

微软的Excel软件(以下简称Excel)是美国微软公司研制的办公自动化软件Office的重要组成部分，因其操作简单直观、应用范围广泛且与其他电子表格软件具有很好的兼容性，目前已经广泛应用于会计、统计、金融、财经、管理等众多领域。

本章主要以Excel 2013为例进行介绍。Excel 2007和Excel 2010的界面和操作方法是基本相同的。

二、电子表格软件的主要功能

电子表格软件的主要功能有：①建立工作簿；②管理数据；③实现数据网上共享；④制作图表；⑤开发应用系统。

(一) 建立工作簿

Excel启动后，即可按照要求建立一个空白的工作簿文件，每个工作簿中含有一张或多张空白的表格。这些在屏幕上显示出来的默认由灰色横竖线条交叉组成的表格被称为工作表，又称“电子表格”。工作簿如同活页夹，工作表如同其中的一张张活页纸，且各张工作表之间的内容相对独立。工作表是Excel存储和处理数据最重要的部分，也称电子表格。每张工作表由若干行和列组成，行和列交叉形成单元格。单元格是工作表的最小组成单位，单个数据的输入和修改都在单元格中进行，每一单元格最多可容纳32 000个字符。

在Excel 2003中，每个工作簿默认含有3张工作表，每张工作表由65 536行和256列组成；在Excel 2013中，每个工作簿默认含有1张工作表，该工作表由1 048 576行和16 384列组成。默认的工作表不够用时，可以根据需要予以适当添加。每个工作簿含有工作表的张数受到计算机内存大小的限制。

（二）管理数据

用户通过Excel不仅可以直接在工作表的相关单元格中输入、存储数据，编制销量统计表、科目汇总表、试算平衡表、资产负债表、利润表以及大多数数据处理业务所需的表格，而且可以利用计算机自动、快速地对工作表中的数据进行检索、排序、筛选、分类、汇总等操作，还可以运用运算公式和内置函数，对数据进行复杂的运算和分析。

（三）实现数据网上共享

通过Excel，用户可以创建超级链接，获取局域网或互联网上的共享数据，也可将自己的工作簿设置成共享文件，保存在互联网的共享网站中，让位于世界各地的互联网用户都可共享该工作簿文件。

（四）制作图表

Excel提供了散点图、柱形图、饼图、条形图、面积图、折线图、气泡图、三维图等14类100多种基本图表。Excel不仅能够利用图表向导方便、灵活地制作图表，而且可以很容易地将同一组数据改变成不同类型的图表，以便直观地展示数据之间的复杂关系；不仅能够任意编辑图表中的标题、坐标轴、网络线、图例、数据标志、背景等各种对象，而且可以在图表中添加文字、图形、图像和声音等，使精心设计的图表更具说服力。

（五）开发应用系统

Excel自带VBA宏语言，用户可以根据这些宏语言，自行编写和开发一些满足自身管理需要的应用系统，有效运用和扩大Excel的功能。

三、Excel软件的启动与退出

（一）Excel软件的启动

通常可以采用下列方法启动Excel软件。

(1) 通过“开始”菜单中的应用启动Excel 2013。启动Excel后建立的第一个空白工作簿的默认名和扩展名，在Excel 2003中分别默认为 “Book1”和“.xls”，在Excel 2013中则分别为“工作簿1”和“.xlsx”，但也可以另存为其他名字和类型的文件。

(2) 单击桌面或任务栏中Excel的快捷方式图标启动Excel。使用这种方法的前提是桌面或任务栏中已经创建了Excel快捷方式图标。

(3) 通过“运行”对话框启动Excel软件。按下组合键“Windows”+“R”(“Windows”键在不同的机器上可能会有不同的标识)，然后输入“Excel”，如图4-1所示。

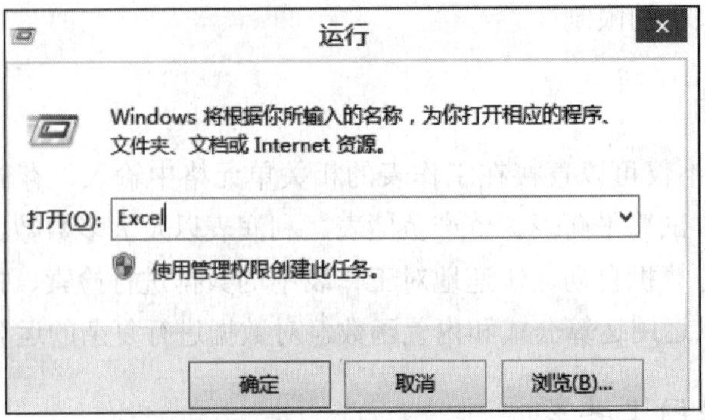

图4-1　通过“运行”启动Excel

单击“确定”按钮，就可启动Excel 2013，如图4-2所示。选择“空白工作簿”，即可新建一个空白工作簿。

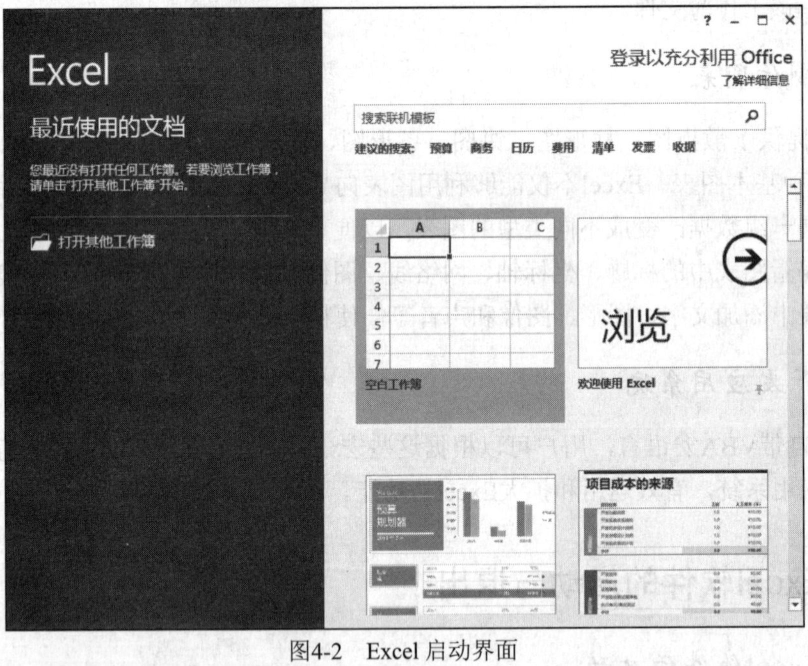

图4-2　Excel 启动界面

(4) 打开现成的Excel文件。直接点击现成的Excel文件，通过打开该文件来启动Excel软件。

(二) Excel软件的退出

通常可以采用下列方法退出Excel软件。

(1) 单击标题栏最右边的关闭按钮。单击标题栏最右边的关闭按钮“×”后，Excel软件将被退出。

(2) 单击“关闭窗口”或“关闭所有窗口”命令。在Windows任务栏，右键单击Excel图标，打开菜单选项，如图4-3所示。选择“关闭窗口”命令即可退出Excel。程序被关闭后，Excel软件也随之退出。

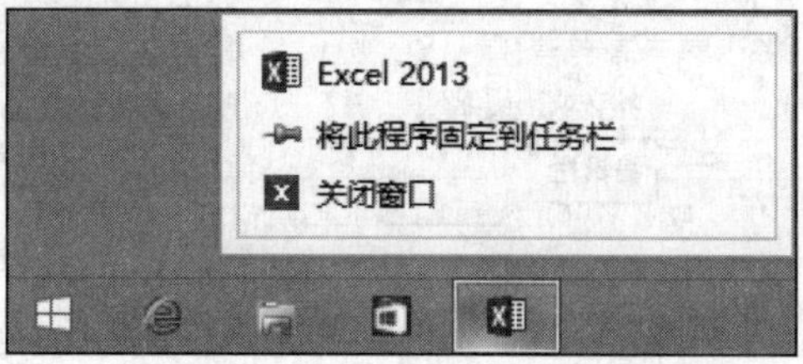

图4-3　通过任务栏关闭Excel

(3) 按击快捷键“Alt+F4”。按击“Alt+F4”键后，Excel软件将被退出。

以上几种方法操作时，如果退出前有编辑的内容未被保存，将出现提示是否保存的对话框。

需注意的是：以上操作方法均指的是当前只有一个工作簿的情形，如果当前有多个工作簿文件在使用，以上操作方法执行的结果将是光标所在的文件被关闭，其他处于打开状态的Excel文件仍在运行，Excel软件并未退出。只有这些文件均被关闭后，Excel软件才会完全退出。

四、Excel软件的用户界面

Excel软件启动后，通常会建立一个新的空白工作簿或者打开一个现有的工作簿，并在屏幕上呈现一个最大化的工作簿窗口(简称窗口)。这一窗口是用户操作Excel软件的重要平台，被称为默认的用户界面。

Excel软件的默认用户界面因版本不同而有所区别。其中，Excel 2003及以下版本的默认用户界面基本相同，由标题栏、菜单栏、工具栏、编辑区、工作表区、状态栏和任务窗格等要素组成，Excel 2003是以菜单方式组织功能的。

Excel 2007及以上版本的默认用户界面基本相同，主要由功能区、编辑区、工作表区和状态栏等要素组成。Excel 2007及以上版本是以选项卡的方式组织功能的，与Excel 2003在使用习惯上有所差异。

Excel 2010的界面如图4-4所示。

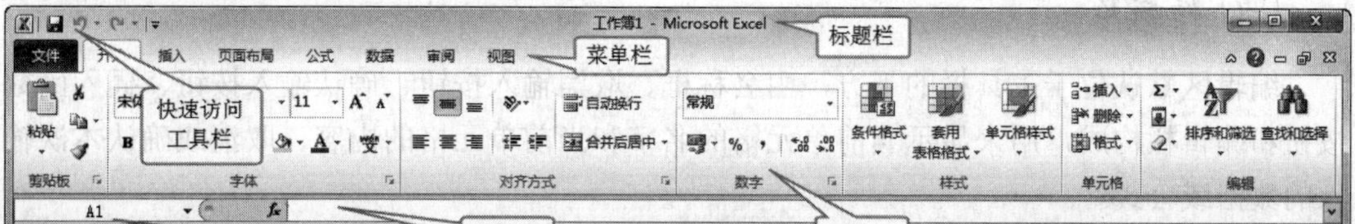

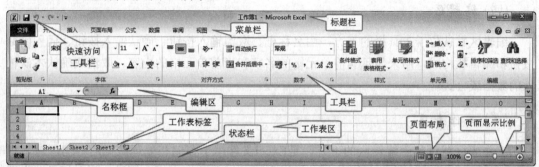

图4-4　Excel 2010工作界面

Excel 2013的界面如图4-5所示(与Excel 2010类似)。

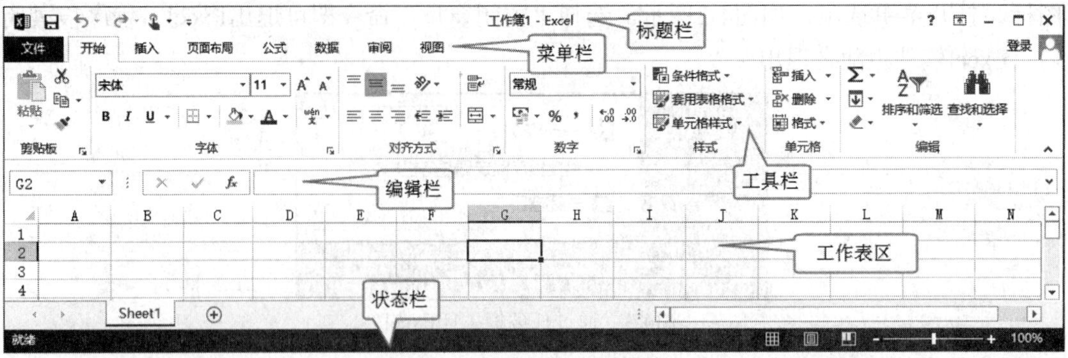

图4-5 Excel 2013工作界面

(一) 标题栏

标题栏位于窗口的最上方，依次列示Excel软件的图标、文档的标题和控制Excel窗口的按钮。

(二) 菜单栏

Excel 2003的菜单栏默认位于标题栏的下方，但可移动到窗口的其他适当位置，包含“文件”“编辑”“视图”“插入”“格式”“工具”“数据”“窗口”和“帮助”等9个默认的菜单项，其中包括Excel的全部操作命令，每一菜单项分别含有对工作表进行操作的一组功能相关的命令选项。命令后面带有“...”的，表示选择了这一命令后将打开该命令的对话框；命令后面带有“▶”的，表示该选项后面还带有一个子菜单。

(三) 工具栏

工具栏默认位于菜单栏的下方，但可移动到窗口的其他适当位置，它由一系列与菜单选项命令具有相同功能的按钮组成。每个按钮代表一个命令，能更加快捷地完成相应的操作。

用户不仅可以自行设定工具栏的显示、隐藏及其在窗口中的位置，而且可以自行设定工具栏中的按钮及其在工具栏中的位置。

(四) 编辑区

编辑区默认位于工具栏的下方，由名称框、取消输入按钮、确认输入按钮、插入函数按钮和编辑栏构成，用来显示当前单元格的名字和当前单元格的内容、取消或确认本次输入的数据或公式。

(五) 工作表区

工作表区默认位于编辑区的下方，是Excel文件用于存储和处理数据的专门区域，由工作表、工作表标签、标签滚动按钮、滚动条和滚动条按钮、列和列号、行和行号、全选按钮、单元格等要素组成。

(六) 状态栏

状态栏默认位于窗口底部，可以显示各种状态信息，如单元格模式、功能键的开关状态等。

(七) 任务窗格

任务窗格用于集中放置最常用的功能和快捷方式，具体包括“开始工作”“帮助”“搜索结果”“剪贴画”“信息检索”“剪贴板”“新建工作簿”“模板帮助”“共享工作区”“文档更新”和“XML源”等11个任务窗格。例如，按击“F1”键，就会调用帮助的任务窗格，如图4-6所示。

图4-6　任务窗格(帮助)

(八) 功能区

功能区是由一系列在功能上具有较强相关性的组和命令所形成的区域，各功能区的主要功能由相应的选项卡标签予以标识，用户可以根据需要，快速找到和调用包含当前所需命令的功能区。

Excel 2013默认的选项卡标签有“开始”“插入”“页面布局”“公式”“数据”“审阅”“视图”“开发工具”，排列在标题栏的下方。数据功能区如图4-7所示。

图4-7　数据功能区

此外，用户还可以通过“自定义功能区”自定义选项卡。单击任一选项卡标签，其下方将出现一个以平铺方式展开的“带形功能区”，它由若干个功能相关的组和命令所组成。

在任意一个功能区下，单击右键，再在菜单中选择“自定义功能区”，然后进行功能区的设置，如图4-8所示。

在主选项卡中，“开发工具”是没有被选择的，所以Excel 2013在默认安装时没有选定该功能，若需要应将其勾选，选择“开发工具”后，其功能如图4-9所示。

在此可以新建选项卡，按照自己的习惯进行设置。

功能区的优势主要在于，它将通常需要使用菜单、工具栏、任务窗格和其他用户界面组件才能显示的任务或入口点集中在一起，便于在同一位置查找和调用功能相关的命令。

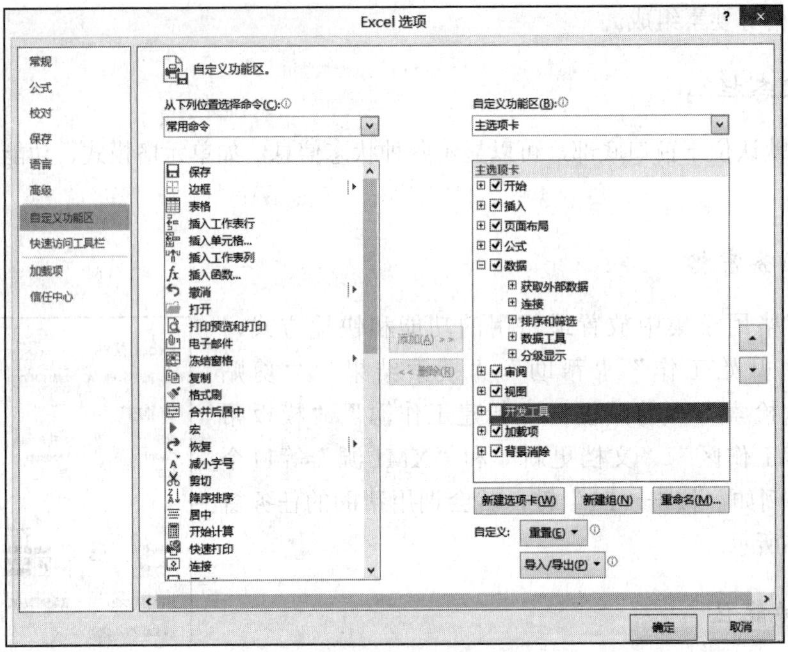

图4-8 自定义功能区

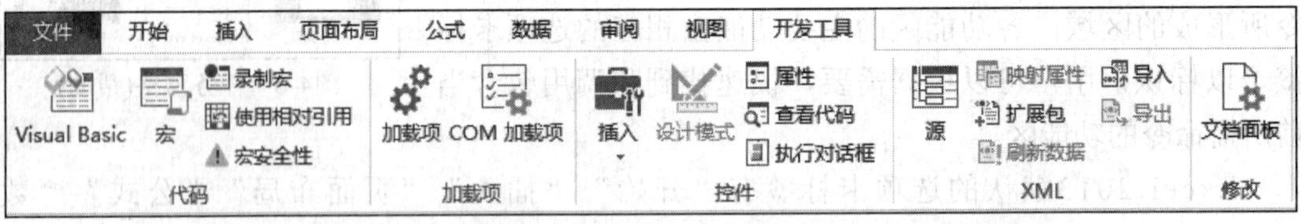

图4-9 开发工具功能区

(九) 工作簿、工作表、单元格

1. 工作簿和工作表

(1) 工作簿

工作簿是Excel中用来存储数据、运算公式以及数据格式等信息的文件。一个工作簿就是一个Excel文件，其文件类型(扩展)名为.xls(Excel 2007后默认为.xlsx，也可以存为Excel 2003的扩展名.xls)。

一个工作簿包含有若干个工作表，从而可以将若干相关工作表组成一个工作簿，操作时不必打开多个文件，而可以直接在一个工作簿文件中快捷地切换。

(2) 工作表

工作表是一个由行和列交叉排列的表格。新建立一个工作簿时，系统自动为工作簿中的工作表命名为Sheet1，工作表名出现在工作表的最下面一行，可根据需要对工作表重新命名。

不论一个工作簿中有多少工作表，但某一时刻只能对一个工作表进行操作，该工作表称为当前(活动)工作表。用鼠标单击某工作表名，该工作表就称为当前工作表，当前工作表的表名以区别于其他工作表名的形式显示。

Excel 2003一个工作表共有65 536行、256列，其中行分别用1，2，3，4，5，…来表示，称为行号，列用A，B，C，D，E，…来表示，称为列号(或列标)。行和列交叉形成的小方框称为单元格。

2. 单元格和单元格区域

(1) 单元格

单元格是最基本的数据单元，每个单元格由它所处的行号和列号来标识，列号在前，行号在后。例如，B3表示B列第三行的单元格，B3也称为该单元格的名字或地址。

在众多单元格中，只有一个单元格是当前(活动)单元格，其特点是它带有一个粗黑框。用鼠标单击一个单元格就可将其设定为当前单元格，从键盘上输入的内容将出现在当前单元格中，如图4-10所示。

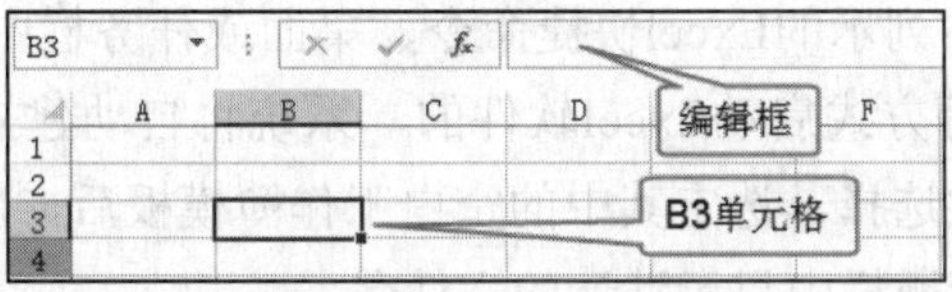

图4-10　单元格

在单元格中，可输入文字、数字、公式、日期、时间或进行计算，并显示实际结果。

(2) 单元格区域

多个相邻的单元格形成的区域称为单元格区域，单元格区域用该区域左上角的单元格地址和右下角的单元格地址中间加一个"："来表示。例如，B3：D5表示左上角为B3右下角为D5的一片单元格区域，如图4-11所示。

还可以给一个区域起一个名字，称为区域名，其方法是先选定该区域，然后单击右键选择"定义名称"，在其中输入区域名称即可，如图4-12所示。

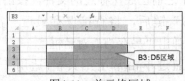

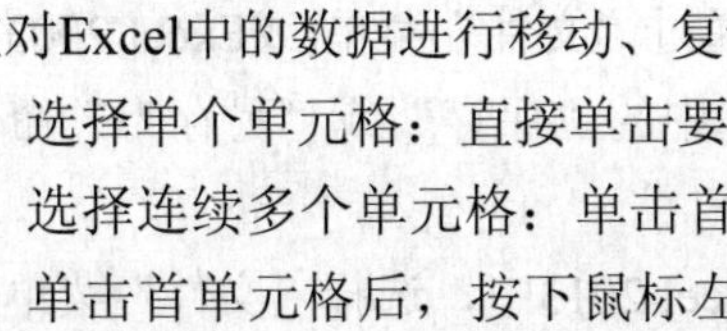

图4-11　单元格区域

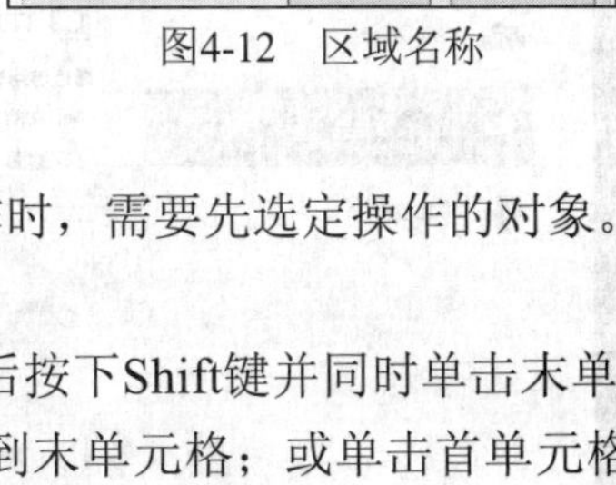

图4-12　区域名称

(3) 选择单元格和单元格区域

在对Excel中的数据进行移动、复制、删除等操作时，需要先选定操作的对象。

- 选择单个单元格：直接单击要选择的单元格。
- 选择连续多个单元格：单击首个单元格，然后按下Shift键并同时单击末单元格(或单击首单元格后，按下鼠标左键，拖动鼠标到末单元格；或单击首单元格后，按下Shift键，再按键盘上的光标移动键)。
- 选择多个不连续的单元格：Ctrl键+单击要选择的单元格。

- 选择整行或整列：单击行号或列号。
- 选择不连续的行或列：Ctrl键+单击行号或列号。
- 选择全部单元格(整个表)：单击行头和列头交叉处(或用“Ctrl+A”快捷键)。
- 取消选择：单击工作表中的任一单元格。

五、Excel文件的管理

Excel文件的管理主要包括新建、保存、关闭、打开、保密、备份、修改与删除等工作。

(一) Excel文件的新建与保存

1. Excel文件的新建

单击“开始”菜单中列示的Excel快捷命令、桌面或任务栏中Excel的快捷方式图标或者通过“运行”对话框等方式启动Excel软件的，系统将自动建立一个新的空白工作簿，或者提供一系列模板以供选择，选定其中的空白工作簿模板后，新的空白工作簿窗口将在屏幕上呈现出来，并在标题栏中显示默认的文件名。

以打开现成Excel文件方式启动Excel软件的，可通过以下方法之一建立一个新的空白工作簿：①按击快捷键“Ctrl+N”键；②打开“文件”菜单，选择“新建”菜单命令，选定其中的空白工作簿模板；③单击工具栏中的“新建”按钮(Excel 2003为常用工具栏，Excel 2013为快速访问工具栏)。

2. Excel文件的保存

为了继续使用新建的Excel文件，应当以合适的名称和类型将Excel文件保存在适当的位置。Excel文件在编辑修改完毕或退出Excel软件之前，均应进行保存。保存Excel文件的常用方法包括：

(1) 通过按击功能键“F12”键进行保存。

(2) 通过按击快捷键“Ctrl+S”键进行保存。对于之前已经保存过的文件，按击快捷键“Ctrl+S”键后，将直接保存最近一次的修改，不再弹出“另存为”对话框。

(3) 通过单击常用工具栏(适用于Excel 2003)或快速访问工具栏(适用于Excel 2013)中的“保存”或“另存为”按钮进行保存。

(4) 通过“文件”菜单(或Excel 2003“工具栏”菜单)中的“保存”或“另存为”命令进行保存。

在Excel 2013中，选择“文件”菜单，会启用对文件处理的各种功能，如图4-13所示。可以选择“保存”“另存为”等功能进行保存。

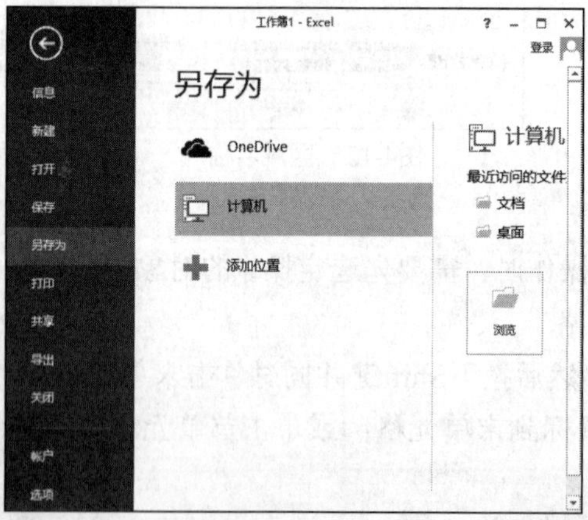

图4-13 文件处理

Excel 2013的使用习惯或功能，是可以通过“选项”命令进行设置的，如图4-14所示。

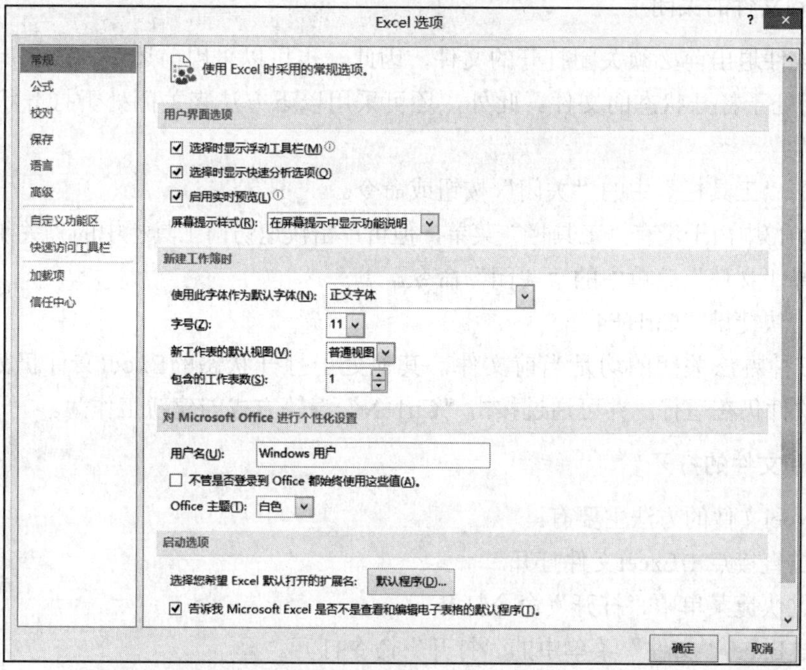

图4-14　Excel选项设置

为了避免Excel软件意外中止而丢失大量尚未保存的信息，系统通常会默认保存自动恢复信息的时间间隔，这一时间间隔还可以自定义，如图4-15所示。

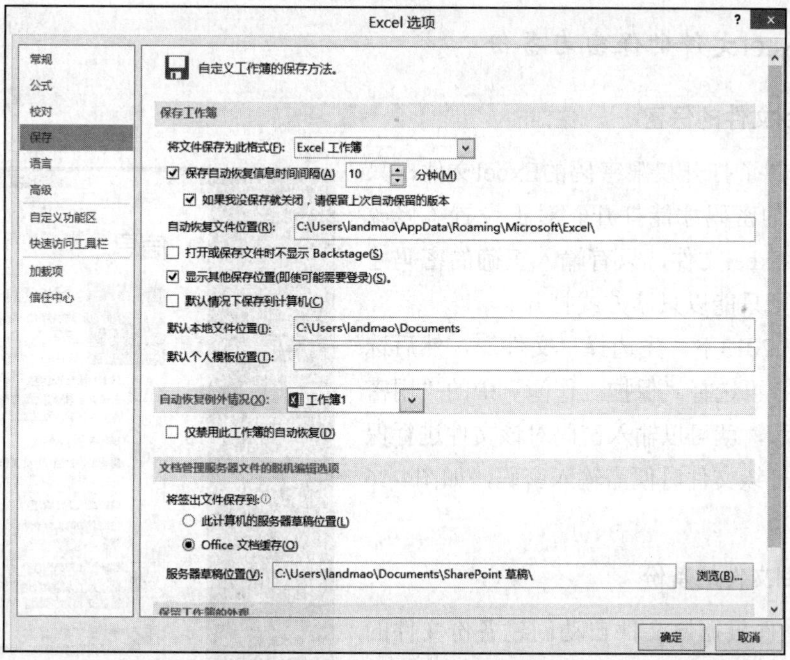

图4-15　保存时间等的参数设置

(二) Excel文件的关闭与打开

1. Excel文件的关闭

Excel软件退出前必须关闭打开的文件，因此，也可以采用前述三种Excel软件的退出方法来关闭处于打开状态的文件。此外，还可采用以下方法来关闭处于打开状态的Excel文件：

(1) 单击“工具栏”中的“关闭”按钮或命令。

Excel 2013中由于没有“工具栏”菜单，但可单击快速访问工具栏中的“关闭”按钮。

(2) 选择“文件”菜单中的“关闭”命令。

(3) 按击快捷键“Ctrl+F4”。

上述三种方法关闭的均是当前文件，其他处于打开状态的Excel文件仍处于打开状态，Excel软件仍在运行，并可通过按击“Ctrl+N”键等方式创建新工作簿。

2. Excel文件的打开

打开Excel文件的方法主要有：

(1) 通过直接点击Excel文件打开。

(2) 通过快捷菜单中“打开”命令打开。

(3) 通过Excel“文件”菜单中的“打开”命令打开。

(4) 通过常用工具栏(适用于Excel 2003)或快速访问工具栏(适用于Excel 2013)中的“打开”按钮进行打开。

(5) 通过按击快捷键“Ctrl+O”(字母O)打开。

(三) Excel文件的保密与备份

1. Excel文件的保密

对于设置了打开权限密码的Excel文件，只有输入正确的密码才能打开。对于设置了修改权限密码的Excel文件，只有输入正确的密码才能修改，否则只能以只读方式打开。

在Excel 2013下，先选择“文件”，然后选择“信息”，再选择“保护工作簿”中的“用密码进行加密”，就可以输入密码对该文件进行保护，再次打开该文件时便需输入密码，如图4-16所示。

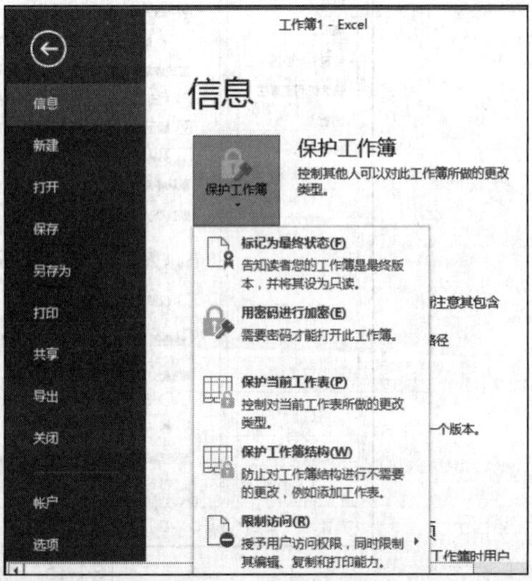

图4-16　保护工作簿

2. Excel文件的备份

Excel软件根据原文件自动创建备份文件的名称为原文件名后加上“的备份”字样，图标与原文件不同。

(四) Excel文件的修改与删除

1. Excel文件的修改

Excel文件的修改通常在已打开的Excel文件中进行，包括修改单元格内容、增删单元格和行列、调整单元格和行列的顺序、增删工作表和调整工作表顺序等。

2. Excel文件的删除

Excel文件的删除方法包括：

(1) 选中要删除的Excel文件，按击“Delete”键进行删除。

(2) 鼠标右键单击要删除的Excel文件，选择删除命令。

第二节 数据的输入与编辑

一、数据的输入

(一) 数据的手工录入

某企业1月份的工资表如表4-1所示。

表4-1 工资表

部门	编码	职务	姓名	类别	基本工资	事假天数
行政部	101	部门经理	张文峰	管理人员	4000	
	102		李天华	管理人员	3000	2
	103	总经理	孙正	管理人员	9000	
	104		黄文胜	管理人员	3500	5
财务部	201		李东平	管理人员	3600	
	202	部门经理	王少红	管理人员	4200	3
	203		张中杨	管理人员	3100	3
	204		赵小兵	管理人员	3900	
销售部	301	部门经理	周力	经营人员	4500	2
	302		刘一江	经营人员	3200	1
	303		朱小明	经营人员	2900	
采购部	401	部门经理	赵希文	经营人员	5000	
	402		孙胜业	经营人员	3000	0.5
	403		杨真	经营人员	2500	
合 计						

工资项目包括基本工资、职务工资、书报费、事假天数、事假扣款、应发合计、养老

保险、代扣税、实发合计。计算项目主要如下。

① 职务工资：部门经理的职务工资为800元，总经理的职务工资为1500元，其他的为500元。

② 书报费：职员类别为管理人员的书报费为80元，职员类别为经营人员的书报费为50元。

③ 事假扣款=事假天数×基本工资/21。

④ 应发合计=基本工资+职务工资+书报费−病假扣款−事假扣款。

⑤ 养老保险=应发合计×0.05。

⑥ 实发合计=应发合计−养老保险−代扣税。

⑦ 个人所得税。

计算个人所得税的扣税项目为“应发合计”，符合条件的每个职员须征收个人所得税，扣税起点为3500元。个人所得税的征收会随着《中华人民共和国个人所得税法》的改变而改变，具体请参照当时的法规确定。如需详细了解我国当前的个人所得税七级超额累进税率可参照本书表5-29的内容。

1. 建立工资表

启动Excel 2013。选择“空白工作簿”，如图4-17所示。

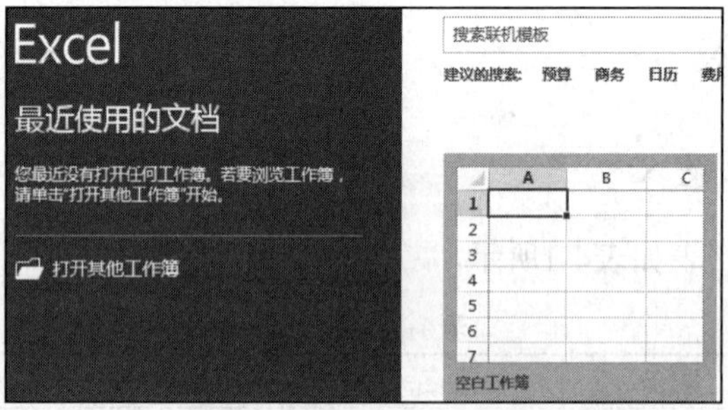

图4-17　建立空白工作簿

选择“空白工作簿”后，Excel会自动建立一张空表，如图4-18所示。

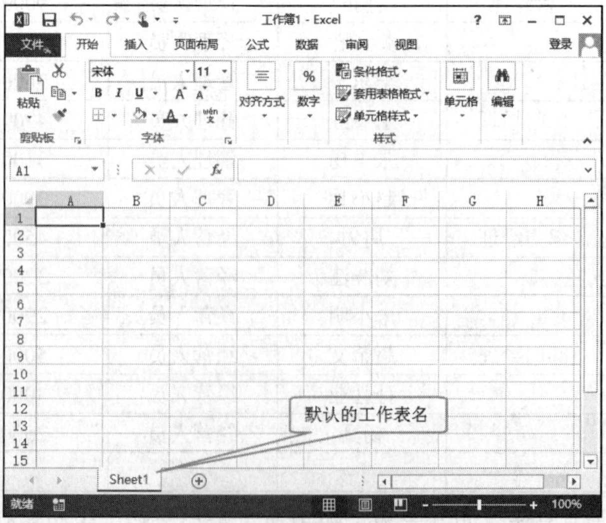

图4-18　空工作簿

2. 录入数据

在Excel中，数据的输入和修改都在当前单元格或者对应的编辑栏中进行。Excel文件打开后，所有单元格均默认处于就绪状态，等待数据的输入。

在单个单元格中录入数据的方法是：选定目标单元格，录入所需的数字或文本。在空白表中，按照案例输入。

(1) 输入表头部分

直接在相应的单元格中输入工资表和工资项目，如图4-19所示。

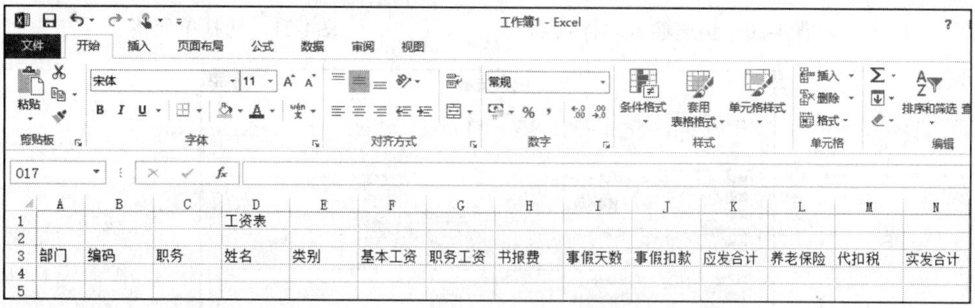

图4-19　工资表表头录入

(2) 在单张工作表的多个单元格中快速录入完全相同的数据

选定单元格区域，在当前活动单元格或者对应的编辑栏中录入所需的数字或文本，通过组合键“Ctrl+Enter”确认录入的内容。

若有多人是同一部门的，可以采用多个单元格快速录入的方式。

先选定A4到A7单元，方法是先将光标移动到A4，然后按住鼠标左键拖动到A7单元，这时会有一个方框框定该区域。

在编辑区输入“行政部”，然后按击“Ctrl+Enter”快捷键，各单元会自动填入“行政部”，如图4-20所示。

连续单元格输入相同的数据，还可以先输入一个单元的数据，然后将鼠标移动到输入数据单元格的右下角，直到鼠标显示为“+”，再按下鼠标左键拖动鼠标，相关的单元就自动复制上一单元的数据。

不连续单元输入相同数据的方法是：先选定一个单元格，然后按住“Ctrl”键，再选择其他不连续的单元格，选择完毕后，在输入区输入数据，然后按“Ctrl+Enter”键就会自动填入到所选择的单元格中。

(3) 在单张工作表的多个单元格中快速录入部分相同的数据

相关设置完成后，在相应的单元格输入数据时，只需要输入不重复的数字部分，系统会在输入的数字前自动加上重复部分。

先在类别的相应单元中按照案例输入“管理”和“经营”，现在需要在“管理”和“经营”后加上“人员”。先选择要加上“人员”的单元格，如图4-21所示。

在选择区域上单击鼠标右键选择“设置单元格格式”，进入后选择“数字”选项卡，再选择“自定义”，然后选择右边“类型”列表框中的“@”，在“@”后输入“人员”，如图4-22所示。

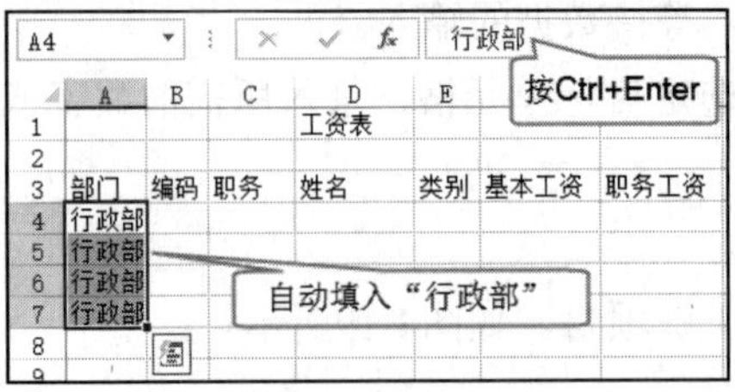

图4-20　快速输入“行政部”

部门	编码	职务	姓名	类别	基本工资
行政部	101	部门经理	张文峰	管理	
行政部	102		李天华	管理	
行政部	103	总经理	孙正	管理	
行政部	104		黄文胜	管理	
财务部	201		李东平	管理	
财务部	202	部门经理	王少红	管理	
财务部	203		张中杨	管理	
财务部	204		赵小兵	管理	
销售部	301	部门经理	周力	经营	
销售部	302		刘一江	经营	
销售部	303		朱小明	经营	
采购部	401	部门经理	赵希文	经营	
采购部	402		孙胜业	经营	
采购部	403		杨真	经营	

图4-21　选择单元格

图4-22　定义单元格

单击“确定”按钮后，在原来输入的文字后就自动增加了“人员”。如果在这些单元重新输入其他文字，也将自动加入“人员”，即可以先定义后输入。

需要注意的是，单元格本身的内容还是“管理”或“经营”，在调用的时候要注意。

输入数据的工资表如图4-23所示。

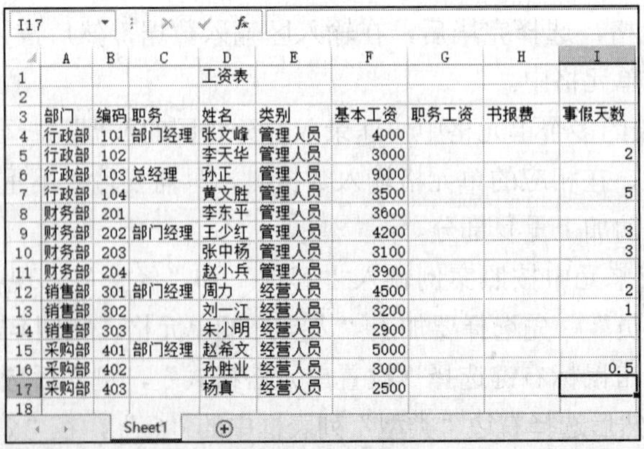

部门	编码	职务	姓名	类别	基本工资	职务工资	书报费	事假天数
行政部	101	部门经理	张文峰	管理人员	4000			
行政部	102		李天华	管理人员	3000			2
行政部	103	总经理	孙正	管理人员	9000			
行政部	104		黄文胜	管理人员	3500			5
财务部	201		李东平	管理人员	3600			
财务部	202	部门经理	王少红	管理人员	4200			3
财务部	203		张中杨	管理人员	3100			3
财务部	204		赵小兵	管理人员	3900			
销售部	301	部门经理	周力	经营人员	4500			2
销售部	302		刘一江	经营人员	3200			1
销售部	303		朱小明	经营人员	2900			
采购部	401	部门经理	赵希文	经营人员	5000			
采购部	402		孙胜业	经营人员	3000			0.5
采购部	403		杨真	经营人员	2500			

图4-23　工资表

按“Ctrl+S”键进行工作簿的保存，工作簿取名为“工资表”，如图4-24所示。

当前工作表的名称默认是“Sheet1”，应将其名称改为“1月工资表”。具体方法如下：先选择左下角的“Sheet1”，然后单击鼠标右键，如图4-25所示。选择“重命名”，将工作表名改为“1月工资表”。在对表格的操作过程中，都可用“Ctrl+S”快捷键进行保存。

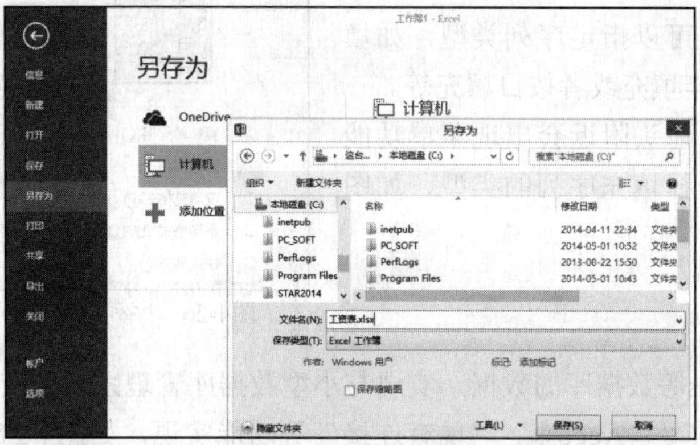

图4-24　保存工作簿

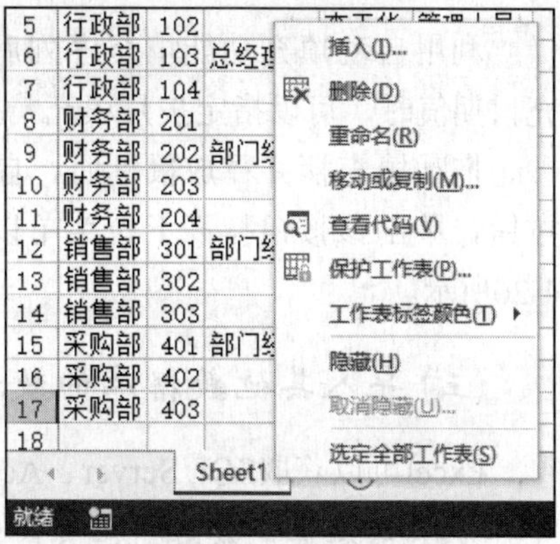

图4-25　更改工作表名

(4) 在工作组的一个单元格或多个单元格中快速录入相同的数据

可将工作簿中多张工作表组合成工作组，即同一个工作簿里的多个工作表的组合。建立方法是先选择需要组合的第一个工作表标签，按住“Ctrl”键，再选择第二个、第三个等。一般来说，这些工作表的格式是相同的，在成组的工作表里，任意修改或编辑其中一个工作表的内容及格式，其余工作表的相同单元都会同样被改变。

在目标单元格，如同按照在单个单元格中录入数据的方法录入相关数据；在一个单元格区域，如同按照在单张工作表的多个单元格中录入相同数据的方法录入相关数据。完成数据录入后，可采用以下方法取消工作组：

① 单击所在工作簿中其他未被选中的工作表标签(即组外工作表标签)，如果该工作组包含工作簿中的所有工作表，则只需单击活动工作表以外的任意一个工作表标签。

② 指向该工作簿任意一个工作表标签，单击右键，从弹出的快捷菜单中选定“取消成组工作表”。

(二) 单元格数据的快速填充

1. 相同数据的填充

某单元格的内容需要复制到其他单元格时，通常可单击该单元格右下角的填充柄，鼠标箭头随之变为“黑十字形”，按住鼠标左键向上下左右的任一方向拖动，然后松开鼠标左键，该单元格的内容即被填充到相关单元格。

2. 序列的填充

序列是指按照某种规律排列的一列数据，如等差数列、等比数列等。使用填充柄可自动根据已填入的数据填充序列的其他数据。使用填充序列的操作步骤是：

(1) 在需要输入序列的第一个单元格中输入序列第一个数或文本内容，紧接第二个单元格输入序列第二个数或文本内容。

(2) 选中上述两个单元格，单击第二个单元格右下角的填充柄，按住鼠标左键拖动，在适当的位置释放鼠标，拖过的单元格将会自动进行填充。

3. 填充序列类型的指定

利用自动填充功能填充序列后，可以指定序列类型，如填充日期值时，可以指定按月填充、按年填充或者按日填充等。

拖动填充柄并释放鼠标时，鼠标箭头附近会出现菜单功能按钮，单击该按钮打开下拉菜单以选择填充序列的类型，如图4-26所示。

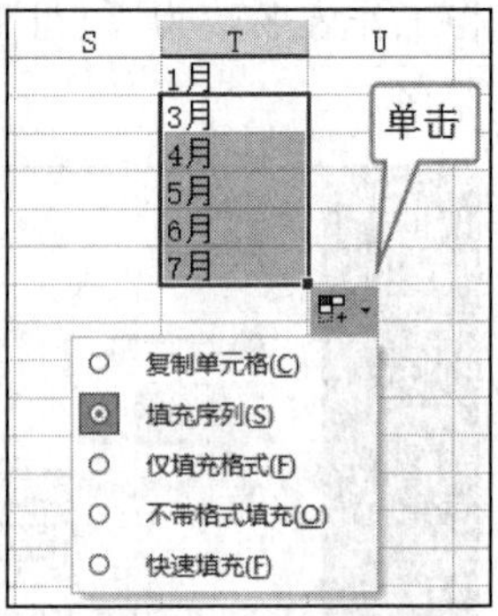

图4-26　序列填充

(三) 导入其他数据库的数据

Excel可以获取SQL Server、Access等数据库的数据，实现与小型数据库管理系统的交互。具体可选择“数据”选项卡下的“自Access”“现有连接”等功能实现，如图4-27所示。

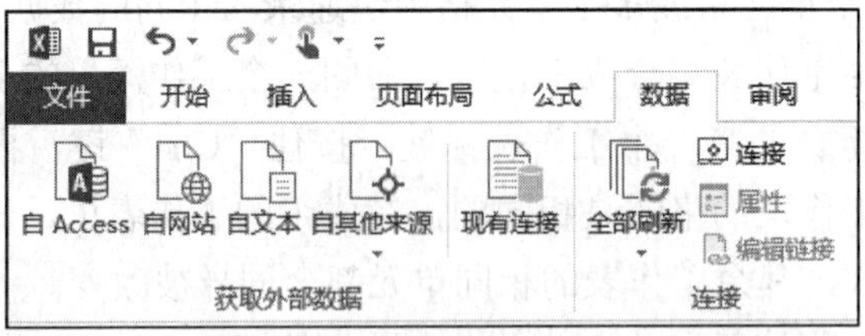

图4-27　导入数据

二、数据的编辑

(一) 数据的复制和剪切

1. 数据的复制和粘贴

Excel中，可以使用“粘贴”命令粘贴复制的内容，还可以使用“选择性粘贴”命令有选择地粘贴剪贴板中的数值、格式、公式、批注等内容。

一般的方法是先选定要复制的单元格，然后按“Ctrl+C”快捷键进行复制，光标移动到新的位置后再按“Ctrl+V”快捷键粘贴。

2. 数据的剪切与粘贴

数据的剪切与复制不同。数据复制后，原单元格中的数据仍然存在，目标单元格中同时还增加原单元格中的数据；数据剪切后，原单元格中数据不复存在，只在目标单元格中增加原单元格中的数据。

一般的方法是先选定要剪切的单元格，然后按“Ctrl+X”快捷键进行剪切，光标移动到新的位置后再按“Ctrl+V”快捷键粘贴。

（二）数据的查找和替换

1. 查找和替换特定数据

如果只需要查找，可以单击“查找下一个”按钮逐个查找或单击“查找全部”按钮一次性全文查找。

在“开始”选项卡下，单击“查找和选择”按钮，会显示出相关的功能，如查找、替换、公式等。选择“查找”，可以在查找内容中输入具体的内容，然后进行查找，如图4-28所示。

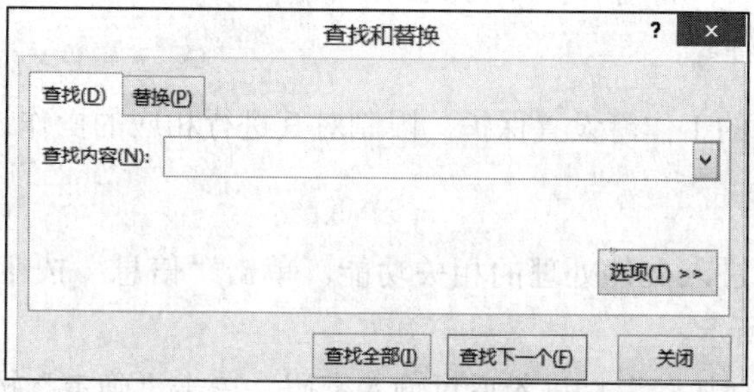

图4-28　查找

如果需要替换，可以选择“替换”逐个替换或单击“全部替换”按钮一次性全部替换，如图4-29所示。

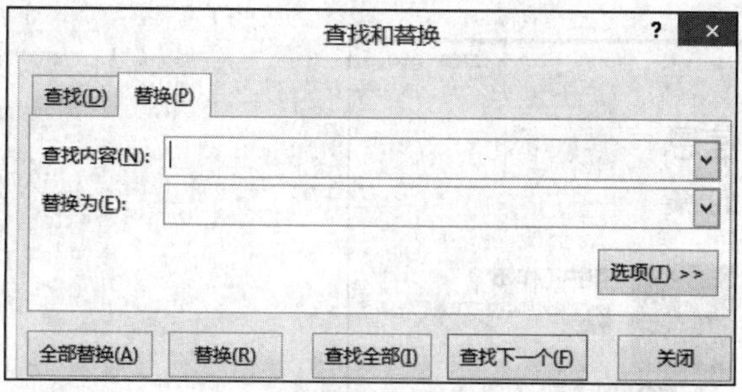

图4-29　替换

单击“选项”按钮，还可以设置更具体的查找和替换条件，如图4-30所示。

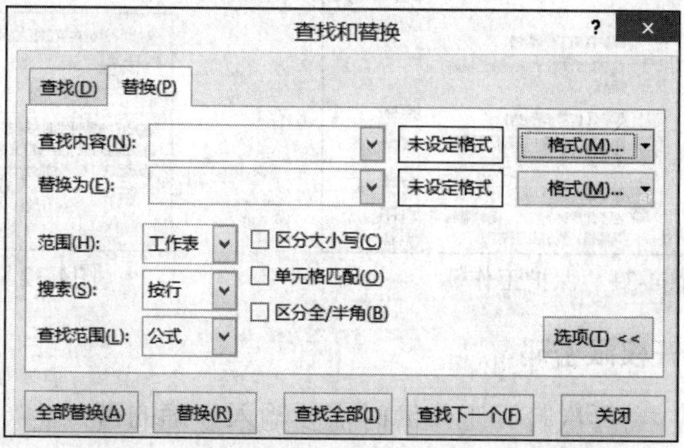

图4-30　选项设置

2. 选中包含公式的单元格

依次单击“开始”|“编辑”|“查找和选择”按钮，再选择“公式”，选中工作簿中所有包含公式的单元格。

3. 替换格式

进行相应格式设置后单击“确定”按钮回到“查找与替换”对话框，单击“全部替换”按钮即可完成对内容和格式的批量替换。

三、数据的保护

(一) 保护工作簿

Excel可以为重要的工作簿设置保护，限制对其进行相应的操作。

1. 限制编辑权限

选择“文件”，进入文件处理的相关功能。单击“信息”按钮，再单击“保护工作簿”按钮，如图4-31所示。

选择“用密码进行加密”，进入后可输入密码，单击“确定”按钮后，以后就需要密码才能打开该文件，如图4-32所示。

如果要撤销保护工作簿，按设置保护工作簿的路径选择“保护工作簿”，输入正确的密码后即可撤销保护。

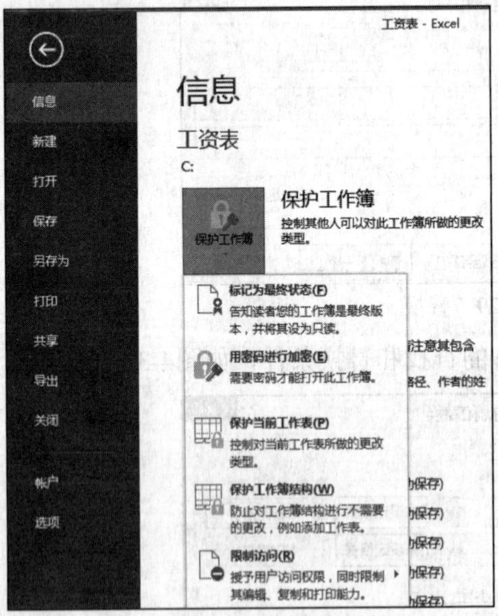

图4-31 保护工作簿

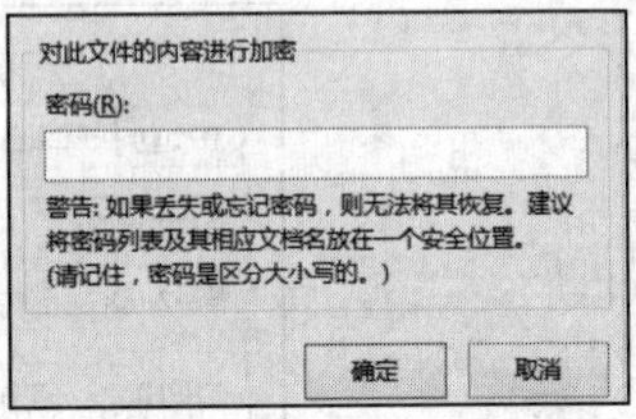

图4-32 加密文档

2. 设置工作簿打开权限密码

设置密码完成后，当再次打开工作簿时需要输入正确的密码。

(二) 保护工作表

在Excel 2013中，可以对工作表进行编辑权限设定，限制他人对工作表的编辑权限，如插入行、插入列等。

在当前工作表，选择“审阅”|“保护当前工作表”，然后输入密码和要保护的内容，如图4-33所示。

如果要撤销保护工作表，按设置保护工作簿的路径选择“保护工作表”，正确输入取消工作表保护时使用的密码后即可撤销保护。

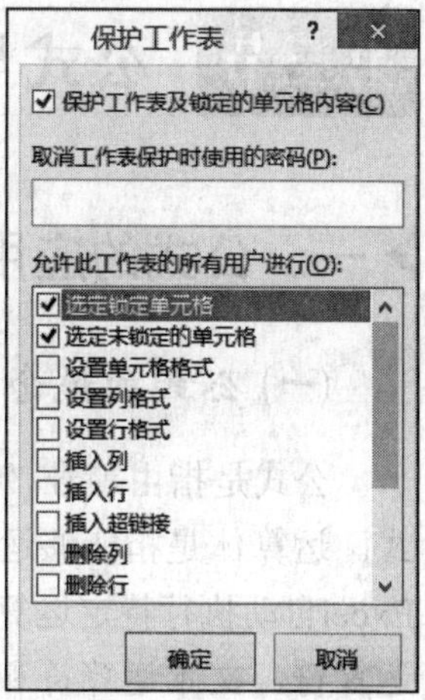

图4-33　保护工作表

(三) 锁定单元格

锁定单元格可以使单元格的内容不能被修改，使用“锁定单元格”功能必须启用保护工作表功能。 如工资表的A3到F17是基本固定的，为了防止误改，就可以将其保护起来。

具体方法是：先选定单元格A3：F17，然后按“Ctrl+1”键或单击鼠标右键选择快捷菜单中的“设置单元格格式”选项。在打开的如图4-34所示的窗口中勾选“保护”选项卡下的“锁定”复选框之后退出。

在菜单“审阅”下选择“保护工作表”。在打开的窗口内只选定以下两项：“选定锁定单元格”和“选定未锁定的单元格”，然后输入密码，如图4-35所示。单击“确定”按钮，再次输入确认密码即可完成。

这时，A3：F17区域的单元格已经锁定，不能对其修改，其他的单元仍可以编辑。 注意，退出前要保存文档。

如果要使锁定的单元格可以再修改，需要选择“审阅”|“撤销工作表保护”取消对当前工作表的保护。

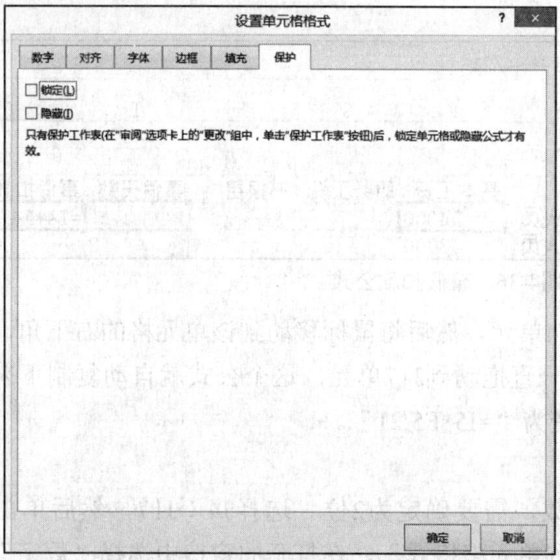

图4-34　设置单元格格式(保护)

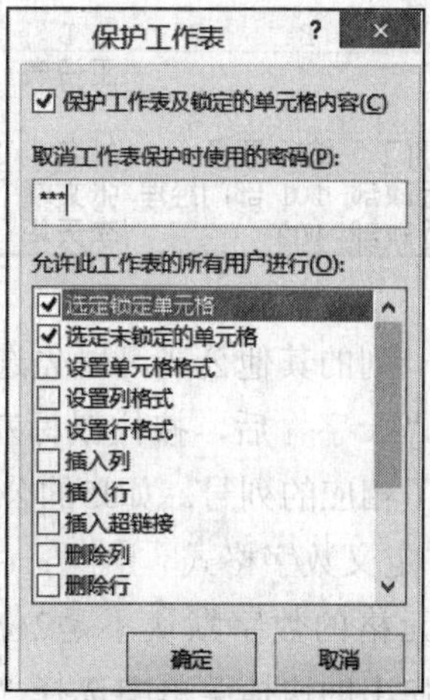

图4-35　保护工作表

第三节 公式与函数的应用

一、公式的应用

(一) 公式的概念及其构成

公式是指由等号“=”、运算体和运算符在单元格中按特定顺序连接而成的运算表达式。运算体是指能够运算的数据或者数据所在单元格的地址名称、函数等；运算符是使Excel自动执行特定运算的符号。Excel中，运算符主要有四种类型：算术运算符、比较运算符、文本运算符和引用运算符。

Excel中，公式总是以等号“=”开始，以运算体结束，相邻的两个运算体之间必须使用能够正确表达二者运算关系的运算符进行连接。即公式的完整表达式按以下方式依次构成：等号“=”、第一个运算体、第一个运算符、第二个运算体，依此类推，直至最后一个运算体。

(二) 公式的创建与修改

1. 公式的创建

Excel中，创建公式的方式包括手动输入和移动点击输入。手动输入公式时如有小圆括号，应注意其位置是否适当以及左括号是否与右括号相匹配。

(1) 按照案例，输入公式

先选择J4单元(事假扣款)，在输入区输入事假扣款公式(事假天数*基本工资/21)，相关的项目要换成单元格，J4单元的公式为“=I4*F4/21”，如图4-36所示。公式输入后按“Enter”键完成。

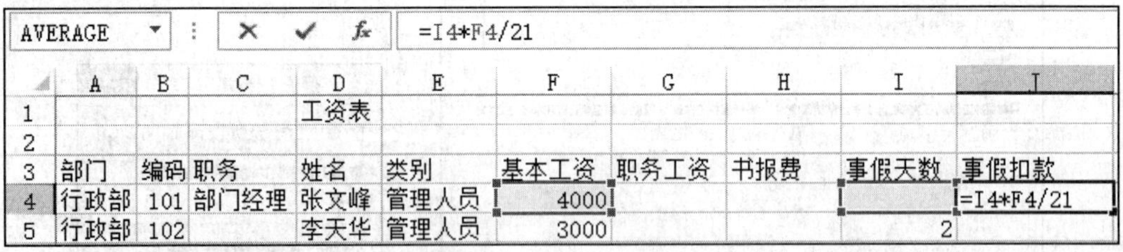

	A	B	C	D	E	F	G	H	I	J
1				工资表						
2										
3	部门	编码	职务	姓名	类别	基本工资	职务工资	书报费	事假天数	事假扣款
4	行政部	101	部门经理	张文峰	管理人员	4000				=I4*F4/21
5	行政部	102		李天华	管理人员	3000			2	

图4-36 事假扣款公式

那一列的其他公式可以先选择J4单元，然后将鼠标移动到该单元格的右下角，当光标显示为“十字”后，按住鼠标左键一直拖动到J17单元，这个公式就自动复制下来，并自动改变了相应的列号。如J5的公式变为“=I5*F5/21”。

(2) 定义数字格式

单元格的数字默认不是2位小数，需要确定为2位。选择J4：J17，然后单击鼠标右键，从弹出的快捷菜单中选择“设置单元格格式”，在打开的窗口中选择“数字”选项卡下的“数值”，将小数位数设置为2，如图4-37所示。

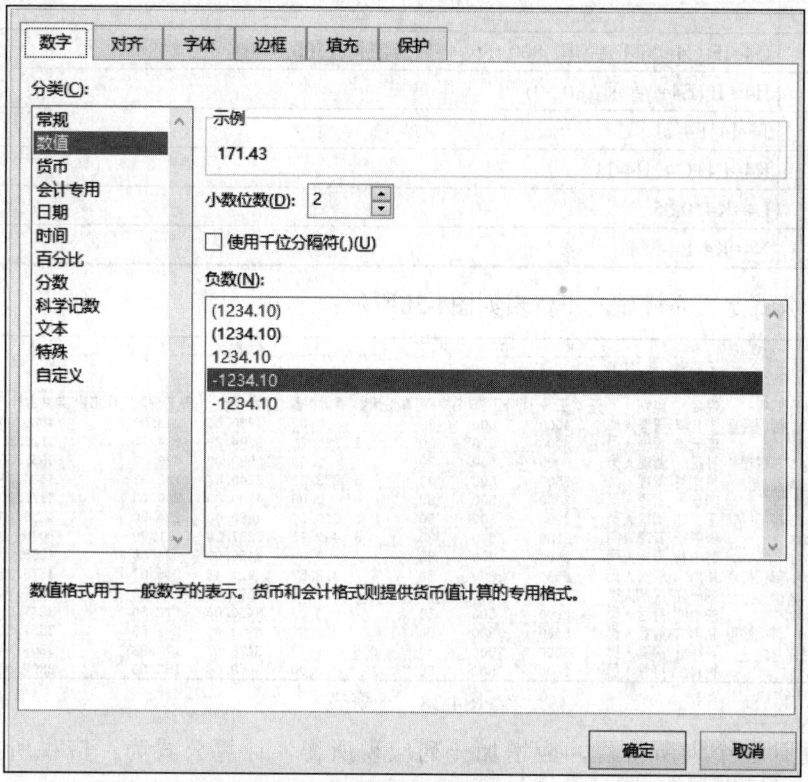

图4-37　设置单元格格式(数字)

职务工资和书报费因涉及条件判断，需要用到IF函数，下面先作介绍。

函数名：IF

用途：执行逻辑判断，它可以根据逻辑表达式的真假，返回不同的结果，从而执行数值或公式的条件检测任务。

语法：IF(logical_test，value_if_true，value_if_false)。

参数：logical_test计算结果为TRUE或FALSE的任何数值或表达式。value_if_true是logical_test为TRUE时函数的返回值，如果logical_test为TRUE并且省略了value_if_true，则返回TRUE。value_if_true还可以是一个表达式。value_if_false是Logical_test为FALSE时函数的返回值，如果logical_test为FALSE并且省略了value_if_false，则返回FALSE。value_if_false也可以是一个表达式。

实例：职务工资公式G4=IF(C4="部门经理",800,IF(C4="总经理",1500,500))，其中第二个IF语句同时也是第一个IF语句的参数。

书报费公式H4= IF(E4="管理",80,50)

说明：这里只能用“管理”来进行判断，不能用“管理人员”，因为“人员”是附加上去的。

主要公式定义如表4-2所示。

表4-2 工资计算公式

项 目	公 式
职务工资	G4=IF(C4="部门经理",800,IF(C4="总经理",1500,500))
书报费	H4= IF(E4="管理",80,50)
事假扣款	J4=I4*F4/21
应发合计	K4=F4+G4+H4-J4
养老保险	L4=K4*0.05
实发合计	N4=K4-L4-M4

这部分公式定义完成后，工资表如图4-38所示。

B	C	D	E	F	G	H	I	J	K	L	M	N
		工资表										
编码	职务	姓名	类别	基本工资	职务工资	书报费	事假天数	事假扣款	应发合计	养老保险	代扣税	实发合计
101	部门经理	张文峰	管理人员	4000	800	80		0.00	4880.00	244.00		4636.00
102		李天华	管理人员	3000	500	80	2	285.71	3294.29	164.71		3129.57
103	总经理	孙正	管理人员	9000	1500	80		0.00	10580.00	529.00		10051.00
104		黄文胜	管理人员	3500	500	80	5	833.33	3246.67	162.33		3084.33
201		李东平	管理人员	3600	500	80		0.00	4180.00	209.00		3971.00
202	部门经理	王少红	管理人员	4200	800	80	3	600.00	4480.00	224.00		4256.00
203		张中杨	管理人员	3100	500	80	3	442.86	3237.14	161.86		3075.29
204		赵小兵	管理人员	3900	500	80		0.00	4480.00	224.00		4256.00
301	部门经理	周力	经营人员	4500	800	50	2	428.57	4921.43	246.07		4675.36
302		刘一江	经营人员	3200	500	50	1	152.38	3597.62	179.88		3417.74
303		朱小明	经营人员	2900	500	50		0.00	3450.00	172.50		3277.50
401	部门经理	赵希文	经营人员	5000	800	50		0.00	5850.00	292.50		5557.50
402		孙胜业	经营人员	3000	500	50	0.5	71.43	3478.57	173.93		3304.64
403		杨真	经营人员	2500	500	50		0.00	3050.00	152.50		2897.50

图4-38 工资表

为方便计算个人所得税，应增加一列应税所得，计算公式为：应税所得=应发合计-3500-养老保险，即O4=K4-3500-L4。

下面介绍在公式中要用的两个函数。

① **函数名**：AND

用途：所有参数的逻辑值为真时返回TRUE(真)；只要有一个参数的逻辑值为假，则返回FALSE(假)。

语法：AND(logical1，logical2，…)。

参数：logical1，logical2，…为待检验的1～30个逻辑表达式，它们的结论或为TRUE(真)或为FALSE(假)。参数必须是逻辑值或者包含逻辑值的数组或引用，如果数组或引用内含有文字或空白单元格，则忽略它的值。如果指定的单元格区域内包括非逻辑值，AND将返回错误值#value!。

② **函数名**：ROUND

用途：按指定位数四舍五入某个数字。

语法：ROUND(number，num_digits)

参数：number是需要四舍五入的数字；num_digits为指定的位数，number按此位数进行处理。注意：如果num_digits大于0，则四舍五入到指定的小数位；如果num_digits等于0，则四舍五入到最接近的整数；如果num_digits小于0，则在小数点左侧按指定位数四舍五入。

按照案例中的个人所得税流转表，设计个人所得税的公式如表4-3所示。

表4-3 计算公式对照表

级数	全月应纳税所得额(含税所得额)/元	税率/(%)	速算扣除数/元
	=IF(O4<=0,0,IF()) 如果应税所得额<=0，个人所得税为0		
1	不超过1500元	3	0
	IF(AND(O4<=1500,O4>0),O4*0.03,IF())		
2	超过1500元至4500元	10	105
	IF(AND(O4>1500,O4<=4500),O4*0.1-105,IF())		
3	超过4500元至9000元	20	555
	IF(AND(O4>4500,O4<=9000),O4*0.2-555,IF())		
4	超过9000元至35 000元	25	1005
	IF(AND(O4>9000,O4<=35 000),O4*0.25-1005,IF())		
5	超过35 000元至55 000元	30	2755
	IF(AND(O4>35 000,O4<=55 000),O4*0.3-2755,IF())		
6	超过55 000元至80 000元	35	5505
	IF(AND(O4>55 000,O4<=80 000),O4*0.35-5505,IF())		
7	超过80 000元	45	13 505
	IF(O4>80 000,O4*0.45-13 505)		

完整的个人所得税单元的计算公式如下：

=IF(O4<=0,0,IF(AND(O4<=1500,O4>0),O4*0.03,IF(AND(O4>1500,O4<=4500),O4*0.1-105,IF(AND(O4>4500,O4<=9000),O4*0.2-555,IF(AND(O4>9000,O4<=35 000),O4*0.25-1005,IF(AND(O4>35 000,O4<=55 000),O4*0.3-2755,IF(AND(O4>55 000,O4<=80 000),O4*0.35-5505,IF(O4>80 000,O4*0.45-13 505))))))))

个人所得税计算结果取两位小数：

=ROUND(IF(O4<=0,0,IF(AND(O4<=1500,O4>0),O4*0.03,IF(AND(O4>1500,O4<=4500),O4*0.1-105,IF(AND(O4>4500,O4<=9000),O4*0.2-555,IF(AND(O4>9000,O4<=35 000),O4*0.25-1005,IF(AND(O4>35 000,O4<=55 000),O4*0.3-2755,IF(AND(O4>55 000,O4<=80 000),O4*0.35-5505,IF(O4>80 000,O4*0.45-13 505)))))))),2)

个人所得税的计算还可以用其他方法，但这种方法最易于理解。

个人所得税计算完成后的工资表如图4-39所示。

D	E	F	G	H	I	J	K	L	M	N	O
工资表											
姓名	类别	基本工资	职务工资	书报费	事假天数	事假扣款	应发合计	养老保险	代扣税	实发合计	应税所得
张文峰	管理人员	4000	800	80		0.00	4880.00	244.00	34.08	4601.92	1136.00
李天华	管理人员	3000	500	80	2	285.71	3294.29	164.71	0	3129.57	-370.43
孙正	管理人员	9000	1500	80		0.00	10580.00	529.00	755.2	9295.80	6551.00
黄文胜	管理人员	3500	500	80	5	833.33	3246.67	162.33	0	3084.33	-415.67
李东平	管理人员	3600	500	80		0.00	4180.00	209.00	14.13	3956.87	471.00
王少红	管理人员	4200	800	80	3	600.00	4480.00	224.00	22.68	4233.32	756.00
张中杨	管理人员	3100	500	80	3	442.86	3237.14	161.86	0	3075.29	-424.71
赵小兵	管理人员	3900	500	80		0.00	4480.00	224.00	22.68	4233.32	756.00
周力	经营人员	4500	800	50	2	428.57	4921.43	246.07	35.26	4640.10	1175.36
刘一江	经营人员	3200	500	50	1	152.38	3597.62	179.88	0	3417.74	-82.26
朱小明	经营人员	2900	500	50		0.00	3450.00	172.50	0	3277.50	-222.50
赵希文	经营人员	5000	800	50		0.00	5850.00	292.50	100.8	5456.75	2057.50
孙胜业	经营人员	3000	500	50	0.5	71.43	3478.57	173.93	0	3304.64	-195.36
杨真	经营人员	2500	500	50		0.00	3050.00	152.50	0	2897.50	-602.50

图4-39 计算个人所得税后的工资表

在制表时，数据需要完整，或是为了简化计算补充设计了临时的计算列(如工资表中的应税所得)，这些列可以根据需要进行隐藏，需要显示的时候才显示出来。

隐藏列的方法如下：单击要隐藏的列标题，如O列，选择后该列即被框选(变为另外一种颜色)，在该列上单击鼠标右键，选择“隐藏”，这时候O列就不显示了，如图4-40所示。

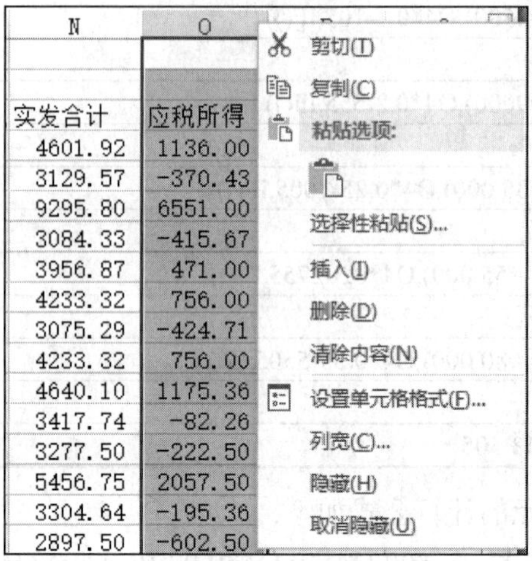

图4-40　隐藏列

如类别(E列)、事假天数(I列)隐藏后显示如图4-41所示。

D	F	G	H	J	K	L	M	N
工资表								
姓名	基本工资	职务工资	书报费	事假扣款	应发合计	养老保险	代扣税	实发合计
张文峰	4000	800	80	0.00	4880.00	244.00	34.08	4601.92
李天华	3000	500	80	285.71	3294.29	164.71	0	3129.57
孙正	9000	1500	80	0.00	10580.00	529.00	755.2	9295.80
黄文胜	3500	500	80	833.33	3246.67	162.33	0	3084.33
李东平	3600	500	80	0.00	4180.00	209.00	14.13	3956.87
王少红	4200	800	80	600.00	4480.00	224.00	22.68	4233.32
张中杨	3100	500	80	442.86	3237.14	161.86	0	3075.29
赵小兵	3900	500	80	0.00	4480.00	224.00	22.68	4233.32
周力	4500	800	50	428.57	4921.43	246.07	35.26	4640.10
刘一江	3200	500	50	152.38	3597.62	179.88	0	3417.74
朱小明	2900	500	50	0.00	3450.00	172.50	0	3277.50
赵希文	5000	800	50	0.00	5850.00	292.50	100.8	5456.75
孙胜业	3000	500	50	71.43	3478.57	173.93	0	3304.64
杨真	2500	500	50	0.00	3050.00	152.50	0	2897.50

图4-41　隐藏部分列后的工资表

如果要恢复显示某列，需要选择该列相邻的两列，然后单击鼠标右键，选择“取消隐藏”，隐藏的列就显示出来。如图4-42所示。

当输入的公式中含有其他单元格的数值时，为了避免重复输入费时甚至出错，还可以通过移动鼠标去单击拟输入数值所在单元格的地址(即引用单元格的数值)来创建公式。

移动点击输入数值所在单元格的地址后，单元格将处于“数据点模式”。

具体操作方法为：①选定要定义公式的单元；②在输入区输入“=”，进入公式输入方式；③选择数据单元，也可以是某个区域，然后输入运算符，再选择其他单元或区域，还可以按击“Ctrl”键，再用鼠标选择相应的单元格或区域。

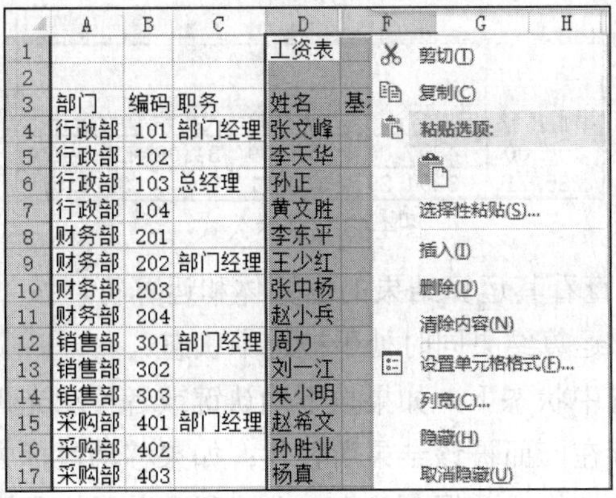

图4-42　取消隐藏

2. 公式的编辑和修改

公式编辑和修改的方法如下。

(1) 双击公式所在的单元格直接在单元格内修改内容。

(2) 选中公式所在的单元格，按下“F2”键后直接在单元格内更改内容。

(3) 选中公式所在的单元格后单击公式编辑栏，在公式编辑栏中作相应更改。

需注意的是，在编辑或者移动点击输入公式时，不能随便移动方向键或者单击公式所在单元格以外的单元格，否则单元格内光标移动之前的位置将自动输入所移至单元格的地址名称。

(三) 公式的运算次序

对于只由一个运算符或者多个优先级次相同的运算符(如既有加号又有减号)构成的公式，Excel将按照从左到右的顺序自动进行智能运算；但对于由多个优先级次不同的运算符构成的公式，Excel则将自动按照公式中运算符优先级次从高到低进行智能运算。

为了改变运算优先顺序，应将公式中需要最先计算的部分使用一对左右小圆括号括起来，但不能使用中括号。公式中左右小圆括号的对数超过一对时，Excel将自动按照从内向外的顺序进行计算。

(四) 公式运算结果的显示

Excel根据公式自动进行智能运算的结果默认显示在该公式所在的单元格里，编辑栏则相应显示公式表达式的完整内容。该单元格处于编辑状态时，单元格也将显示等号“=”及其运算体和运算符，与所对应编辑栏显示的内容相一致。

1. 查看公式中某步骤的运算结果

单元格中默认显示的运算结果是根据完整的公式表达式进行运算的结果，但可通过下述方法查看公式中某步骤的运算结果。

(1) 选中公式所在的单元格，双击或按“F2”键进入编辑状态。如双击工资表N4单元(实发合计)，将显示当前公式和与公式相关的单元，如图4-43所示。

J	K	L	M	N
事假扣款	应发合计	养老保险	代扣税	实发合计
0.00	4880.00	244.00	34.08	=K4-L4-M4
285.71	3294.29	164.71	0	3129.57

图4-43 显示公式

(2) 选中公式中需要查看其运算结果的运算体和运算符，按“F9”键后，被选中的内容将转化为运算结果，该运算结果同时处于被选中状态。

在运算结果处于被选中状态下，如果按下确认键或者移动光标键，公式中参与运算的运算体和运算符将不复存在，而被该结果所替代；如果移动鼠标去点击其他单元格，公式所在单元格将由编辑状态切换成数据点状态，公式所在单元格里同时显示被选中单元格的地址或名称。

(3) 按下“Esc”键或者“Ctrl+Z”组合键(或单击“撤销”按钮)，运算结果将恢复为公式表达式的原来内容。

2. 公式默认显示方式的改变

为了检查公式整体或者其中某一组成部分的表述是否正确，可以通过下述方法使单元格默认显示完整的公式表达式，实现公式表达式与运算结果之间的便捷切换。

(1) 在单元格显示运行结果时，选中单元格，按下“Ctrl+`”组合键或者选择公式选项卡下的“显示公式”(适用于Excel 2013)菜单命令，可切换为显示公式内容。

公式的显示方式如图4-44所示。公式显示不完全的，可以拖动列宽来显示。

D	F	G	H	J
工资表				
姓名	基本工资	职务工资	书报费	事假扣款
张文峰	4000	=IF(C4="部门经理",8(	= IF(E4="管理	=I4*F4/21
李天华	3000	=IF(C5="部门经理",8(	= IF(E5="管理	=I5*F5/21
孙正	9000	=IF(C6="部门经理",8(	= IF(E6="管理	=I6*F6/21
黄文胜	3500	=IF(C7="部门经理",8(	= IF(E7="管理	=I7*F7/21

图4-44 公式显示

(2) 在单元格显示公式内容时，选中单元格，按下“Ctrl+`”组合键或者选择“显示公式”(适用于Excel 2013)菜单命令，或者选择“公式审核模式”(适用于Excel 2003)菜单命令，可切换为显示运行结果。

3. 将公式运算结果转换为数值

采用复制粘贴的方法将公式原地复制后，进行选择性粘贴，但只粘贴数值。

二、单元格的引用

单元格引用是指在不同单元格之间建立链接，以引用来自其他单元格的数据。引用的作用在于标识工作表上的单元格或单元格区域，并指明公式中所使用的数据的位置。

通过引用，可以在公式中使用工作表不同部分的数据，或者在多个公式中使用同一单元格的数值，常用的单元格引用分为相对引用、绝对引用和混合引用三种。此外还可以引用同一工作簿不同工作表的单元格、不同工作簿的单元格甚至其他应用程序中的数据。

(一) 引用的类型

1. 相对引用

如果公式使用的是相对引用，公式记忆的是源数据所在单元格与引用源数据的单元格的相对位置，当复制使用了相对引用的公式到别的单元格式，被粘贴公式中的引用将自动更新，数据源将指向与当前公式所在单元格位置相对应的单元格。在相对引用中，所引用的单元格地址的列坐标和行坐标前面没有任何标示符号。Excel默认使用的单元格引用是相对引用。

以存放在J4单元格中的公式“=I4*F4/21”为例，当公式由J4单元格复制到J5单元格以后，公式中的引用也会变化为“=I5*F5/21”。若公式自J列向下继续复制，每增加1 行，公式中的行标也自动加1。

举例如下：

C1单元格有公式“=A1+B1”，当将公式复制到C2单元格时变为“=A2+B2”；当将公式复制到D1单元格时变为“=B1+C1”。

2. 绝对引用

如果公式使用的是绝对引用，公式记忆的是源数据所在单元格在工作表中的绝对位置，当复制使用了绝对引用的公式到别的单元格式，被粘贴公式中的引用不会更新，数据源仍然指向原来的单元格。在绝对引用中，所引用的单元格地址的列坐标和行坐标前面分别加入标示符号“$”。如果要使复制公式时数据源的位置不发生改变，应当使用绝对引用。

如果上述公式改为“=$I$4*$F$4/21”，则无论公式复制到何处，其引用的位置始终是I4和F4单元。

举例如下：

C1单元格有公式“=$A$1+$B$1”，当将公式复制到C2单元格时仍为“=$A$1+$B$1”；当将公式复制到D1单元格时仍为“=$A$1+$B$1”。

3. 混合引用

混合引用是指所引用单元格地址的行标与列标中只有一个是相对的，可以发生变动，而另一个是绝对的。

混合引用有“绝对列和相对行”是“绝对行和相对列”两种形式。前者如“=$I4*$F4/21”，后者如“=I$4*F$4/21”。

举例如下：

C1单元格有公式“=$A1+B$1”，当将公式复制到C2单元格时变为“=$A2+B$1”；当将公式复制到D1单元格时变为“=$A1+C$1”。

(二) 输入单元格引用

在公式中可以直接输入单元格的地址引用单元格，也可以使用鼠标或键盘的方向键选择单元格。单元格地址输入后，通常使用以下两种方法来改变引用的类型。

(1) 在单元格地址的列标和行标前直接输入“$”符号。

(2) 输入单元格地址后，重复按“F4”键选择合适的引用类型。每按一次就改变一次引用类型，确定时按“Enter”键完成。

举例如下：

在Q4输入公式“=F4+G4”，将光标移动到F4，按“F4”键，公式变为“=$F$4+G4”；再按“F4”键，公式变为“=F$4+G4”；再按“F4”键，公式变为“=$F4+G4”；再按“F4”键，公式变为“=F4+G4”。

如果将光标移动到G4，按“F4”键也会发生类似的变化。设定后按“Enter”键确定。

(三) 跨工作表单元格引用

跨工作表单元格引用是指引用同一工作簿里其他工作表中的单元格，又称三维引用，需要按照以下格式进行跨表引用：“工作表名!数据源所在单元格地址”。

举例如下：

如在工资表工作簿又建立了“2月工资表”，如要引用“1月工资表”中F4的数据，则写为“=1月工资表!F4”。

(四) 跨工作簿单元格引用

跨工作簿单元格引用是指引用其他工作簿中的单元格，又称外部引用，需要按照以下格式进行跨工作簿引用：“[工作簿名]工作表名！数据源所在单元格地址”。

三、函数的应用

在Excel中，利用函数可以快速执行有关计算。

函数的基本格式是：函数名(参数序列)。参数序列是用于限定函数运算的各个参数，这些参数除中文外都必须使用英文半角字符。函数只能出现在公式中。

(一) 函数应用基础

1. 函数基础

Excel中所提的函数其实是一些预定义的公式，它们使用一些称为参数的特定数值按特定的顺序或结构进行计算。用户可以直接用它们对某个区域内的数值进行一系列运算，如分析和处理日期值和时间值、确定贷款的支付额、确定单元格中的数据类型、计算平均值、排序显示和运算文本数据等。例如，SUM函数对单元格或单元格区域进行加法运算。

在某些情况下，用户可能需要将某函数作为另一函数的参数使用，这就是嵌套函数的含义。例如“=IF(AVERAGE(F4:F8)>50,SUM(G4:G8),0)”公式使用了嵌套的AVERAGE函数，并将结果与50相比较。这个公式的含义是：如果单元格F4到F8的平均值大于50，则求G4到G8的和，否则数值为0。

函数的结构以函数名称开始，后面是左圆括号、以逗号分隔的参数和右圆括号，如“=SUM(F10,G5:G10,50,37)”。如果函数以公式的形式出现，一定要在函数名称前面键入等号“=”。在创建包含函数的公式时，公式选项板将提供相关的帮助。

在Excel中如何使用函数的具体步骤为：

(1) 选中需要输入函数的单元格。

(2) 在编辑栏中输入“=”，单击“fx”按钮，打开函数列表框，从中选择所需的函数，如图4-45所示。

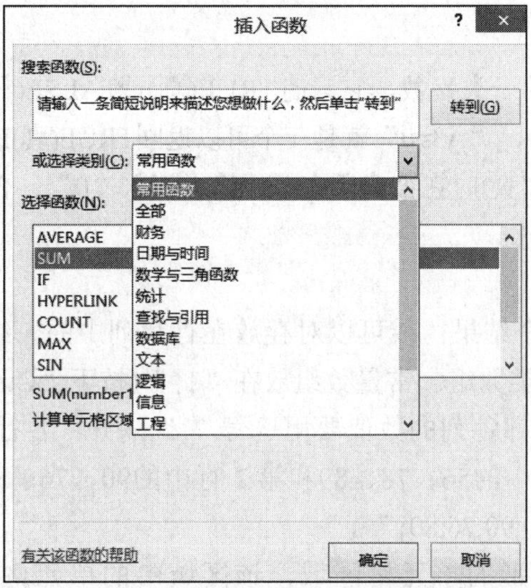

图4-45 “插入函数”对话框

(3) 当选中所需的函数后，Excel 将打开“函数参数”对话框。用户可以在这个选项板中输入函数的参数，当输入完参数后，在“函数参数”中还将显示函数计算的结果，如图4-46所示。

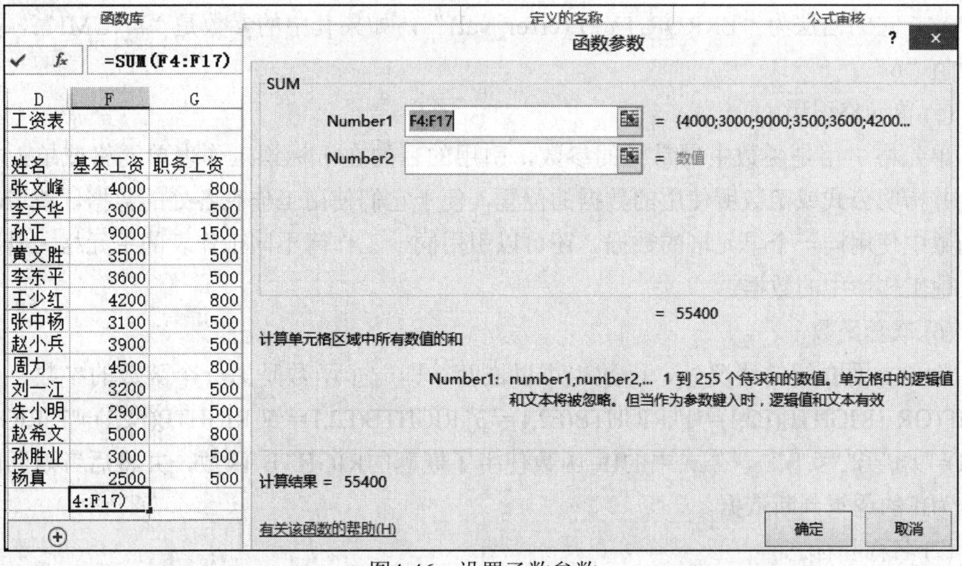

图4-46 设置函数参数

(4) 函数的参数都设置好后，单击“确定”按钮完成函数的输入。

2. 函数的参数

(1) 常量

常量是直接输入到单元格或公式中的数字或文本，或由名称所代表的数字或文本值，例如数字“1987.56”、日期“2014-6-18”和文本“王芳”都是常量。但是公式或由公式计算出的结果都不是常量，因为只要公式的参数发生了变化，其自身或计算出来的结果就会发生变化。

(2) 逻辑值

逻辑值是比较特殊的一类参数，它只有TRUE(真)或FALSE(假)两种类型。例如在公式“=IF(A3=0,"",A2/A3)”中，“A3=0”就是一个可以返回TRUE(真)或FALSE(假)两种结果的参数。当“A3=0”为TRUE(真)时在公式所在单元格中填入“0”，否则在单元格中填入“A2/A3”的计算结果。

(3) 数组

数组用于可产生多个结果，或可以对存放在行和列中的一组参数进行计算的公式。Excel中有常量和区域两类数组。常量数组放在“{}”(按下“Ctrl+Shift+Enter”组合键自动生成{})内部，而且内部各列的数值要用逗号“,”隔开，各行的数值要用分号“;”隔开。例如，要表示第1行中的56、78、89和第 2 行中的90、76、80，就应该建立一个2行3列的常量数组“{56,78,89;90,76,80}”。

区域数组是一个矩形的单元格区域，该区域中的单元格共用一个公式。例如公式“=TREND(B1:B3,A1:A3)”作为数组公式使用时，它所引用的矩形单元格区域“B1:B3,A1:A3”就是一个区域数组。

(4) 错误值

使用错误值作为参数的主要是信息函数，例如“ERROR.TYPE”函数就是以错误值作为参数。它的语法为“ERROR.TYPE(error_val)”，如果其中的参数是“#NUM!”，则返回数值“6”。

(5) 单元格引用

单元格引用是函数中最常见的参数，引用的目的在于标识工作表单元格或单元格区域，并指明公式或函数所使用的数据的位置，便于它们使用工作表各处的数据，或者在多个函数中使用同一个单元格的数据。还可以引用同一工作簿不同工作表的单元格，甚至引用其他工作簿中的数据。

(6) 嵌套函数

除了上面介绍的情况外，函数也可以嵌套，即一个函数是另一个函数的参数，例如“=IF(OR (RIGHTB(E2,1)="1",RIGHTB(E2,1)="3",RIGHTB(E2,1)="5",RIGHTB(E2,1)="7",RIGHTB(E2,1)="9"),"男","女")”。公式中的IF 函数使用了嵌套的RIGHTB 函数，并将后者返回的结果作为IF的逻辑判断依据。

(7) 名称和标志

为了更加直观地标识单元格或单元格区域，可以给它们赋予一个名称，从而在公式或函数中直接引用。

例如，“F4:F17”区域存放着基本工资，求解平均工资的公式是“=AVERAGE(F4:F17)”。在给F4:F17区域命名为“基本工资”以后，该公式就可以变为“=AVERAGE(基本工资)”，从而使公式变得更加直观。

3. 公式中的符号

(1) 冒号(:)区域操作符。

(2) 空格( )相交区域操作符。

例如，假设定义F4:F11区域为AA，定义了G4:J11区域为BB，如果要定义 CC为AA与BB相交的区域(即G4:H11区域)，可以直接编辑公式CC=AA BB(即为相交区域)。也可以用SUM函数验证：C1=SUM(AA BB)。

(3) 逗号(,)合并区域操作符。

例如，假设定义F4:F11区域为AA，定义了G4:J11区域为BB，如果要定义 CC为AA与BB合并的区域(即F4:F11+ G4:J11区域)，可以直接编辑公式CC=AA,BB。

4. 函数的种类

Excel函数一共有11类，简要介绍如下。

(1) 数据库函数：当需要分析数据清单中的数值是否符合特定条件时，可以使用数据库工作表函数。

(2) 日期与时间函数：通过日期与时间函数，可以在公式中分析和处理日期值和时间值。

(3) 工程函数：工程函数用于工程分析。这类函数中的大多数可分为三种类型：对复数进行处理的函数、在不同的数字系统(如十进制系统、十六进制系统、八进制系统和二进制系统)间进行数值转换的函数、在不同的度量系统中进行数值转换的函数。

(4) 财务函数：财务函数可以进行一般的财务计算，如确定贷款的支付额、投资的未来值或净现值，以及债券或息票的价值。财务函数中常见的参数如下。

- 年金终值(fv)：在所有付款发生后的投资或贷款的价值。
- 期间数(nper)：投资的总支付期间数。
- 年金现值(pv)：在投资期初的投资或贷款的价值。例如，贷款的现值为所借入的本金数额。
- 利率(rate)：投资或贷款的利率或贴现率。
- 类型(type)：付款期间内进行支付的间隔，如在期初或期末。

(5) 信息函数：可以使用信息工作表函数确定存储在单元格中的数据的类型。信息函数包含一组称为“IS”的工作表函数，在单元格满足条件时返回“TRUE”。

(6) 逻辑函数：使用逻辑函数可以进行真假值判断，或者进行复合检验。例如，可以使用IF函数确定条件为真还是假，并由此返回不同的数值。

(7) 查询和引用函数：当需要在数据清单或表格中查找特定数值，或者需要查找某一单元格的引用时，可以使用查询和引用工作表函数。

(8) 数学和三角函数：通过数学和三角函数，可以处理简单的计算，如对数字取整、计算单元格区域中的数值总和或复杂计算。

(9) 统计函数：统计函数用于对数据区域进行统计分析。例如，统计函数可以提供由一组给定值绘制出的直线的相关信息，如直线的斜率和*y*轴截距，或构成直线的实际点数值。

(10) 文本函数：通过文本函数，可以在公式中处理文字串。例如，可以改变大小写或确定文字串的长度，可以将日期插入文字串或连接在文字串上。

(11) 用户自定义函数：如果要在公式或计算中使用特别复杂的计算，而工作表函数又无法满足需要，则需要创建用户自定义函数。用户自定义函数可以通过使用Visual Basic for Applications来创建。

（二）常用函数

1. 统计函数

(1) MAX

用途：返回数据集中的最大数值，忽略参数中的逻辑值和文本。

语法：MAX(number1，number2，…)。

参数：number1，number2，…是需要找出最大数值的数值。

实例：如果A1=71、A2=83、A3=76、A4=49、A5=92、A6=88、A7=96，则公式“=MAX(A1:A7)”返回96。

举例：求出1月工资表中实发工资最高的人。

先选定R4单元(其他空白单元均可)，输入公式“=MAX(N4:N17)”，返回结果为9295.80，这是员工孙正的工资，为本月最高实发工资。

(2) MIN

用途：返回给定参数表中的最小值，忽略参数中的逻辑值和文本。

语法：MIN(number1，number2，…)。

参数：number1，number2，…是要从中找出最小值的1到30个数字参数。

实例：如果A1=71、A2=83、A3=76、A4=49、A5=92、A6=88、A7=96，则公式“=MIN(A1:A7)”返回49；而“=MIN(A1:A5,0,-8)”返回-8。

举例：求出1月工资表中实发工资最低的人。

先选定R5单元(其他空白单元均可)，输入公式“=MIN(N4:N17)”，返回结果为2897.50，这是员工杨真的工资，为本月最低实发工资。

(3) SUM

用途：用于计算单元格区域中所有数值的和。

语法：SUM(number1，number2，…)。

参数：number1，number2，…为1到30个需要求和的数值(包括逻辑值及文本表达式)、区域或引用。

注意：参数表中的数字、逻辑值及数字的文本表达式可以参与计算，其中逻辑值被转换为1、文本被转换为数字。如果参数为数组或引用，只有其中的数字将被计算，数组或引用中的空白单元格、逻辑值、文本或错误值将被忽略。

实例：如果A1=1、A2=2、A3=3，则公式“=SUM(A1:A3)”返回6；“=SUM("3",2,TRUE)”返回6，因为"3"被转换成数字3，而逻辑值TRUE被转换成数字1。

举例：对1月工资表的各数据列计算合计。

在F18(基本工资)输入计算公式“=SUM(F4:F17)”，为统一显示格式，取两位小数，则公式为“=ROUND(SUM(F4:F17),2)”，然后将该公式复制到G18到N18，合计公式定义就完成了。计算结果如图4-47所示。

D	F	G	H	J	K	L	M	N
工资表								
姓名	基本工资	职务工资	书报费	事假扣款	应发合计	养老保险	代扣税	实发合计
张文峰	4000	800	80	0.00	4880.00	244.00	34.08	4601.92
李天华	3000	500	80	285.71	3294.29	164.71	0	3129.57
孙正	9000	1500	80	0.00	10580.00	529.00	755.2	9295.80
黄文胜	3500	500	80	833.33	3246.67	162.33	0	3084.33
李东平	3600	500	80	0.00	4180.00	209.00	14.13	3956.87
王少红	4200	800	80	600.00	4480.00	224.00	22.68	4233.32
张中杨	3100	500	80	442.86	3237.14	161.86	0	3075.29
赵小兵	3900	500	80	0.00	4480.00	224.00	22.68	4233.32
周力	4500	800	50	428.57	4921.43	246.07	35.26	4640.10
刘一江	3200	500	50	152.38	3597.62	179.88	0	3417.74
朱小明	2900	500	50	0.00	3450.00	172.50	0	3277.50
赵希文	5000	800	50	0.00	5850.00	292.50	100.75	5456.75
孙胜业	3000	500	50	71.43	3478.57	173.93	0	3304.64
杨真	2500	500	50	0.00	3050.00	152.50	0	2897.50
	55400	9200	940	2814.29	62725.71	3136.29	984.78	58604.65

图4-47　工资合计

(4) SUMIF

用途：用于对满足条件的单元格求和。

语法：SUMIF(range，criteria，sum_range)。

参数：range为用于条件判断的单元格区域，criteria是由数字、逻辑表达式等组成的判定条件，sum_range为需要求和的单元格、区域或引用。

实例：某单位统计工资表中人员类别为管理人员的职务工资。职务工资在G列，人员类别在E列。则公式为“=SUMIF(E4:E17,"管理",G4:G17)”，其中“E4:E17”为提供逻辑判断依据的单元格区域，"管理"为判断条件，就是仅仅统计G4:G17区域人员类别为“管理”的单元格。

举例：计算职务为部门经理的职务工资合计的公式为“=SUMIF(C4:C17,"部门经理",G4:G17)”。

(5) AVERAGE

用途：用于返回参数的算术平均值。

语法：AVERAGE(number1，number2，…)。

参数：number1、number2、…是要计算平均值的1～30个参数。

实例：在某表中如果A1:A5区域命名为补贴，其中的数值分别为100、70、92、47和82，则公式“=AVERAGE(补贴)”返回平均值。

举例：计算工资表中基本工资的平均值为“=AVERAGE(F4:F17)”。

选择单元格H4:H17，单击鼠标右键，选择“定义名称”，名称定义为“书报费”，如图4-48所示。“=AVERAGE(书报费)”公式是计算H4:H17(书报费)的平均值。如果要删除名称，方法是选择“公式”|“名称管理器”，如图4-49所示。可以在名称管理器中进行新建、编辑、删除操作。

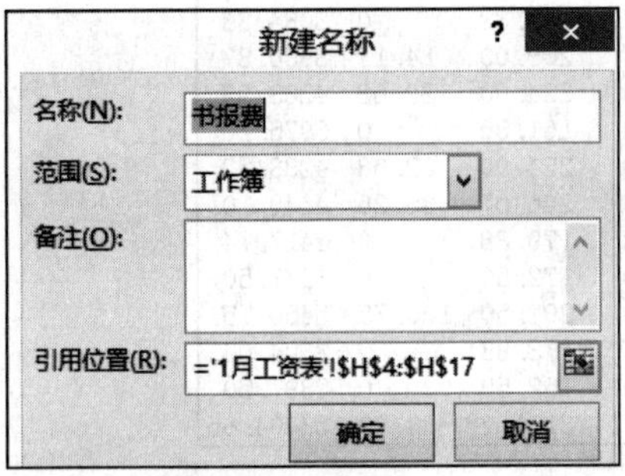

图4-48　名称定义

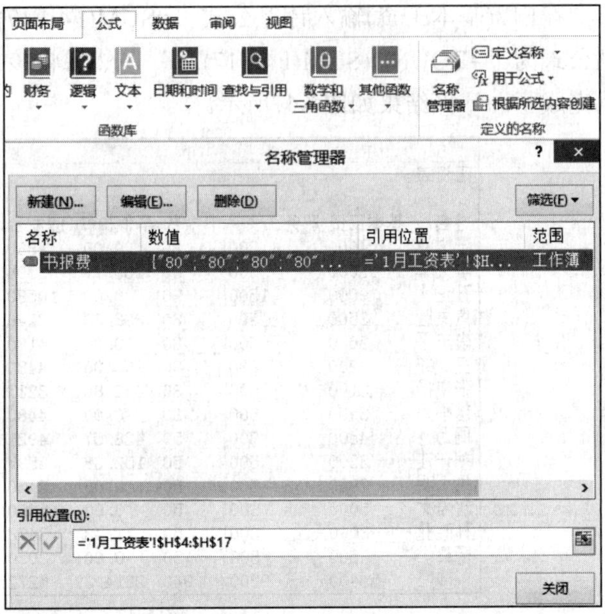

图4-49　名称管理

(6) AVERAGEIF

用途：用于返回某个区域内满足给定条件的所有单元格的算术平均值。

语法：AVERAGEIF(range，criteria，average_range)。

参数：range 是要计算平均值的一个或多个单元格，其中包括数字或包含数字的名称、数组或引用。criteria是数字、表达式、单元格引用或文本形式的条件，用于定义要对哪些单元格计算平均值。例如，条件可以表示为 88、"88"、">=88"、"财务部" 或 A4。average_range是要计算平均值的实际单元格集。如果忽略，则使用 range。

举例：在工资表中定义“=AVERAGEIF(N4:N17,">3500")”，表示计算实发工资大于3500元的人员的平均工资。

在工资表中定义“=AVERAGEIF(A4:A17,"行政部",F4:F17)”，表示计算行政部基本工资的平均值。

(7) COUNT

用途：用于计算包含数字的单元格以及参数列表中数字的个数。

语法：COUNT(value1，value2，…)。

参数：value1，value2，…是包含或引用各种类型数据的参数(1～30个)，其中只有数字类型的数据才能被统计。

实例：如果A1=90、A2=人数、A3="　"、A4=54、A5=36，则公式“=COUNT(A1:A5)”返回3。

(8) COUNTIF

用途：用于对区域中满足单个指定条件的单元格进行计数。

语法：COUNTIF(range，criteria)。

参数：range为需要计算其中满足条件的单元格数目的单元格区域。criteria为确定哪些单元格将被计算在内的条件，其形式可以为数字、表达式或文本。

举例：计算“职务”一栏中部门经理的个数，公式为“=COUNTIF(C4:C17,"=部门经理")”。

计算应发合计中大于等于4000元工资的职工数，公式为“=COUNTIF(K4:K17,">=4000")”。

2. 文本函数

(1) LEN

用途：用于返回文本字符串中的字符数。

语法：LEN(text)。

参数：text是待要查找其长度的文本。

注意：此函数用于双字节字符，且空格也将作为字符进行统计。

实例：如果A1=“基础会计”，则公式“=LEN(A1)”返回4。

举例：计算“会计电算化”的字符数，公式为“=LEN("会计电算化")”，结果为5。

计算“CHATTAHOOCHEE”的字符数，公式为“=LEN("CHATTAHOOCHEE")”，结果是13。

(2) RIGHT

用途：用于从文本字符串中最后一个字符开始返回指定个数的字符。习惯上称为右取多少个字符。

语法：RIGHT(text，num_chars)。

参数：text是包含要提取字符的文本串；num_chars指定希望RIGHT提取的字符数，它必须大于或等于0。如果num_chars大于文本长度，则RIGHT返回所有文本。如果忽略num_chars，则假定其为1。

实例：如果A1=“会计电算化”，则公式“=RIGHT(A1,3)”返回“电算化”。

举例：取“会计电算化考试”的右边两字“考试”的公式为“=RIGHT("会计电算化考试",2)”。

(3) LEFT

用途：用于返回文本字符串中第一个字符开始至指定个数的字符。习惯上称为左取多少个字符。

语法：LEFT(text，num_chars)。

参数：text是包含要提取字符的文本串；num_chars指定函数要提取的字符数，它必须大于或等于0。

实例：如果A1=“会计电算化”，则公式“=LEFT(A1，2)”返回“会计”。

举例：取“会计电算化考试”的左边“会计电算化”的公式为“=LEFT("会计电算化考试",5)”。

(4) MID

用途：用于返回文本字符串中从指定位置开始的指定数目的字符。

语法：MID(text，start_num，num_chars)。

参数：text是包含要提取字符的文本串；start_num是文本中要提取的第一个字符的位置，文本中第一个字符的start_num为1，依此类推；num_chars是指定希望MID从文本中返回字符的个数。

实例：如果A1=“会计电算化考试”，则公式“=MID(A1，3，3)”返回值为“电算化”。

3. 逻辑函数IF

用途：用于判断“logical_test”的内容是否为真，如果为真则返回“value_if_true”，如果为假则返回“value_if_false”的内容。

语法：IF(logical_test，value_if_true，value_if_false)。

参数：logical_test是计算结果为TRUE或FALSE的任何数值或表达式。value_if_true是logical_test为TRUE时函数的返回值，如果logical_test为TRUE并且省略了value_if_true，则返回TRUE。value_if_true还可以是一个表达式。value_if_false是logical_test为FALSE时函数的返回值，如果logical_test为FALSE并且省略value_if_false，则返回FALSE。value_if_false也可以是一个表达式。

实例：公式“=IF(G3>=90,"A",IF(G3>=70,"B",IF(G3>=60,"C",IF(G3<60,"D"))))”，其中第二个IF语句同时也是第一个IF语句的参数。同样，第三个IF语句是第二个IF语句的参数，依此类推。例如，若第一个逻辑判断表达式“G3>=90”成立，则返回值为“A”；如果第一个逻辑判断表达式“C3>=90”不成立，则计算第二个IF语句“IF(G3>=70,"B")”；依此类推，直至计算结束。该函数广泛用于需要进行逻辑判断的场合。

4. 查找与引用函数

(1) LOOKUP

用途：用于返回向量(单行区域或单列区域)或数组中的数值。它具有两种语法形式：向量形式和数组形式。

语法1(向量形式)：LOOKUP(lookup_value，lookup_vector，result_vector)。

用于在单行区域或单列区域(称为“向量”)中查找值，然后返回第二个单行区域或单列区域中相同位置的值。

lookup_value可以为数字、文本、逻辑值或包含数值的名称或引用。lookup_vector为只包含一行或一列的区域。lookup_vector的数值可以为文本、数字或逻辑值。result_vector是一个仅包含一行或一列的区域。它的大小必须与lookup_vector相同。

注意：lookup_vector的数值必须按升序排列，否则LOOKUP函数不能返回正确的结果，参数中的文本不区分大小写。

语法2(数组形式)：LOOKUP(lookup_value，array)。

用于在数组的第一行或第一列中查找指定的值，并返回数组最后一行或最后一列内同一位置的值。数组是指用于建立可生成多个结果或可对在行和列中排列的一组参数进行运算的单个公式。数组区域共用一个公式；数组常量是用作参数的一组常量。

lookup_value可以为数字、文本、逻辑值或包含数值的名称或引用。如果函数LOOKUP找不到lookup_value，则使用数组中小于或等于lookup_value的最大数值。array为包含文本、数字或逻辑值的单元格区域，它的值用于与lookup_value进行比较。

实例：如果A1=68、A2=76、A3=85、A4=90，则公式“=LOOKUP(76,A1:A4)”返回2。

举例：计算购买基金的手续费。

建立一个基金表，在表格中录入购买基金的费率，根据不同的购买金额来计算费用。费率标准为：10万以下为1.5%，100万以下为1.2%，500万以下为0.6%，超过500万为0.2%。

建立基金申购表如图4-50所示。设B8单元公式(费率)为“=LOOKUP(A8,A2:B5)”。C8单元公式(申购费)为“=A8*B8”。

在A8输入“9”，计算结果如图4-51所示。

	A	B	C
1	购买金额(万元	申购费率	
2	0	1.50%	
3	10	1.20%	
4	100	0.60%	
5	500	0.20%	
6			
7	申购金额	费率	申购费（万元）
8			

图4-50 基金申购表

	A	B	C
1	购买金额（万元）	申购费率	
2	0	1.50%	
3	10	1.20%	
4	100	0.60%	
5	500	0.20%	
6			
7	申购金额	费率	申购费（万元）
8	9	0.015	0.135

图4-51 基金申购费计算

(2) INDEX

用途：用于返回表格或数组中的元素值，此元素由行号和列号的索引值给定。

语法：INDEX(array，row_num，column_num)返回数组中指定的单元格或单元格数组的数值。

INDEX(reference，row_num，column_num，area_num)返回引用中指定单元格或单元格区域的引用。

参数：array为单元格区域或数组常数；row_num为数组中某行的行序号，函数从该行返回数值，如果省略row_num，则必须有column_num；column_num是数组中某列的列序号，函数从该列返回数值，如果省略column_num，则必须有row_num。

reference是对一个或多个单元格区域的引用，如果为引用输入一个不连续的选定区域，必须用括号括起来。area_num是选择引用中的一个区域，并返回该区域中row_num和column_num的交叉区域。选中或输入的第一个区域序号为1，第二个为2，依此类推。如果省略area_num，则INDEX函数使用区域1。

实例：如果A1=90、A2=70、A3=60，则公式“=INDEX(A1:A3,1,1)”返回90，“=INDEX(A1:A3,1,2,1)”返回70。

举例：

在表格中，第一个区域：

F4=4000 G4=800

F5=3000 G5=500

F6=9000 G6=1500

第二个区域：

F15=5000 G15=800

F16=3000 G16=500

F17=2500 G17=500

公式“=INDEX((F4:G6,F15:G17),1,1,2)”的返回值为5000。

公式“=INDEX((F4:G6,F15:G17),3,1,1)”的返回值为9000。

(3) MATCH

用途：用于在单元格区域中搜索指定项，然后返回该项在单元格区域中的相对位置。一是确定区域中的一个值在一列中的准确位置，这种精确的查询与列表是否排序无关。二是确定一个给定值位于已排序列表中的位置，这不需要准确的匹配。

语法：MATCH(lookup_value，lookup_array，match_type)。

参数：lookup_value为要搜索的值。它可以是数值(或数字、文本或逻辑值)，或对数字、文本或逻辑值的单元格引用。lookup_array是可能包含所要查找的数值的连续单元格区域，要查找的区域必须是一行或一列，lookup_array可以是数组或数组引用。match_type为数字-1、0或1，它说明Excel如何在lookup_array中查找lookup_value。

匹配形式有0、1和-1三种选择。“0”表示一个准确的搜索；“1”表示搜索小于或等于查找值的最大值，查找区域必须为升序排列；“-1”表示搜索大于或等于查找值的最小值，查找区域必须按降序排开。以上的搜索如果没有匹配值，则返回“＃N/A”。

实例：如果F4=4000、F5=3000、F6=9000，则公式“=MATCH(9000,F4:F6,0)”返回3。

举例：有一列数据，B1:B7分别是“A”“B”“C”“D”“E”“F”“G”，C8的值为“F”。公式“=match(C8,B1:B7,0)”，返回值就是6(“F”在B1:B7中的行号)。

本函数经常和INDEX()函数一起使用。如果 A1:A7为10、20、30、40、50、60、70。“=index (A1:A7,MATCH(C8,B1:B7,0),0)”就能返回“F”对应的A列的值60。

5. 日期与时间函数

(1) YEAR

用途：用于返回某日期对应的年份。

语法：YEAR(serial_number)。

参数：serial_number是一个日期值，其中包含要查找的年份。日期有多种输入方式：带引号的文本串(如"2014/02/25")、序列号、其他公式或函数的结果。

实例：公式“=YEAR("2014/8/6")”返回2014，“=YEAR("2003/05/01")”返回2003，“=YEAR(40000)”返回2009。

(2) MONTH

用途：用于返回某日期对应的月份，介于1～12之间。

语法：MONTH(serial_number)。

参数：serial_number表示一个日期值，其中包含要查找的月份。日期有多种输入方式：带引号的文本串(如"1998/01/30")、序列号、其他公式或函数的结果等。

实例：公式“=MONTH("2009/02/24")”返回2，“=MONTH(DATEVALUE("2008/6/30"))”返回6。

(3) DAY

用途：用于返回某日期对应的天数，介于1～31之间。

语法：DAY(serial_number)。

参数：serial_number是要查找的天数日期，它有多种输入方式：带引号的文本串(如"2008/04/30")、序列号以及其他公式或函数的结果。

实例：公式“=DAY("2008/1/27")”返回27，“=DAY(DATEVALUE("2008/1/25"))”返回25。

DATEVALUE()函数是把日期字符串转换为系列号(一个数字)。

(4) NOW

用途：用于返回当前的日期和时间。

语法：NOW()。

参数：无。

实例：如计算机的内部时钟为“ 2014-5-6 12:53”，则公式“=NOW()”返回“2014-5-6 12:53”。

(三) 基本财务函数

1. SLN

用途：用于返回某项资产以直线法计提的每一期的折旧值。

语法：SLN(cost，salvage，life)。

参数：cost是必需参数，指固定资产原值。salvage是必需参数，指固定资产的残值。life是必需参数，指固定资产的折旧期数。

举例：在工作簿中增加一个“函数使用表”，输入固定资产的基本数据，如图4-52所示。

	A	B
1	设备名称	HP服务器
2	价值	31690
3	年限	3
4	残值	950.7
5	直线法	
6	年折旧额	
7	月折旧额	

图4-52　固定资产

给B6设置公式“=SLN(B2,B4,3)”，则返回值为年折旧额10 246.43元。

给B7设置公式“=B6/12”，则返回值为月折旧额853.87元。

2. DDB

用途：用于使用双倍余额递减法或其他指定的方法，计算一项固定资产在给定期间内的折旧值。

语法：DDB(cost，salvage，life，period，factor)。

参数：cost是必需参数，指固定资产原值。salvage是必需参数，指固定资产的残值。life是必需参数，指固定资产的折旧期数。period是必需参数，指需要计算折旧值的期间。period必须使用与life相同的单位。factor是可选参数，指余额递减速率。如果factor被省略，则默认为2，即使用双倍余额递减法。

举例：给B9设置公式“ =DDB(B2,B4,3,1)”，则返回值为21 126.67元，即第一年的折旧额。

给B10设置公式“=DDB(B2,B4,3,2)”，则返回值为7042.22元，即第二年的折旧额。

给B11设置公式“=DDB(B2,B4,3,3)”，则返回值为2347.41元，即第三年的折旧额。

3. SYD

用途：用于返回某项资产按年数总和折旧法计算的在第“per”期的折旧值。

语法：SYD(cost，salvage，life，per)。

参数：cost是必需参数，指固定资产原值。salvage是必需参数，指固定资产的残值。life是必需参数，指固定资产的折旧期数。per是必需参数，指第几期，其单位必须与life相同。

举例：给B13设置公式“=SYD(B2,B4,3,1)”，则返回值为15 369.65元，即第一年的折旧额。

给B14设置公式“ =SYD(B2,B4,3,2)”，则返回值为10 246.43元，即第二年的折旧额。

给B15设置公式“=SYD(B2,B4,3,3)”，则返回值为5123.22元，即第三年的折旧额。

计算结果如图4-53所示。

	A	B
1	设备名称	HP服务器
2	价值	31690
3	年限	3
4	残值	950.7
5	直线法	
6	年折旧额	¥10,246.43
7	月折旧额	¥853.87
8	双倍余额递减法	
9	第一年折旧额	¥21,126.67
10	第二年折旧额	¥7,042.22
11	第三年折旧额	¥2,347.41
12	年数总和法	
13	第一年折旧额	¥15,369.65
14	第二年折旧额	¥10,246.43
15	第三年折旧额	¥5,123.22

图4-53 折旧表

(四) Excel出错信息

在使用Excel过程中可能会出一些错误值信息，如“# N/A!”“#VALUE!”“#DIV/O!”等。出现这些错误的原因有很多种，如果公式不能计算正确结果，Excel将显示一个错误值。熟悉出错信息，才能够较快地找到原因解决问题。

1. 出错处理函数

(1) ERROR.TYPE

用途：返回对应于某一错误类型的数字，如果没有错误则返回“#N/A”。在IF函数中可以使用ERROR.TYPE检测错误值，并返回文字串(如“发生错误”)来取代错误值。

语法：ERROR.TYPE(error_val)。

参数：error_val为需要得到其数字代码的一个错误类型。尽管error_val可以是实际的错误值，但它通常为一个单元格引用，而此单元格中包含需要检测的公式。

注意：ERROR.TYPE函数返回的错误代码是“#NULL!”则返回1，“#DIV/0!”返回2，“#value!”返回3，“#REF!”返回4，“#NAME?”返回5，“#NUM!”返回6，“#N/A”返回7，其他错误则返回“#N/A”。

实例：如果K8=999/0，则公式“=ERROR.TYPE(K8)”返回2。

(2) ISERROR

用途：用于测试函数式返回的数值是否有错。如果有错，该函数返回TRUE，反之返回FALSE。

语法：ISERROR(value)。

参数：value表示需要测试的值或表达式。

实例：输入公式“=ISERROR(G10/F10)”，如果单元格F10为空或0，则G10/F10出现错误，此时前述函数返回TRUE，反之返回FALSE。

该函数通常与IF函数配套使用，如果将上述公式修改为“=IF(ISERROR(G10/F10),"",G10/F10)”，当F10为空或0时，则相应的单元格显示为空，反之显示G10/F10的结果。

2. 出错信息

(1) #####!

原因：如果单元格所含的数字、日期或时间比单元格宽，或者单元格的日期时间公式产生了一个负值，就会产生“#####！”错误。

解决方法：如果单元格所含的数字、日期或时间比单元格宽，可以通过拖动列表之间的宽度来修改列宽。如果使用的是1900年的日期系统，那么Excel中的日期和时间必须为正值，用较早的日期或者时间值减去较晚的日期或者时间值就会导致“#####!”错误。如果公式正确，也可以将单元格的格式改为非日期和时间型来显示该值。

(2) #VALUE!

当使用错误的参数或运算对象类型时，或者当公式自动更正功能不能更正公式时，将产生错误值“#VALUE!”。

原因一：在需要数字或逻辑值时输入了文本，Excel不能将文本转换为正确的数据类型。

解决方法：确认公式或函数所需的运算符或参数正确，并且公式引用的单元格中包含有效的数值。例如，如果单元格A1包含一个数字，单元格A2包含文本“部门”，则公式“=A1+A2”将返回错误值“#VALUE!”。可以用SUM工作表函数将这两个值相加(SUM函数会忽略文本)，公式为“=SUM(A1:A2)”。

原因二：将单元格引用、公式或函数作为数组常量输入。

解决方法：确认数组常量不是单元格引用、公式或函数。

原因三：赋予需要单一数值的运算符或函数一个数值区域。

解决方法：将数值区域改为单一数值。修改数值区域，使其包含公式所在的数据行或列。

(3) #DIV/O!

当公式被零除时，将会产生错误值“#DIV/O!”。

原因一：在公式中，除数使用了指向空单元格或包含零值单元格的单元格引用(在Excel中如果运算对象是空白单元格，Excel将此空值当作零值)。

解决方法：修改单元格引用，或者在用作除数的单元格中输入不为0的值。

原因二：输入的公式中包含明显的除数0，例如“=8/0”。

解决方法：将0改为非零值。

(4) #NAME?

在公式中使用了Excel不能识别的文本时将产生错误值“#NAME?”。

原因一：删除了公式中使用的名称，或者使用了不存在的名称。

解决方法：确认使用的名称确实存在。

原因二：名称有拼写错误。

解决方法：修改拼写错误的名称。

原因三：在公式中输入文本时没有使用双引号。

解决方法：Excel将其解释为名称，而不理会用户准备将其用作文本的想法，应将公式中的文本包括在双引号中。

原因四：在区域的引用中缺少冒号。

解决方法：确认公式中，使用的所有区域引用都使用冒号。例如“SUM(A2:J15)”。

(5) #N/A

原因：当在函数或公式中没有可用数值时，将产生错误值#N/A。

解决方法：如果工作表中某些单元格暂时没有数值，应在这些单元格中输入“#N/A”，公式在引用这些单元格时，将不进行数值计算，而是返回“#N/A”。

(6) #REF!

当单元格引用无效时将产生错误值“#REF!”。

原因：删除了由其他公式引用的单元格，或将移动单元格粘贴到由其他公式引用的单元格中。

解决方法：更改公式或者在删除或粘贴单元格之后，立即单击“撤销”按钮，以恢复工作表中的单元格。

(7) #NUM!

当公式或函数中某个数字有问题时将产生错误值“#NUM!”。

原因一：在需要数字参数的函数中使用了不能接受的参数。

解决方法：确认函数中使用的参数类型正确无误。

原因二：使用了迭代计算的工作表函数，如IRR或RATE，并且函数不能产生有效的结果。

解决方法：为工作表函数使用不同的初始值。

原因三：由公式产生的数字太大或太小，Excel不能表示。

解决方法：修改公式，使其结果在有效数字范围之间。

(8) #NULL!

原因：使用了不正确的区域运算符或引用的单元格区域的交集为空。

解决方法：改正区域运算符使之正确；更改引用使之相交。

第四节　数据清单及其管理分析

一、数据清单的构建

(一) 数据清单的概念

Excel中，数据库是通过数据清单或列表来实现的。

数据清单是一种包含一行列标题和多行数据且每行同列数据的类型和格式完全相同的Excel工作表。

数据清单中的列对应数据库中的字段，列标题对应数据库中的字段名称，每一行对应数据库中的一条记录。

建立数据清单后，不需要把建立的数据清单变为数据库，只要执行了数据库的操作，如查找、排序或分类汇总，Excel就会自动认为清单是一个数据库，即清单中的列被认为是数据库的字段，清单中的列标记被认为是数据库的字段名称，清单中的每一行被认为是数据库的一条记录。

1. 准备工作

建立一个数据库首先是要进行规划。需要考虑数据库做什么用，实现它的最好方法是什么。考虑处理的数据的类型和数量，希望从数据库中收集什么信息等。然后考虑数据库的字段，关于它们的选择、位置安排、名字等。

(1) 选择字段

为数据库选择字段是极其重要的，它决定了在每个数据库记录中的信息特性。例如，要决定在应收账数据库中是否应包括单位名称、发票日期、金额等。通用的原则是，根据要建立的数据库，将字段分得更细些。例如，要建立一个客户欠款的数据库，可以定义下列字段：单位名称、地址、电话、欠款日期、欠款金额等。在建立字段时要根据当前和将来的需要，通常字段越多越灵活。数据库中的每个字段应该是唯一的，用这种方式，数据库的记录也是唯一的，因为记录中的每个字段将包含特有的信息。例如，一个属于该记录的日期或时间。在这种方式下，字段与当前可存取的记录确定了数据项的唯一性。

(2) 安排字段位置

字段名称构成数据库顶部的行，因此它们必须安排在一行连续的每一列中。字段名称应该按逻辑顺序组织，一般是按照业务数据的先后为顺序。例如，使用发票号、日期、单位名称作为相邻的字段描述信息会使数据库更易于理解和使用。

(3) 命名字段

字段名称是数据库操作的标识部分。Excel根据字段名称来执行排序和查找等数据库操作。因此在选择字段名时应该慎重，最好选择容易记忆的字段名。字段名可以使用1～255个字符，字段名必须是唯一的。

2. 建立一个数据库

当完成了对一个数据库的结构设计后，就可以在工作表中建立了。首先在工作表的首行依次输入各个字段。

假设该数据库的字段构成是：部门、职工编码、职务、姓名、类别、基本工资、补贴、应发合计、扣款、实发合计。具体如表4-4所示。

表4-4 工资数据表

部门	职工编码	职务	姓名	类别	基本工资	补贴	应发合计	扣款	实发合计
行政部	101	部门经理	张文峰	管理人员	4000	800		100	
行政部	102		李天华	管理人员	3000	500			
行政部	103	总经理	孙正	管理人员	9000	1500		200	
行政部	104		黄文胜	管理人员	3500	500			
财务部	201		李东平	管理人员	3600	500			
财务部	202	部门经理	王少红	管理人员	4200	800			
财务部	203		张中杨	管理人员	3100	500			
财务部	204		赵小兵	管理人员	3900	500			
销售部	301	部门经理	周力	经营人员	4500	800			
销售部	302		刘一江	经营人员	3200	500			
销售部	303		朱小明	经营人员	2900	500			
采购部	401	部门经理	赵希文	经营人员	5000	800			
采购部	402		孙胜业	经营人员	3000	500			
采购部	403		杨真	经营人员	2500	500			

输入完成的Excel数据库表如图4-54所示。

	A	B	C	D	E	F	G	H	I	J
1	部门	职工编码	职务	姓名	类别	基本工资	补贴	应发合计	扣款	实发合计
2	行政部	101	部门经理	张文峰	管理人员	4000	800		100.00	
3	行政部	102		李天华	管理人员	3000	500			
4	行政部	103	总经理	孙正	管理人员	9000	1500		200.00	
5	行政部	104		黄文胜	管理人员	3500	500			
6	财务部	201		李东平	管理人员	3600	500			
7	财务部	202	部门经理	王少红	管理人员	4200	800			
8	财务部	203		张中杨	管理人员	3100	500			
9	财务部	204		赵小兵	管理人员	3900	500			
10	销售部	301	部门经理	周力	经营人员	4500	800			
11	销售部	302		刘一江	经营人员	3200	500			
12	销售部	303		朱小明	经营人员	2900	500			
13	采购部	401	部门经理	赵希文	经营人员	5000	800			
14	采购部	402		孙胜业	经营人员	3000	500			
15	采购部	403		杨真	经营人员	2500	500			

图4-54 建立字段

实验提示

字段名放在工作表的某一行的各相邻单元中，也可以为字段名和尚未建立的数据库记录建立一个格式。格式只是使数据库容易理解，并不影响Excel对数据库进行操作。

要加入数据至所规定的数据库内有两种方法。一种是直接输入数据至单元格内，一种是利用“记录单”输入数据。

“记录单”是经常使用的方法，其操作步骤如下。

(1) 将记录单功能显示出来

调用“记录单”功能的方法是，在Excel 2013中单击左上角的“文件”按钮，然后再选择“选项”，进入后首先选择“自定义功能区”，将显示命令的方式选择为“所有命令”，然后再选择“记录单”，如图4-55所示。

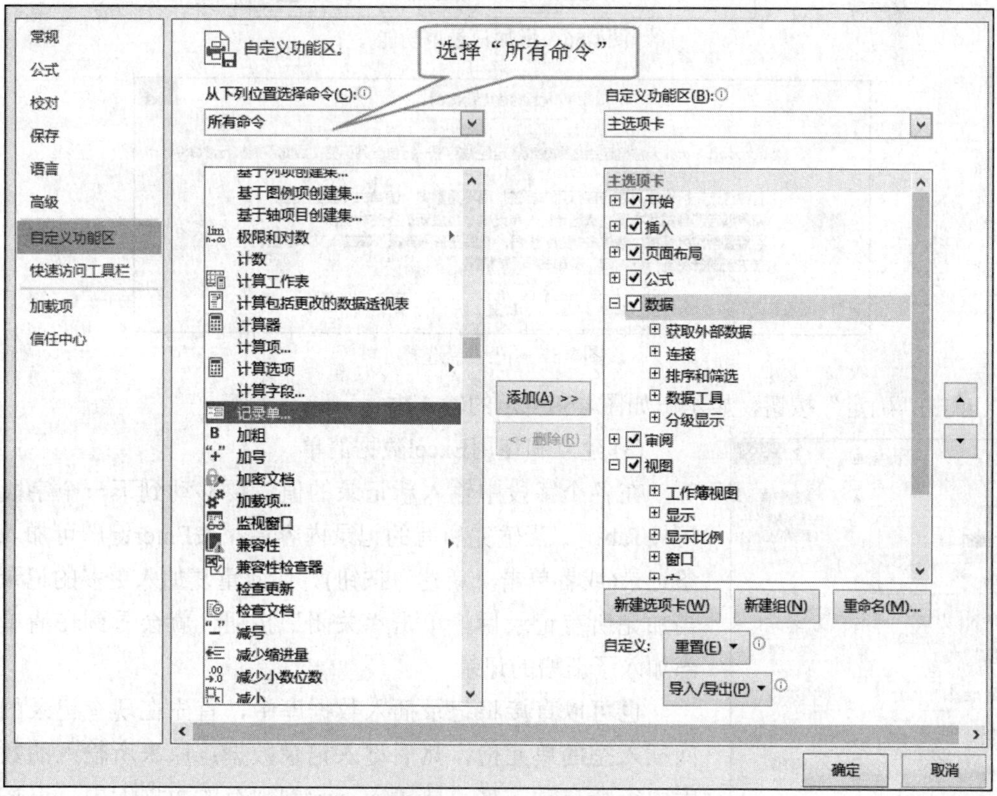

图4-55　设置记录单功能

在主选项卡中选择“数据”(选择其他也可)，然后单击“新建组”按钮，在“数据”选项卡下新建了“新建组(自定义)”，再单击“增加”按钮将“记录单”选择到新建组下面，如图4-56所示。

(2) 输入数据

选择A2单元格，从“数据”选项卡中选择“记录单”命令。屏幕上会出现一个如图4-57所示的对话框。

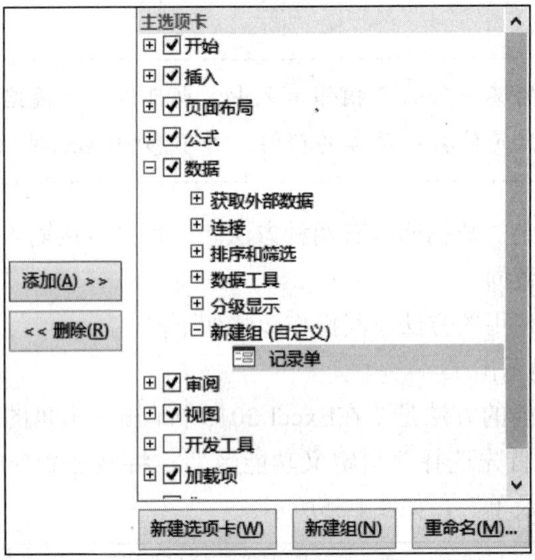

图4-56　增加记录单功能

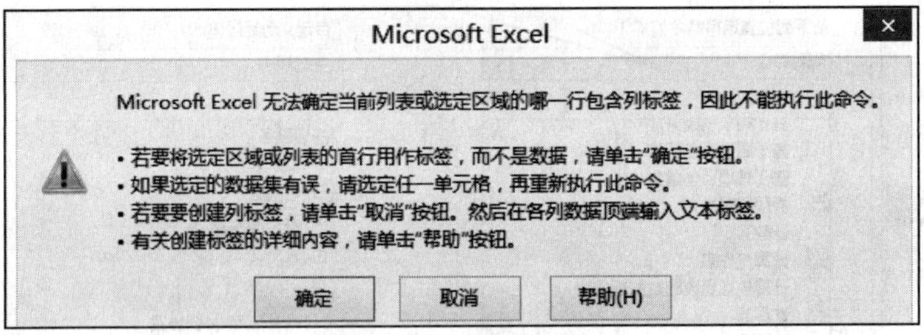

图4-57　记录单选择

单击“确定”按钮，显示出如图4-58所示的输入框。

图4-58　数据输入

(3) 建立和使用Excel数据清单

在各个字段中输入新记录的值。要移动到下一个字段，可按Tab键。当输完所有的记录内容后，按Enter键即可加入一条记录(或者单击“新建”按钮)。如此重复加入更多的记录，当加完所有记录后，单击“关闭”按钮，就会看到在清单底部加入了新增的记录。

也可以直接将记录插入数据库中，首先在现有记录的中间插入空的单元格，然后键入记录数据；原来所输入的数据库内容会自动下移。要插入记录到现有的数据库中，可按照下列步骤执行：

① 选定要插入的位置插入一行。

② 选择“记录单”后，可通过“上一条”“下一条”移动到空白记录输入数据，也可以直接在表中编辑。

3. 编辑记录

对于数据库中的记录，可以采用在相应的单元格上进行编辑，也可以对记录单进行编辑，其操作过程如下。

(1) 选择数据清单中的任一单元格。

(2) 选择“数据”|“记录单”，出现一个记录单，查找并显示出要修改数据的记录。编辑该记录的内容。

(3) 选择“关闭”退出。

4. 删除一条记录

对于数据库中不再需要的记录，可以使用“删除”命令将其从数据库中删除。使用记录单删除一条记录的操作步骤如下：

(1) 选择数据清单中的任一单元格，再选择“数据”|“记录单”。

(2) 查找并显示出要删除的记录，选择“删除”功能完成。

(二) 构建数据清单的要求

为了使Excel自动将数据清单当作数据库，构建数据清单的要求主要有：

(1) 列标志应位于数据清单的第一行，用以查找和组织数据、创建报告。

(2) 同一列中各行数据项的类型和格式应当完全相同。

(3) 避免在数据清单中间放置空白的行或列，但需将数据清单和其他数据隔开时，应在它们之间留出至少一个空白的行或列。

(4) 尽量在一张工作表上建立一个数据清单。

二、记录单的使用

(一) 记录单的概念

记录单又称数据记录单，是快速添加、查找、修改或删除数据清单中相关记录的对话框。

(二) 通过记录单处理数据清单的记录

1. 通过记录单处理记录的优点

通过记录单处理记录的优点主要有：界面直观、操作简单，减少数据处理时行列位置的来回切换，避免输入错误，特别适用于大型数据清单中记录的核对、添加、查找、修改或删除。

2. “记录单”对话框的打开

打开“记录单”对话框的方法是：输入数据清单的列标志后，选中数据清单的任意一个单元格，选择“数据”选项卡的“记录单”命令。

Excel 2013的数据功能区中尽管没有“记录单”命令，但可通过单击以自定义方式添入“快速访问工具栏”中的“记录单”按钮来打开。

“记录单”对话框打开后，只能通过“记录单”对话框来输入、查询、核对、修改或者删除数据清单中的相关数据，但无法直接在工作表的数据清单中进行相应的操作。

3. 在“记录单”对话框中输入新记录

在数据录入过程中，如果发现某个文本框中的数据录入有误，可将光标移入该文本框，直接进行修改；如果发现多个文本框中的数据录入有误，不便逐一修改，可通过单击“还原”按钮放弃本次确认前的所有输入，光标将自动移入第一个空白文本框，等待数据录入。

4. 利用“记录单”对话框查找特定单元格

通过查询，符合条件的记录将分别出现在对话框相应列后的文本框中，“记录状态”显示出相应显示记录的次序数以及数据清单中记录的总条数。这种方法尤其适合于具有多个查询条件的查询中，只要在对话框多个列名后的文本框内同时输入相应的查询条件即可。

5. 利用“记录单”对话框核对或修改特定记录

查找到待核对或修改的记录后，在对话框相应列后文本框中逐一核对或修改。在确认修改前，“还原”按钮处于激活状态，可通过单击“还原”按钮放弃本次确认前的所有修改。

6. 利用“记录单”对话框删除特定记录

记录删除后无法通过单击“还原”按钮来撤销。

下面通过一个实例来说明记录单的用法。

先选择一个数据单元，然后选择“数据”|“记录单”，再选择条件，输入具体的条件，这里输入“销售部”，如图4-59所示。

按击Enter键，就会自动定位到满足条件的第一条记录，如图4-60所示。

图4-59　记录单条件

图4-60　满足条件的记录

三、数据的管理与分析

在数据清单下，可以执行排序、筛选、分类汇总、插入图表和数据透视表等数据管理和分析功能。

(一) 数据的排序

数据的排序是指在数据清单中，针对某些列的数据，通过“数据”菜单或功能区中的排序命令来重新组织行的顺序。

1. 快速排序

使用快速排序的操作步骤为：

(1) 在数据清单中选定需要排序的各行记录

在选择中，要选择标题列，才能选择列标题来排序。如果不选择标题列，就会提示选择A，B，C，…中的某列来排序。

(2) 执行工具栏或功能区中的排序命令

需要注意的是，如果数据清单由单列组成，即使不执行第一步，只要选定该数据清单的任意单元格，直接执行第二步，系统都会自动排序；如果数据清单由多列组成，应避免不执行第一步而直接执行第二步的操作，否则数据清单中光标所在列的各行数据被自动排序，但每一记录在其他各列的数据并未随之相应调整，记录将会出现错行的错误。即没有选择的列，排序后没有选择的列的数据是不会移动的。

举例如下：

在工资数据库表中(包含标题列)，选择“数据”|“排序”，这里选择按基本工资进行排序，如图4-61所示。

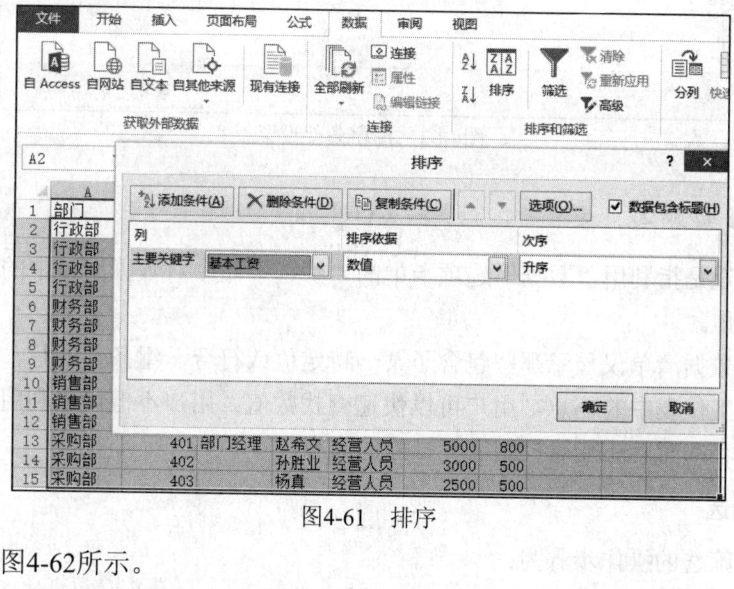

图4-61 排序

排序后如图4-62所示。

数据已经按照基本工资从低到高进行了排序。排序时，如果选择降序，则是从高到低排序。

2. 自定义排序

使用自定义排序的操作步骤为：

(1) 在“数据”菜单或功能区中打开“排序”对话框。

	A	B	C	D	E	F	G	H	I	J
1	部门	职工编码	职务	姓名	类别	基本工资	补贴	应发合计	扣款	实发合计
2	采购部	403		杨真	经营人员	2500	500			
3	销售部	303		朱小明	经营人员	2900	500			
4	行政部	102		李天华	管理人员	3000	500			
5	采购部	402		孙胜业	经营人员	3000	500			
6	财务部	203		张中杨	管理人员	3100	500			
7	销售部	302		刘一江	经营人员	3200	500			
8	行政部	104		黄文胜	管理人员	3500	500			
9	财务部	201		李东平	管理人员	3600	500			
10	财务部	204		赵小兵	管理人员	3900	500			
11	行政部	101	部门经理	张文峰	管理人员	4000	800		100.00	
12	财务部	202	部门经理	王少红	管理人员	4200	800			
13	销售部	301	部门经理	周力	经营人员	4500	800			
14	采购部	401	部门经理	赵希文	经营人员	5000	800			
15	行政部	103	总经理	孙正	管理人员	9000	1500		200.00	

1月工资表　工资数据库表　基金表　函数使用表

图4-62　排序结果

(2) 在“排序”对话框中选定排序的条件、依据和次序。

排序可以增加多关键字排序，方法是单击“增加条件”按钮，然后选择关键字，如图4-63所示。

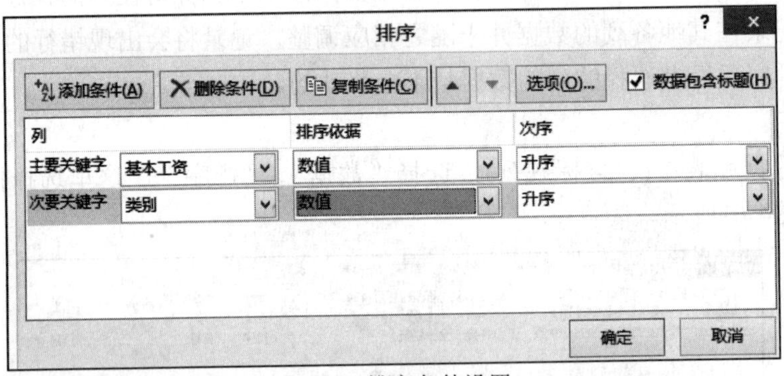

图4-63　排序条件设置

(二) 数据的筛选

数据的筛选是指利用“数据”选项卡中的“筛选”命令对数据清单中的指定数据进行查找和其他工作。

筛选后的数据清单仅显示那些包含了某一特定值或符合一组条件的行，暂时隐藏其他行。通过筛选工作表中的信息，用户可以快速查找数值。用户不但可以利用筛选功能控制需要显示的内容，而且还能够控制需要排除的内容。

1. 快速筛选

使用快速筛选的操作步骤为：

(1) 在数据清单中选定任意单元格或需要筛选的列。

(2) 执行“数据”|“筛选”命令，第一行的列标识单元格右下角出现向下的三角图标。

(3) 单击适当列的第一行，在弹出的下拉列表中取消勾选“全选”，勾选筛选条件，单击“确定”按钮可筛选出满足条件的记录。

举例如下：

在工资数据库表中，先按照职工编码排序。选择“数据”|“筛选”，列标题出现三

角符号，如图4-64所示。

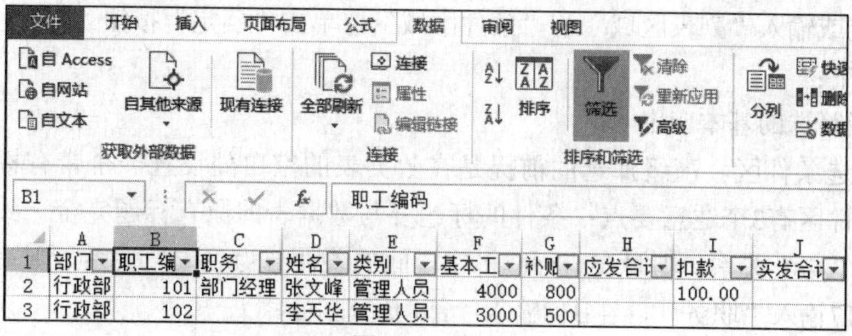

图4-64　筛选

选择“基本工资”列的三角符号，取消全选(即全部不选择)，然后再勾选“3000”一项，如图4-65所示。

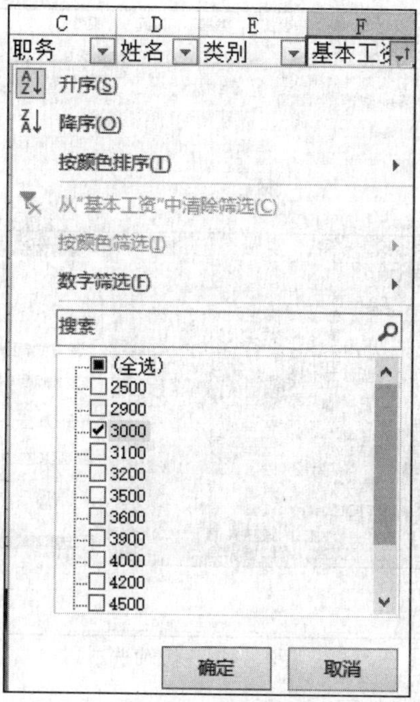

图4-65　筛选条件

单击“确定”按钮后，就只显示满足条件的记录，如图4-66所示。然后可在筛选的记录中进行修改等操作。如果不需要筛选了，选择“数据”|“筛选”就可解除筛选。

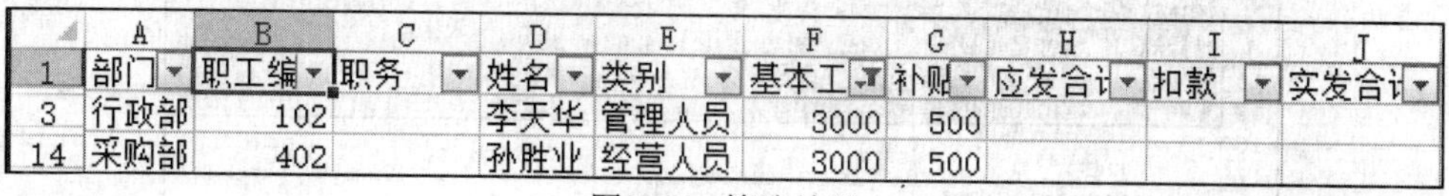

图4-66　筛选结果

2. 高级筛选

使用高级筛选的操作步骤为：

(1) 选择条件区域。

(2) 打开“高级筛选”对话框。

(3) 选定或输入“列表区域”和“条件区域”，单击“确定”按钮。

举例如下：

(1) 高级筛选的基本应用

设置筛选条件区。高级筛选的前提是在数据表的空白处设置一个带有标题的条件区域，这个条件区有3个注意要点：条件的标题要与数据表的原有标题完全一致；多字段间的条件若“与”关系，则写在一行；多字段间的条件若为“或”关系，则写在下一行。

① 在B17输入“职务”，在B18输入“部门经理”。

② 选择筛选区域A1到J15。单击“数据”|“高级”按钮，列表区域自动填写为“工资数据库表!$A$1:$J$15”，然后将光标移动到条件区域，再单击B17和B18单元，在条件区域显示“工资数据库表!$B$17:$B$18”，如图4-67所示。

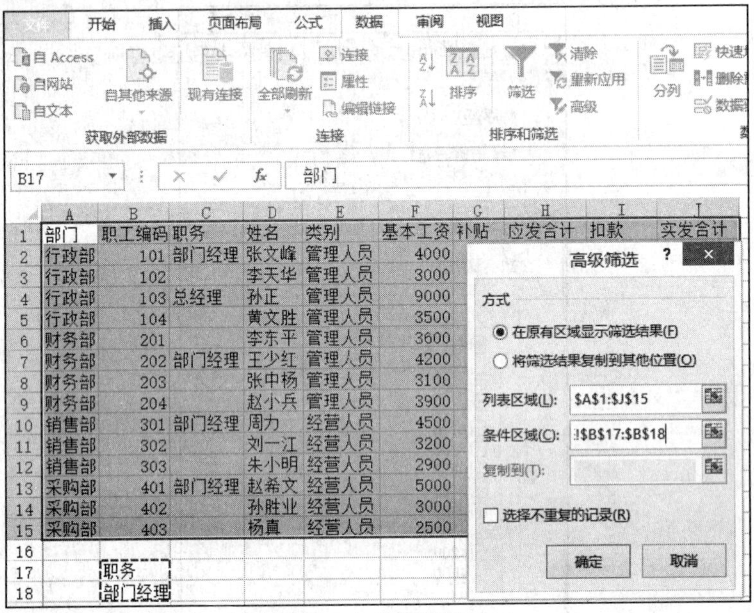

	A	B	C	D	E	F	G	H	I	J
1	部门	职工编码	职务	姓名	类别	基本工资	补贴	应发合计	扣款	实发合计
2	行政部	101	部门经理	张文峰	管理人员	4000				
3	行政部	102		李天华	管理人员	3000				
4	行政部	103	总经理	孙正	管理人员	9000				
5	行政部	104		黄文胜	管理人员	3500				
6	财务部	201		李东平	管理人员	3600				
7	财务部	202	部门经理	王少红	管理人员	4200				
8	财务部	203		张中杨	管理人员	3100				
9	财务部	204		赵小兵	管理人员	3900				
10	销售部	301	部门经理	周力	经营人员	4500				
11	销售部	302		刘一江	经营人员	3200				
12	销售部	303		朱小明	经营人员	2900				
13	采购部	401	部门经理	赵希文	经营人员	5000				
14	采购部	402		孙胜业	经营人员	3000				
15	采购部	403		杨真	经营人员	2500				
16										
17		职务								
18		部门经理								

图4-67　高级筛选

单击“确定”按钮，显示如图4-68所示。

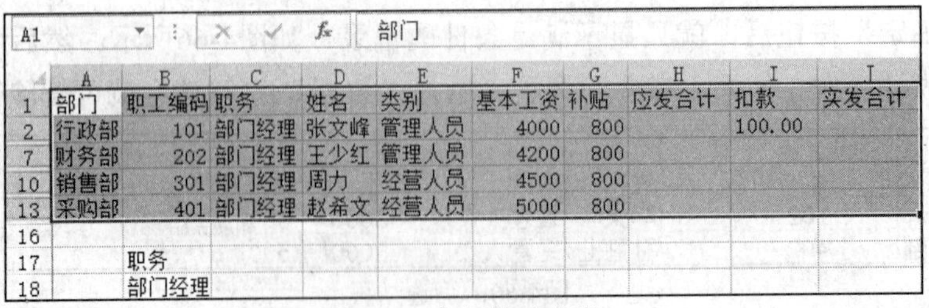

	A	B	C	D	E	F	G	H	I	J
1	部门	职工编码	职务	姓名	类别	基本工资	补贴	应发合计	扣款	实发合计
2	行政部	101	部门经理	张文峰	管理人员	4000	800		100.00	
7	财务部	202	部门经理	王少红	管理人员	4200	800			
10	销售部	301	部门经理	周力	经营人员	4500	800			
13	采购部	401	部门经理	赵希文	经营人员	5000	800			
16										
17		职务								
18		部门经理								

图4-68　高级筛选结果

如要将筛选的结果显示到另外的区域，就要选择“将筛选结果复制到其他位置”，然后将光标移动到复制到的输入区域，再选择A19单元，这时“复制到”输入框中显示为“工资数据库表!$A$19”，也可以是其他合适单元，如图4-69所示。

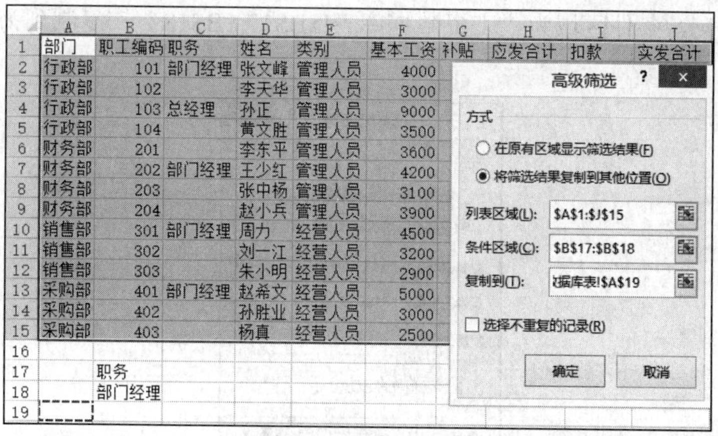

	A	B	C	D	E	F	G	H	I	J
1	部门	职工编码	职务	姓名	类别	基本工资	补贴	应发合计	扣款	实发合计
2	行政部	101	部门经理	张文峰	管理人员	4000				
3	行政部	102		李天华	管理人员	3000				
4	行政部	103	总经理	孙正	管理人员	9000				
5	行政部	104		黄文胜	管理人员	3500				
6	财务部	201		李东平	管理人员	3600				
7	财务部	202	部门经理	王少红	管理人员	4200				
8	财务部	203		张中杨	管理人员	3100				
9	财务部	204		赵小兵	管理人员	3900				
10	销售部	301	部门经理	周力	经营人员	4500				
11	销售部	302		刘一江	经营人员	3200				
12	销售部	303		朱小明	经营人员	2900				
13	采购部	401	部门经理	赵希文	经营人员	5000				
14	采购部	402		孙胜业	经营人员	3000				
15	采购部	403		杨真	经营人员	2500				
16										
17		职务								
18		部门经理								
19										

图4-69　筛选条件设置

单击“确定”按钮后，显示结果如图4-70所示。筛选复制的数据，不需要的可以删除。

	A	B	C	D	E	F	G	H	I	J
1	部门	职工编码	职务	姓名	类别	基本工资	补贴	应发合计	扣款	实发合计
2	行政部	101	部门经理	张文峰	管理人员	4000	800		100.00	
3	行政部	102		李天华	管理人员	3000	500			
4	行政部	103	总经理	孙正	管理人员	9000	1500		200.00	
5	行政部	104		黄文胜	管理人员	3500	500			
6	财务部	201		李东平	管理人员	3600	500			
7	财务部	202	部门经理	王少红	管理人员	4200	800			
8	财务部	203		张中杨	管理人员	3100	500			
9	财务部	204		赵小兵	管理人员	3900	500			
10	销售部	301	部门经理	周力	经营人员	4500	800			
11	销售部	302		刘一江	经营人员	3200	500			
12	销售部	303		朱小明	经营人员	2900	500			
13	采购部	401	部门经理	赵希文	经营人员	5000	800			
14	采购部	402		孙胜业	经营人员	3000	500			
15	采购部	403		杨真	经营人员	2500	500			
16										
17		职务								
18		部门经理								
19	部门	职工编码	职务	姓名	类别	基本工资	补贴	应发合计	扣款	实发合计
20	行政部	101	部门经理	张文峰	管理人员	4000	800		100.00	
21	财务部	202	部门经理	王少红	管理人员	4200	800			
22	销售部	301	部门经理	周力	经营人员	4500	800			
23	采购部	401	部门经理	赵希文	经营人员	5000	800			

图4-70　筛选结果

(2) 高级筛选中使用通配符

高级筛选中，可以使用通配符作为筛选以及查找和替换内容时的比较条件，如表4-5所示。

表4-5　通配符

符　　号	查　　找
?(问号)	任何单个字符
*(星号)	任何字符数
~(波形符)	“~”(波形符)后可跟“?”、“*”或“~”。例如，“AA06~?”可找到“AA06?”

筛选出工资数据库表中姓李的人员。

举例如下：

在B17输入“姓名”，在B18输入“李*”，选择A1:J15区域，执行“数据”|“高级”进入筛选条件设置，条件设置如图4-71所示。即列表区域为“工资数据库

表!$A$1:$J$15”，条件区域为“工资数据库表!$B$17:$B$18”，复制到为“工资数据库表!$A$19”。

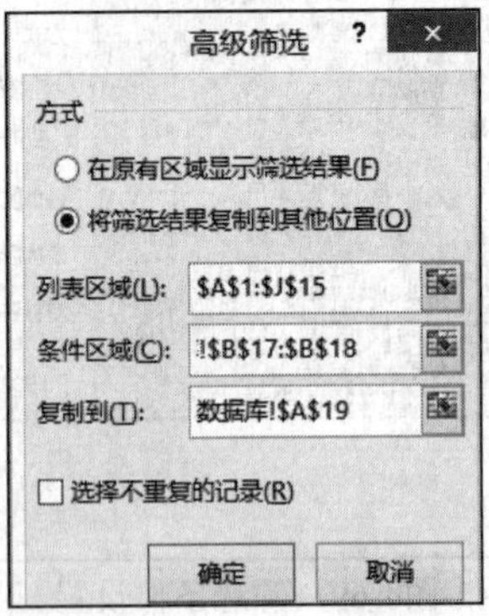

图4-71　条件设置

单击“确定”按钮后，筛选出来的数据显示如图4-72所示。

17		姓名								
18		李*								
19	部门	职工编码	职务	姓名	类别	基本工资	补贴	应发合计	扣款	实发合计
20	行政部	102		李天华	管理人员	3000	500			
21	财务部	201		李东平	管理人员	3600	500			

图4-72　筛选结果

(3) 多条件筛选

① 筛选出行政部和采购部的人员。

在B17输入“部门”，B18输入“行政部”，C19输入“采购部”。

选择A1:J15，执行“数据”|“高级”，列表区域为“工资数据库表!$A$1:$J$15”，条件区域为“工资数据库表!$B$17:$B$19”，复制到为“工资数据库表!$A$20”，如图4-73所示。

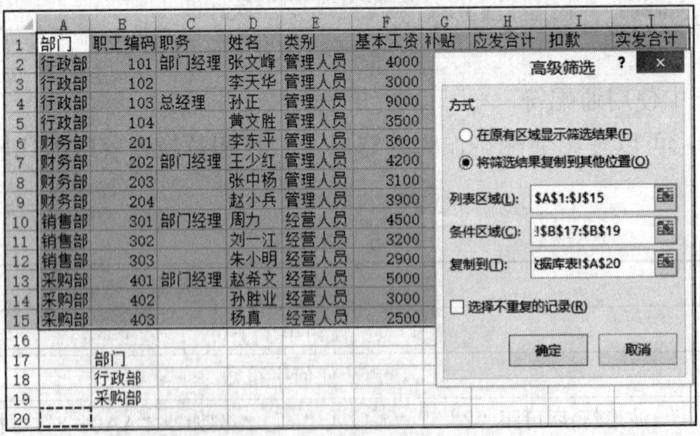

图4-73　筛选条件设置

单击“确定”按钮后显示如图4-74所示。

② 选择行政部和采购部中职务为部门经理的人。

在B17输入“部门”，B18输入“行政部”，C19输入“采购部”。

在C17输入“职务”，C18输入“部门经理”，C19输入“部门经理”。

17		部门								
18		行政部								
19		采购部								
20	部门	职工编码	职务	姓名	类别	基本工资	补贴	应发合计	扣款	实发合计
21	行政部	101	部门经理	张文峰	管理人员	4000	800		100.00	
22	行政部	102		李天华	管理人员	3000	500			
23	行政部	103	总经理	孙正	管理人员	9000	1500		200.00	
24	行政部	104		黄文胜	管理人员	3500	500			
25	采购部	401	部门经理	赵希文	经营人员	5000	800			
26	采购部	402		孙胜业	经营人员	3000	500			
27	采购部	403		杨真	经营人员	2500	500			

图4-74　筛选结果

选择A1:J15，执行“数据”|“高级”，列表区域为“工资数据库表$A$1:$J$15”，条件区域为“工资数据库表!$B$17:$C$19”，复制到为“工资数据库表!$A$20”，如图4-75所示。

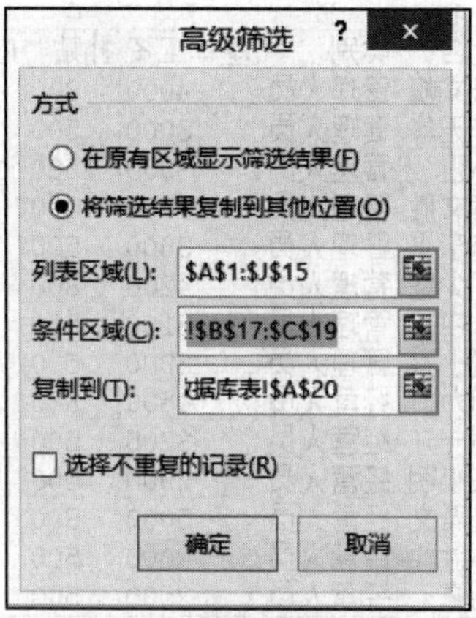

图4-75　筛选条件设置

单击“确定”按钮后显示如图4-76所示。

17		部门	职务							
18		行政部	部门经理							
19		采购部	部门经理							
20	部门	职工编码	职务	姓名	类别	基本工资	补贴	应发合计	扣款	实发合计
21	行政部	101	部门经理	张文峰	管理人员	4000	800		100.00	
22	采购部	401	部门经理	赵希文	经营人员	5000	800			

图4-76　筛选结果

3. 清除筛选

对经过筛选后的数据清单进行第二次筛选时，之前的筛选将被清除。

(三) 数据的分类汇总

数据的分类汇总是指在数据清单中按照不同类别对数据进行汇总统计。分类汇总采用分级显示的方式显示数据，可以收缩或展开工作表的行数据或列数据，实现各种汇总统计。

1. 创建分类汇总

需设置采用的“汇总方式”和“选定汇总项”的内容，数据清单将以选定的“汇总方式”按照“分类字段”分类统计，将统计结果记录到选定的“选定汇总项”列下，同时可以通过单击级别序号实现分级查看汇总结果。

2. 清除分类汇总

打开“分类汇总”对话框后，单击“全部删除”按钮即可取消分类汇总。

举例如下：

数据的分类汇总是分为两个步骤进行的。第一个步骤是利用排序功能进行数据分类汇总。第二个步骤是利用函数的计算，进行一个汇总的操作。

先设置“应发合计”计算公式为“H2=F2+G2”；“实发合计”计算公式为“J2=H2-I2”，其他相应单元进行拖动复制。设置完成后如图4-77所示。

	A	B	C	D	E	F	G	H	I	J
1	部门	职工编码	职务	姓名	类别	基本工资	补贴	应发合计	扣款	实发合计
2	行政部	101	部门经理	张文峰	管理人员	4000	800	4800.00	100.00	4700.00
3	行政部	102		李天华	管理人员	3000	500	3500.00		3500.00
4	行政部	103	总经理	孙正	管理人员	9000	1500	10500.00	200.00	10300.00
5	行政部	104		黄文胜	管理人员	3500	500	4000.00		4000.00
6	财务部	201		李东平	管理人员	3600	500	4100.00		4100.00
7	财务部	202	部门经理	王少红	管理人员	4200	800	5000.00		5000.00
8	财务部	203		张中杨	管理人员	3100	500	3600.00		3600.00
9	财务部	204		赵小兵	管理人员	3900	500	4400.00		4400.00
10	销售部	301	部门经理	周力	经营人员	4500	800	5300.00		5300.00
11	销售部	302		刘一江	经营人员	3200	500	3700.00		3700.00
12	销售部	303		朱小明	经营人员	2900	500	3400.00		3400.00
13	采购部	401	部门经理	赵希文	经营人员	5000	800	5800.00		5800.00
14	采购部	402		孙胜业	经营人员	3000	500	3500.00		3500.00
15	采购部	403		杨真	经营人员	2500	500	3000.00		3000.00

图4-77　工资数据库表

按照类别进行排序。将光标移动到表中的任一单元，执行“数据”|“分类汇总”功能，分类字段设置为“类别”、汇总方式为“求和”，然后选定要汇总的项目，如图4-78所示。

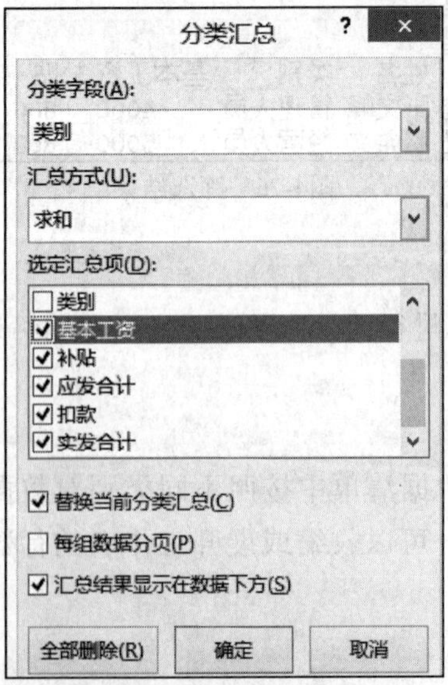

图4-78　分类汇总条件设置

单击“确定”按钮后，显示的分类汇总结果如图4-79所示。如果要取消分类汇总，打开“数据”|“分类汇总”对话框后，单击“全部删除”按钮即取消分类汇总。

	A	B	C	D	E	F	G	H	I	J
1	部门	职工编码	职务	姓名	类别	基本工资	补贴	应发合计	扣款	实发合计
2	行政部	101	部门经理	张文峰	管理人员	4000	800	4800.00	100.00	4700.00
3	行政部	102		李天华	管理人员	3000	500	3500.00		3500.00
4	行政部	103	总经理	孙正	管理人员	9000	1500	10500.00	200.00	10300.00
5	行政部	104		黄文胜	管理人员	3500	500	4000.00		4000.00
6	财务部	201		李东平	管理人员	3600	500	4100.00		4100.00
7	财务部	202	部门经理	王少红	管理人员	4200	800	5000.00		5000.00
8	财务部	203		张中杨	管理人员	3100	500	3600.00		3600.00
9	财务部	204		赵小兵	管理人员	3900	500	4400.00		4400.00
10					**管理人员**	34300	5600	39900.00	300.00	39600.00
11	销售部	301	部门经理	周力	经营人员	4500	800	5300.00		5300.00
12	销售部	302		刘一江	经营人员	3200	500	3700.00		3700.00
13	销售部	303		朱小明	经营人员	2900	500	3400.00		3400.00
14	采购部	401	部门经理	赵希文	经营人员	5000	800	5800.00		5800.00
15	采购部	402		孙胜业	经营人员	3000	500	3500.00		3500.00
16	采购部	403		杨真	经营人员	2500	500	3000.00		3000.00
17					**经营人员**	21100	3600	24700.00	0.00	24700.00
18					**总计**	55400	9200	64600.00	300.00	64300.00

图4-79　分类汇总结果

(四) 数据透视表的插入

数据透视表是根据特定数据源生成的，可以动态改变其版面布局的交互式汇总表格。数据透视表不仅能够按照改变后的版面布局自动重新计算数据，而且能够根据更改后的原始数据或数据源来刷新计算结果。

1. 数据透视表的创建

单击“数据”菜单中的“数据透视表和数据透视图…”命令项，接着按“数据透视表和数据透视图向导”提示进行相关操作可创建数据透视表。

数据透视表的布局框架由页字段、行字段、列字段和数据项等要素构成，可以通过需要选择不同的页字段、行字段、列字段，设计出不同结构的数据透视表。

2. 数据透视表的设置

(1) 重新设计版面布局。在数据透视表布局框架中选定已拖入的字段、数据项，将其拖出，将“数据透视表字段列表”中的字段和数据项重新拖至数据透视表框架中的适当位置，报表的版面布局立即自动更新。

(2) 设置值的汇总依据。值的汇总依据有求和、计数、平均值、最大值、最小值、乘积、数值计数、标准偏差、总体偏差、方差和总体方差。

(3) 设置值的显示方式。值的显示方式有百分比、升序排列、降序排列等。

(4) 进行数据的筛选。分别对报表的行和列进行数据的筛选，系统会根据条件自行筛选出符合条件的数据列表。

(5) 设定报表样式。数据透视表中，既可通过单击“自动套用格式”(适用于Excel 2003，单击“格式”按钮后进入)或“套用报表格式”(适用于Excel 2013)按钮选用系统自带的各种报表样式，也可通过设置单元格格式的方法自定义报表样式。

举例：推荐数据透视表

在工资数据库表中，选定A1:J15，选择“插入”|“推荐的数据透视表”，上面有多个推荐的数据透视表格式，可根据需要选用，这里的选择如图4-80所示。

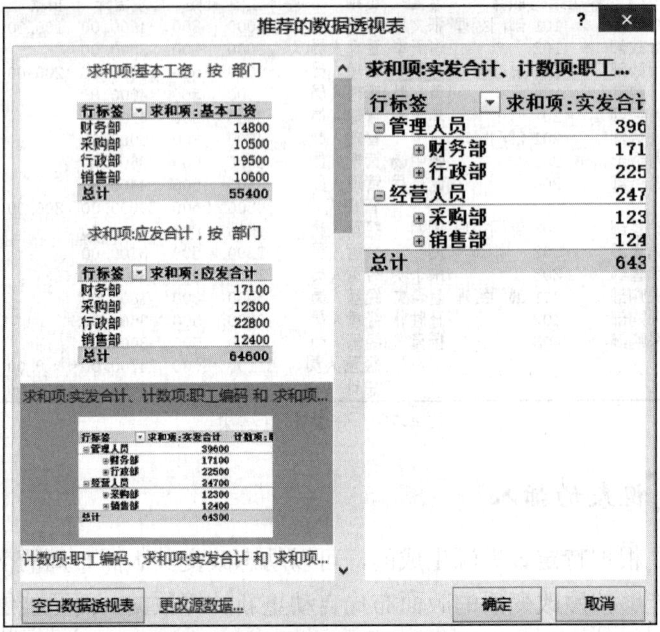

图4-80 推荐的数据透视表

单击“确定”按钮，生成的数据透视表如图4-81所示，生成的数据表系统会单独建立一张数据表。

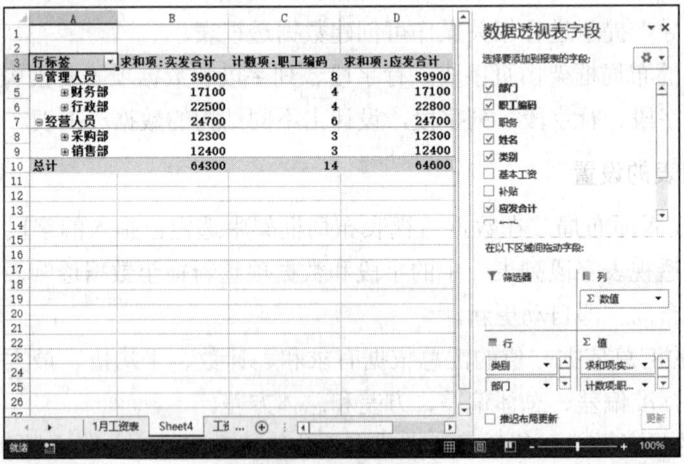

图4-81 数据透视表

在右边，还可以重新选择要添加到表中的字段。项目显示顺序也可以进行移动。

举例：直接建立数据透视表

在工资数据库表中，选定A1:J15，选择“插入”|“数据透视表”，进入“创建数据透视表”窗口，如图4-82所示。

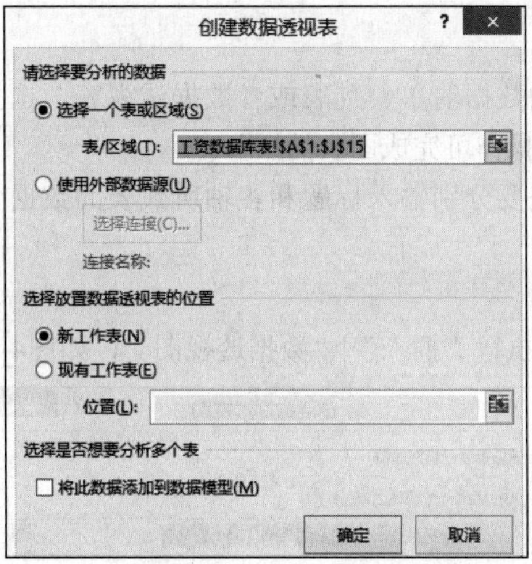

图4-82　创建数据表

单击“确定”按钮进入数据透视表设计中，如图4-83所示。

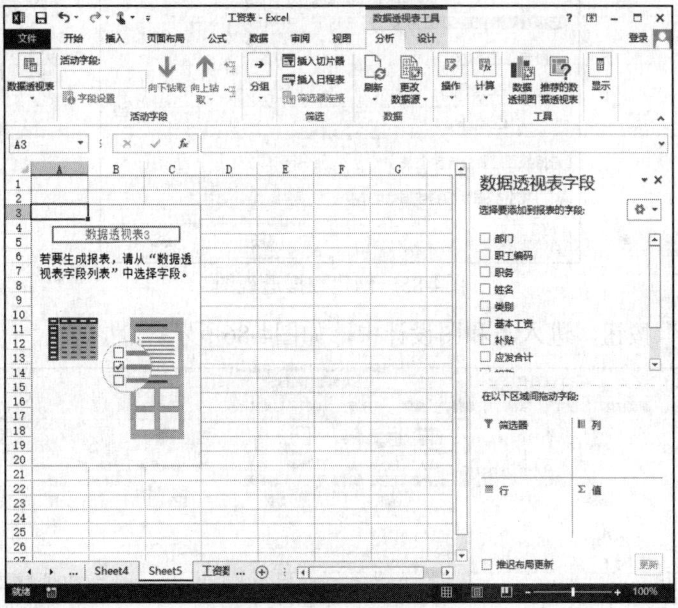

图4-83　数据透视表设计

选择数据透视表字段，这里选择“部门”“基本工资”“补贴”“应发合计”，结果如图4-84所示。

	A	B	C	D
1				
2				
3	行标签	求和项:基本工资	求和项:补贴	求和项:应发合计
4	财务部	14800	2300	17100
5	采购部	10500	1800	12300
6	行政部	19500	3300	22800
7	销售部	10600	1800	12400
8	总计	55400	9200	64600

图4-84　数据透视表

（五）图表的插入

框选需要生成图表的数据清单、列表或者数据透视表，选择“插入”菜单中的“图表”菜单，按照相关步骤操作可完成图表的插入。

图表不仅可以根据需要分别输入标题和各轴所代表的数据含义，而且可以适当调整大小及其位置。

举例：数据透视图

选择工资数据库表，执行“插入”|“数据透视图”，如图4-85所示。

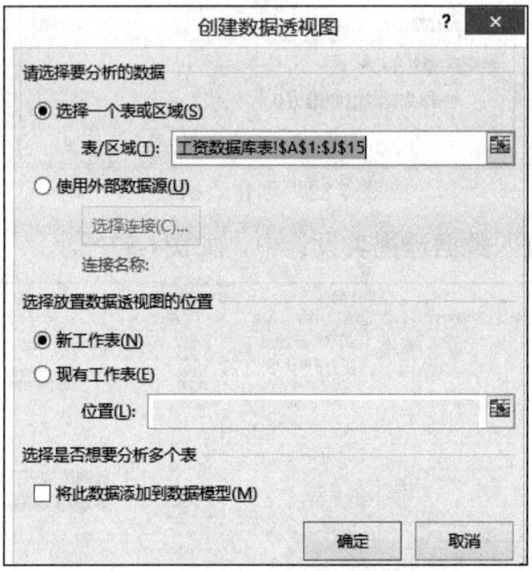

图4-85　创建数据透视图

单击“确定”按钮，进入表和图设计中，如图4-86所示。

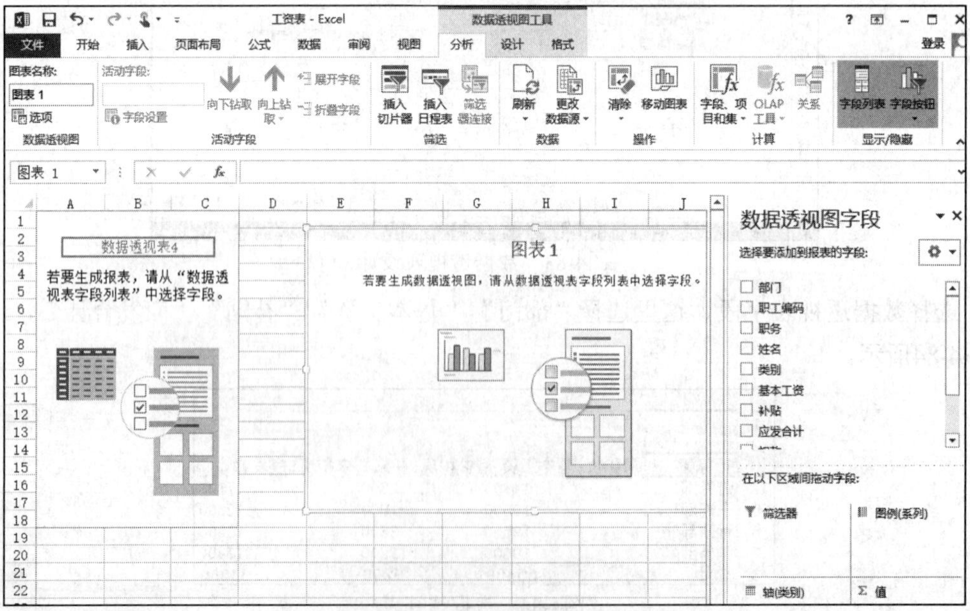

图4-86　数据透视图设计

这里选择“部门”“基本工资”“应发合计”，结果如图4-87所示。

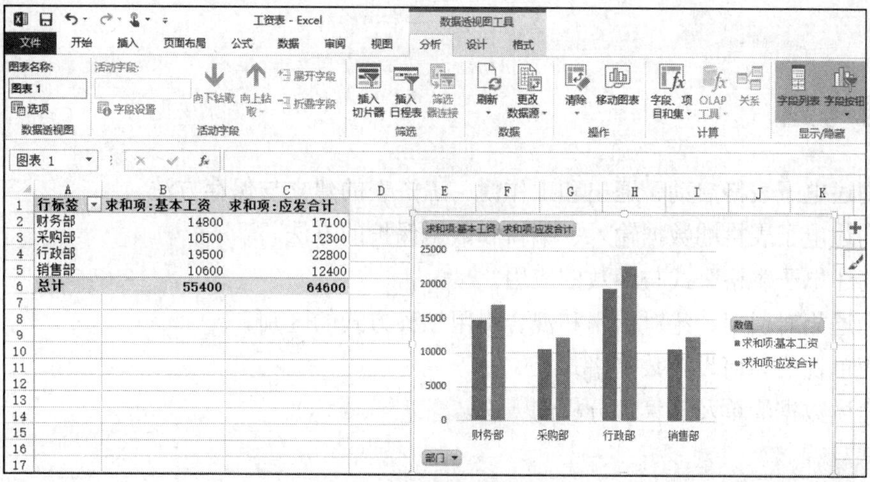

图4-87　数据透视图

举例：图表的选择

选择数据区域，再选择“插入”|“图表”右下角的斜箭头，如图4-88所示。

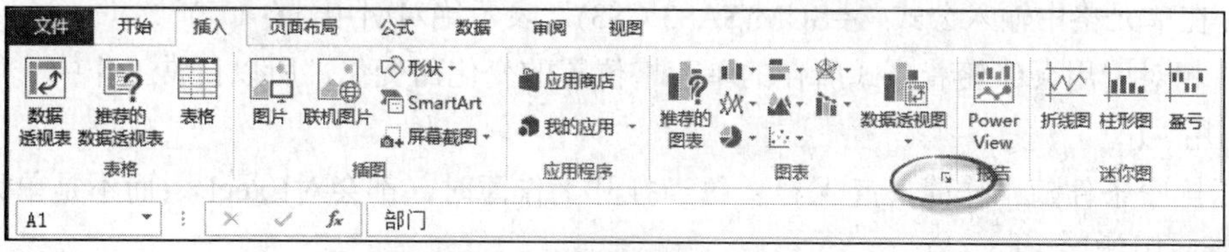

图4-88　图表和相关功能

在打开的窗口中选择“所有图表”，如图4-89所示。此时可根据数据的情况和需要来选择具体的图表种类。

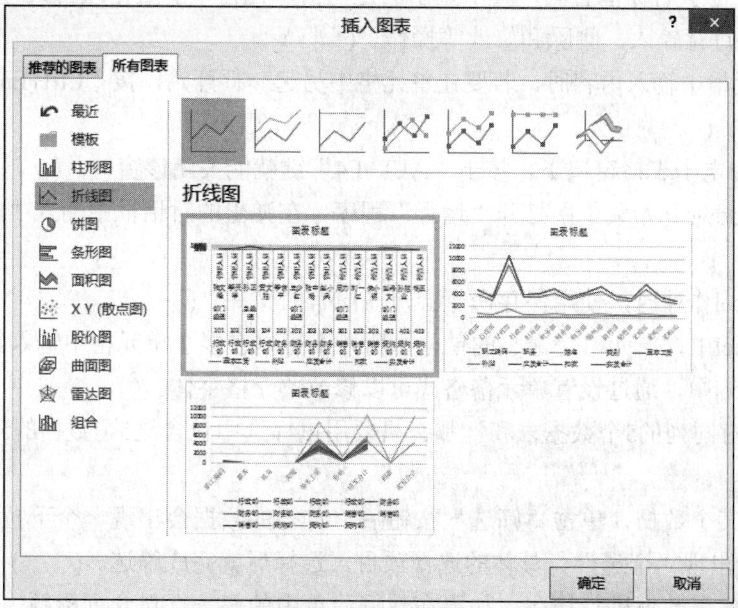

图4-89　图表种类

同步测试题

一、思考题

1. 简述电子表格启动、退出和工作簿、工资表的建立与保存方法。
2. 简述电子表格的数据输入、编辑和数据保护的方法。
3. 简述电子表格公式与函数的应用。
4. 简述相对引用、绝对引用和混合引用三种方式的区别。
5. 简单说明如何设置数字格式。
6. 简述数据清单及其管理分析的方法。

二、判断题

1. Excel 2007以上版本中，是无法创建“Excel 97－2003工作簿(*.xls)”的。(　　)

2. 在单元格中输入公式“=SUM($A$3:C$3)”表示绝对引用。(　　)

3. 相对引用会伴随着公式所在的单元格位置的变化而变化，所以日常工作中一般使用绝对引用。(　　)

4. 排序条件随工作簿一起保存，每当打开工作簿时，都会对Excel表(而不是单元格区域)重新应用排序。(　　)

5. 常量是直接输入到单元格或公式中的数字或文本，或由名称所代表的数字或文本值。(　　)

6. 编辑栏位于名称框右侧，其中显示的是当前单元格中的数据或公式，用户可以对单元格中的数据进行输入、删除和修改等操作。(　　)

7. 在单元格中输入内容时，若要在单元格中另起一行开始，按“Ctrl+Enter”键输入一个换行符即可。(　　)

8. 在Excel电子表格窗口下，按下“ALT+F4”键就能关闭该窗口。(　　)

9. 在Windows开始菜单中打开“运行”程序，在弹出的对话框中输入“Excel”就能打开Excel。(　　)

10. 在Excel作业时，使用保存命令会覆盖原有的文件。(　　)

11. 在Excel中，单元格是最小的单位，所以不可以在多个单元格中输入数据。(　　)

12. 在Excel中，通过设置单元格格式可以修改单元格字体。(　　)

13. 如果对同列的5个数据求和，那么只要用鼠标选中包含这5个数据的5个单元格就可以了。(　　)

14. 选中某个数据，单击“筛选”按钮后，首行的数据会出现一个下拉箭头，点击下拉箭头，则会出现“全选”、具体的选择项目，选择后就完成筛选。(　　)

15. 对工作表数据进行排序，如果在数据清单中的第一行包含列标题，在排序条件设

置时，若不选择“数据包含列标题”，则列标题会当成普通数据排序。(　　)

16. 在Excel中，设置页面的页边距只能设置左右两边。(　　)

17. 在对Excel做分类汇总计算时无须先对工作表排序，即可实现分类汇总。(　　)

18. 在Excel中，对单元格$B$1的引用是混合引用。(　　)

19. 在Excel中，用户可自定义填充序列。(　　)

20. 执行“数据”选项卡中的“排序”命令，可以实现对工作表数据的排序功能。(　　)

21. Excel可以将表格文件保存为文本文件。(　　)

22. 在Excel中，单元格的数据清除与单元格删除是相同的。(　　)

23. Excel的运算符是按优先级排列的。(　　)

24. 已知工作表中K6单元格中公式“=F6*$G$4”，在第3行插入一行，则插入后K7单元格中的公式为“=F7*$G$5”。(　　)

25. Excel只能对同一列的数据进行求和。(　　)

26. 在Excel中，先选择I2和I4，然后按“Ctrl+C”键进行复制，然后将光标移动到I16按“Ctrl+V”键，则I16是I2的内容，I17是I4的内容。(　　)

27. 在Excel中，选择打印功能，系统默认打印当前工作表。(　　)

28. 在Excel中，排序时只能指定一个关键字。(　　)

29. 在Excel中，单元格的字符串超过该单元格的显示宽度时，该字符串可能占用其右侧的单元格的显示空间而全部显示出来。(　　)

30. Excel将工作簿的每一张工作表分别作为一个文件来保存。(　　)

31. 在Excel中，复制和粘贴操作只能在同一个工作表中进行。(　　)

32. 在Excel中，关系运算符的运算结果是TRUE或FALSE。(　　)

33. 在Excel中，输入公式必须以“=”开头，输入函数时直接输入函数名，而不需要以“=”开头。(　　)

34. 在Excel中，当公式中的引用单元格地址用的是绝对引用时，复制该公式到新的单元格后，新的单元格中将显示出错信息。(　　)

35. 在Excel中，可直接在单元格中输入函数，如“SUM(J5:J9)”。(　　)

36. 在Excel中，当前工作簿可以引用其他工作簿中工作表的单元格。(　　)

37. 在Excel的数据清单中可支持数据记录的增、删、改等操作。(　　)

38. 在Excel中，“[汇总表]销售分析表!$B$10”是合法的单元格引用。(　　)

39. Excel工作表F8单元格的值为881.05，执行某些操作后，在F8单元格中显示一串“#”符号，说明F8单元格的公式有错，无法计算。(　　)

40. 在Excel中，当单元格中出现“#NAME?”或“#REF!”时，表明在此单元格的公式中有引用错误。(　　)

41. 在Excel中，函数MAX的功能是求最小值。(　　)

42. 单击要删除行(或列)的行号(或列号)，按下Delete键可删除该行(或列)。(　　)

43. 在Excel中，要将数字作为文本向单元格中输入，可以先输入西文撇号“'”作为前导

符。( )

44. 在Excel中，AVERAGE(F5:H8)的功能是计算F5到H8单元格区域的平均值。( )

45. 在Excel中，对某个单元格进行复制后，可进行若干次粘贴。( )

三、单项选择题

1. 工作簿即通常所说的Excel文档，Excel 2007及以后的版本中，其后缀名为( )。

A. xlsx　　B. doc　　C. xls　　D. mdb

2. 可借助于( )键，来选定较大的单元格区域。

A. Alt　　B. Shift　　C. Delete　　D. Insert

3. 需要选定多个区域时，可在选定第一个区域后，按住( )键不放，再选定第二个、第三个等区域。

A. Alt　　B. Shift　　C. Delete　　D. Ctrl

4. 使用快捷键( )，可以选定整张工作表。

A. Ctrl+A　　B. Shift+A　　C. Ctrl+Shift　　D. Ctrl+W

5. 用于取出当前系统日期信息的函数是( )。

A. Time　　B. Today　　C. Now　　D. Tonight

6. 根据指定条件对若干单元格求和的函数是( )。

A. SUM　　B. SUMIF　　C. COUNT　　D. COUNTA

7. 需要在表格中查找与第一列中的值相匹配的数值，可以使用工作表函数( )。

A. Index　　B. Dget　　C. VLOOKUP　　D. Find

8. 需要确定数据清单中数值的位置，可以使用工作表函数( )。

A. Index　　B. Match　　C. Locate　　D. Find

9. Excel是一种主要用于( )的工具。

A. 画图　　B. 上网　　C. 放幻灯片　　D. 绘制表格

10. Excel中有关“另存为”命令选择的保存位置，下面说法正确的是( )。

A. 只可以保存在驱动器根目录下

B. 只可以保存在文件夹下

C. 既可以保存在驱动器根目录下又可以保存在文件夹下

D. 既不可以保存在驱动器根目录下又不可以保存在文件夹下

11. 在“文件”菜单中选择“打开”选项时( )。

A. 可以同时打开多个Excel文件　　B. 一次只能打开一个Excel文件

C. 打开的是Excel工作表　　D. 打开的是Excel图表

12. 右键单击一个单元格出现的快捷菜单，下面的( )命令不属于其中。

A. 插入　　B. 删除　　C. 删除工作表　　D. 复制

13. 在Excel中，编辑栏中的公式栏中显示的是( )。

A. 删除的数据　　B. 当前单元格的数据

C. 被复制的数据　　D. 没有显示

14. 若要重新对工作表命名，可以使用的方法是(　　)。

A. 单击表标签　　B. 双击表标签

C. 按F5键　　D. 使用窗口左下角的滚动按钮

15. Excel工作表的单元格中可输入(　　)。

A. 字符　　B. 中文　　C. 数字　　D. 以上都可以

16. 要改变单元格数字格式可使用“设置单元格格式”对话框的(　　)选项。

A. 对齐　　B. 数字　　C. 字体　　D. 保护

17. 若要在工作表中选择一整列，方法是(　　)。

A. 单击行标题　　B. 单击列标题　　C. 单击全选按钮　　D. 单击单元格

18. Excel单元格中的内容还会在(　　)中显示。

A. 编辑栏　　B. 标题栏　　C. 工具栏　　D. 菜单栏

19. 下列对“删除工作表”的说法，正确的是(　　)。

A. 不允许删除工作表　　B. 删除工作表后，还可以恢复

C. 删除工作表后，不可以再恢复　　D. 以上说法都不对

20. Excel中，选择(　　)命令会弹出对话框。

A. 剪切　　B. 复制　　C. 粘贴　　D. 选择性粘贴

21. 现在有5个数据需要求和，用鼠标仅选中这5个数据而没有空白格，那么单击“自动求和”按钮后会出现(　　)。

A. 和保存在第5个数据的单元格中　　B. 和保存在数据格后面的第一个空白格中

C. 和保存在第一个数据的单元格中　　D. 没有什么变化

22. 假设当前活动单元格在B2，选择“视图”后再选择“冻结窗格”命令，则冻结了(　　)。

A. 第一行和第一列　　B. 第一行和第二列　　C. 第二行和第一列　　D. 第二行和第二列

23. 以下各项对Excel筛选功能描述正确的是(　　)。

A. 按要求对工作表数据进行排序

B. 隐藏符合条件的数据

C. 只显示符合设定条件的数据，而隐藏其他

D. 按要求对工作表数据进行分类

24. 在Excel中，“排序”对话框中的“主要关键字”有(　　)方式。

A. 升序、降序、自定义序列　　B. 升序

C. 降序　　D. 升序和降序

25. 在Excel中，“排序”对话框中可以设置(　　)。

A. 按列排序　　B. 按行排序

C. 按行或列排序　　D. 同时按行和列排序

26. 在Excel单元格中输入文字时，缺省的对齐方式是(　　)。

A. 左对齐　　B. 右对齐　　C. 居中对齐　　D. 两端对齐

27. 如用户需要打印工作簿中的一个或多个工作表，可以按住(　　)键不放，然后对要打印的工作表进行选择。

A. Shift　　B. Alt　　C. Ctrl　　D. Tab

28. 以下选项中的(　　)可以实现将工作表页面的打印方向指定为横向。

A. 在页面布局的纸张方向设置中选择“横向”

B. 在页面布局的纸张方向设置中选择“纵向”

C. 打开“文件”菜单下的打印功能进行设置

D. 在视图的工作簿视图中设置

29. 在Excel中，“排序”对话框中的“升序”和“降序”指的是(　　)。

A. 数据的大小　　B. 排列次序　　C. 单元格的数目　　D. 以上都不对

30. 在单元格中输入数字时，有时单元格显示为“#######”，这是因为(　　)。

A. 数据输入时出错　　B. 数据位数过长，无法完整显示

C. Excel出错　　D. 系统死机

31. 若某一个单元格右上角有一个红色的三角形，这表示(　　)。

A. 数据输入时出错　　B. 附有批注　　C. 插入图形　　D. 重点数据标识

32. Excel中，前两个相邻的单元格内容分别为3和6，使用填充句柄进行填充，则后续序列为(　　)。

A. 9，12，15，18，…　　B. 12，24，48，96，…

C. 9，16，25，36，…　　D. 不能确定

33. 若在工作表中插入一列，则一般是插在当前列的(　　)。

A. 左侧　　B. 上方　　C. 右侧　　D. 下方

34. 若选择了从A5到B7、从C7到E9两个区域，则在Excel中的表示方法为(　　)。

A. A5:B7C7:E9　　B. A5:B7，C7:E9　　C. A5:E9　　D. A5:B7:C7:E9

35. Excel中，要对某些数字求和，应采用(　　)函数。

A. SUM　　B. AVERAGE　　C. MAX　　D. IP

36. 在创建图表之前，要选择数据，必须注意(　　)。

A. 可以随意选择数据　　B. 选择的数据区域必须是连续的矩形区域

C. 选择的数据区域必须是矩形区域　　D. 选择的数据区域可以是任意形状

37. 如果给某单元格设置的小数位数为2，则输入12345时显示(　　)。

A. 1 234 500　　B. 123.45　　C. 12345　　D. 12 345.00

38. 在Excel 2003中，工作簿文件的扩展名是(　　)。

A. xlw　　B. xlt　　C. xls　　D. xlc

39. 将单元格E1的公式SUM(A1:D1)复制到单元格E2，则E2中的公式为(　　)。

A. SUM(A1:D1)　　B. SUM(B1:E1)　　C. SUM(A2:D2)　　D. SUM(A2:E1)

40. 在Excel中，要对工作表分页，将1～15行作为一页，将16～30行作为另一页，则在添加分页符前，应选择单元格(　　)。

A. B15　　B. A16　　C. B16　　D. A15

四、多项选择题

1. 使用Excel的排序功能可以对一列或多列中的数据按(　　)进行排序。
A. 数字　B. 日期时间　C. 自定义　D. 文本
2. Excel 表格中可以使用的数字格式有(　　)。
A. 常规　B. 数值　C. 货币　D. 文本
3. Excel中的财务函数包括(　　)。
A. SLN　B. DDB　C. SYD　D. COUNTA
4. 在Excel中，可以进行(　　)。
A. 数据管理　B. 图表制作　C. 表格管理　D. 插入艺术字
5. Excel为保护工作簿，采取的措施有(　　)。
A. 设置打开权限　B. 设置保存权限　C. 设置阅读权限　D. 设置修改权
6. 若要对A1至A4单元格内的四个数字求平均值，可采用的公式或函数有(　　)。
A. SUM(A1:A4)/4　B. AVERAGE(A1:A4)　C. (A1+A2+A3+A4)/4　D. (A1:A4)/4
7. 有关绝对引用和相对引用，下列说法正确的是(　　)。
A. 当复制公式时，单元格绝对引用不改变
B. 当复制公式时，单元格绝对引用将改变
C. 当复制公式时，单元格相对引用将会改变
D. 当复制公式时，单元格相对引用不改变
8. 下面说法正确的是(　　)。
A. 新建工作簿的快捷键是“Ctrl+N”　B. “新建”命令在“文件”菜单下
C. 使用“Alt+N”快捷键也可以新建工作簿
D. 按“Ctrl+S”快捷键可以新建工作簿
9. 在视图选项中，可以设置(　　)。
A. 是否显示网格线　B. 是否显示编辑栏
C. 是否显示标题　D. 是否显示数据
10. Excel中有关“删除”和“删除工作表”的说法正确的是(　　)。
A. 删除是删除工作表中的内容
B. “删除工作表”是删除工作表和其中的内容
C. Delete键等同于删除命令　D. Delete键等同于删除工作表命令
11. Excel中，向单元格内输入有规律的数据应(　　)。
A. 单击选中一个单元格，输入数据
B. 将鼠标指针移到单元格光标右下角的方块上，使鼠标指针呈“+”形，按住并拖动鼠标
C. 将鼠标指针移至选中单元格的黑色光标上，此时鼠标指针变为箭头形
D. 按住鼠标左键并拖到目的位置，然后松开鼠标即可
12. 以下快捷键的用法正确的是(　　)。
A. “Ctrl+A”：选择整个工作表

B. “Ctrl+Shift+拖动某个单元格”：复制单元格，并以插入方式粘贴到目标位置

C. “Ctrl+；”：插入当天的日期

D. “F4”：设置绝对或相对引用方式

13. 费用明细表的列标题为“日期”“部门”“姓名”“报销金额”等，欲按部门统计报销金额，可用方法有(　　)。

A. 高级筛选　　B. 分类汇总

C. 用SUMIF函数计算　　D. 用数据透视表计算汇总

14. 在Excel中，常用的复制数据的方法有(　　)。

A. 按住鼠标左键并拖到目的位置，然后松开鼠标即可

B. 选择“开始”标签页下的“复制”选项

C. 在选中的单元格上单击鼠标右键，在显示的快捷菜单中选择“复制”选项

D. 选择要复制的数据，按下“Ctrl+C”键

15. 只允许用户在指定区域填写数据，不能破坏其他区域，并且不能删除工作表的方法有(　　)。

A. 设置“允许用户编辑区域”　　B. 保护工作表

C. 保护工作簿　　D. 添加打开文件密码

16. Excel中关于合并及居中的叙述，下列说法正确的是(　　)。

A. 仅能向右合并　　B. 也能向左合并　　C. 左右都能合并　　D. 上下也能合并

17. 在Excel中，若查找内容为“e?c*，则可能查到的单词为(　　)。

A. Excel　　B. Excellent　　C. education　　D. etc

18. Excel会将无法识别的数字符号当作文本来处理，下列会被Excel作为文本处理的有(　　)。

A. 2014-6-18　　B. 198A23　　C. 3876_9877　　D. 8:30 AM

19. 对于Excel的查找和替换功能，下列说法正确的有(　　)。

A. Excel进行查找和替换时可以按行、按列或者在选定区域中进行

B. Excel可以按单元格格式进行查找和替换

C. 若不能确定完整的搜索信息，可以使用“？”和“*”等通配符来替代不能确定的那部分信息

D. 如果按单元格匹配的方式进行查找和替换，只有单元格中的内容与查找内容完全一致时，才会被替换

20. 在Excel中，关于函数的说法正确的是(　　)。

A. 函数名和左括号之间允许有空格　　B. 相邻两个参数之间用逗号分隔

C. 参数可以代表一个区域　　D. 参数可以代表数值或单元格

第五章　金蝶KIS专业版应用

KIS(英文Keep It Simple的缩写)专业版是金蝶软件公司KIS系列产品中面向中小型企业的产品，从财务到生产管理，功能十分完善。金蝶KIS专业版采用的是SQL Server数据库，其可承受的数据量、稳定性都大大加强。本章着重介绍金蝶KIS教学版(专业版)V13.0的账务处理、报表与分析、往来处理、工资和固定资产等模块的应用方法。本书中将金蝶KIS教学版称为金蝶KIS专业版，以区分其他版本。

本实验在Windows 7环境下进行，在其他环境可参照使用。

第一节　软件安装和应用方法

一、软件安装

1. 安装前的环境准备

(1) 在正式安装前，要将杀毒软件、安全管理软件等关闭(最好是先卸载，待KIS专业版安装完成后再安装)。

(2) 选择“控制面板”|“用户账户和家庭安全”|“用户账户”|“更改用户账户控制设置”，将Windows 7的用户权限控制设置为最低级次。

(3) 如果在Windows 7中已经安装过其他财务软件或安装过SQL Server数据库，即使进行了卸载，也有可能导致金蝶KIS专业版不能运行。遇到这种情况，最好重新安装Windows 7，然后再安装金蝶KIS专业版。安装Office、QQ等应用软件没有影响。

Windows的家庭版、高级家庭版不能安装金蝶KIS专业版，因为Windows的家庭版不支持SQL Server数据库运行。

2. 安装金蝶KIS专业版

(1) 进入金蝶KIS专业版安装目录。先选择KISSetup.exe安装程序，然后单击鼠标右键，选择“以管理员身份运行”，将出现如图5-1所示的安装界面。

双击“环境检测”，系统会检查是否满足安装条件。检查后会提示缺少的组件，单击

"确定"按钮，就会自动进行安装。

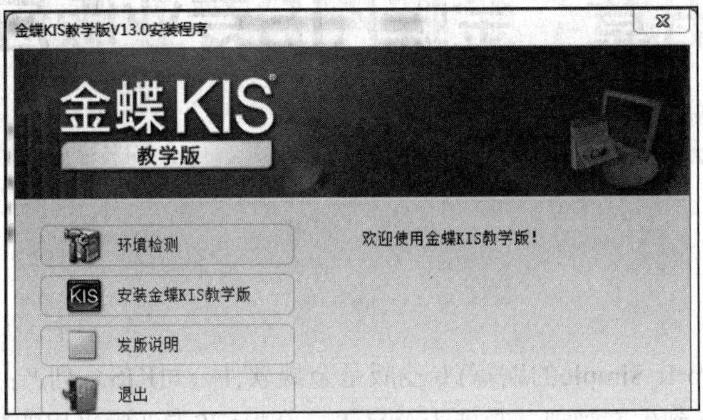

图5-1　安装界面

实验提示

环境检测的结果与具体的操作系统版本有关，或者与已经安装的软件有关。

(2) 选择"安装金蝶KIS教学版"，系统将自动进入安装过程。中间会出现"是否接受许可协议"等提问，选择接受协议并进入下一步流程。进入客户信息输入时，可自己设定输入内容，输入的信息不会影响后面的具体应用。

(3) 选择金蝶KIS专业版安装的目录，一般安装在默认的位置，也可以重新设定，如图5-2所示。

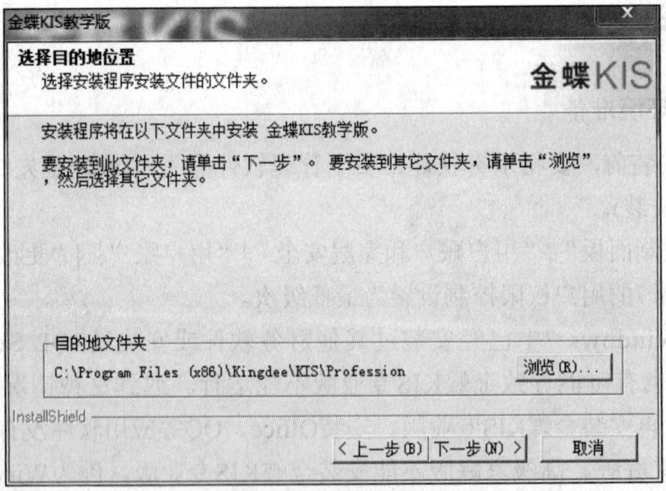

图5-2　选择安装目录

(4) 选择安装的组件，客户端、服务器端、老板报表均全部选择。

如果出现程序兼容性的提示信息，选择"运行程序"继续完成安装。

在不同的机器上，安装所用的时间差异较大，安装较慢时需要耐心等待。安装完毕，应重新启动计算机，然后即可启动金蝶KIS专业版进行相关的业务操作。

(5) 安装完成后，桌面会出现"金蝶KIS专业版"的程序启动图标。

二、操作流程

会计数据处理的流程性很强，因此操作中要按照操作流程处理业务，不然容易出现处理错误。金蝶KIS专业版的基本操作流程如图5-3所示。

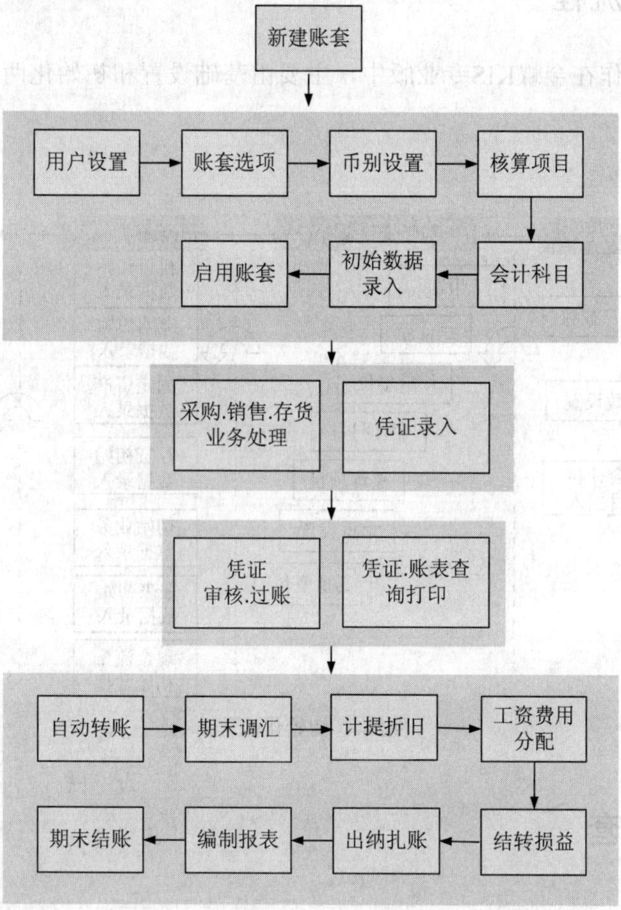

图5-3　金蝶KIS专业版操作流程

在学习中遇到问题时，有以下几种解决途径。

(1) 在操作过程中，对有关功能、过程、项目内容不清楚的，要充分利用软件本身的帮助文档进行了解。其次是通过金蝶的网络服务平台寻求解决。

(2) 通过网络搜索，寻找解决方法。

三、实验资料说明

本章所用案例的目的是掌握软件应用的方法，因此为了能展现软件的一些功能，在业务设计上可能并不完全符合实际业务应用。在掌握本案例应用的基础上，应尽量以实际情况来思考怎样规划和具体应用。

第二节 基础设置

一、初始化流程

整个初始化工作在金蝶KIS专业版中，主要由基础设置和初始化两个模块完成，其基本流程如图5-4所示。

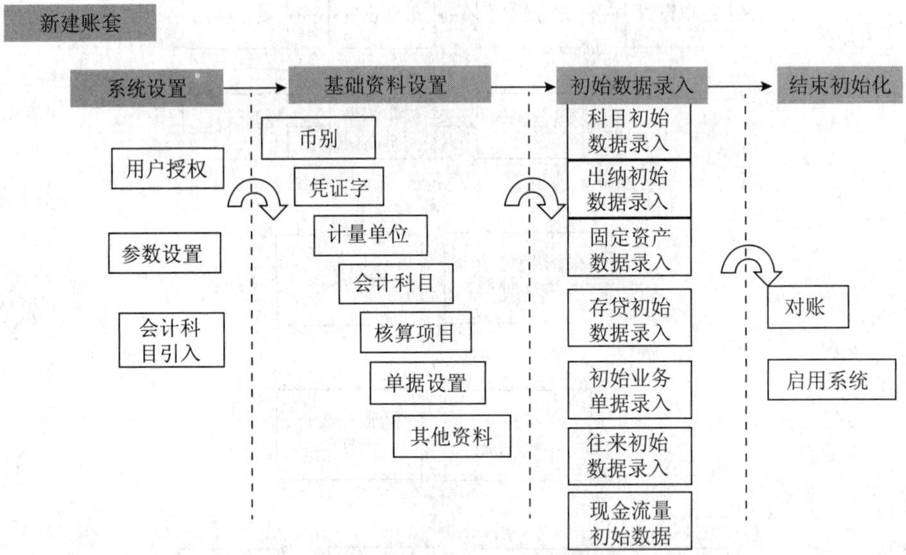

图5-4 初始化流程

二、新建账套

1. 实验资料

建账的基本参数如下。

账套号：STAR2014。在实验中若多人使用同一台机器时，各自的账套号应区分开。

账套名称：星月。

账套存放路径：C：\PROGRAM FILES\MICROSOFT SQL SERVER\。新建账套存放路径也可以自行选定。

公司名称：重庆星月科贸有限公司。

2. 实验过程

(1) 建立账套

选择Windows开始中的“所有程序”|“金蝶KIS教学版”|“工具”|“账套管理”，登录密码默认为空，进入后如图5-5所示。

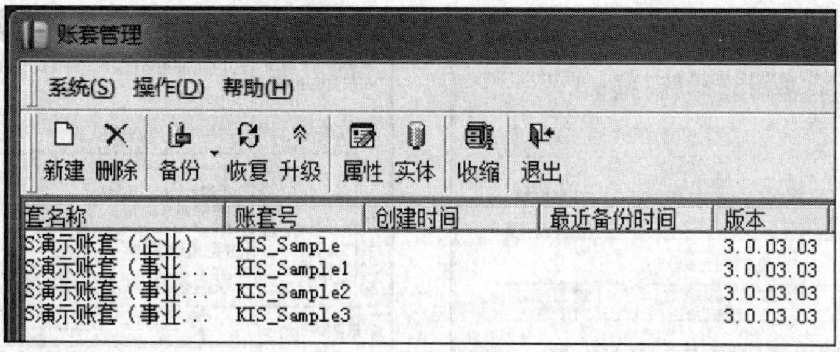

图5-5　账套管理

首先需要建立新的账套，选择“操作”|“新建账套”，输入有关建账的参数和信息，如图5-6所示。

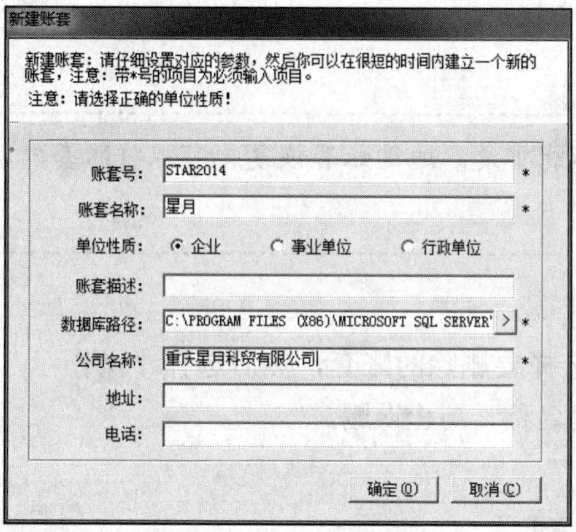

图5-6　建账信息

数据库保存路径可自行选择。单击“确定”按钮后，系统即完成建立账套文件工作。

在建立账套的目录中，生成了账套文件。后缀_Data.mdf的文件是数据库文件，后缀_log.ldf 的文件是日志文件。本案例生成STAR2014_Data.mdf和STAR2014__log.ldf 两个文件。

(2) 账套管理

在“账套管理”中，可以进行密码修改、账套备份、账套恢复等相关的账套维护工作。

(3) 账套备份

在实验中，要注意经常备份账套文件，以备在操作中的账套文件因机器故障、病毒等原因造成文件或数据损坏时恢复。同时在某一步骤发现前面的数据输入有误时，可以用前一阶段的账套进行恢复，修改错误后再继续操作。

在“账套管理”中选择“操作”|“手动备份账套”功能，可以进行备份工作，如图5-7所示。备份路径需要自行选择。

备份的文件名称可以更改。单击“确定”按钮开始进行备份。备份完成后，显示备份的信息提示(一个扩展名为.bak的文件，一个扩展名为.dbb的文件)。

(4) 账套恢复

在账套管理中，选择“操作”|“恢复账套”，然后选择备份文件，再选择要恢复到的目录(可以自由选择)，并设定账套号(账套文件名)和账套名称，如图5-8所示。

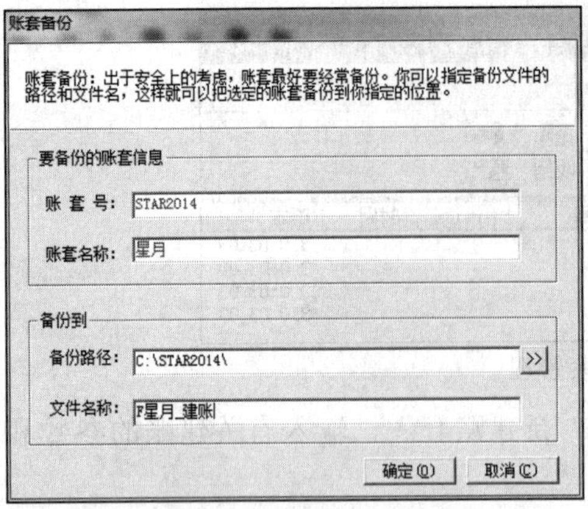

图5-7 数据备份

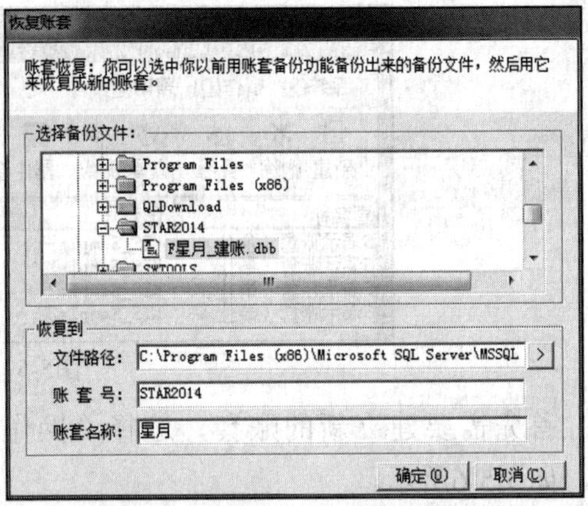

图5-8 账套恢复

实验提示

恢复时，账套名称不能重复。通过账套恢复，可以将账套转移到另外的机器上继续进行操作。

(5) 删除账套

在账套管理中，先选择要删除的账套，然后选择“操作”|“删除账套”完成。删除账套时，要特别注意账套名称，防止误删。

三、设置系统参数

1. 实验资料

(1) 基本情况

重庆星月科贸有限公司是一个批发企业，一般纳税人。

(2) 建账基本参数

行业：新会计准则。

记账本位币：人民币。

会计期间界定方式：自然月份。

账套财务启用期间：本年1月。若本年为2016年，则为2016年1月。

(3) 账套属性相关参数

账套属性的基本参数如下。

单位法人：孙正	联系人：孙正
办公室电话：0236-86699999	邮政编码：401147
纳税人类型：一般纳税人	会计主管：王少红
联系人职务：总经理	税务登记号：123456

除系统已有的默认参数外，还可以对以下参数进行设置。

账务参数：本年利润科目为“4103”；利润分配科目为“4104”；数量单价小数位为“4”；启用往来业务核销；凭证过账前必须进行审核；银行存款科目必须输入结算信息。

2. 实验过程

(1) 账套登录

先启动金蝶KIS专业版，进入系统登录界面，系统默认的是前一次登录的账套，如图5-9所示。

先输入用户名，然后输入密码(这里先单击一下用户名，然后单击密码)，这时就会显示出各账套，如图5-10所示。

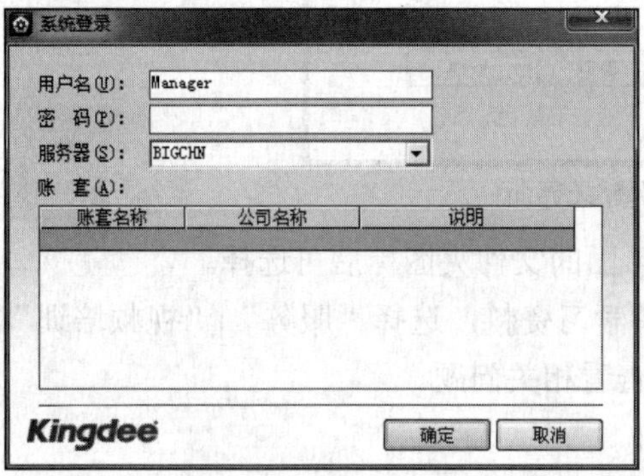

图5-9　系统登录

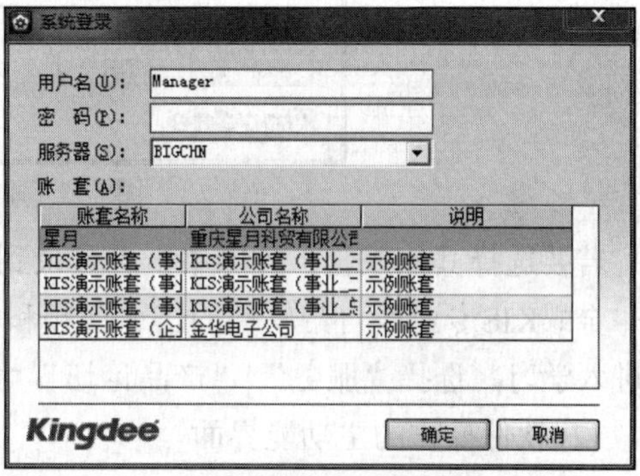

图5-10　登录界面

这里选择“星月”账套，单击“确定”按钮进入软件的业务操作界面，如图5-11所示。

图5-11　金蝶KIS主控台

当选择一个账套登录后，以后的登录信息就默认为上次选择的账套信息，如图5-12所示。

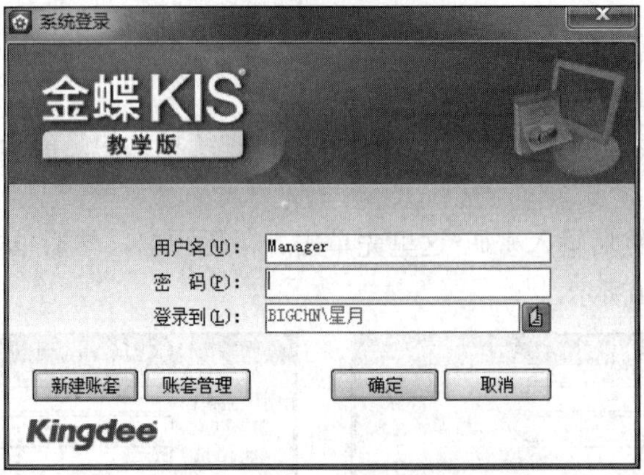

图5-12　非首次登录界面

若要选择其他账套，可以单击“登录到”后面的文件夹图标后再选择。

金蝶KIS专业版自带软件的培训视频和相关学习资料，选择“服务”|“视频培训”就可进入学习，选择“服务”|“产品论坛”可以查看相关问题。

(2) 软件操作的主功能界面

金蝶KIS专业版软件的主功能界面也称为“主控台”。主控台分为几个区域，如图5-13所示。主功能选项是按照业务进行分类的，选定哪一类将自动改变子功能区和报表列示区的功能。

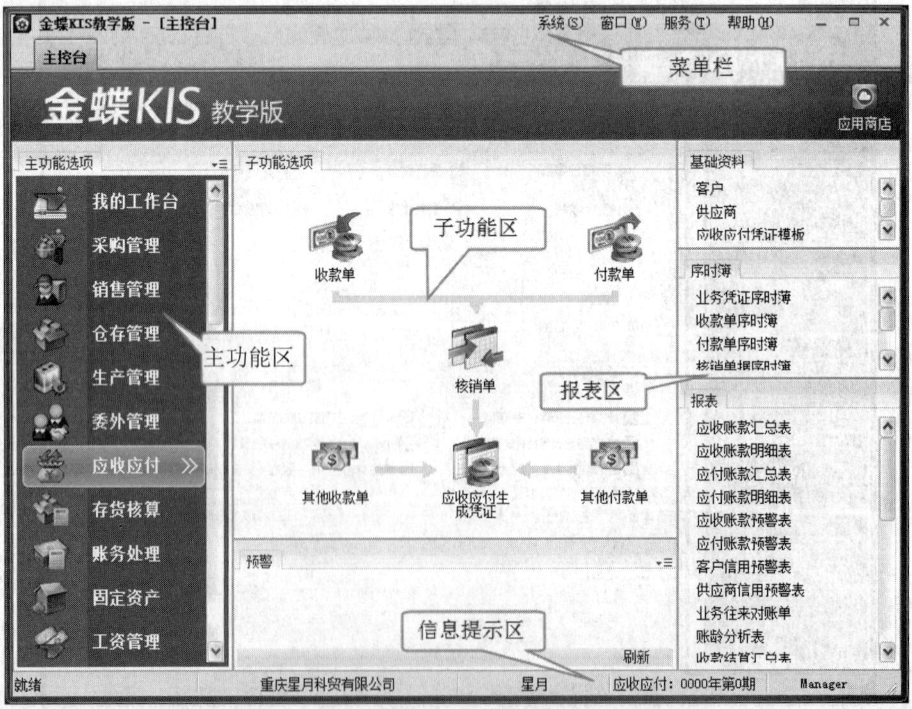

图5-13　主功能界面构成

(3) 我的工作台

由于软件的功能众多，针对每个业务操作者来讲，常用功能基本是稳定的。为方便起见，软件提供了“我的工作台”功能，用户可以自己调整，按照个人的需要进行设定。

(4) 操作方法与流程

系统参数的各选项包括整个系统的重要信息及重大会计政策，如记账凭证字号的设定、账簿余额输出方向、固定资产折旧要素变动后的会计政策等，因而需慎重定义此选项的有关参数。其中的一些选项一经选定，则不宜经常变动，否则会影响会计处理的一致性。某些项目一旦开始业务应用，系统就自动锁定了有关参数(各参数的具体含义请参考本软件帮助手册的相应内容)，不允许再修改。

在主功能选项区选择“基础设置”模块，基础设置分为公共资料、业务资料、财务资料三大类。

设置的基本流程如图5-14所示。初始数据录入、启用账套都在“初始化”模块中完成。

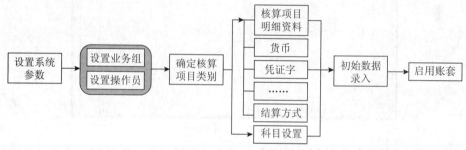

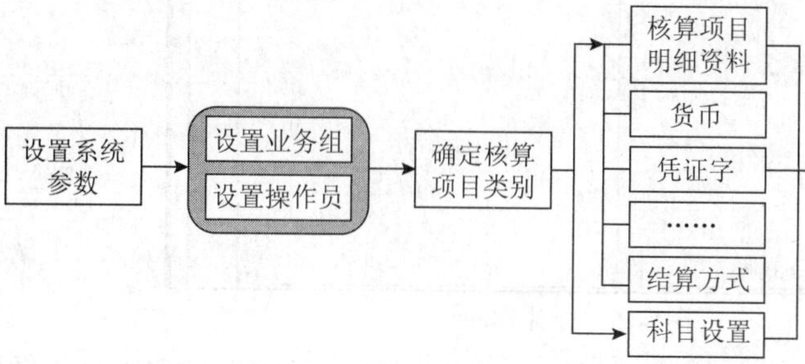

图5-14 基础设置流程

(5) 基础设置

新建账套后，首先要进行基础设置，基础设置决定了后续业务的处理规则和基础数据，因此十分重要，基础设置的功能如图5-15所示。

图5-15 基础设置功能

(6) 设置相关参数

① 设置系统参数

选择“基础设置” | “系统参数”功能，进行相关参数的设置。系统信息包括一些常规信息，根据实际需要设置。记账本位币选择默认值，其他信息按照案例资料录入。

② 设置会计期间

会计期间的相关设置，如图5-16所示。

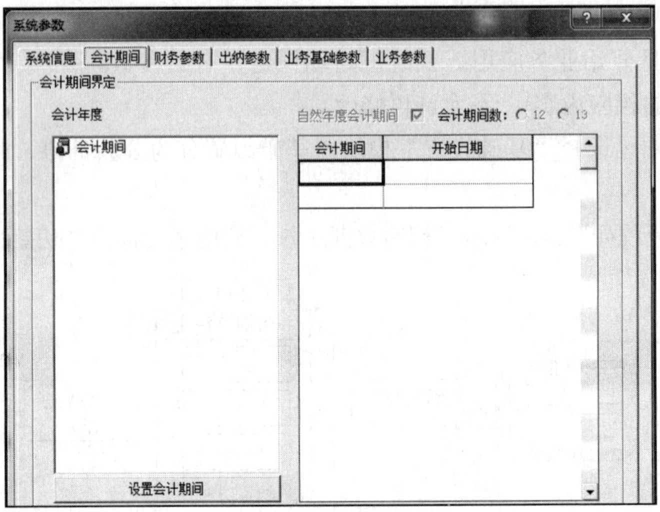

图5-16　会计期间

单击“设置会计期间”按钮，进入具体的会计期间设置。按照案例要求，会计期间数为“12”。然后可以设置每个月的会计期间，如图5-17所示。

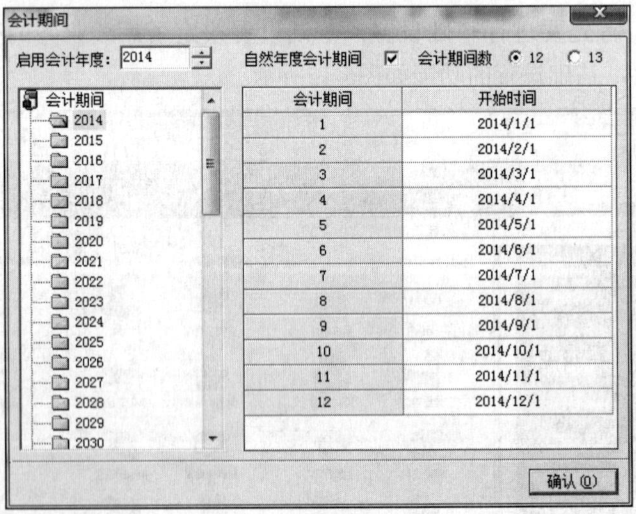

图5-17　会计期间设置

③ 设置财务参数

启用会计年度：2014。启用会计期间：第1期。增加设置“凭证过账前必须审核”“银行存款科目必须输入结算信息”和“启用往来业务核销”，数量和单价小数位设置为4位。本年利润科目和利润分配科目在设置科目后进行补充设置，如图5-18所示。

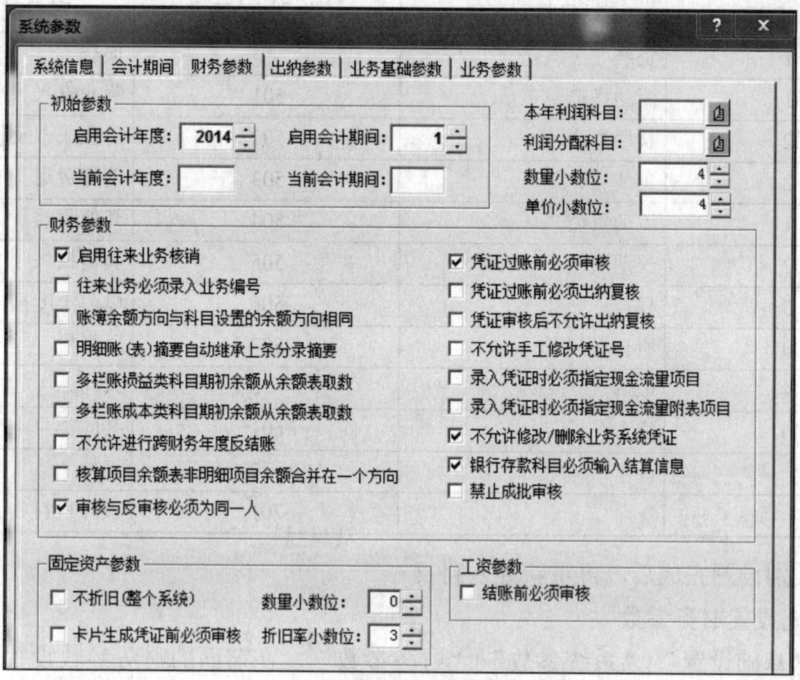

图5-18　财务参数

(7) 导入预置科目

建账后，系统提供的科目表是空的，可以将系统提供的预置科目导入。有关科目的设置可以在后面相关部分进行。

选择“基础设置”|“会计科目”命令，再选择“文件”|“从模板中引入科目”，然后在“科目模板”中选择“新会计准则科目”，单击“引入”按钮，选择“全选”，单击“确定”按钮后系统就自动引入全部科目，导入后如图5-19所示。

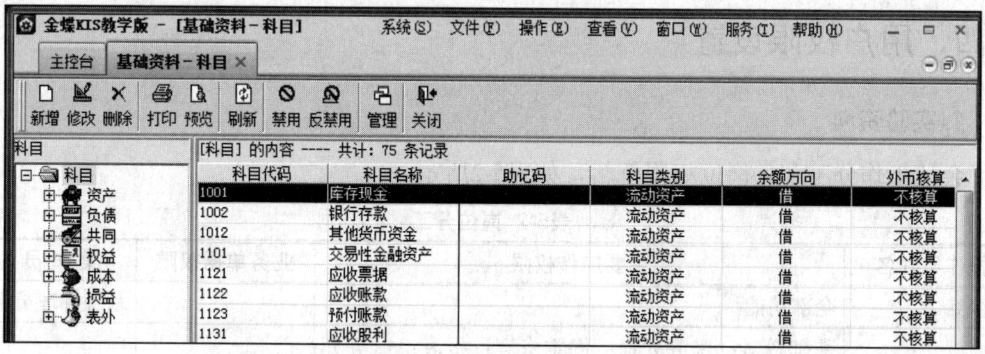

图5-19　引入后的会计科目

如果由于导入了其他会计制度或准则的科目，需要先手工逐个删除导入的科目，然后再导入科目。若发现某些科目未导入，可能是左边的科目类别与所导入的科目类别不吻合，需要按照表5-1所示的科目类别进行设置。方法是先删除不必要的科目类别，然后重新增加。

表5-1　科目类别编码表

类别编码	科目类别名称	类别编码	科目类别名称
1	资产	5	损益
101	流动资产	501	营业收入
102	长期资产	502	营业成本及税金
2	负债	503	期间费用
201	流动负债	504	其他收益
202	长期负债	505	其他损失
3	权益	506	以前年度损益调整
300	所有者权益	507	所得税
4	成本	6	共同
400	成本	601	共同类
		7	表外
		701	表外科目

科目类别设置完成后，再重新导入科目。

(8) 补充设置财务参数

选择“基础设置”|“系统参数”|“财务参数”，在前面的财务参数设置中，本年利润科目和利润分配科目没有设置，现进行设置，如图5-20所示。

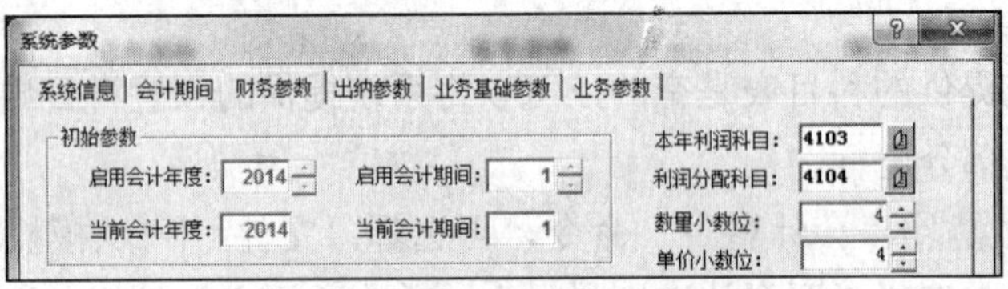

图5-20　财务参数中科目的设置

四、用户权限设置

1. 实验资料

会计工作分工和各岗位权限资料，如表5-2所示。

表5-2 岗位分工

操作员姓名	主要操作权限	业务单据权限	操作员组
王少红	全部功能		系统管理员组
李东平(上机时用个人姓名)	基础资料；账务处理；固定资产；报表；财务分析；出纳管理；工资；采购管理；仓存管理；存货核算；销售管理；应收应付；购销存公用设置	所有用户	会计组
张中杨	基础资料(查询权)；账务处理(查询权)；财务分析(查询权、管理权)；账务处理_凭证(审核、过账、反过账)	所有用户	

(续表)

操作员姓名	主要操作权限	业务单据权限	操 作 员 组
赵小兵	基础资料(查询权)；账务处理_凭证(查询所有凭证、出纳复核)；出纳管理	所有用户	出纳组
孙胜业	基础资料(查询权)；采购管理；应收应付(查询权)	所有用户	采购组
刘一江	基础资料(查询权)；销售管理；应收应付(查询权)	所有用户	销售组
李天华	基础资料(查询权)；仓存管理	所有用户	库房组

2. 实验过程

选择“基础设置”|“用户管理”，进行用户设置，如图5-21所示。

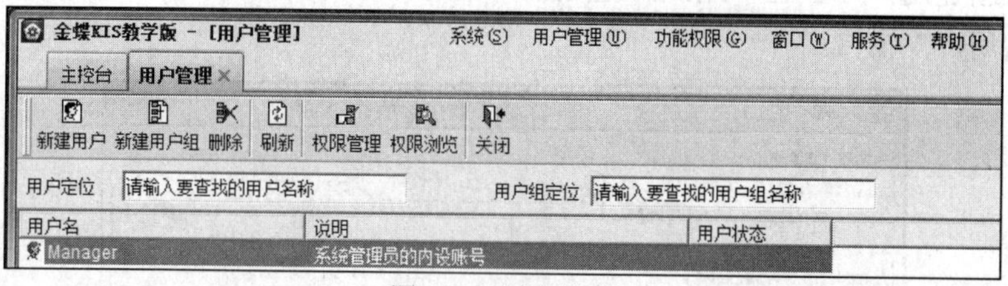

图5-21　用户管理

(1) 建立用户组

在用户管理中，选择“新建用户组”，完成用户组的建立，如图5-22所示。

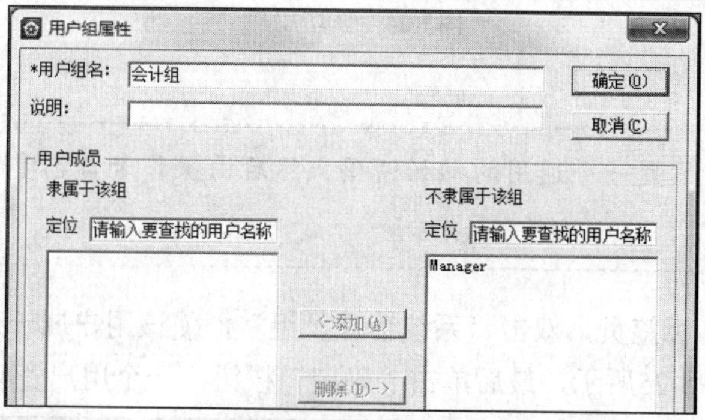

图5-22　新增用户组

操作员组信息设置完成后，如图5-23所示。

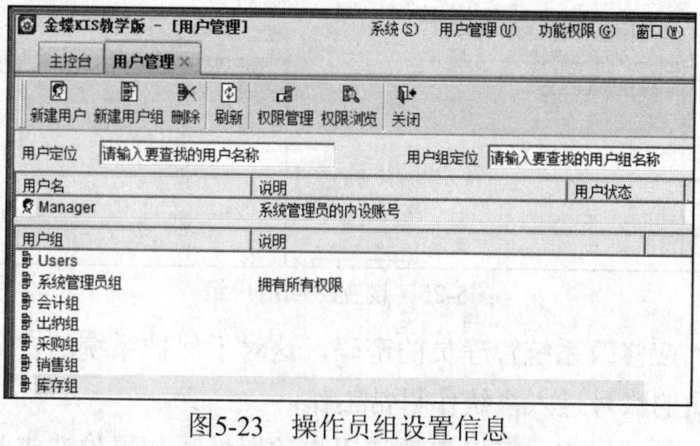

图5-23　操作员组设置信息

实验提示

① 系统管理员组具有最大限度的操作权限。隶属于这个组的组员可以查询所有数据和报表，具有操作系统的所有功能权限。除系统管理员外，其他各组的权限都与“Users”组一样，可以通过“权限设置”对用户进行明细授权。对组进行授权，可以简化授权的步骤。

② 系统预设的用户组和用户是不可以删除的，但是可以修改用户名称。

(2) 设置用户

选择“新建用户”，在“用户”选项卡中增加操作人员的相关信息，打开如图5-24所示的“新增用户”窗口。

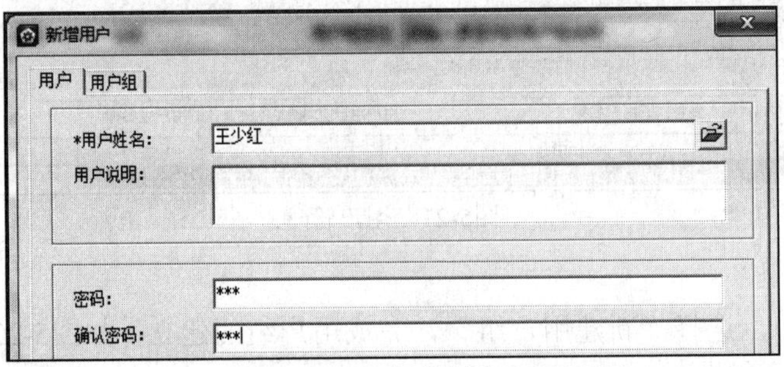

图5-24　新增用户

实验提示

密码可为空或者设置一个通用的初始密码，然后由操作者自己重新设定。这里密码全部设置为“123”。

选择“用户组”标签页，双击“系统管理员组”，使该用户属于系统管理员组，即拥有该组的权限，如图5-25所示，最后单击“确定”按钮，一个用户资料设置就完成了。

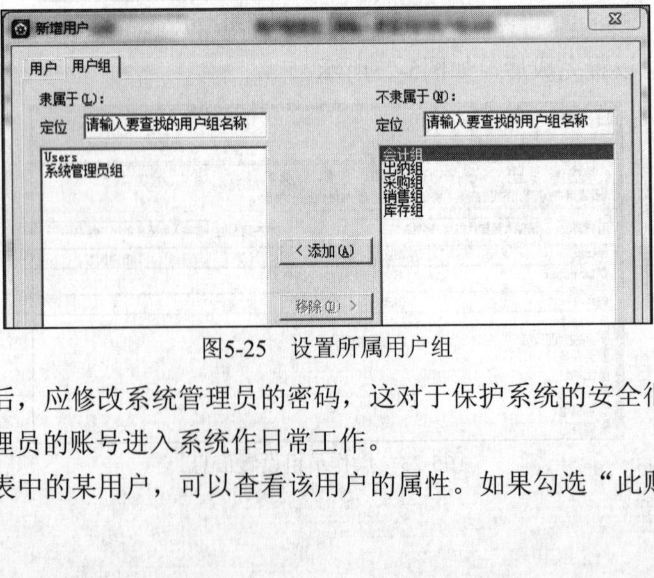

图5-25　设置所属用户组

建立好用户后，应修改系统管理员的密码，这对于保护系统的安全很重要。一般不要直接使用系统管理员的账号进入系统作日常工作。

双击用户列表中的某用户，可以查看该用户的属性。如果勾选“此账号禁止使用”选项，则取消该用户进入系统的权利，该功能一般在用户离开本单位或者不再从事相关的具体业务时启用，如图5-26所示。

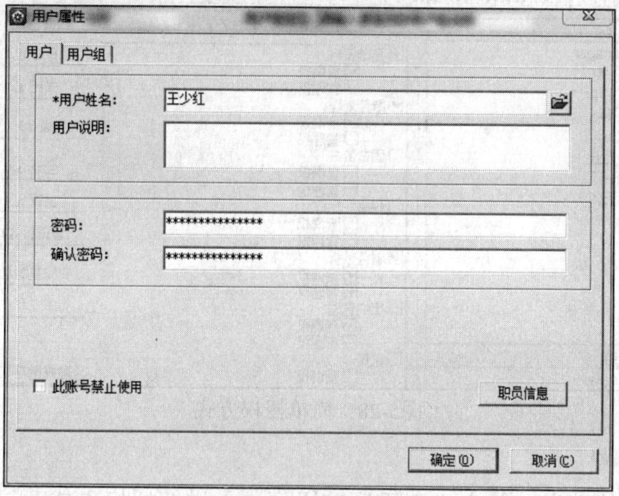

图5-26　用户属性

双击某用户组的名称，会显示该组的成员，如图5-27所示的是会计组人员。

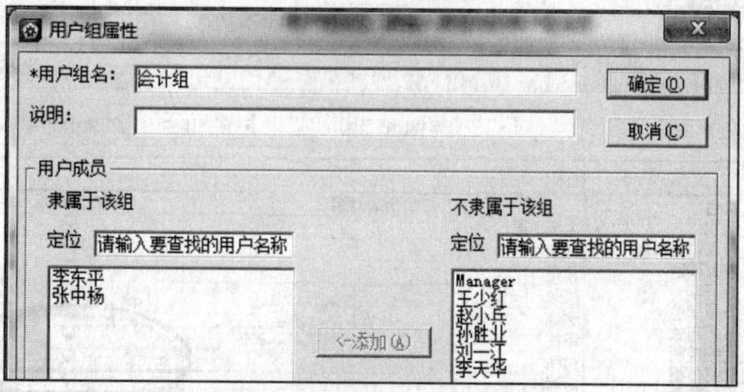

图5-27　查看会计组成员

(3) 操作员授权

权限的设置既要达到权限约束的目的，又不能太过于细致，否则可能导致使用效率降低。为了系统的安全性，在授予某个模块操作的权限时，应该限制其权限只用于具体的某项操作，如仅限于本人、本组录入系统的单据，不能操作所有的单据或凭证。此项设置在“高级”权限设置中完成。

① 简单授权方式

这种方式只是按照模块的查询权和管理权进行授权。一般适用于单位较小、会计人员不多的情况。

选择“基础设置”|“用户管理”进行授权。先选择要授权的用户，然后单击“权限管理”功能，授权完毕后单击“授权”按钮，如图5-28所示。其中的“数据授权”是根据管理需要授予具有客户、仓库、供应商、会计科目的一种或多种权限。

在进行用户授权时，如果用户所在的组已经获得授权，对应该用户组的权限字体都显示为蓝色，表示用户所在的用户组已有的权限。

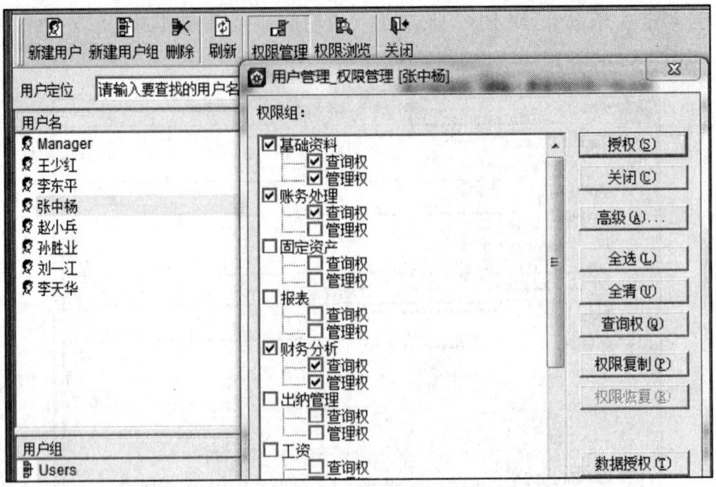

图5-28　简单授权方式

② 详细权限设置

在简单授权的基础上，单击“高级”按钮可进入详细授权方式，这种方式适用于权限的详细控制，满足精细化授权管理的需要。如图5-29所示，选择各种所需的权限后，单击“授权”按钮完成授权。

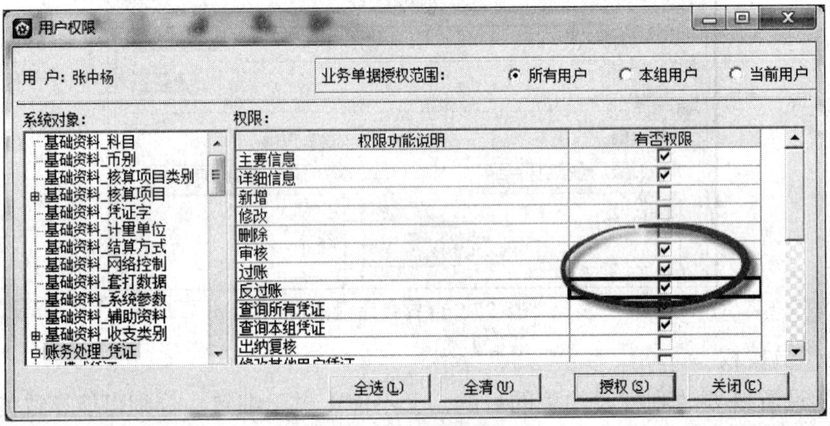

图5-29　详细授权方式

对于单据的操作权限，需要在系统中进行专门的设定。下面是业务单据授权范围的说明。

- 所有用户：能处理所有用户录入的单据。
- 本组用户：只能限定处理本组输入的单据。
- 当前用户：只能对自己录入的单据进行处理。

在日常工作中，可以单击“权限浏览”按钮来查看每个人的权限，具体可按用户方式或系统方式查看。

(4) 用户组授权

如果一个用户组有多人，可先对用户组进行授权，这样该用户组的人员就自动拥有了用户组的权限。

例如，选择“库存组”，然后选择“权限管理”功能进行授权，如图5-30所示。李天华是库房组的成员，先选择“李天华”，再选择“权限管理”功能，进入后权限组中已经授权的功能显示为蓝色(用圈标出的部分)，如图5-31所示。这时可以在小组授权的基础上再增加授权，以满足个别人员的特殊权限授权要求。

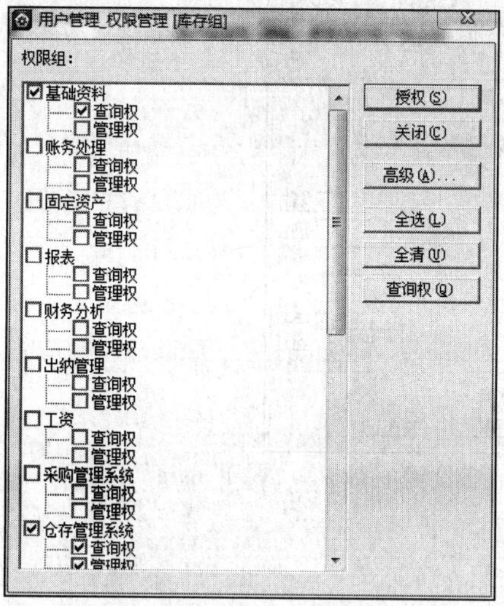

图5-30　库房组授权

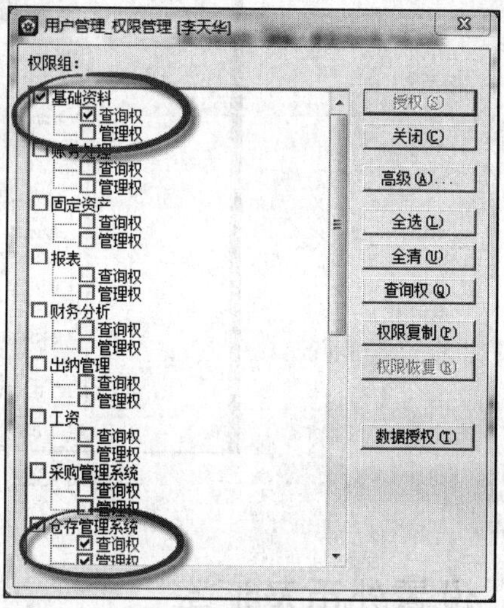

图5-31　用户授权(李天华)

(5) 用户登录

用户设置完成后，就应按照用户的岗位来登录完成业务，在登录的时候，要输入用户名和密码。

系统管理员完成用户设置后，一般密码设置为空或者特定密码。更改用户密码方法如下：操作者登录系统后，执行“基础设置”|“用户管理”命令，双击操作者本人的名字，就可以更改密码。在日常工作中，应当定期更改自己的密码，提高保密水平。

五、设置凭证类型

1. 实验资料

凭证类型(凭证字)如表5-3所示。

表5-3　凭证类型

凭 证 字	凭 证 名 称	科目范围限制
收	收款凭证	借方必有：1001-1012
付	付款凭证	贷方必有：1001-1012
转	转账凭证	借和贷必无：1001-1012

2. 实验过程

选择“基础设置”|“凭证字”，单击“新增”按钮进入设置，如图5-32所示。注意科目中的分隔号为英文减号“-”。

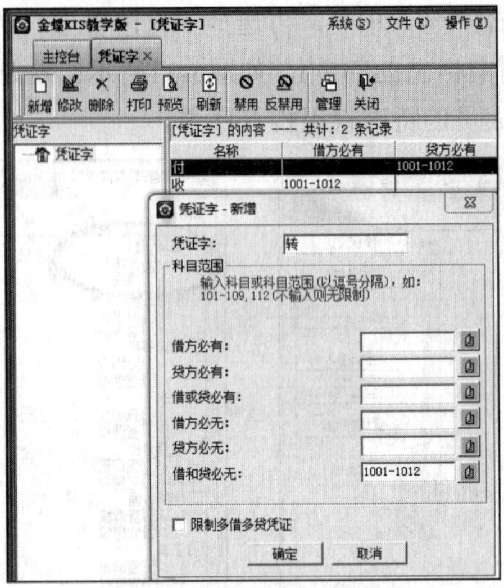

图5-32　凭证字设置

六、设置外币及汇率

1. 实验资料

币种编号：USD；币种名称：美元；折算方式：原币×汇率=本位币；期初汇率：6.50。

2. 实验过程

选择“基础设置”|“币别”，单击“新增”按钮，可以增加币别，如图5-33所示。

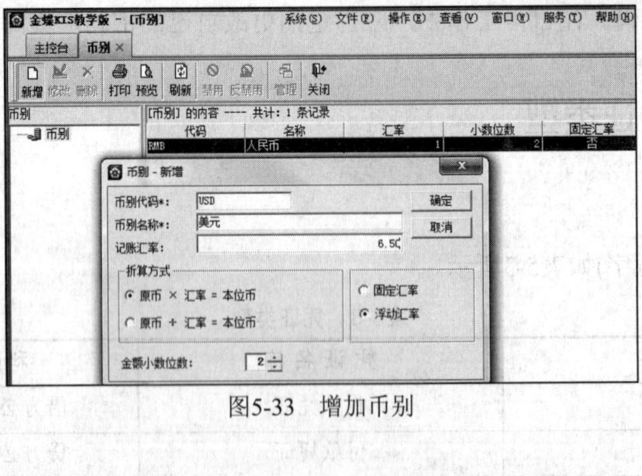

图5-33　增加币别

七、设置核算项目

1. 实验资料

(1) 部门及职员

部门及职员的资料如表5-4所示。员工的工资银行卡均在工商银行开户。

表5-4　部门及职员

部门编码	部门名称	职员编码	职员名称	职员类别	性别	职务	工资账号
01	行政部	0101	张文峰	管理人员	男	部门经理	510-100
01	行政部	0102	李天华	管理人员	男	职员	510-101
01	行政部	0103	孙　正	管理人员	男	总经理	510-102
01	行政部	0104	黄文胜	管理人员	男	职员	510-103
02	财务部	0201	李东平	管理人员	男	职员	510-104
02	财务部	0202	王少红	管理人员	女	部门经理	510-105
02	财务部	0203	张中杨	管理人员	男	职员	510-106
02	财务部	0204	赵小兵	管理人员	女	职员	510-107
03	销售部	0301	周　力	经营人员	男	部门经理	510-108
03	销售部	0302	刘一江	经营人员	男	职员	510-109
03	销售部	0303	朱小明	经营人员	女	职员	510-110
04	采购部	0401	赵希文	经营人员	男	部门经理	510-111
04	采购部	0402	孙胜业	经营人员	男	职员	510-112
04	采购部	0403	杨　真	经营人员	女	职员	510-113

(2) 往来单位

往来单位资料如表5-5所示。

表5-5　往来单位

性　质	编　码	单位名称	单位简称
客户	01	天华商场	天华
客户	02	大江集团公司	大江
客户	03	大坤商贸公司	大坤
客户	04	东新风华公司	东新
供应商	01	海华集团公司	海华
供应商	02	大元商贸公司	大元
供应商	03	联星批发部	联星

2. 实验过程

(1) 核算项目的应用

核算项目与会计科目连用，其功能类似于明细科目，但弥补了明细会计科目设置过多不利于运行等缺陷。系统提供了客户、供应商、物料、部门、职员和现金流量项目等核算项目组别，应用面非常广泛。核算项目还是各种单据的内容，为系统的各项操作提供了基础资料的查询和获取。对于核算项目的类别，可以进行浏览、修改、增加、删除等操作。已发生业务的核算项目，系统不允许修改和删除。除系统提供的预设核算项目外，还可以通过新增核算项目来达到自己特有的核算要求。

核算项目可对某一科目进行延伸核算，以处理从属于该科目某一方面独立的财务资料，每一独立的核算可以归纳成一个核算类别，每一核算类别之下可以设置许多核算项目。如往来客户核算类别下可以设置许多客户。

(2) 设置部门和职员

部门和职员可以作为财务的辅助核算项目，也是采购、销售、仓存系统和存货核算系统中各种单据的“部门”项目的组成部分。

① 设置部门

选择“基础设置”|“核算项目”功能，进入核算项目管理界面，选择核算项目中的“部门”，再单击工具栏中的“新增”按钮，即可进入“部门-新增”窗口，如图5-34所示。

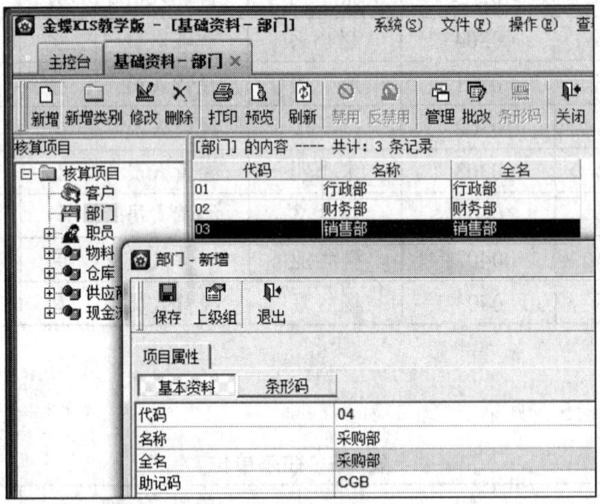

图5-34 新增部门

核算项目还可以分级，如部门下的小组。

② 设置人员

先选择“职员”，再单击“新增”按钮进行人员的设置，如图5-35所示。

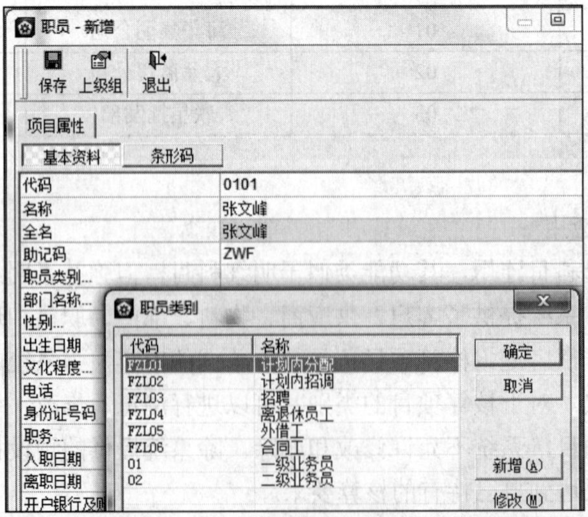

图5-35 职员设置

在“职员类别”处按F7键，调出“职员类别”设置窗口，然后新增“管理人员”和

“经营人员”两个类别(代码分别为91、92，也可自定)，“职务”的设置方法与此相同。

一个人员信息设置完成后，单击“保存”按钮，自动进入下一个人员信息的设置。

实验提示

增加职员类别、职务等，也可以在基础设置的“辅助资料”设置中完成。

(3) 设置往来单位

① 设置客户

选择“基础设置”|“核算项目”，进入核算项目管理界面。选择“客户”，单击“新增”按钮执行新增客户的操作，如图5-36所示。

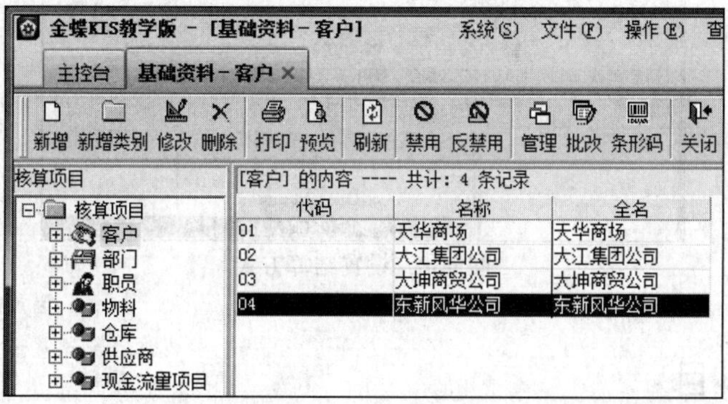

图5-36　客户设置

② 设置供应商

设置方法同上，选择“供应商”，执行新增供应商的操作，如图5-37所示。

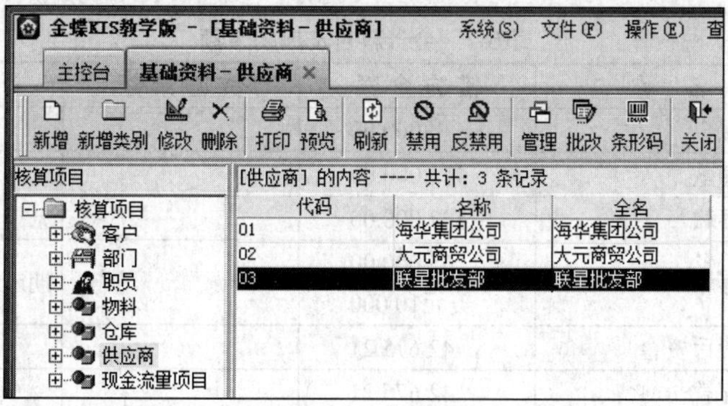

图5-37　设置供应商

八、设置结算方式

1. 实验资料

结算方式有许多种类，如表5-6所示。

表5-6　结算方式

结 算 方 式	结算方式名称	票 据 管 理
01	现金	否
02	现金支票	否
03	转账支票	否
99	其他	否

2. 实验过程

选择“基础设置”|“结算方式”功能，可以对预置的结算方式进行修改或新增，如图5-38所示。

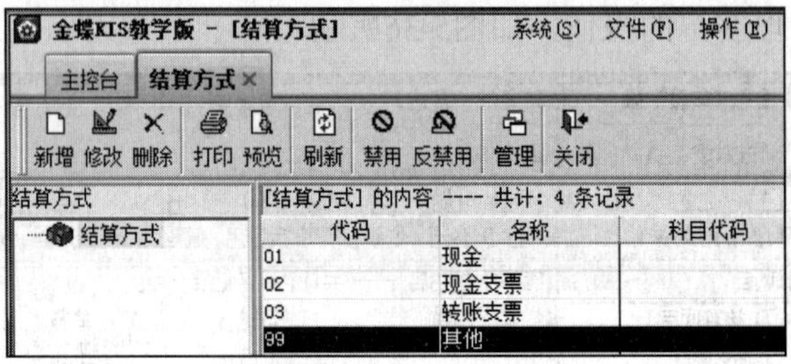

图5-38　设置结算方式

九、会计科目

1. 实验资料

会计科目和期初余额，如表5-7所示。

表5-7　会计科目及期初余额

编　码	名　称	借 方 余 额	贷 方 余 额	辅助核算设置
1001	库存现金	8000.00		
1002	银行存款	475 000.00		
1002.01	工行存款	407 000.00		
1002.02	中行存款	65 000.00 美元10 000		期末调汇
1012	其他货币资金	42 675.21		
1012.01	外埠存款	42 675.21		
1101	交易性金融资产	15 000.00		
1101.01	成本	15 000.00		
1101.02	公允价值变动			
1122	应收账款	29 300.00		往来业务核算，客户
1123	预付账款			往来业务核算，供应商
1221	其他应收款	2700.00		
1221.01	其他应收个人款	2700.00		职员，部门

(续表)

编码	名称	借方余额	贷方余额	辅助核算设置
1221.02	其他应收单位款			
1231	坏账准备			
1402	在途物资			
1405	库存商品	140 000.00		
1406	发出商品			
1408	委托加工物资			
1503	可供出售金融资产			
1503.01	成本			
1503.02	利息调整			
1503.03	应计利息			
1503.04	公允价值变动			
1601	固定资产	645 000.00		
1602	累计折旧		145 803.26	
1604	在建工程			
1701	无形资产			
1702	累计摊销			
2001	短期借款		79 000.00	
2201	应付票据		20 000.00	
2202	应付账款		29 800.00	往来业务核算，供应商
2203	预收账款			往来业务核算，客户
2211	应付职工薪酬		80 071.95	
2211.01	工资		70 000.00	
2211.02	职工福利		10 071.95	
2221	应交税费			
2221.01	应交增值税			
2221.01.01	进项税额			
2221.01.02	销项税额			
2221.02	城市维护建设税			
2701	长期应付款			
4001	实收资本		1 000 000.00	
4103	本年利润			
6001	主营业务收入			
6051	其他业务收入			
6101	公允价值变动损益			
6111	投资收益			
6401	主营业务成本			
6403	营业税金及附加			
6601	销售费用			
6601.01	办公费			部门

(续表)

编 码	名 称	借方余额	贷方余额	辅助核算设置
6601.02	差旅费			部门
6601.03	招待费			部门
6601.04	折旧费			部门
6601.05	工资			部门
6601.06	福利费			部门
6601.99	其他费用			部门
6602	管理费用			
6602.01	办公费			部门
6602.02	差旅费			部门
6602.03	招待费			部门
6602.04	折旧费			部门
6602.05	工资			部门
6602.06	福利费			部门
6602.99	其他费用			部门
6603	财务费用			
6603.01	利息支出			
6603.02	利息收入			
6603.03	汇兑损益			
	合 计	1 354 675.21	1 354 675.21	

2. 实验过程

(1) 科目设置方法

在进行科目设置时，要按照案例资料，逐一进行检查，防止错漏。如果设置不正确，就会影响后面的数据，甚至出现数据错误。

选择“基础设置”|“会计科目”，打开会计科目设置功能，如图5-39所示。

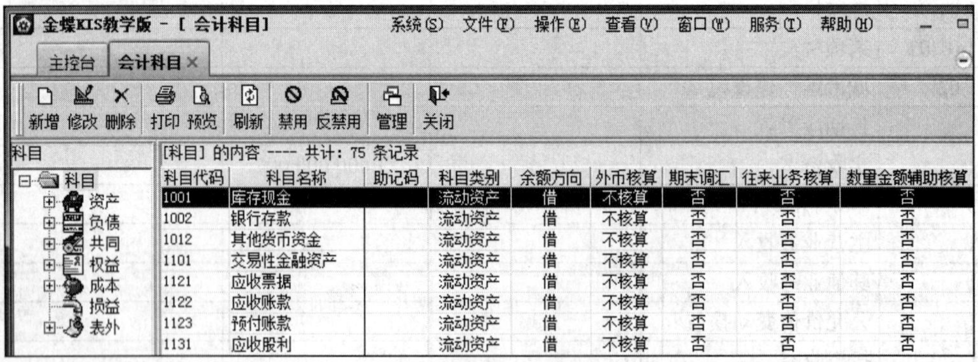

图5-39 会计科目设置

金蝶KIS专业版系统中将会计科目分为“资产”“负债”“共同”“权益”“成本”“损益”和“表外”七大类。要浏览某会计科目的设置属性或其属下的明细科目，双击该科目即可。若该科目下设置了下一级科目，则该科目处前端显示展开符号“+”，否则显示折叠符号“-”。如要查看下一级科目，只需单击展开符号“+”即可。科目的级次之间用英文符号“.”作为分隔符。

科目的显示内容可以进行设置，方法是选择“查看”|“选项”功能，然后将显示级次选择为“显示所有明细”，如图5-40所示。

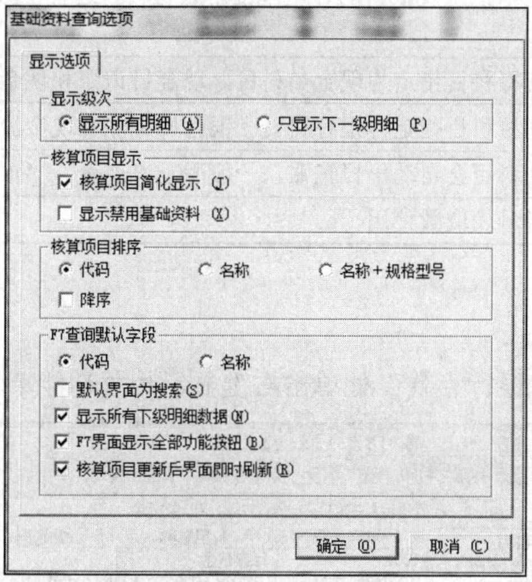

图5-40　显示选项设置

科目有关参数的设置含义，如表5-8所示。

表5-8　会计科目参数表说明

数据项	说明
科目代码(必填项)	会计科目的代码应该按照一定的规则进行编制，以便在使用中清晰明了，子科目与父科目之间用英文小数点来进行分隔。二级以后的明细科目代码位数设置可以根据需要自行设定，没有限制。明细科目可以设置无数个级，位数设置也无规定
助记码	帮助记忆科目的编码。在录入凭证时，为了提高录入速度可以用助记码进行科目录入
科目名称(必填项)	科目名称是该科目的文字标识。在命名科目名称时只需命名本级科目名称，不必带上级科目名称
科目类别(必填项)	科目类别用于对科目的属性进行定义。系统中“损益类”科目的特殊处理主要体现在两个方面：第一，在执行“结转本期损益”功能时，所有定义为“损益类”科目的本期实际发生额都将全部自动结转；第二，在自定义报表中设置取数公式时，设定为“损益类”科目便可取出其实际发生额
余额方向(必填项)	余额方向是指该科目的余额默认的余额方向，一般资产类科目的余额方向在借方，负债类科目的余额方向在贷方
外币核算(必填项)	指定该科目外币核算的类型。具体核算方式分三种：不核算外币、核算所有外币、核算单一外币
期末调汇	确定是否在期末进行汇率调整。只有科目进行了外币核算，此选项才可用。如选择期末调汇，系统将在月底自动进行期末调汇并生成一张调汇凭证
往来业务核算	在需要核对往来业务的科目中设置，之后此类科目在输入凭证时系统会要求输入往来业务核算代码，并会对此类科目进行往来业务核销。此项选择将影响往来业务对账单和账龄分析表的输出

(续表)

数据项	说明
数量金额辅助核算	选择此项目后，会计科目不仅核算金额，而且核算数量，在输入凭证时要求输入金额的同时输入数量
计量单位	选择科目的计量单位组及缺省的计量单位。只有科目进行了数量金额辅助核算，此项目才可使用
现金科目	选中此选项，则将科目指定为现金类科目。现金日记账和现金流量使用
银行科目	选中此选项，则将科目指定为银行科目。银行日记账和现金流量使用
出日记账	选择此项目后的科目会自动出日记账，一般用于“现金”“银行存款”
现金等价物	该选项供现金流量表取数使用

(2) 银行类科目设置

① 工行存款设置

在“科目名称”栏“银行存款”处单击右键显示相关功能菜单，如图5-41所示。

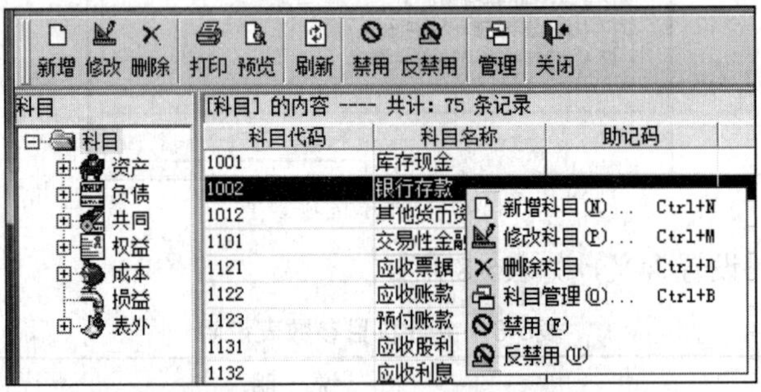

图5-41 科目设置功能

选择“新增科目”，增加有关科目。本处增加工行存款科目，如图5-42所示。

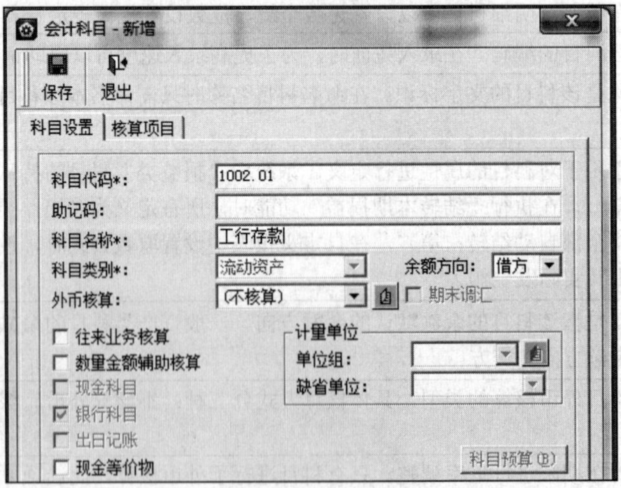

图5-42 增加科目

设置后单击“保存”按钮完成。

② 外币银行科目

新增“中行存款”，外币核算选择“美元”，勾选“期末调汇”，如图5-43所示。

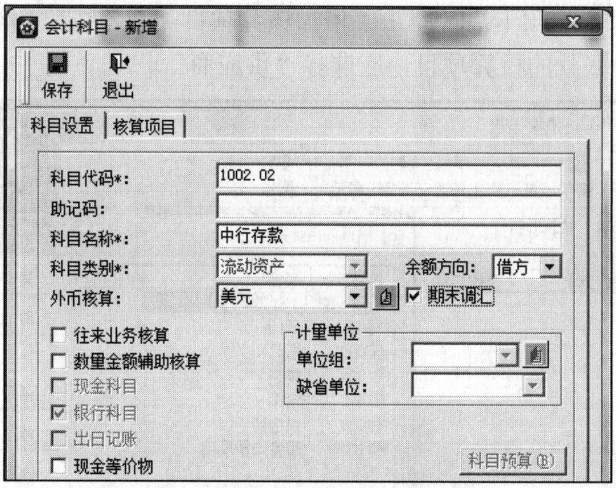

图5-43　有外币的银行科目

外币核算具体方式分三种。①不核算外币：不进行外币核算，只核算本位币。②核算所有外币：对本账套中设定的所有货币进行核算。③核算单一外币：只对本账套中某一种外币进行核算。若选择核算单一外币，要求选择一种进行核算的外币的名称。系统在处理核算的外币时，会自动默认在"币别"功能中输入的汇率。注意：如果科目发生了业务，若改变科目的核算币别，只能将其改为核算所有币别。

实验提示

---

① 为了实验方便，预设科目中多余的科目可以不删除，以免后面报表公式进行大量修改。

② 其中一些科目需要设置辅助核算项目，修改会计科目时应该注意实验资料中的辅助核算设置。

---

(3) 往来类科目的设置

应收账款、应付账款等科目需要设置核算项目。同时要勾选"往来业务核算"，如图5-44所示。

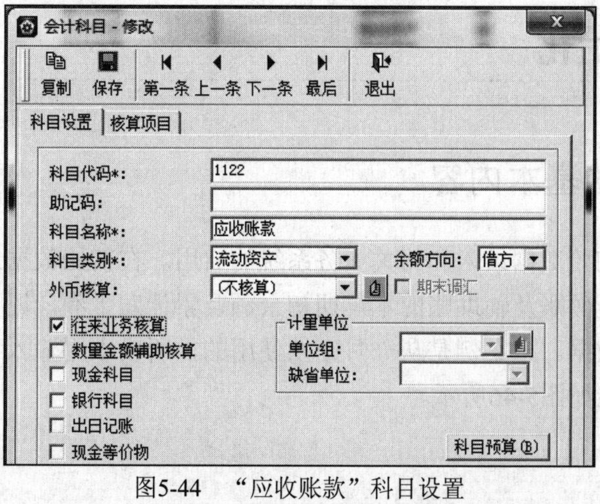

图5-44　"应收账款"科目设置

打开“核算项目”选项卡后，单击“增加核算项目类别”按钮，然后选择“客户”，如图5-45所示。应付账款的核算项目，应选择“供应商”。

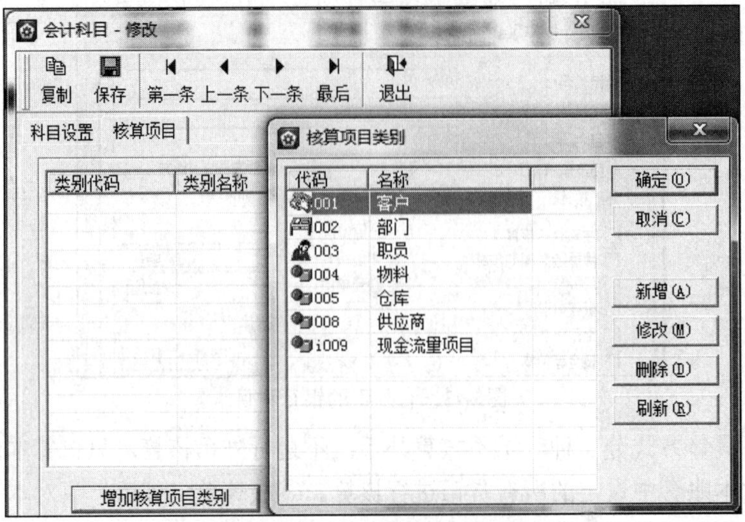

图5-45　设置核算项目

(4) 科目命名的处理

在科目输入过程中，如果科目名称相同，系统将会提示该科目名称存在，选择“是”按钮。在系统中，只要科目编码不同，科目名称是可以相同的。

(5) 辅助核算

使用了辅助核算，就在相关的科目设置辅助核算项目，如将销售费用的办公费设置了部门核算，那么部门的所有单位就自动挂到办公费下，不用逐个输入。

(6) 按照实验资料设置科目

新增有关科目并设置相关科目的参数时，特别要逐一核对每个科目的参数设置和辅助核算设置。

第三节　初始化

一、初始化的基本内容

初始化是完成初始数据录入和相关业务系统的启用。在初始数据录入时要输入全部本位币、外币、数量金额账及辅助账的本年期初余额及累计发生额，还要输入固定资产有关原值、累计折旧等数据。本案例是从一月开始使用的，所以不用输入年初到启用期间的累计数据。初始化功能如图5-46所示。

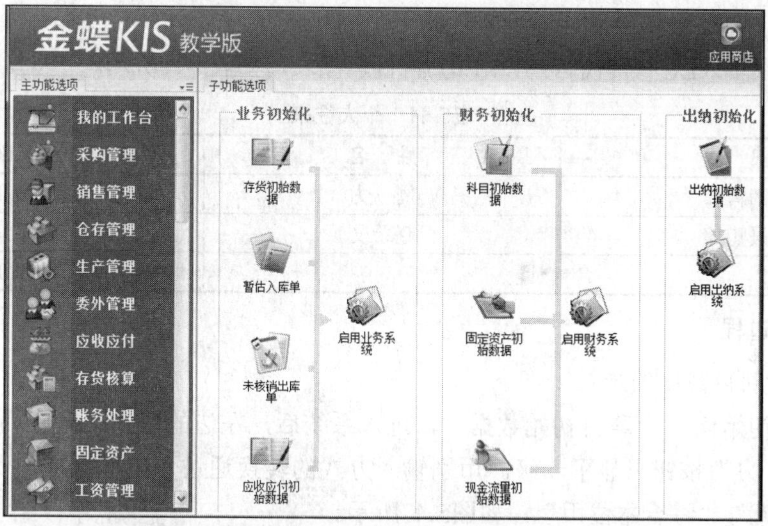

图5-46　初始化功能

二、输入科目数据

1. 实验资料

(1) 会计科目及期初余额(见表5-7)

(2) 客户往来

应收账款科目余额表如表5-9所示，其收款期限均为本年1月31日，业务编号用“年+月+日”。

表5-9　客户往来

日　期	单位名称	摘　要	金　额
(本年－1).12.10	天华商场	售宇宙牌商品款	4 000.00
(本年－1).12.03	大江集团公司	售月亮牌商品款	8 000.00
(本年－1).12.25	大坤商贸公司	售宇宙牌商品款	10 300.00
(本年－1).12.10	东新风华公司	售太阳牌商品款	7 000.00
合　计			29 300.00

(3) 供应商往来

应付账款科目余额表如表5-10所示，其中付款期限均为本年1月31日，业务编号用“年+月+日”。

表5-10　供应商往来

日　期	单位名称	摘　要	金　额
(本年－1).12.20	海华集团公司	购宇宙牌商品款	21 000.00
(本年－1).12.25	大元商贸公司	购月亮牌商品款	5 800.00
(本年－1).12.10	联星批发部	购太阳牌商品款	3 000.00
合　计			29 800.00

(4) 个人往来

其他应收个人款(科目代码：1221.01)科目余额表，如表5-11所示。

表5-11　个人往来

部　门	姓　名	金　额
销售部	周　力	1 000.00
采购部	赵希文	1 700.00
合　计		2 700.00

2. 实验过程

(1) 一般科目数据的录入

选择“初始化”|“科目初始数据”，进入系统后，左边的1、2、3表示显示科目的级数。如单击“1”按钮只显示一级。币别输入方式的转换通过下拉框选择，可以选择“人民币”“美元”“综合本位币”，如图5-47所示。

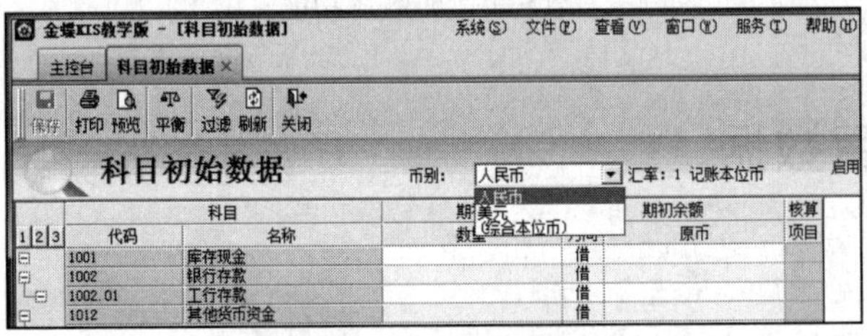

图5-47　科目初始数据

① 本位币(人民币)的录入，如图5-48所示。

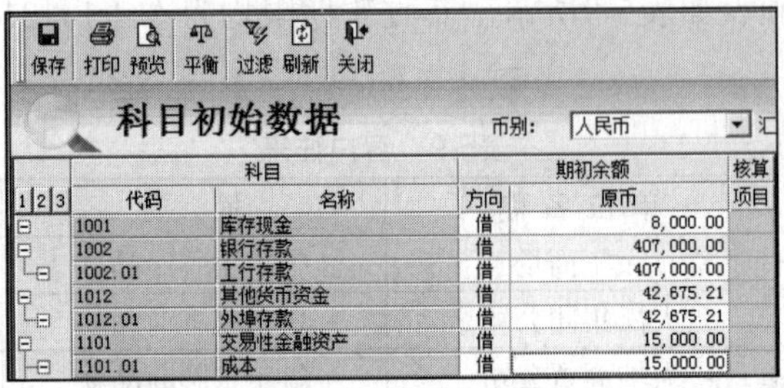

图5-48　本位币录入

② 外币期初余额的录入。科目期初数据，其中美元需要在币别下拉列表中选中“美元”才可输入。中行存款科目需要在此状态下录入，直接输入原币，本位币自动计算得到，如图5-49所示。

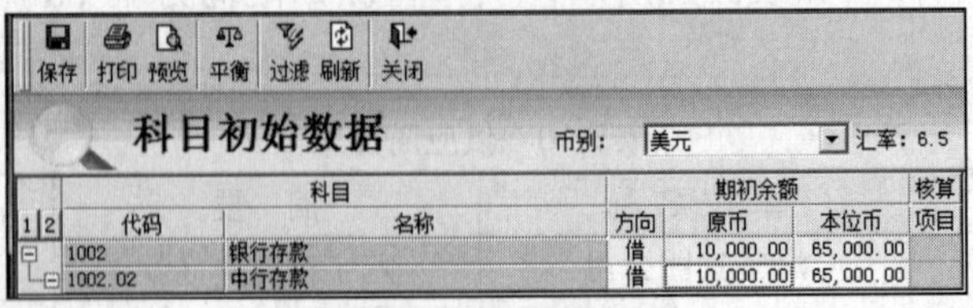

图5-49　外币录入

(2) 应收应付期初数据

① 应收账款设置。应收账款和应付账款设置有核算项目，在核算项目栏有“√”，

如图5-50所示。

科目初始数据　币别：人民币

科目代码	科目名称	期初余额方向	期初余额原币	核算项目
1122	应收账款	借		√
1123	预付账款	借		√
1131	应收股利	借		
1132	应收利息	借		
1221	其他应收款	借		
1221.01	其他应收个人款	借		√

图5-50　核算项目

在应收账款“√”处双击，显示应收账款明细的录入界面。

首先输入“客户”部分，然后单击“√”，进入具体明细的输入。如果一个单位有几笔应收账款，应分别录入，业务编号自定，如图5-51所示。

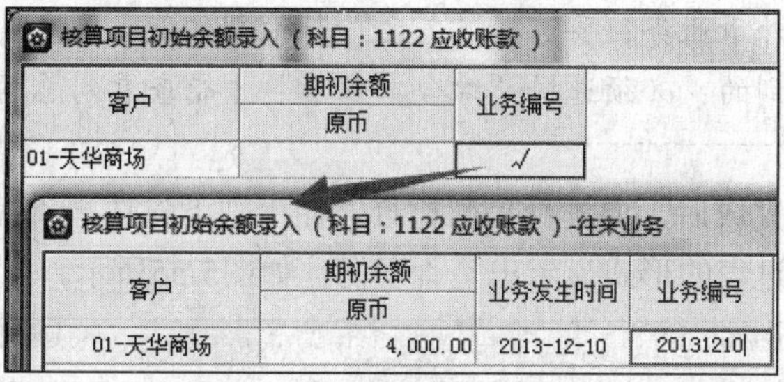

核算项目初始余额录入（科目：1122 应收账款）

客户	期初余额原币	业务编号
01-天华商场		√

核算项目初始余额录入（科目：1122 应收账款）-往来业务

客户	期初余额原币	业务发生时间	业务编号
01-天华商场	4,000.00	2013-12-10	20131210

图5-51　具体初始余额录入

设置的结果如图5-52所示。

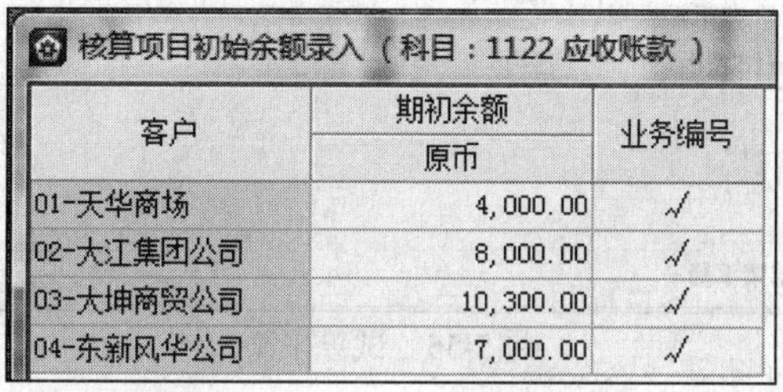

核算项目初始余额录入（科目：1122 应收账款）

客户	期初余额原币	业务编号
01-天华商场	4,000.00	√
02-大江集团公司	8,000.00	√
03-大坤商贸公司	10,300.00	√
04-东新风华公司	7,000.00	√

图5-52　应收账款初始化结果

② 应付账款设置。应付账款的初始余额设置方法与应收账款设置方法相同，设置结果如图5-53所示。

核算项目初始余额录入（科目：2202 应付账款）

供应商	期初余额原币	业务编号
01-海华集团公司	21,000.00	√
02-大元商贸公司	5,800.00	√
03-联星批发部	3,000.00	√

图5-53　应付账款初始化结果

③ 其他应收款个人款。进入初始化的“科目初始数据”功能，双击“其他应收个人款”行的“√”标志后输入数据，如图5-54所示。

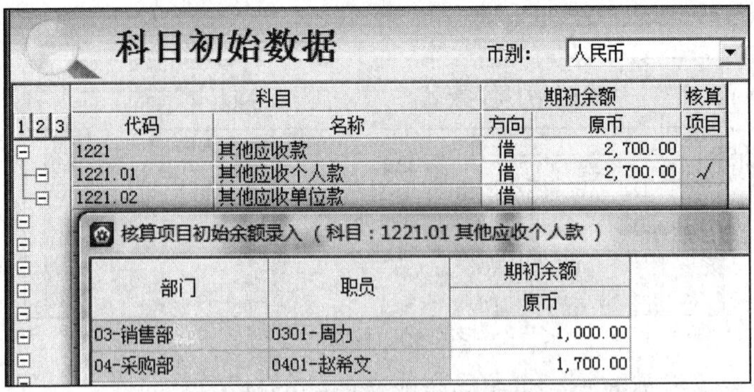

图5-54　其他应收个人款明细录入

实验提示

如果科目数据为外币业务，要选择“美元”等币别才能录入。其数据录入后在“人民币”状态下是无法看到的，必须选择“综合本位币”才能查看到总额。

当期初数据输入完成后，要进行平衡检查。在币别下先选择“综合本位币”，然后单击“平衡”按钮，通过表的形式显示出是否平衡，如图5-55所示。

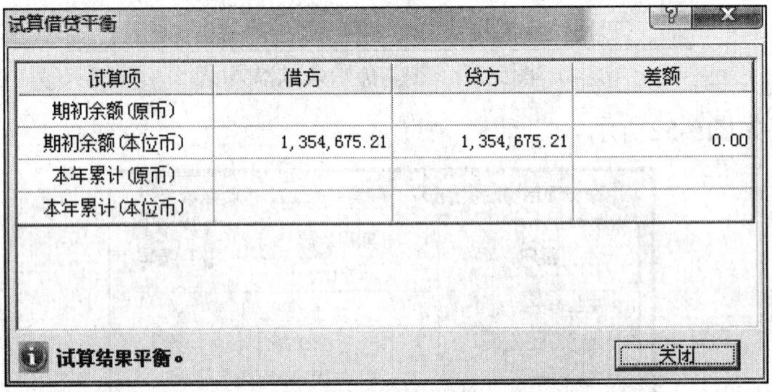

图5-55　试算平衡

三、固定资产初始数据

1. 实验资料

(1) 固定资产类别

具体设置如表5-12所示。

表5-12　固定资产类别

类别编码	类别名称	折旧类型	折旧方法	预计使用年限	净残值率(%)
1	通用设备	使用状态	平均年限法	3年	3
2	专用设备	使用状态	平均年限法	5年	3
3	交通运输设备	使用状态	工作量法	200 000千米 (总工作量)	5

(续表)

类别编码	类别名称	折旧类型	折旧方法	预计使用年限	净残值率(%)
4	电气设备	使用状态	双倍余额递减法	5年	3
5	电子产品及通信设备	使用状态	平均年限法	5年	3
6	仪器仪表	使用状态	平均年限法	5年	3
7	家具用具及其他	使用状态	年数总和法	5年	3
8	房屋及建筑物	使用状态	平均年限法	30年	5
9	土地	不提折旧	不计提折旧		

固定资产是否计提折旧，均由使用状态决定。平均年限法均设为“基于入账净值和入账剩余使用期间”。

(2) 固定资产变动方式

将“购入”变动方式中的对应科目设置为“1604 在建工程”，凭证类型设置为转账凭证；将“出售”变动方式的对应科目设置为“1606 固定资产清理”，凭证类型设置为转账凭证，其余变动方式不变。

(3) 固定资产期初数据

期初数据如表5-13所示。

表5-13　固定资产期初数据

资产编码	名称	类别	原值	累计折旧	已提折旧期间/月	使用部门	折旧费用科目
TY01	Dell计算机	通用设备	13 500	4365.00	12	财务部	管理费用—折旧费
TY02	HP计算机	通用设备	15 000	1212.51	3	行政部	管理费用—折旧费
YQ01	验钞机	仪器仪表	3000	242.50	5	财务部	管理费用—折旧费
FW01	办公楼	房屋及建筑物	500 000	105 555.20	80	行政部(40%) 财务部(40%)	管理费用—折旧费
						销售部(10%) 采购部(10%)	销售费用—折旧费
JJ01	沙发	家具用具及其他	2000	485.01	9	行政部	管理费用—折旧费
JJ02	办公桌	家具用具及其他	1500	873.00	24	财务部	管理费用—折旧费
DQ01	格力空调	电气设备	8000	4000.04	17	销售部	销售费用—折旧费
YS01	长安汽车	交通运输设备	102 000	29 070.00	60 000千米	采购部	销售费用—折旧费

注：使用状态均为正常使用中；变动方式均为购入。长安汽车的总工作量为200 000千米。

2. 实验过程

初始化之前，应先到固定资产模块中设置有关的基础资料。虽然也可在初始化中进行设置，但先设置好有利于提高初始化的效率。主要设置“资产类别”“变动方式”和“使用状态”等选项。

(1) 设置固定资产类别

选择“固定资产”|“资产类别”，再单击“新增”按钮，如图5-56所示。

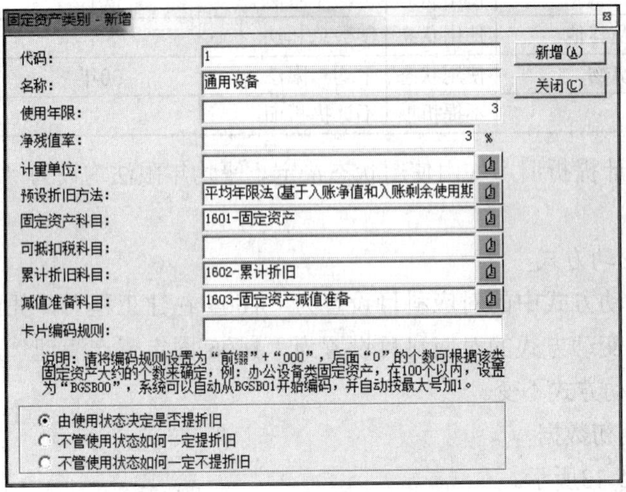

图5-56　固定资产类别设置

实验提示

使用年限和计量单位，根据情况可填可不填。

(2) 设置固定资产变动方式

选择“固定资产”|“变动方式”功能，进入变动方式类别设置界面，单击“修改”按钮，设置变动方式的有关参数，如图5-57所示。

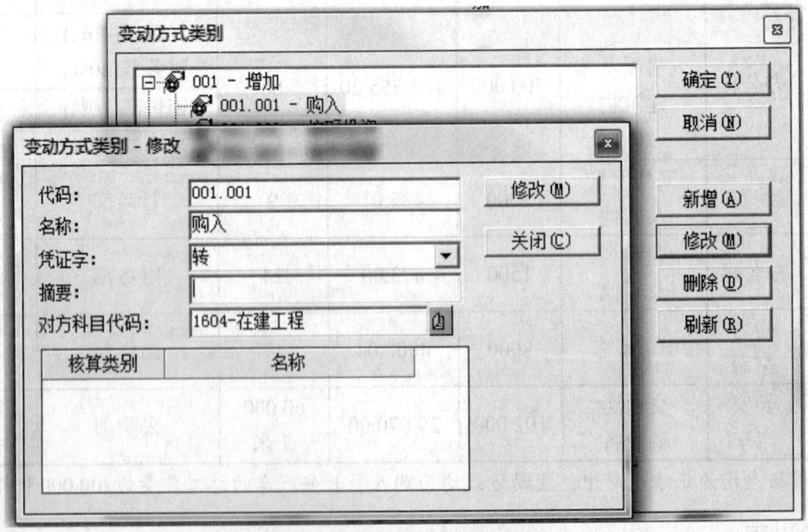

图5-57　设置变动方式的参数

实验提示

修改后要单击“修改”按钮完成，单击“关闭”按钮是不会修改的。

(3) 设置使用状态

选择“固定资产”|“使用状态”，单击“修改”按钮可以设置每种状态是否计提折旧。

(4) 输入固定资产期初数据

选择“初始化”|“固定资产初始数据”，然后单击“新增”按钮进入“固定资产卡片及变动-新增”窗口，首先输入基本信息，如图5-58所示。

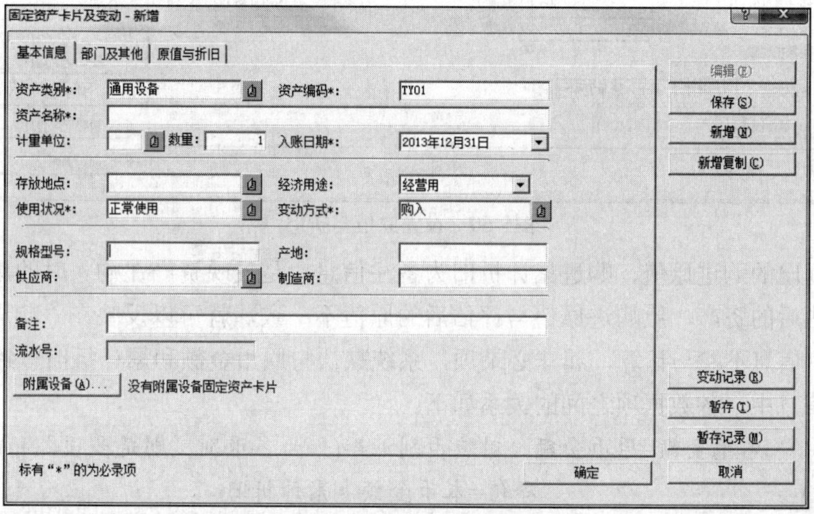

图5-58 设置基本信息

“部门及其他”的设置，如图5-59所示。

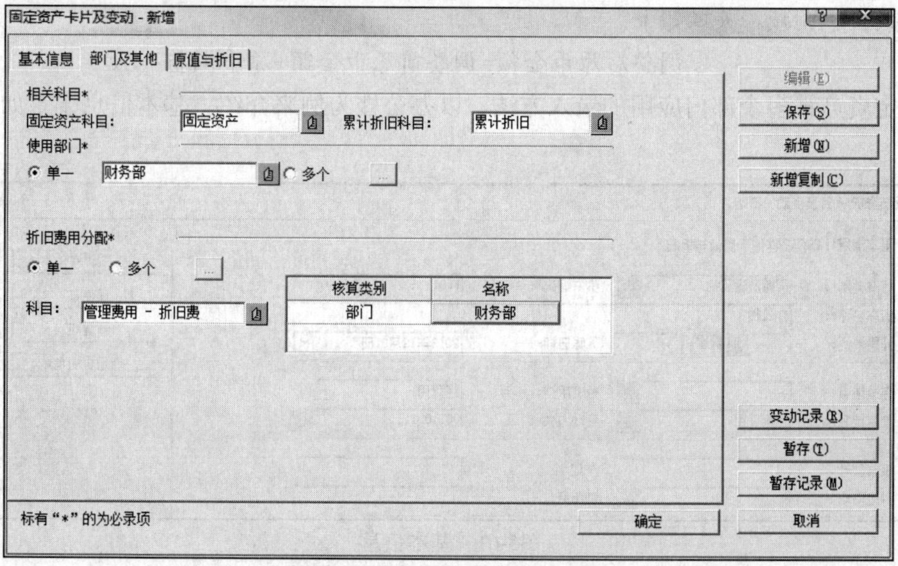

图5-59 设置部门及其他

“原值与折旧”的设置，如图5-60所示。

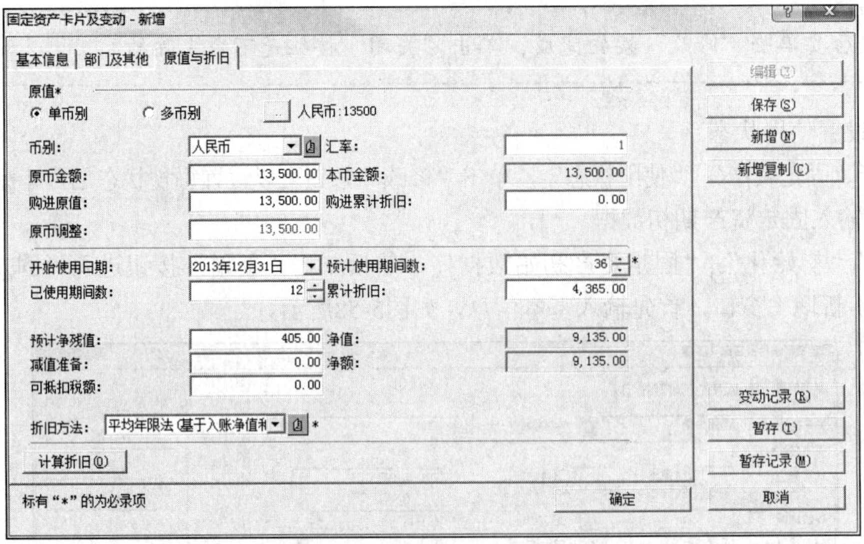

图5-60 设置原值与折旧

图中列出的购进原值、购进累计折旧为备注信息，是反映资产在购入时的原始信息。例如：评估后的资产，原购进原值与评估后的原值不一致，就可以反映在“购进原值”项目里，备注信息不参与计算，属非必录项，系统默认与原币金额和累计折旧一致。

价值信息中，各数据项之间的关系如下：

本币金额=原币金额×对应币别汇率(如为多币别，则是多项之和)

净值=本币金额－累计折旧

净额=净值－减值准备

原币调整仅用于固定资产变动时，记录对固定资产原币金额的调整数，正数表示调增，负数表示调减。关系如下：

调整后原币金额=调整前原币金额+原币调整

固定资产被多个部门应用的录入方法，以办公楼为例来介绍。基本信息设置如图5-61所示。

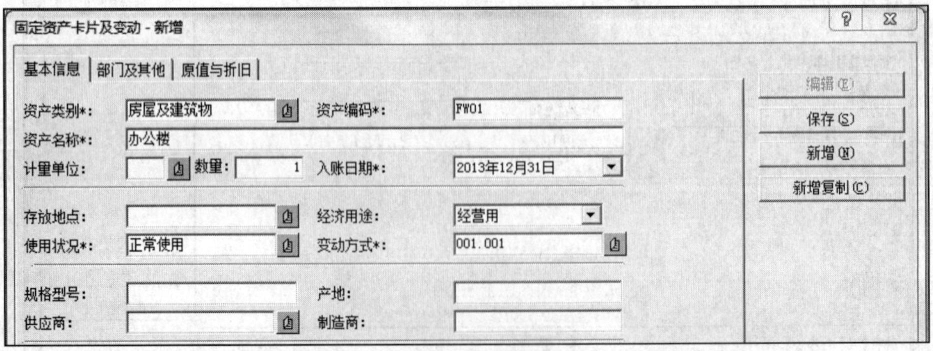

图5-61 基本信息

输入多个使用部门及其分配比例，如图5-62所示。

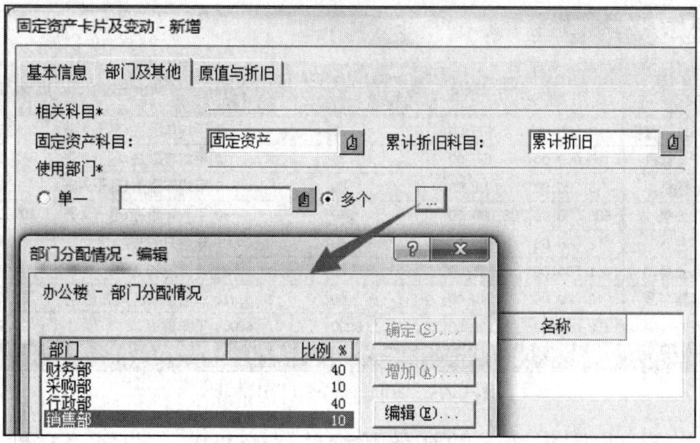

图5-62 部门分配情况

折旧费用多部门分配设置，如图5-63所示。

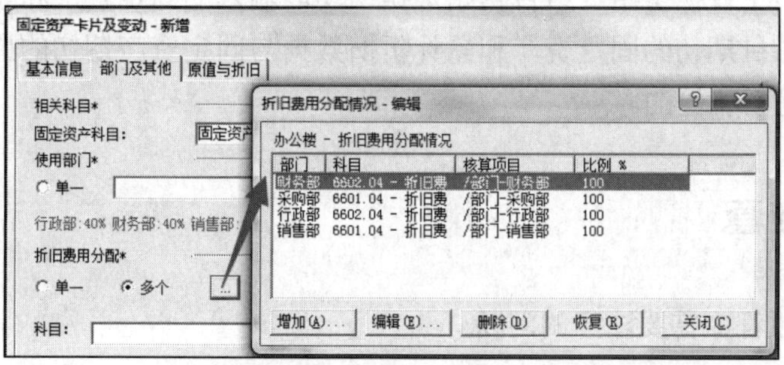

图5-63 折旧费用分配情况

以长安汽车为例，工作量折旧方法的资料输入，如图5-64所示。

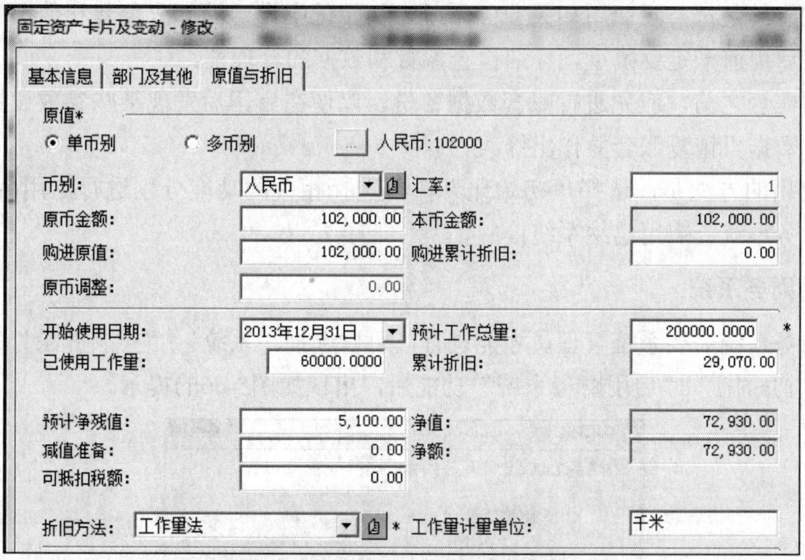

图5-64 工作量折旧方法数据录入

修改已经录入的数据时，如果处于“查看”状态，需要先单击左上角的“编辑”按钮，进入编辑状态后才能修改。设置完成后的主要数据，如图5-65所示。

固定资产管理

年度	名称	原值本币	预计净残值	预计使用期间数或预计工作总量	已使用期间数或已使用工作量	折旧方法	期初累计折旧
2014	Dell计算机	13,500.00	405.00	36	12	平均年限法(基于入账	4,365.00
2014	HP计算机	15,000.00	450.00	36	3	平均年限法(基于入账	1,212.51
2014	验钞机	3,000.00	90.00	60	5	平均年限法(基于入账	242.50
2014	办公楼	500,000.00	25,000.00	360	80	平均年限法(基于入账	105,555.20
2014	沙发	2,000.00	60.00	60	9	年数总和法	485.01
2014	办公桌	1,500.00	45.00	60	24	年数总和法	873.00
2014	隔离空调	8,000.00	240.00	60	17	双倍余额递减法(按年	4,000.04
2014	长安汽车	102,000.00	5,100.00	200000	60000	工作量法	29,070.00
		645,000.00	31,390.00				145,803.26

图5-65　固定资产期初数据

数据输入完成后，将固定资产的初始数据传送给总账。选择“文件”|“将初始数据传送总账”命令即可实现。该命令执行后，出现提示，回答“是”即完成了固定资产数据的初始化。这相当于替换了用“科目初始数据”功能输入的固定资产和累计折旧科目的数据。也就是说，科目期初的固定资产和累计折旧数据与固定资产期初的原值本币合计和期初累计折旧合计是要相等的。

四、启用账套

1. 启用账套过程中需要注意的问题

初始数据录入完毕，并核对正确之后，接下来就要启用相关业务系统，结束初始化操作，进入日常的业务处理。

需要注意的是：一旦启用相关业务系统，初始化中设定的部分参数和数据将不能再修改，所以在启用前一定要慎重，仔细检查参数和数据的合理性。

在启用账套之前，应先进行账套数据备份，以便在启用后发现某些参数设置错误时，能利用备份数据再恢复账套并作出修改。

具体启用的方法是，选择“初始化”，再选择相关的功能分别进行启用(启用业务系统、启用财务系统、启用出纳系统)。

2. 启用财务系统

启用财务系统需要系统管理员才能进行，可以选择“系统”|“重新登录”完成。

选择“初始化”|“启用财务系统”功能后，出现如图5-66的提示。

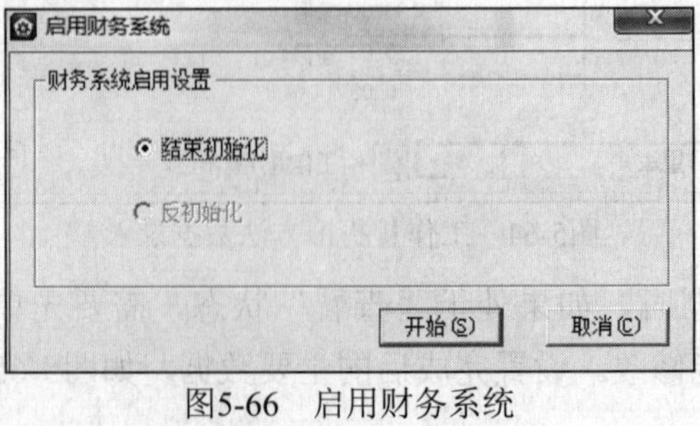

图5-66　启用财务系统

在启用过程中，还会检查有关数据的平衡关系，如果有关数据不平衡，则不能启用，需修改有关数据后再启用。如果检查正确，则提示启用成功。

3. 启用出纳系统

如果要使用出纳管理系统，可选择“初始化”|“启用出纳系统”进行启用。

本实验案例不用启用。

4. 启用业务系统

启用业务系统，选择“初始化”|“启用业务系统”进行启用。一旦正式启用业务系统，初始化工作就全部结束，开始进入业务处理阶段。

执行“开始”后有警告性提示：“启用系统后系统进入正式运行阶段，此时各个系统的初始化、基本资料等信息将被确定下来，不能再进行删除操作，请确认各个系统的初始化或实施已经完毕，再启用系统，你确认启用系统吗？”，选择“是”则正式启用。

执行成功后，要求重新登录。在重新登录时，直接输入登录人的姓名、密码就可以进入系统，具体按照权限分工来登录。

本实验案例不用启用。

5. 反初始化

如果启用后发现初始化数据错误，需要修改，可以通过“反初始化”功能进行操作。方法是执行“初始化”|“启用财务系统”命令，选择“反初始化”，单击“开始”按钮完成。

第四节 账务处理

一、账务处理的基本功能和流程

1. 基本功能

账务处理是会计软件的核心模块，利用它可以进行凭证处理、账簿查询、账务结转、损益调整、往来管理、系统维护等各种业务。此系统是一切财务数据的收集点，是KIS专业版系统各个模块之间联系的交汇点。具体功能如图5-67所示。

2. 业务处理流程

凭证是账务处理的入口，也是一个关键环节，其他处理都是自动化控制的。账务的日常处理流程，如图5-68所示。

3. 在系统使用过程中的维护

在使用某些功能时，由于系统冲突或多种原因造成某些功能不能使用时，这时可以采用以下处理方法：选择“系统”|“清除任务”清除执行中挂起的任务。

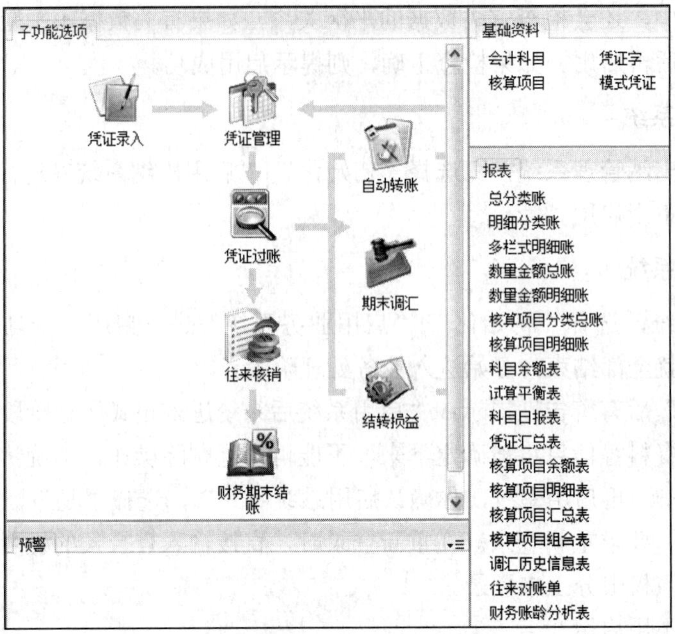

图5-67　账务处理功能

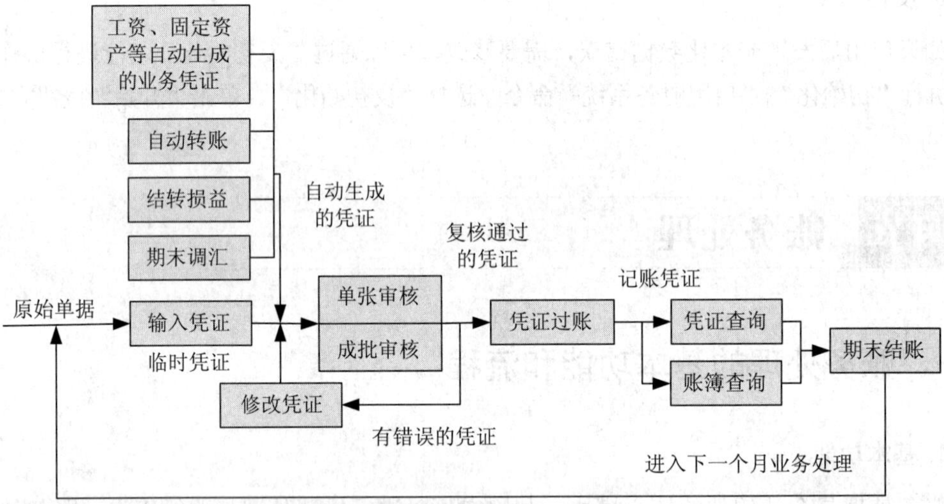

图5-68　账务日常处理流程

出现类似问题的常见原因是在没有正常退出金蝶KIS专业版的情况下，关闭了Windows操作系统，或者由于机器断电，运行的任务没有正常退出，就一直标记为运行状态，从而引起调用程序的冲突。

4. 重新登录

在处理业务时，每个人负责的业务不同，权限也不同，必须以自己的用户名登录系统。登录系统有两种方式：一是在启动金蝶KIS专业版时登录，二是在不退出当前系统的情况下登录。

执行“系统”|“重新登录”，输入用户名和密码，登录进入。具体登录方法与启动

金蝶KIS专业版时的登录方式相同。

二、凭证录入与修改

1. 实验资料

(1) 1月2日，收到工商银行通知，用银行存款支付到期的商业承兑汇票20 000元，转账支票号456321。

借：应付票据　　20 000
　　贷：银行存款——工行存款　　20 000

(2) 1月2日，收到工商银行通知，将利息收入5 000元入账，票据类型为其他，票据号89012。

借：银行存款——工行存款　　5000
　　贷：财务费用——利息收入　　5 000

(3) 1月4日，在工行提取现金备用，现金支票号658741。

借：库存现金　　100 000
　　贷：银行存款——工行存款　　100 000

(4) 1月5日，发放上月工资。

借：应付职工薪酬——工资　　70 000
　　贷：库存现金　　70 000

(5) 1月7日，用工商银行存款购买某公司股票，公允价值为100 000元，预计持有两年后将出售，转账支票号456323。

借：可供出售金融资产——成本　　100 000
　　贷：银行存款——工行存款　　100 000

(6) 1月12日，处置交易性金融资产(即原取得成本)5000元，处置时的市场公允价值为(即出售价)8000元，转账支票号889123。

借：银行存款——工行存款　　8000
　　贷：交易性金融资产——成本　　5000
　　　　投资收益　　3000

(7) 1月17日，销售部周力报销去年预借的差旅费800元，退回现金200元。

借：销售费用——差旅费　　800
　　库存现金　　200
　　贷：其他应收款——其他应收个人款(周力)　　1000

(8) 1月22日，采购部赵希文报销差旅费1000元，招待费700元。

借：销售费用——差旅费　　1000
　　销售费用——招待费　　700
　　贷：其他应收款——其他应收个人款(赵希文)　　1700

(9) 1月26日，付水电费350元，其中，行政部200元，财务部150元。

借：管理费用——其他费用(行政部)　　200

管理费用——其他费用(财务部)　　150

贷：库存现金　　350

(10) 1月10日，向有关供应商采购商品，发票同时到达。“往来业务”按照年月日和序号填写，如2016011001。

① 借：在途物资　　22 950.00

应交税费——应交增值税——进项税额　　3901.50

贷：应付账款——[01]海华集团公司　　26 851.50

② 借：在途物资　　40 500.00

应交税费——应交增值税——进项税额　　6885.00

贷：应付账款——[02]大元商贸公司　　47 385.00

③ 借：在途物资　　163 168.00

应交税费——应交增值税——进项税额　　27 738.56

贷：应付账款——[03]联星批发部　　190 906.56

(11) 1月15日，采购商品入库。

借：库存商品　　274 618.00

贷：在途物资　　274 618.00

(12) 1月20日，销售商品，发票已开。“往来业务”按照年月日和序号填写。

① 借：应收账款——[01]天华商场　　204 165.00

贷：主营业务收入　　174 500.00

应交税费——应交增值税——销项税额　　29 665.00

② 借：应收账款——[04]东新风华公司　　290 160.00

贷：主营业务收入　　248 000.00

应交税费——应交增值税——销项税额　　42 160.00

2. 实验过程

(1) 凭证录入

选择“账务处理”|“凭证录入”，根据实验资料录入凭证，数据输入确认无误后单击“保存”按钮完成(注意业务日期与凭证日期一致)，如图5-69所示。

实验提示

① 在操作过程中，首先要确定“凭证字”，即所输入凭证的类型是什么。其次是“日期”，这个日期就是业务发生的日期。

② “凭证号”是系统自动根据录入先后设定的，但如果中间出现过因删除凭证等形成的空号，也可以直接输入某个凭证号去填号(具体与凭证输入参数设置有关，参见“基础设置”|“系统参数”|“财务参数”功能，若选择了“不允许手工修改凭证号”，就不能修改，默认是不选择，即可以手工修改凭证号)。

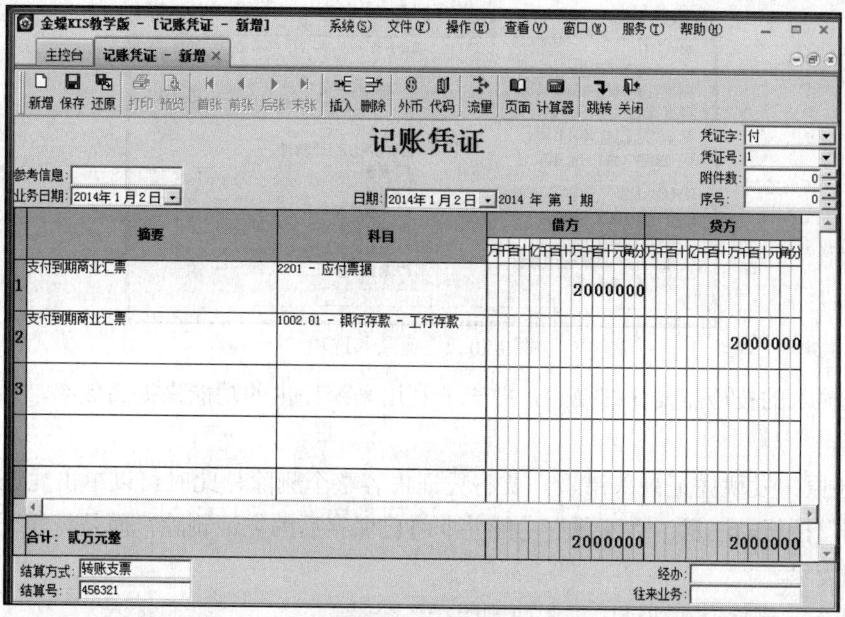

图5-69　凭证录入

如果不清楚会计科目代码、辅助核算项目等，可以将光标移到会计科目下，按F7键打开相应的代码表直接选取。

在实际工作中，凭证的录入工作量很大，因此就要采用一些辅助功能来提高凭证的录入速度，在凭证录入过程中可使用的快捷键如表5-14所示。

表5-14　凭证录入辅助功能

快 捷 键	功　能
F7，Insert	在凭证和业务单据编制界面，通过快捷键可调出基础资料，如科目代码、人员代码等。两个键实现的功能是相同的
减号键	在凭证录入界面，快捷键可使输入的金额在正数和负数之间转换
空格键	在凭证录入界面，快捷键可以帮助转换金额的借贷方向
F4	在凭证录入界面，通过快捷键可快速新增一张凭证
F11	在凭证录入界面，按此快捷键，可以调出计算器，计算的结果可以按空格键回填到数字输入框
F12	在凭证制作界面中，通过快捷键可以保存新增或修改后的凭证
Ctrl+F7	制作凭证时，通过快捷键，系统会根据分录的借贷金额，直接在当前光标停留处填入差额，达到金额借贷自动平衡
Ctrl+D	在凭证编辑查看界面使用此快捷键，可打开当前所在科目的明细账
..(两个句点)	快速复制摘要，在下一行中按“..”可复制上一条摘要
//(两个斜杠)	快速复制摘要，在下一行中按“//”可复制第一条摘要

为了提高凭证的录入效率，在凭证输入状态下，选择菜单“查看”下的“选项”功能，可按照自己的习惯和需要进行设置。一般要选择“凭证保存后立即新增”“新增凭证自动填补断号”，如图5-70所示。

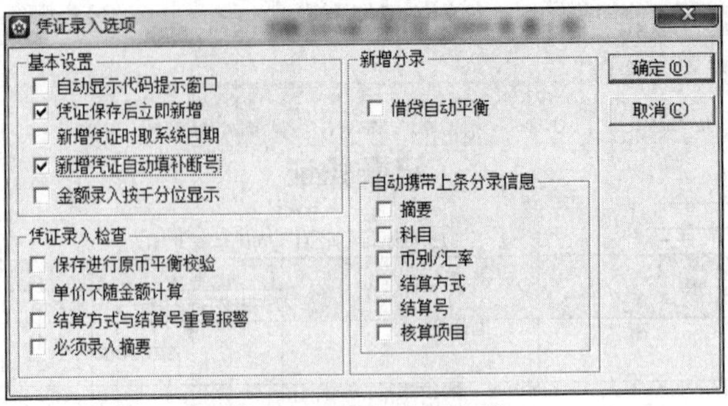

图5-70　凭证录入选项

凭证输入的技巧需要仔细摸索，并充分利用系统提供的功能来提高效率。系统的部分功能如下。

① 还原：发现凭证录入错误，要将凭证内容整个删除，此时可以单击凭证工具栏中的“还原”按钮。注意：“还原”功能并非将已保存后的凭证删除，而是将凭证保存前的操作全部废除。

② 插入、删除：在凭证中插入或删除一条分录。

③ 外币：外币凭证的格式和一般凭证的格式不同，用于两者格式的切换。

④ 代码：与按F7键功能相同。

⑤ 流量：针对科目属性中指定为现金类科目或现金等价物的会计科目，可以在此定义其现金流量内容，是制作现金流量表的一种方法。

⑥ 日期：凭证录入的日期，录入后业务日期会随之改变。系统会自动填入上一次录入的最后一张凭证的日期，可以修改。凭证录入的日期若在当前的会计期间之前，则系统不允许输入；但允许输入本期以后任意期间的记账凭证，在过账时系统只处理本期的记账凭证，以后期间的凭证不作处理。

⑦ 摘要：对凭证分录的文字解释，可以直接录入，也可以按F7键到摘要库中读取。系统提供了摘要库的功能，在凭证录入界面，将光标移动到摘要栏，按下F7键，就可以选择已录入摘要库中的摘要，单击“确定”按钮后，摘要会自动填入当前的凭证中，可以对摘要库进行增加、修改和删除，如图5-71所示。

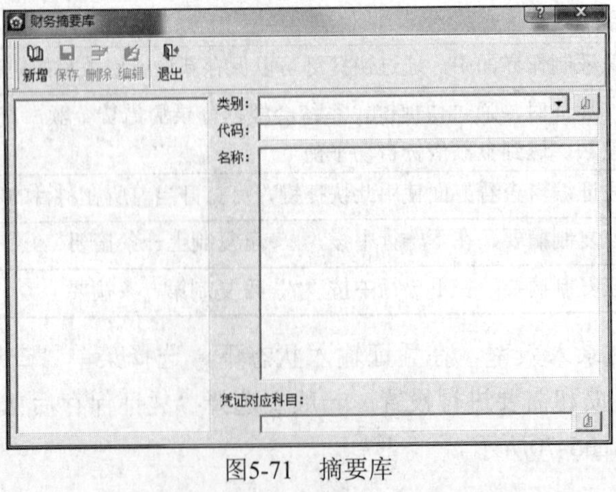

图5-71　摘要库

⑧ 核算项目：如果会计科目下挂了核算项目，则会根据下挂的核算项目类别自动显示出来，具体的核算项目内容可以按F7键查询。

⑨ 金额：在输入完前面的项目以后，如果没有外币和数量的分录，就可以输入金额了。金额分为借方金额和贷方金额两栏，每条分录的金额只能在借方或贷方，不能在借贷双方同时存在。若要输入负金额，在录入数字后再输入“-”号，系统即会以红字显示。如果需要清除金额栏中的数据，只需将光标移至金额处，按下Esc键即可清除。如果要将已录入的金额转换到另一方，只需将光标定位于要转换的金额栏上，然后按空格键进行切换。

⑩ 币别、汇率、原币金额：当会计科目有外币核算时，单击“外币”转换到外币凭证格式。币别可以按F7键查询，汇率在选择了币别后自动提供。原币金额是指外币的金额，录入后系统会根据“外币汇率×原币金额”得出本位币的金额。

⑪ 单位、单价和数量：当会计科目要进行数量金额核算时，系统会自动弹出数量项目让用户录入。计量单位会根据会计科目属性中提供的内容自动出现，只要录入单价和金额即可。系统会检验数量单价的乘积是否与原币金额相等，如不相等，系统会提示。

⑫ 往来业务：对选择了核算往来业务的会计科目，要录入往来业务的编码。

⑬ 结算方式和结算号：银行存款的结算方式和结算单据的号码，可以录入也可以不录入。具体与“基础设置”中“系统参数”的“财务参数”设置有关，若选择了“银行存款科目必须输入结算信息”，就需要输入结算方式和结算单据号。

⑭ 经办：对于涉及“现金”和“银行存款”等科目的凭证，可以直接将经办人的姓名输入到“经办”中。

(2) 输入有核算项目的凭证

当在科目中定义了核算项目后，输入相应的科目时，就会提示输入核算项目。输入科目后，在凭证下部显示“部门”，提示输入部门，按F7键可以调出部门，然后从中选择，如图5-72所示。

输入完成后的记账凭证，如图5-73所示。

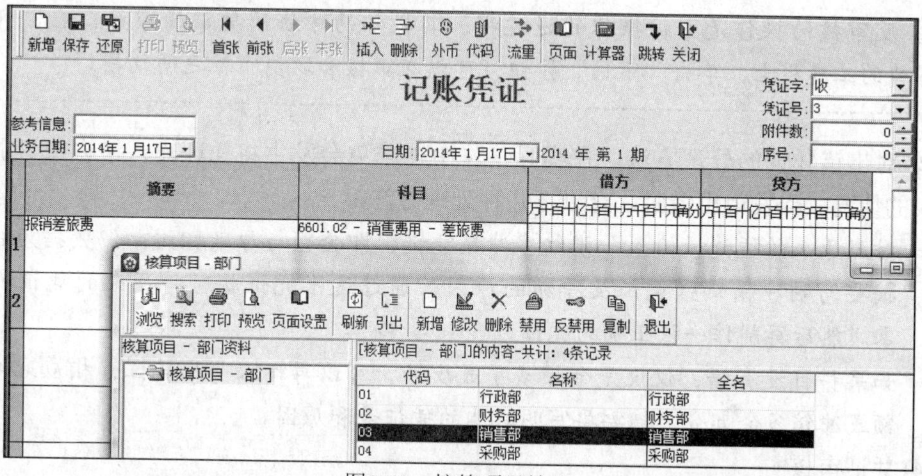

图5-72　核算项目输入

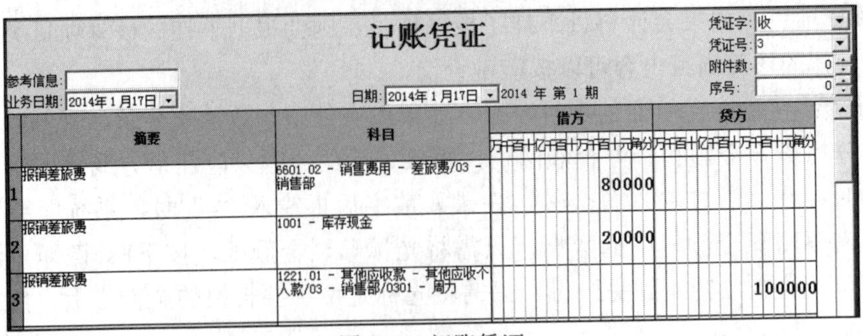

图5-73　记账凭证

(3) 凭证修改

① 一般修改。如果凭证没有审核，修改方法如下：选择“账务处理”|“凭证管理”进入，将光标定位于要修改的凭证中，单击工具栏中的“修改”按钮，如图5-74所示。然后在凭证修改页面对凭证进行修改，完成后按“保存”按钮保存。

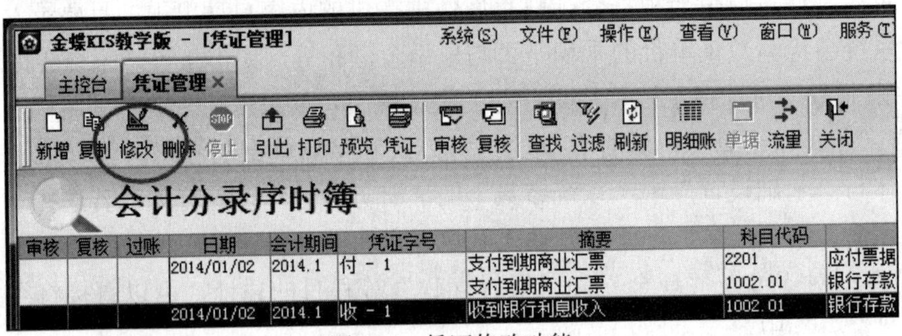

图7-74　凭证修改功能

实验提示

① 如果凭证已经审核，但没有过账则可以反审核(取消审核)，然后再修改凭证、再审核；如果凭证已经过账则需要使用“对冲”的方法，先生成一张红字凭证，再手工制作一张蓝字凭证。

② 反审核的操作是审核操作的逆过程，其操作的方法同凭证的审核，在“凭证审核”窗口的工具栏上，单击“审核”按钮，可以在审核和取消审核之间切换。

② 对出错凭证的处理方法。在实际工作中，难免会发生将凭证输入错误或者业务处理错误的情况。当发现出错时，有以下几种处理方法。

- 对照原来的凭证，输入一张红字冲销凭证，即金额与原来相同，但数据为红字，摘要写明冲销哪张凭证及冲销的原因。通过这张凭证就可将原来的凭证冲销为零。然后再制作一张正确的凭证。
- 如果科目没有错，仅仅是金额多了或少了，可以再输入一张凭证，相应地增加金额或冲销多余部分，摘要要写明具体的凭证号和原因。

(4) 凭证审核

审核人与制单人不能为同一个操作员，否则系统拒绝审核。因此，需要换用具有审核权的操作员身份进入。

凭证审核是对录入凭证正确性的审查。选择“账务处理”|“凭证管理”功能，首先进入过滤条件设置界面，可以设置具体的过滤条件和排序条件，如图5-75所示。

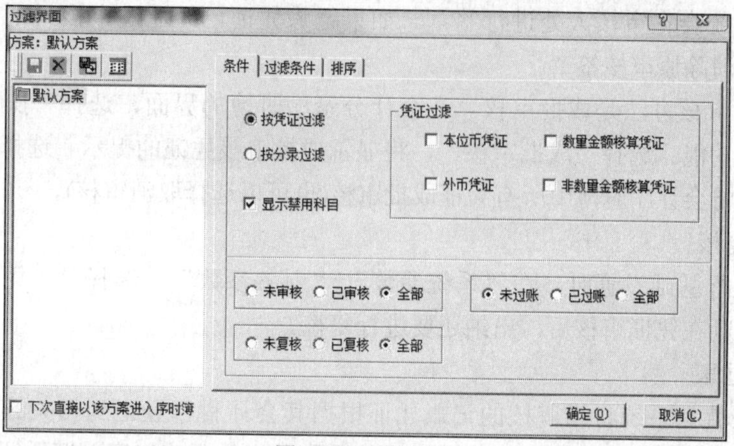

图5-75 过滤条件

确定凭证过滤条件后，进入会计分录序时簿，如图5-76所示。

凭证字号	摘要	科目代码	科目名称	原币金额	借方	贷方
付 - 1	支付到期商业汇票	2201	应付票据	20,000.00	20,000.00	
	支付到期商业汇票	1002.01	银行存款 - 工行存款	20,000.00		20,000.00
收 - 1	收到银行利息收入	1002.01	银行存款 - 工行存款	5,000.00	5,000.00	
	收到银行利息收入	6603.02	财务费用 - 利息收入	5,000.00		5,000.00
付 - 2	提取现金备用	1001	库存现金	100,000.00	100,000.00	
	提取现金备用	1002.01	银行存款 - 工行存款	100,000.00		100,000.00
付 - 3	发放工资	2211.01	应付职工薪酬 - 工资	70,000.00	70,000.00	
	发放工资	1001	库存现金	70,000.00		70,000.00
付 - 4	购买股票	1503.01	可供出售金融资产 - 成本	100,000.00	100,000.00	
	购买股票	1002.01	银行存款 - 工行存款	100,000.00		100,000.00
转 - 2	采购商品	1402	在途物资	22,950.00	22,950.00	
	采购商品	2221.01.01	应交税费 - 应交增值税 -	3,901.50	3,901.50	
	采购商品	2202	应付账款/[01]海华集团公司	26,851.50		26,851.50
转 - 3	采购商品	1402	在途物资	40,500.00	40,500.00	
	采购商品	2221.01.01	应交税费 - 应交增值税 -	6,885.00	6,885.00	
	采购商品	2202	应付账款/[02]大元商贸公司	47,385.00		47,385.00
转 - 4	购买商品	1402	在途物资	163,168.00	163,168.00	
	购买商品	2221.01.01	应交税费 - 应交增值税 -	27,738.56	27,738.56	
	购买商品	2202	应付账款/[03]联星批发部	190,906.56		190,906.56
收 - 2	处置金融资产	1002.01	银行存款 - 工行存款	8,000.00	8,000.00	
	处置金融资产	1101.01	交易性金融资产 - 成本	5,000.00		5,000.00
	处置金融资产	6111	投资收益	3,000.00		3,000.00
转 - 5	采购商品入库	1405	库存商品	274,618.00	274,618.00	
	采购商品入库	1402	在途物资	274,618.00		274,618.00
收 - 3	报销差旅费	6601.02	销售费用 - 差旅费/[03]销	800.00	800.00	
	报销差旅费	1001	库存现金	200.00	200.00	
	报销差旅费	1221.01	其他应收款 - 其他应收个人	1,000.00		1,000.00
转 - 6	销售商品获得收入	1122	应收账款/[01]天华商场	204,165.00	204,165.00	
	销售商品获得收入	6001	主营业务收入	174,500.00		174,500.00
	销售商品获得收入	2221.01.02	应交税费 - 应交增值税 -	29,665.00		29,665.00
转 - 7	销售商品	1122	应收账款/[04]东新风华公司	290,160.00	290,160.00	
	销售商品	6001	主营业务收入	248,000.00		248,000.00
	销售商品	2221.01.02	应交税费 - 应交增值税 -	42,160.00		42,160.00
转 - 1	报销差旅费和招待费	6601.02	销售费用 - 差旅费/[04]采	1,000.00	1,000.00	
	报销差旅费和招待费	6601.03	销售费用 - 招待费/[04]采	700.00	700.00	
	报销差旅费和招待费	1221.01	其他应收款 - 其他应收个人	1,700.00		1,700.00
付 - 5	付水电费	6602.99	管理费用 - 其他费用/[01]	200.00	200.00	
	付水电费	6602.99	管理费用 - 其他费用/[02]	150.00	150.00	
	付水电费	1001	库存现金	350.00		350.00
	合计				1,340,136.06	1,340,136.06

图5-76 凭证审核

在会计分录序时簿里，将光标定位于需要审核的凭证上，然后单击工具栏中的“审核”按钮，系统即进入凭证窗口，在此窗口中可以对记账凭证进行审核。此窗口中的项目不能修改，只能查看。查看完毕后可以对此张凭证审核并签章，单击“审核”按钮即表示审核通过，系统会在审核人处进行签章。如果记账凭证已经通过审核，则在单击“反审核”按钮后会消除原审核签章。

还有一种审核方法是成批审核。在会计分录序时簿的界面，选择“操作”菜单中的“成批审核”功能。选择“成批审核”，将显示成批审核凭证的提示。选择“审核未审核的凭证”，则将会计序时簿中所有凭证成批审核(也可以选择取消审核)。

(5) 出纳复核

如果在进行基础设置时，在“系统参数”|“财务参数”中选择了“凭证过账前必须出纳复核”，则在凭证审核后，出纳还要进行复核。

(6) 凭证过账

凭证过账就是系统将已审核的记账凭证根据其会计科目登记到相关的明细账簿中的过程。经过记账的凭证将不允许再修改，只能采取补充凭证或红字冲销凭证的方式进行更正。因此，在过账前应该对记账凭证的内容仔细审核。系统只能检验记账凭证中的数据关系错误，而无法检查业务逻辑关系。

选择“账务处理”|“凭证过账”，弹出“凭证过账”向导，如图5-77所示。单击“开始过账”按钮后，系统自动完成过账工作。

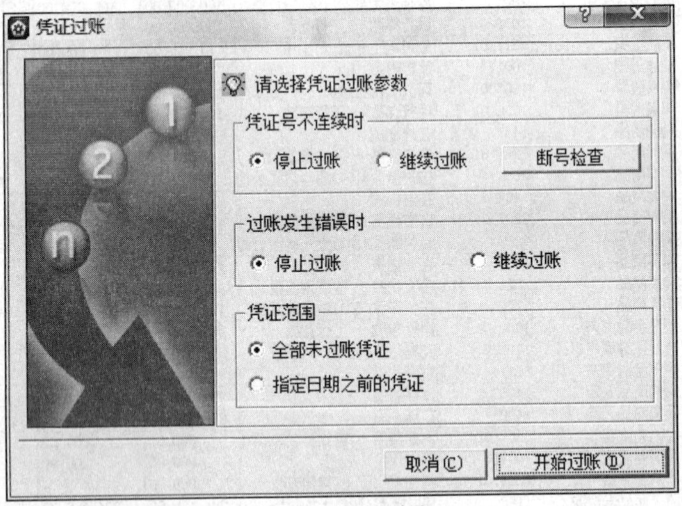

图5-77　凭证过账

除此之外，凭证过账也可以在凭证管理功能中完成。

三、常用账表

1. 总分类账

选择“账务处理”|“总分类账”功能，再设置过滤条件，如图5-78所示。

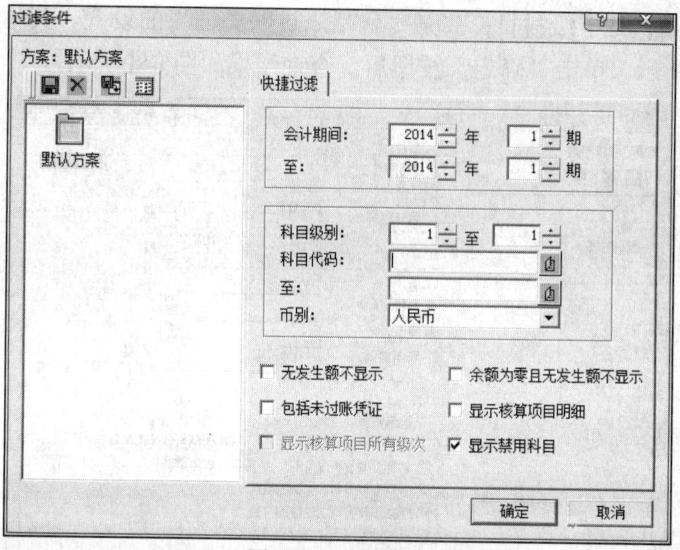

图5-78　过滤条件

可以按照需要设置过滤条件，设置的条件可保存起来供以后再用。总账的查询结果如图5-79所示。要查哪个科目的明细账，需先将光标移到该科目上，然后单击工具栏上的“明细账”按钮，明细账如图5-80所示。

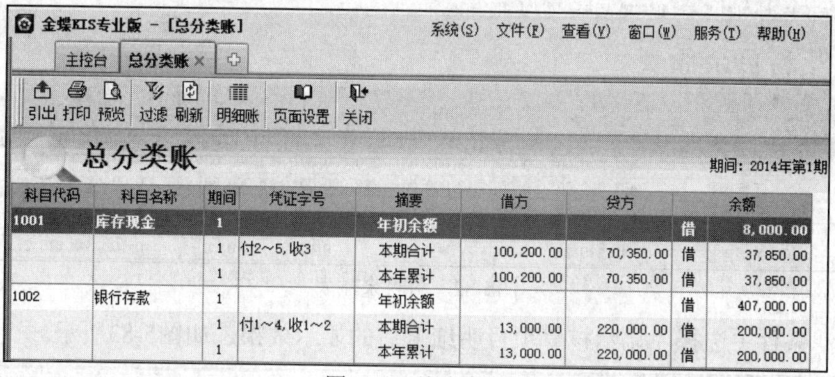

科目代码	科目名称	期间	凭证字号	摘要	借方	贷方		余额
1001	库存现金	1		年初余额			借	8,000.00
		1	付2～5,收3	本期合计	100,200.00	70,350.00	借	37,850.00
		1		本年累计	100,200.00	70,350.00	借	37,850.00
1002	银行存款	1		年初余额			借	407,000.00
		1	付1～4,收1～2	本期合计	13,000.00	220,000.00	借	200,000.00
		1		本年累计	13,000.00	220,000.00	借	200,000.00

图5-79　总分类账

日期	凭证字号	摘要	对方科目	借方金额	贷方金额		余额
2014/1/1		年初余额		0.00	0.00	借	8,000.00
2014/1/4	付 - 2	提取现金备用	1002.01 银行	100,000.00	0.00	借	108,000.00
2014/1/5	付 - 3	发放工资	2211.01 应付	0.00	70,000.00	借	38,000.00
2014/1/17	收 - 3	报销差旅费	1221.01 其他	200.00	0.00	借	38,200.00
2014/1/26	付 - 5	付水电费	6602.99 管理	0.00	350.00	借	37,850.00
2014/1/31		本期合计		100,200.00	70,350.00	借	37,850.00
2014/1/31		本年累计		100,200.00	70,350.00	借	37,850.00

图5-80　明细账

2. 科目余额表

选择“账务处理”|“科目余额表”功能，首先进行过滤条件设置：一是注意“科目

级别”的设置，默认是一级科目；二是“包括未过账凭证”的设置。具体可根据实际需要设置，如图5-81所示。单击“确定”按钮后，查询结果如图5-82所示。

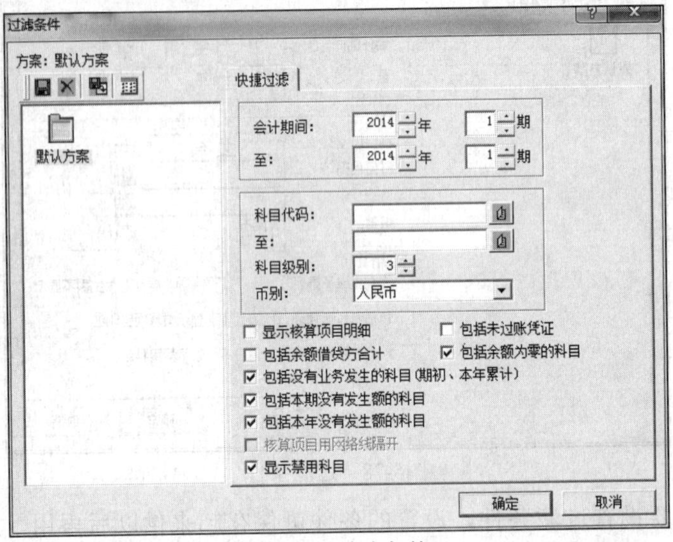

图5-81　过滤条件

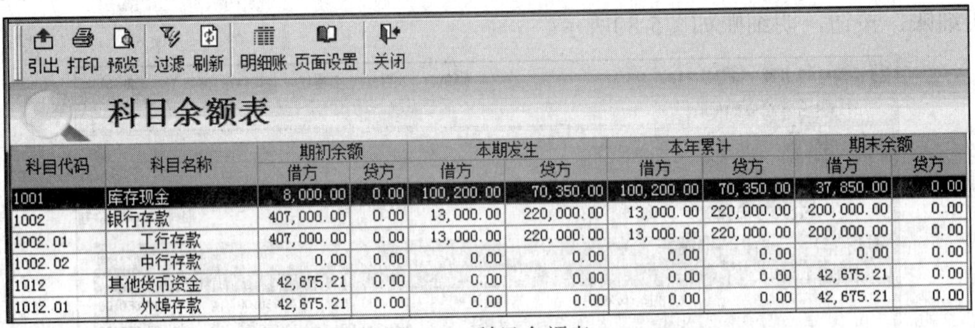

科目代码	科目名称	期初余额		本期发生		本年累计		期末余额	
		借方	贷方	借方	贷方	借方	贷方	借方	贷方
1001	库存现金	8,000.00	0.00	100,200.00	70,350.00	100,200.00	70,350.00	37,850.00	0.00
1002	银行存款	407,000.00	0.00	13,000.00	220,000.00	13,000.00	220,000.00	200,000.00	0.00
1002.01	工行存款	407,000.00	0.00	13,000.00	220,000.00	13,000.00	220,000.00	200,000.00	0.00
1002.02	中行存款	0.00	0.00	0.00	0.00	0.00	0.00	0.00	0.00
1012	其他货币资金	42,675.21	0.00	0.00	0.00	0.00	0.00	42,675.21	0.00
1012.01	外埠存款	42,675.21	0.00	0.00	0.00	0.00	0.00	42,675.21	0.00

图5-82　科目余额表

在过滤条件中选择“显示核算项目明细”后的显示效果，如图5-83所示。

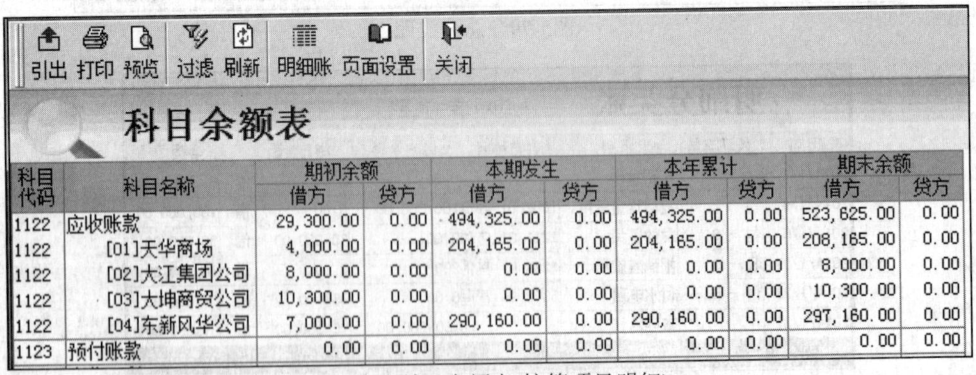

科目代码	科目名称	期初余额		本期发生		本年累计		期末余额	
		借方	贷方	借方	贷方	借方	贷方	借方	贷方
1122	应收账款	29,300.00	0.00	494,325.00	0.00	494,325.00	0.00	523,625.00	0.00
1122	[01]天华商场	4,000.00	0.00	204,165.00	0.00	204,165.00	0.00	208,165.00	0.00
1122	[02]大江集团公司	8,000.00	0.00	0.00	0.00	0.00	0.00	8,000.00	0.00
1122	[03]大坤商贸公司	10,300.00	0.00	0.00	0.00	0.00	0.00	10,300.00	0.00
1122	[04]东新风华公司	7,000.00	0.00	290,160.00	0.00	290,160.00	0.00	297,160.00	0.00
1123	预付账款	0.00	0.00	0.00	0.00	0.00	0.00	0.00	0.00

图5-83　科目余额表(核算项目明细)

可以选择某个科目或辅助核算，单击工具条上的“明细账”按钮查询明细账。在明细账下，还可以双击某笔具体的业务，查看该业务的凭证。

用户可通过科目余额表查询总括数据，通过具体的科目查询明细的流水数据，针对具体的业务查询凭证数据。对各种账表的查询结果，要通过有关查询参数的改变，观察其变化，以达到辅助管理的目的。

第五节　往来管理

一、基本功能

在不使用购销存业务系统的情况下，应收应付的模块就失去了使用意义。这时可以使用账务处理中的往来管理功能。

选择“基础设置”|“系统参数”功能，必须在“财务参数”中选中“启用往来业务核销”选项，否则“往来核销”功能不可用。同时在初始数据录入时，“业务发生时间”这个项目将不会在核算项目录入中出现，所以必须先启用“往来业务核销”，再录入初始余额的数据。

账务处理中实现往来管理的主要功能是往来核销、往来对账和账龄分析。

二、往来业务处理

1. 实验资料

(1) 1月21日，收到东新风华公司支付货款的转账支票一张，金额150 000元，工商银行支票号为587135。

借：银行存款——工行存款　　150 000.00

　　贷：应收账款——[04]东新风华公司　　150 000.00

(2) 1月22日，收到天华商场付货款转账支票一张，金额50 000元，工商银行转账支票号为631258。

借：银行存款——工行存款　　50 000.00

　　贷：应收账款——[01]天华商场　　50 000.00

(3) 1月23日，开出一张150 000元的转账支票，付联星批发部货款，工商银行支票号为456322。

借：应付账款——[03]联星批发部　　150 000.00

　　贷：银行存款——工行存款　　150 000.00

(4) 1月24日，开出一张40 000元的转账支票，付海华集团公司货款，工商银行支票号为456324。

借：应付账款——[01] 海华集团公司　　40 000.00

　　贷：银行存款——工行存款　　40 000.00

(5) 1月25日，收到天华商场付款转账支票一张，金额80 000元，工商银行转账支票号为631592。

借：银行存款——工行存款　　　　　　80 000.00

　　贷：应收账款——[01]天华商场　　　　　　80 000.00

2. 实验过程

选择“账务处理”|“凭证录入”功能，将有关往来业务凭证录入，然后选择有关功能进行审核、复核和过账。输入的凭证如图5-84所示。

会计分录序时簿

审核	复核	过账	日期	凭证字号	摘要	科目代码	科目名称	原币金额	借方	贷方
			2014/01/21	收 - 4	收到货款	1002.01	银行存款 - 工行存款	150,000.00	150,000.00	
					收到货款	1122	应收账款/[04]东新风华公司	150,000.00		150,000.00
			2014/01/22	收 - 5	收到货款	1002.01	银行存款 - 工行存款	50,000.00	50,000.00	
					收到货款	1122	应收账款/[01]天华商场	50,000.00		50,000.00
			2014/01/23	付 - 6	付货款	2202	应付账款/[03]联星批发部	150,000.00	150,000.00	
					付货款	1002.01	银行存款 - 工行存款	150,000.00		150,000.00
			2014/01/24	付 - 7	付货款	2202	应付账款/[01]海华集团公司	40,000.00	40,000.00	
					付货款	1002.01	银行存款 - 工行存款	40,000.00		40,000.00
			2014/01/25	收 - 6	收到货款	1002.01	银行存款 - 工行存款	80,000.00	80,000.00	
					收到货款	1122	应收账款/[01]天华商场	80,000.00		80,000.00
					合计				470,000.00	470,000.00

图5-84　应收应付凭证

三、往来核销

1. 往来核销

选择“账务处理”|“往来核销”功能，首先输入要核销的会计科目，然后再输入核算项目，如图5-85所示。进入后如图5-86所示(没有显示的记录)。

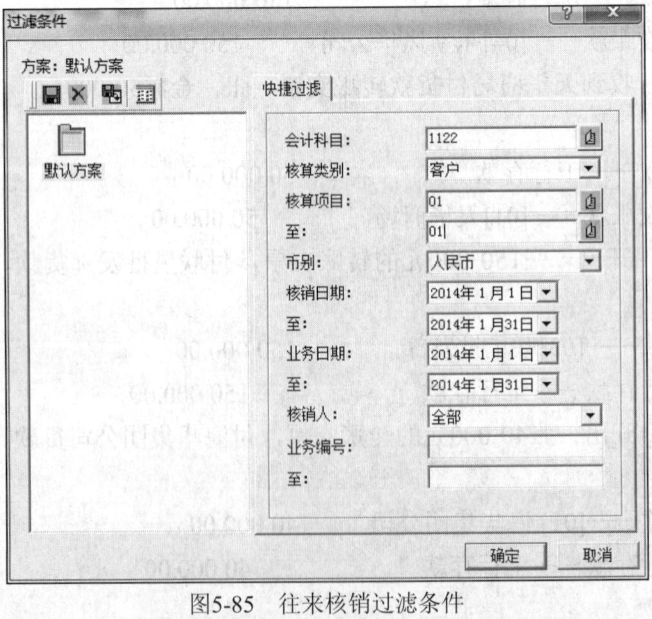

图5-85　往来核销过滤条件

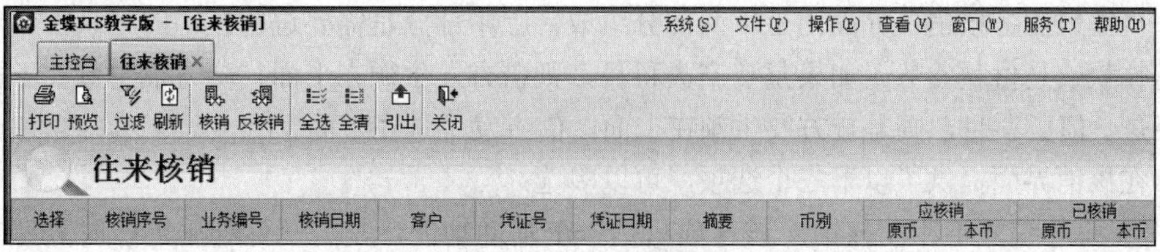

图5-86　往来核销

核销的业务处理过程如下：

单击工具栏的“核销”按钮，然后设置科目、核算项目(往来单位)，排序方式等，注意业务日期要包含期初业务的日期，如图5-87所示。

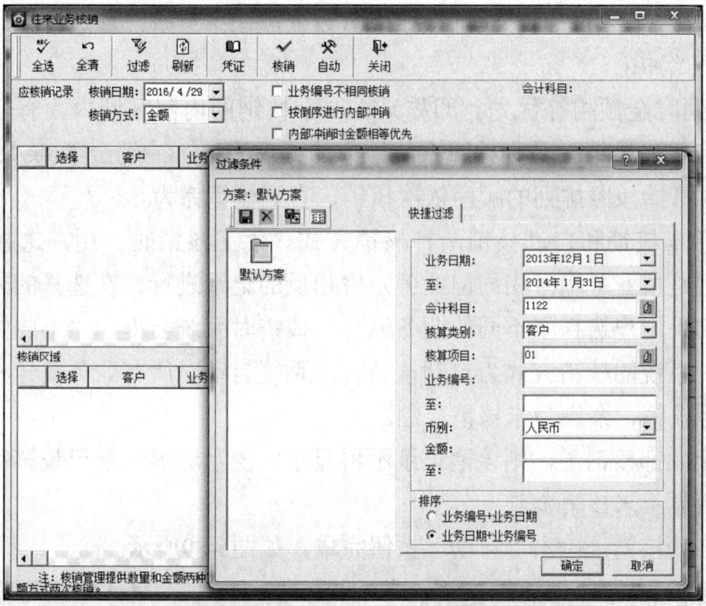

图5-87　往来业务核销条件设置

核销的“过滤条件”设置完成，单击“确定”按钮，进入核销的处理界面。先设置日期为“2014.01.31”，再选择具体的核销条件“业务编号不相同核销”，如图5-88所示。

图5-88　往来业务核销

“往来业务核销”界面由上下两部分组成，上半部分是需要进行核销的记录，下半部分是收款或是付款业务。如果是资产类科目，则借方发生额在上面，贷方发生额在下面；如果是负债类科目，则是贷方发生额在上面，借方发生额在下面。

在核销界面提供了以下三个选项，可以多选：

① 业务编号不相同核销。该选项只是一个辅助功能，是为了弥补用户一时大意未输入业务编号或输入错误业务编号而提供的一种补救功能。因此建议用户不到万不得已最好不要使用该功能。

② 按倒序进行冲销。内部金额进行冲销时，如果不选择此选项，则负数金额的冲销是从第一条正数金额进行冲销；如果选择了此选项，则负数金额的冲销从该笔金额上面的倒数第一条正数金额开始冲销。注意：如果负数金额在第一条，那么选择此选项后从最后一条正数金额开始冲销。

③ 内部冲销时金额相等优先。即如果在一个核销的内部区域内，有金额相等方向相反的冲销记录应优先核销。否则按照系统原来的处理程序，冲销金额(负数)从该区域内的第一笔正数金额开始按照排列的顺序依次核销，直到核销完为止。

系统提供手工核销和自动核销两种核销方式。手工核销时，用户选择相同的业务编号，核销的原则是按业务编号相同但业务发生相反的记录进行。在选择的方框中显示一个选中的记号，如果用户选择了不同的业务编号，核销时系统会提示“不同的业务编号不可以进行核销”。系统的核销方式为自动核销时，系统自动对所有业务编号相同但业务发生相反的记录进行核销，余额为未核销金额。

如果全部金额都核销了，则该笔记录不再显示，表示这笔记录已被核销完成，如果是部分核销，则应显示未核销金额。

这里采用自动核销，单击“自动”按钮完成，如图5-89所示。

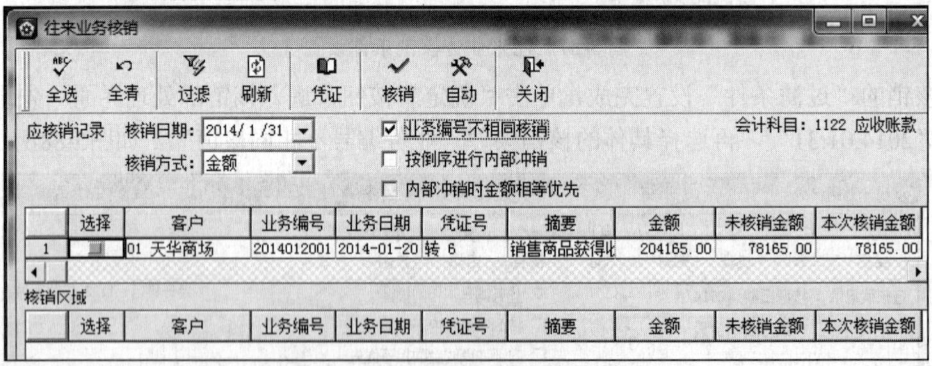

图5-89　自动核销后的结果

单击“关闭”按钮后，显示核销结果，如图5-90所示。用户也可以选择“反核销”取消核销，然后重新进行核销。

2. 往来对账单

往来管理提供的是按余额核销，系统自动把设置为往来会计科目的科目余额属性方向(如应收账款为借方)的最后一笔业务发生时间作为账龄起算点。所有业务自动从凭证中提取，采用统一的按余额核销模式，不需要进行手动核销，系统自动出往来对账单和账龄分析表。

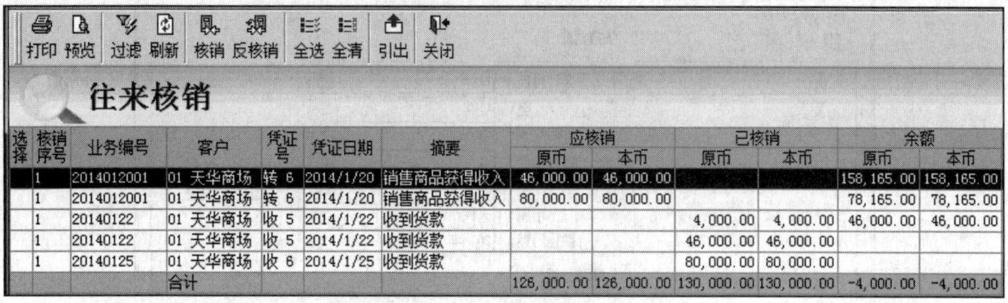

选择	核销序号	业务编号	客户	凭证号	凭证日期	摘要	应核销		已核销		余额	
							原币	本币	原币	本币	原币	本币
	1	2014012001	01 天华商场	转 6	2014/1/20	销售商品获得收入	46,000.00	46,000.00			158,165.00	158,165.00
	1	2014012001	01 天华商场	转 6	2014/1/20	销售商品获得收入	80,000.00	80,000.00			78,165.00	78,165.00
	1	20140122	01 天华商场	收 5	2014/1/22	收到货款			4,000.00	4,000.00	46,000.00	46,000.00
	1	20140122	01 天华商场	收 5	2014/1/22	收到货款			46,000.00	46,000.00		
	1	20140125	01 天华商场	收 6	2014/1/25	收到货款			80,000.00	80,000.00		
			合计				126,000.00	126,000.00	130,000.00	130,000.00	-4,000.00	-4,000.00

图5-90　核销结果

选择“账务处理”|“往来对账单”功能，先设置过滤条件，如图5-91所示。

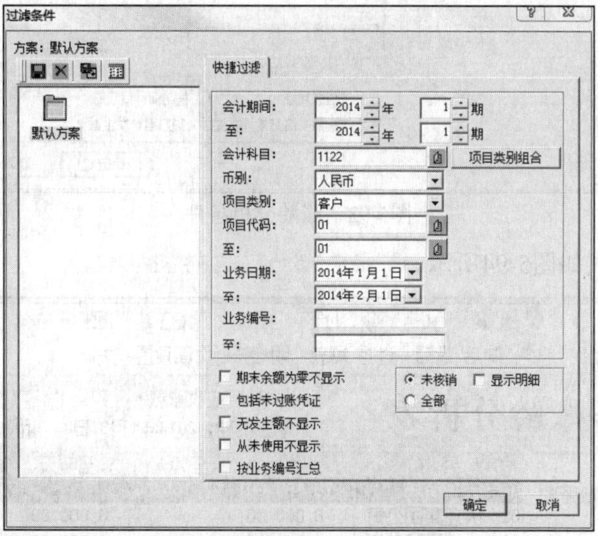

图5-91　往来对账单条件设置

往来对账单格式如图5-92所示。

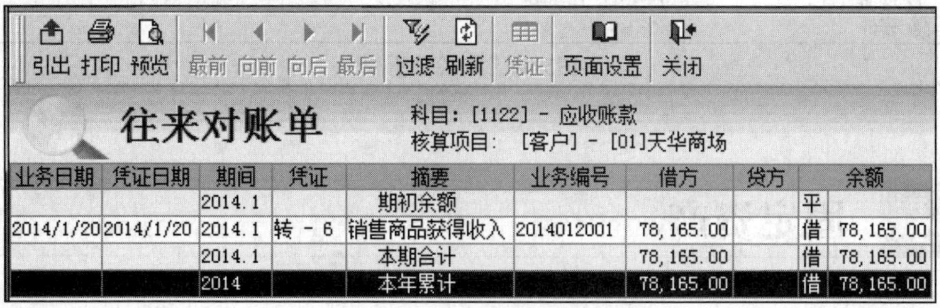

业务日期	凭证日期	期间	凭证	摘要	业务编号	借方	贷方	余额	
		2014.1		期初余额				平	
2014/1/20	2014/1/20	2014.1	转 - 6	销售商品获得收入	2014012001	78,165.00		借	78,165.00
		2014.1		本期合计		78,165.00		借	78,165.00
		2014		本年累计		78,165.00		借	78,165.00

图5-92　往来对账单格式

四、账龄分析

选择“账务处理”|“账务账龄分析表”功能，账龄分析表的格式如图5-93所示。输入

条件时，要注意日期。

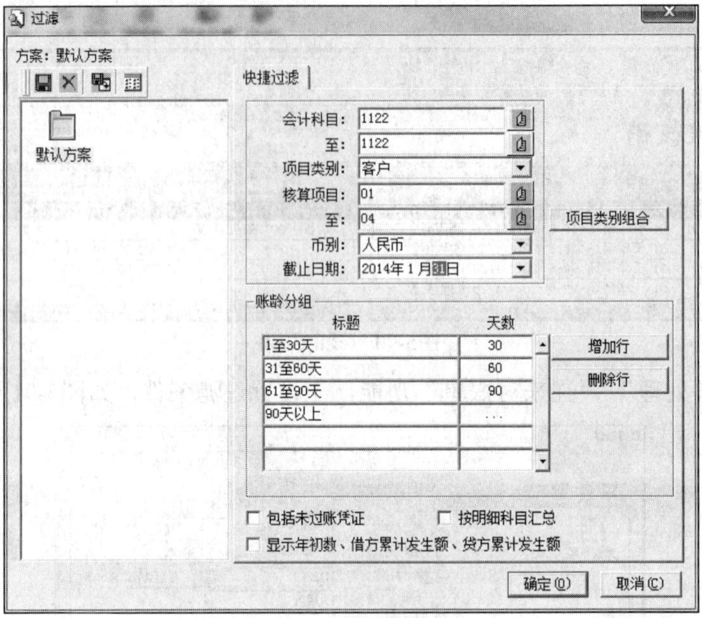

图5-93　账龄分析条件

账龄分析表格式如图5-94所示。

图5-94　账龄分析表

第六节　固定资产

一、基本功能

固定资产管理以固定资产卡片管理为基础，帮助企业实现对固定资产的全面管理，包括固定资产的新增、清理、变动，按会计准则的要求进行计提折旧工作，如图5-95所示。

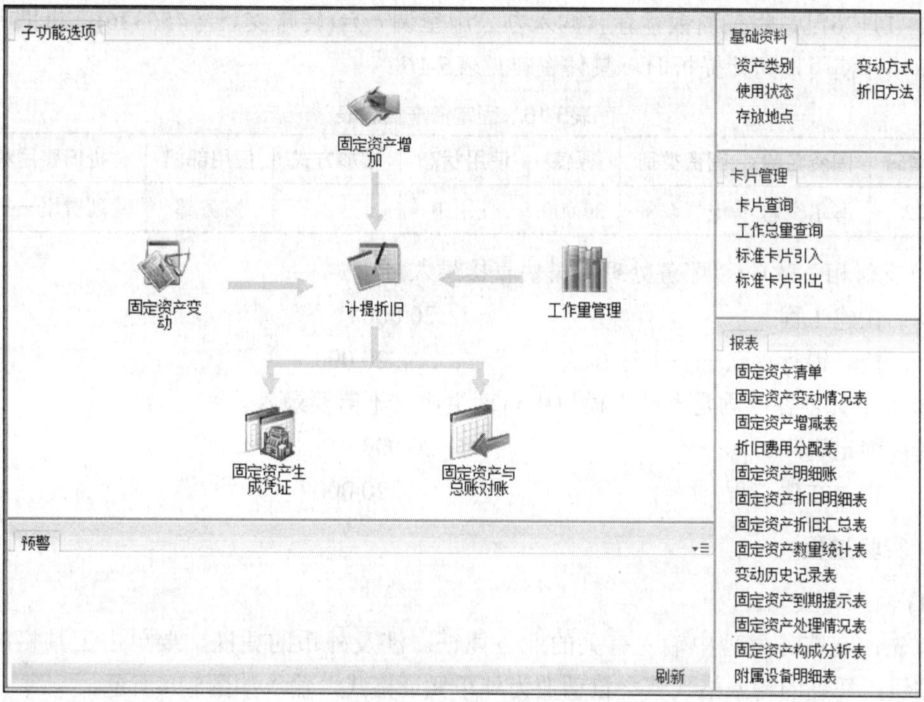

图5-95　固定资产功能

二、固定资产增加

1. 实验资料

(1) 1月25日，用中行美元账户存款购买计算机一台，价格3000美元，当天汇率为1美元＝6.45元人民币，同时用工行存款支付关税3000元，运费9340元，工行转账支票号456325，中行转账支票号151521。折旧按原值和预计使用期间计提折旧，详细资料见表5-15。

表5-15　固定资产信息表

固资编码	固资名称	固资类别	原值	使用状态	增加方式	使用部门	折旧费用科目
TY03	HP服务器	通用设备	31 690	使用中	购入	财务部	管理费用－折旧费

① 支付相关款项(在“账务处理”模块直接录入)。

借：在建工程　　　　12 340

　　贷：银行存款——工行存款　　　　12 340

借：在建工程　　　　19 350

　　贷：银行存款——中行存款　　　　19 350(3000美元)

② 增加固定资产(在“固定资产”模块中自动生成，不需要录入)。

借：固定资产　　　　31 690

　　贷：在建工程　　　　31 690

(2) 1月26日，用工商银行存款购入办公用空调一台(转账支票号456326)，折旧计算按原值和预计使用期间计提折旧，具体资料见表5-16。

表5-16 固定资产信息表

固资编码	固资名称	固资类别	原值	使用状态	增加方式	使用部门	折旧费用科目
DQ02	海尔空调	电气设备	20 000	使用中	购入	财务部	管理费用－折旧费

① 支付相关款项(“账务处理”模块直接录入)。

借：在建工程　　　　　　　　　　20 000

　　贷：银行存款——工行存款　　　　　　20 000

② 如下凭证在“固定资产”模块中自动生成，不需要录入。

借：固定资产　　　　　　　　　　20 000

　　贷：在建工程　　　　　　　　　　　　20 000

2. 实验过程

(1) 输入有关凭证

首先，在账务处理中输入有关的业务凭证。涉及外币的凭证，要单击工具栏的“外币”按钮，凭证的输入格式就会自动变为外币凭证格式，输入如图5-96所示。

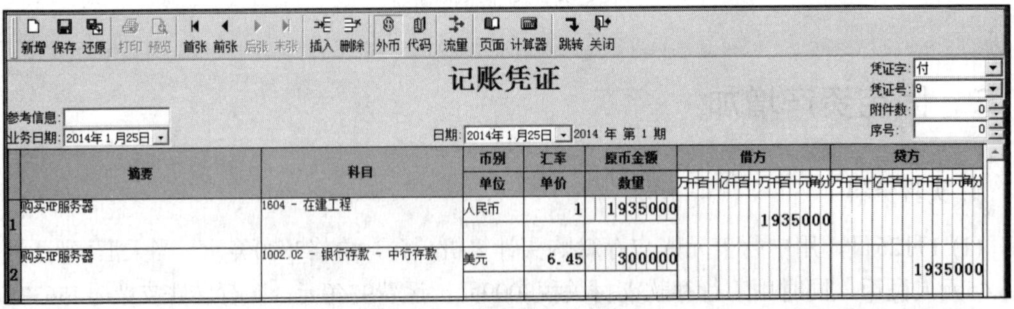

图5-96 外币凭证的输入

(2) 输入固定资产卡片

选择“固定资产”|“固定资产增加”功能，录入基本信息，如图5-97所示。

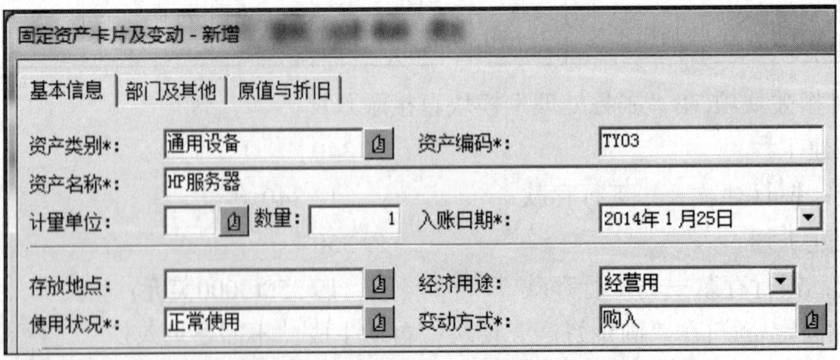

图5-97 固定资产卡片(基本信息)

“部门及其他”信息，如图5-98所示。

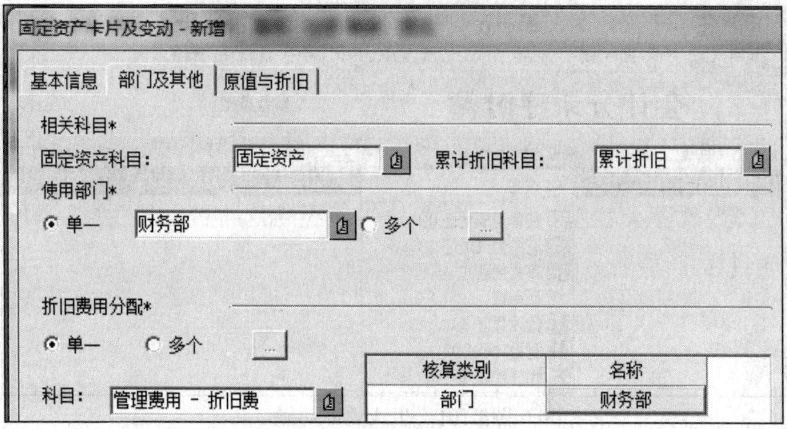

图5-98　部门及其他信息

执行“原值与折旧”时先输入有关原值与折旧的信息，在多币种情况下，选择“多币别”，操作方法如图5-99所示。

输入增加的固定资产案例资料后，如图5-100所示。

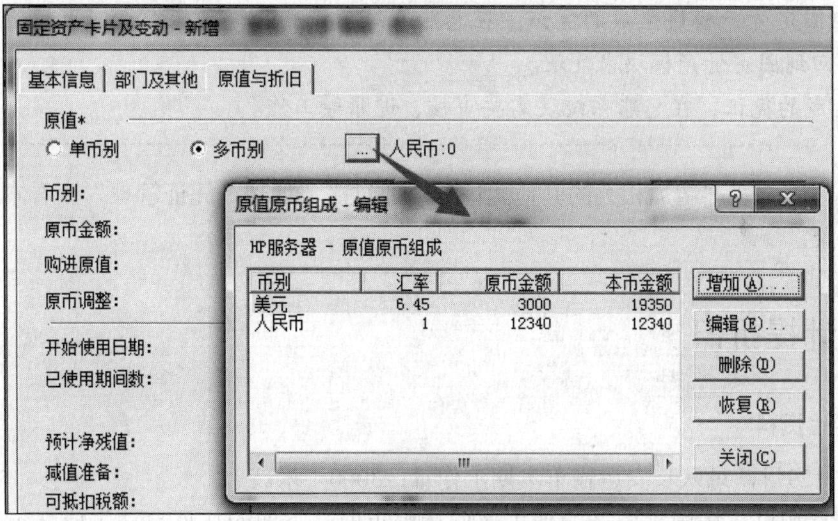

图5-99　原值与折旧(多币种输入)

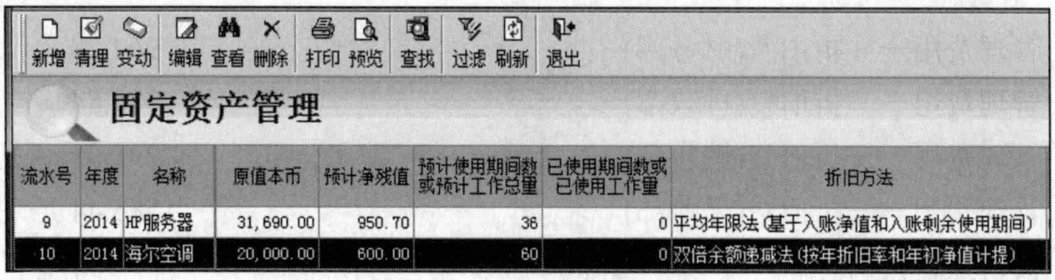

图5-100　增加的固定资产

(3) 生成凭证

选择“固定资产”|“固定资产生成凭证”功能，系统弹出“过滤界面设置”窗口，进行过滤条件设置后(这里使用默认设置)进入会计分录序时簿，单击右键可调用相关功能，如图5-101所示。

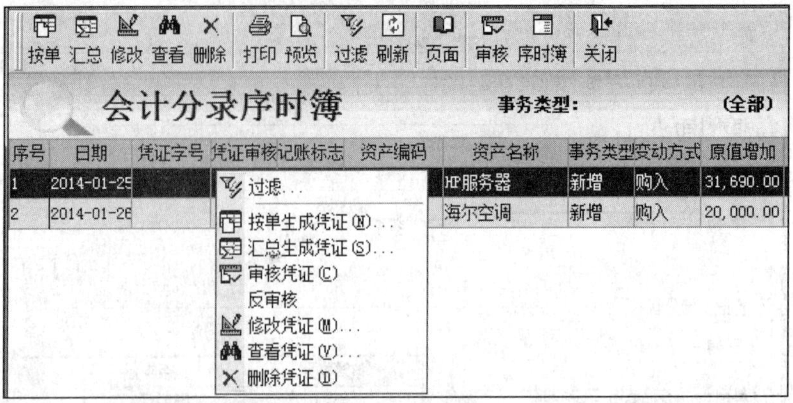

图5-101　生成凭证功能

执行“按单生成凭证”命令后，单击“开始”按钮即完成凭证生成。双击可以显示生成的凭证，通过账务处理的“凭证管理”可以查看具体的会计分录。

实验提示

---

① 在固定资产模块生成的凭证，在总账系统不能删除，只能查看、审核，如果需要删除，要回到固定资产模块来处理。

② 生成的凭证，在总账系统还需要审核、过账等工作。

录入与固定资产增加相关的其他凭证后，通过账务处理“凭证管理”查看本部分业务的会计分录。

三、计提折旧

1. 实验资料

(1) 1月29日，录入长安运输车本期工作量：3000千米。

(2) 1月30日，按固定资产的使用部门计提折旧。下面的凭证自动生成，不需要手工录入。

借：管理费用——折旧费(财务部)	964.28
管理费用——折旧费(行政部)	985.84
管理费用——折旧费(销售部)	291.95
管理费用——折旧费(采购部)	1585.44
贷：累计折旧	3827.51

2. 实验过程

(1) 固定资产初始数据的调整方法

当启用账套进行业务处理后，若发现固定资产的初始化数据有误，需要返回调整。其方法是：

- 原来的过账人员进行登录，取消已经记账的凭证。
- 具有初始化权限的人员进行登录，使用初始化模块的“启用财务系统”功能，选择“反初始化”。
- 使用初始化模块的“固定资产初始数据”功能修改有关数据。
- 使用初始化模块的“启用财务系统”功能，选择“结束初始化”，完成启用工作。
- 再对已经取消过账的凭证进行过账。

接下来可继续处理相关业务。

(2) 录入本期工作量

如有固定资产采用的是工作量法，则在计提本月折旧前，资产管理人员需从各使用部门收集此类固定资产的当期工作量数据，并输入系统中。

选择“固定资产”|“工作量管理”命令，输入过滤条件后，进入“工作量管理”窗口，如图5-102所示。

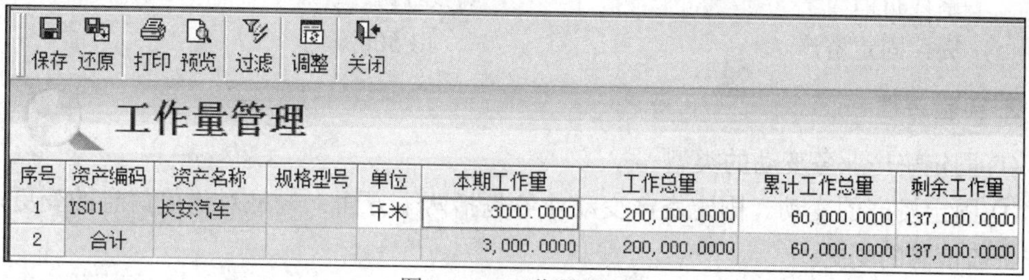
保存 还原 打印 预览 过滤 调整 关闭
工作量管理
序号 资产编码 资产名称 规格型号 单位 本期工作量 工作总量 累计工作总量 剩余工作量
1 YS01 长安汽车 千米 3000.0000 200,000.0000 60,000.0000 137,000.0000
2 合计 3,000.0000 200,000.0000 60,000.0000 137,000.0000

图5-102　工作量录入

(3) 计提折旧

选择“固定资产”|“计提折旧”命令，进行折旧的计提。

单击“下一步”按钮后，设置“凭证摘要”和“凭证字”，凭证摘要一般用“结转折旧费用”，凭证字设为“转”。然后单击“下一步”按钮后继续执行“计提折旧”，完成折旧工作。

选择“账务处理”|“凭证管理”命令，可以查看到生成的凭证，如图5-103所示。

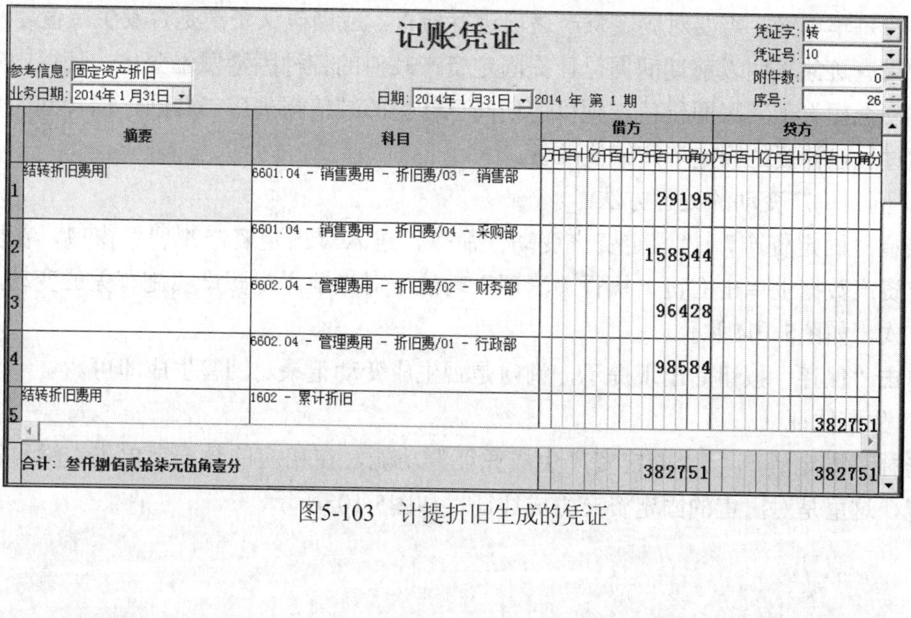

图5-103　计提折旧生成的凭证

在固定资产模块，也可以选择“固定资产”|“固定资产凭证序时簿”查询凭证，如果生成的凭证有误，可在此进行删除，然后改正错误后，再生成。

如果发现因为工作量输入等原因，导致折旧数据不正确，可以在修改有关数据后再生成，系统会自动替换前面生成的凭证。

四、固定资产变动

1. 实验资料

1月31日，将固资编码为TY01的固定资产出售，款未收到，暂时只作清理凭证。下面的会计分录在“固定资产”模块中自动生成，不需要录入。

借：固定资产清理　　　　8771.25
　　累计折旧　　　　　　4728.75
　　贷：固定资产　　　　　13 500

2. 实验过程

(1) 固定资产业务变动的类型

① 固定资产的变动。固定资产变动业务包括两个方面：一是对价值信息的变更，二是非价值信息的变更。

② 固定资产的清理。企业会对固定资产进行清理，主要包括：将不适用或不需用的固定资产出售或转让；固定资产由于使用而不断磨损直至报废；由于新技术的发展，原有固定资产遭到淘汰而提前报废；由于非常事故或自然灾害，固定资产发生损毁；对外投资转出固定资产；对外捐赠转出固定资产；以非现金资产抵偿债务方式转出固定资产；以非货币性交易转出的固定资产；按照有关规定并经有关部门批准无偿调出的固定资产。

③ 固定资产减值准备。固定资产发生损坏、技术陈旧或因其他经济原因，导致可收回金额低于其账面价值的，从真实性和稳健性原则出发，应当予以确认。因此企业在期末或至少在每年年终，需要对固定资产逐项进行检查，应当确认资产是否发生减值。

如果有迹象表明以前期间据已计提固定资产减值的各种因素发生变化，使得固定资产的可收回金额大于其账面价值，则以前期间已计提的减值损失应当转回，但转回的金额不应当超过原已计提的固定资产减值准备。

(2) 固定资产变动的处理方法

选择“固定资产”|“固定资产变动”命令，进入“固定资产管理”窗口，在要清理的固定资产数据上单击右键，执行“清理”功能，对当前固定资产实施有关的变动，输入变动方式，如图5-104所示。

单击“保存”按钮后出现提示，询问是否生成变动记录，回答生成即可。

(3) 生成凭证

选择“固定资产”|“固定资产生成凭证”功能，在相应的数据上单击右键可实现有关功能，这里是对出售的固定资产生成凭证，如图5-105所示。

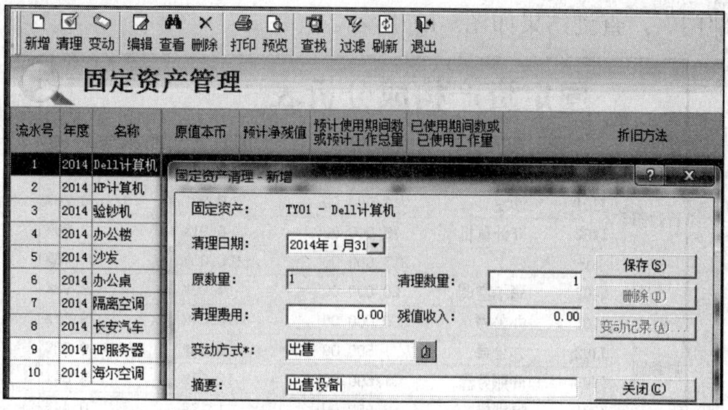

图5-104　出售固定资产有关数据录入

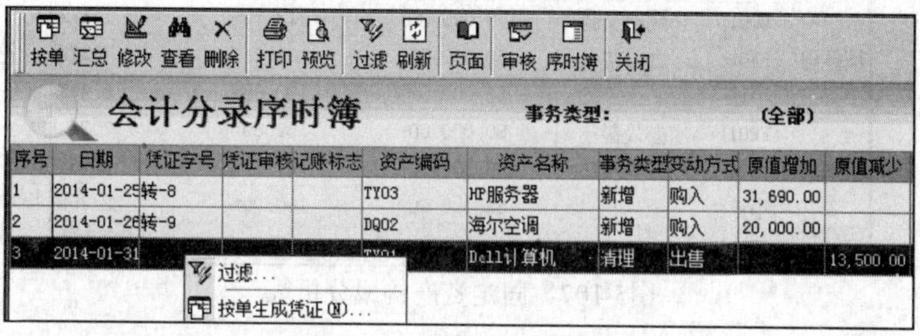

图5-105　会计分录序时簿

执行“按单生成凭证”功能。凭证生成后，双击可以查看。从账务处理中“凭证管理”查看的结果，如图5-106所示。

会计分录序时簿

过账	日期	凭证字号	摘要	科目代码	科目名称	原币金额	借方	贷方
	2014/01/25	付 - 8	购买HP服务器	1604	在建工程	12,340.00	12,340.00	
			购买HP服务器	1002.01	银行存款 - 工行存款	12,340.00		12,340.00
	2014/01/25	付 - 9	购买HP服务器	1604	在建工程	19,350.00	19,350.00	
			购买HP服务器	1002.02	银行存款 - 中行存款	3,000.00		19,350.00
	2014/01/26	付 - 10	购买海尔空调	1604	在建工程	20,000.00	20,000.00	
			购买海尔空调	1002.01	银行存款 - 工行存款	20,000.00		20,000.00
	2014/01/31	转 - 8	购入	1601	固定资产	31,690.00	31,690.00	
			购入	1604	在建工程	31,690.00		31,690.00
	2014/01/31	转 - 9	购入	1601	固定资产	20,000.00	20,000.00	
			购入	1604	在建工程	20,000.00		20,000.00
	2014/01/31	转 - 10	结转折旧费用	6601.04	销售费用 - 折旧费/[03]销	291.95	291.95	
				6601.04	销售费用 - 折旧费/[04]采	1,585.44	1,585.44	
				6602.04	管理费用 - 折旧费/[02]财	964.28	964.28	
				6602.04	管理费用 - 折旧费/[01]行	985.84	985.84	
			结转折旧费用	1602	累计折旧	3,827.51		3,827.51
	2014/01/31	转 - 11	出售	1601	固定资产	13,500.00		13,500.00
			出售	1602	累计折旧	4,728.75	4,728.75	
			出售	1606	固定资产清理	8,771.25	8,771.25	
			合计				120,707.51	120,707.51

图5-106　记账凭证分录

固定资产的其他变动是指除卡片增加和减少之外的其他变动业务，具体包括部门、类别、原值、自定义项目等所有卡片项目的变动。

五、报表查询

1. 固定资产构成分析表

选择“固定资产”|“固定资产构成分析表”功能后，可设置过滤条件，本处构成项

目选择“使用部门”，查询结果如图5-107所示。

固定资产构成分析表

使用部门	资产编码	资产名称	期末原值	占该使用部门%	占总固定资产%
行政部	FW01	办公楼	200,000.00	92.17%	29.27%
	JJ01	沙发	2,000.00	0.92%	0.29%
	TY02	HP计算机	15,000.00	6.91%	2.20%
	小计		217,000.00	100.00%	31.76%
财务部	DQ02	海尔空调	20,000.00	7.80%	2.93%
	FW01	办公楼	200,000.00	78.07%	29.27%
	JJ02	办公桌	1,500.00	0.59%	0.22%
	TY03	HP服务器	31,690.00	12.37%	4.64%
	YQ01	验钞机	3,000.00	1.17%	0.44%
	小计		256,190.00	100.00%	37.50%
销售部	DQ01	隔离空调	8,000.00	13.79%	1.17%
	FW01	办公楼	50,000.00	86.21%	7.32%
	小计		58,000.00	100.00%	8.49%
采购部	FW01	办公楼	50,000.00	32.89%	7.32%
	YS01	长安汽车	102,000.00	67.11%	14.93%
	小计		152,000.00	100.00%	22.25%
合计			683,190.00		100.00%

图5-107　固定资产构成分析表

2. 固定资产折旧汇总表

选择“固定资产”|“固定资产折旧汇总表”后，“汇总设置”过滤条件为“类别”，查询结果如图5-108所示。

固定资产折旧汇总表

类别	期初原值	期初累计折旧	期初净值	原值减少	折旧调减	本期折旧额
电气设备	8,000.00	4,000.04	3,999.96	0.00	0.00	160.00
房屋及建筑物	500,000.00	105,555.20	394,444.80	0.00	0.00	1,319.45
家具用具及其他	3,500.00	1,358.01	2,141.99	0.00	0.00	78.14
交通运输设备	102,000.00	29,070.00	72,930.00	0.00	0.00	1,453.50
通用设备	28,500.00	5,577.51	22,922.49	13,500.00	4,728.75	767.92
仪器仪表	3,000.00	242.50	2,757.50	0.00	0.00	48.50
合计	645,000.00	145,803.26	499,196.74	13,500.00	4,728.75	3,827.51

图5-108　固定资产折旧汇总表

第七节　工资管理

一、基本功能

工资管理的基本功能就是完成工资结构的建立、计算公式定义、工资数据录入和计算、工资数据汇总和凭证生成等业务。工资管理的主要功能如图5-109所示。

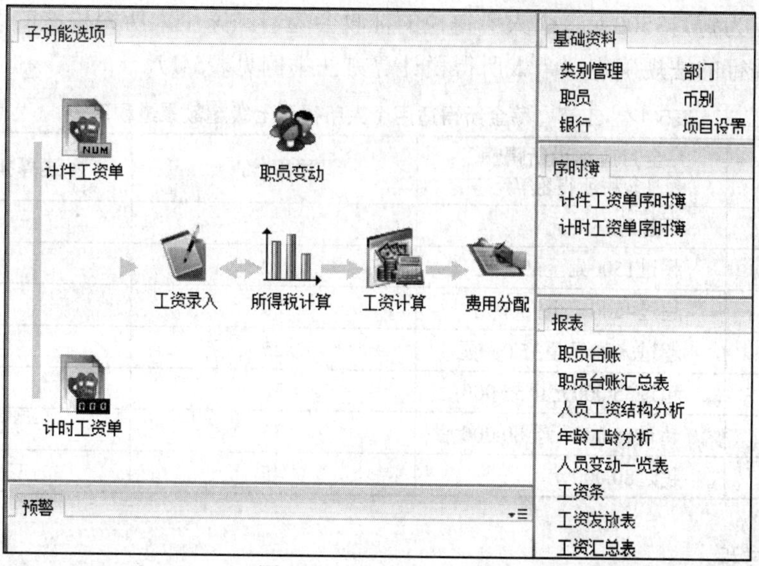

图5-109　工资管理功能

二、基础资料设置

1. 实验资料

(1) 工资项目

工资项目包括基本工资、职务工资、书报费、应发合计、病假天数、病假扣款、事假天数、事假扣款、养老保险、代扣税、扣款合计、实发合计。其中每月清零项目有病假天数、病假扣款、事假天数、事假扣款。

其中，职务工资、书报费、病假天数、病假扣款、事假天数、事假扣款、养老保险是需要新增加的项目。

(2) 计算公式

① 职务工资：职务为“部门经理”的职务工资为800元，职务为“科员”的职务工资为500元，职务为“总经理”的职务工资为1500元。

② 书报费：职员类别为“管理人员”的书报费为80元，职员类别为“经营人员”的书报费为50元。

③ 病假扣款=病假天数×基本工资/21×0.6。

④ 事假扣款=事假天数×基本工资/21。

⑤ 应发合计=基本工资+职务工资+书报费−病假扣款−事假扣款。

⑥ 养老保险=应发合计×0.05。

⑦ 扣款合计=养老保险+代扣税。

⑧ 实发合计=应发合计−扣款合计。

(3) 个人所得税

计算个人所得税的扣税项目为“应发合计”，符合条件的每个职员需征收个人所得税，扣税起点为每月3500元。个人所得税的征收会随着国家个人所得税法的改变而改变，具体请参照现行的法规确定。个人所得税计算方法举例见表5-17。

表5-17　工资、薪金所得适用个人所得税七级超额累进税率表

级　数	全月应纳税所得额(含税所得额)/元	税率(%)	速算扣除数/元
1	不超过1500元	3	0
2	超过1500元至4500元	10	105
3	超过4500元至9000元	20	555
4	超过9000元至35 000元	25	1005
5	超过35 000元至55 000元	30	2755
6	超过55 000元至80 000元	35	5505
7	超过80 000元	45	13 505

2. 实验过程

(1) 工资类别设置

在金蝶KIS专业版工资管理中，可以将工资分类别进行核算，方便了运用多套工资方案进行核算的单位。其类别的划分可按部门、人员类别等任意选择。如企业临时职工(短期用工)和在职职工的工资核算方案是不同的，就可以将职员定义为两个人员类别，然后分两个工资类别分开设置核算公式进行计算。还可将一个人员归入多个类别进行处理，如既在开发部发工资，又在某一开发项目中发工资或补贴。

选择“工资管理”|“类别管理”命令，进入工资类别设置，再单击“新建”按钮，建立一个新类别“职工工资”，如图5-110所示。

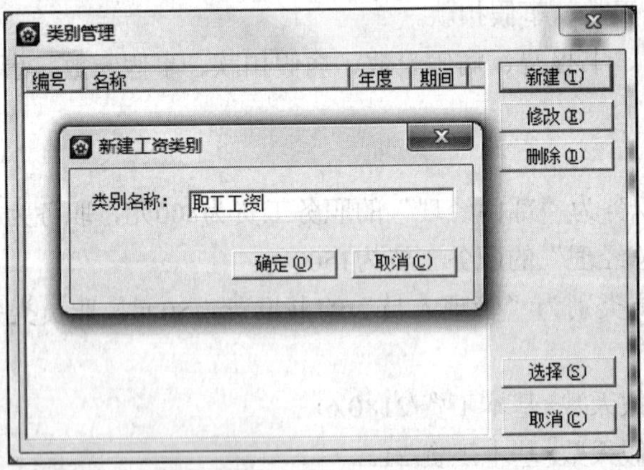

图5-110　类别管理(新建)

单击“确定”按钮后，新的类别建立成功。

(2) 部门设置

选择“工资管理”|“部门”命令，再选择工资类别，进入后如图5-111所示。

设置部门有两种方式：一是从基础设置中设置的部门引入；二是直接增加。一般采用引入方式完成，单击“引入”按钮，具体选择“总账数据”，再单击“全选”按钮，然后

单击“导入”功能，即完成部门导入。导入完成后，单击“浏览”按钮，如图5-112所示。

图5-111 部门设置

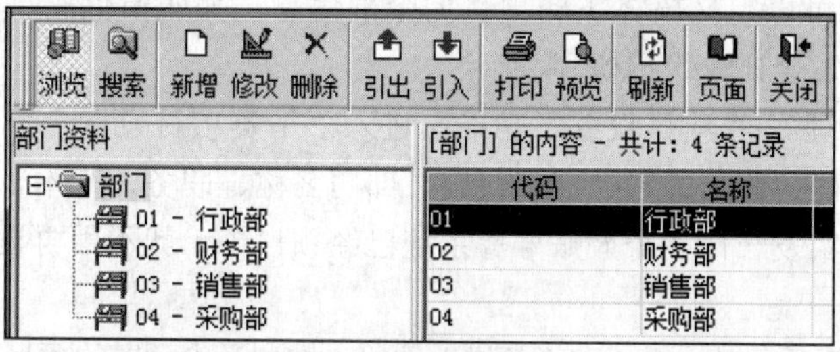

图5-112 部门导入

(3) 职员

选择“工资管理”|“职员”，单击“引入”按钮，选择“总账数据”，单击“全选”按钮后执行“导入”功能。

导入完成后，再单击“浏览”按钮即可查看导入的人员。

在工资管理模块里面，职务、职员类别等可以独立于其他模块，优点是可以按照工资管理的要求来设置，不受其他模块的限制。例如，在编辑人员信息的“职务”输入处，按F7键，可以调出职务的设置框，进行职务的新增、修改和删除，与初始化人员时的方法相同。

实验提示

当总账的人员资料不完善时，不要急于引入工资模块。因为引入后再想在工资模块中修改职员基本信息的时候，都会被认为是职员变动。引入工资模块应在职员变动中进行，因为系统将对所有历史信息进行保留。

(4) 币别设置

币别设置即设定工资支付时所使用的不同货币，如人民币、美元、港币等各种不同的币别。如外企中若以港币来发放工资，此时的币别应选取港币。币别可选取不同的记账汇率及不同的折算方式。在此不需要进行币别的增加、删除与修改等操作，此币别与总账等其他系统作为一个统一的整体使用，与类别无关，各类别信息共享，其操作参考总账中的币别设置。

(5) 银行设置

在“银行”功能中可定义代为发放工资的银行。在此主要记录用于发放工资时的银行名称、账号长度及其他自定义项目。

选择“工资管理”|“银行”命令，单击“新增”按钮，增加银行信息，如图5-113所示。

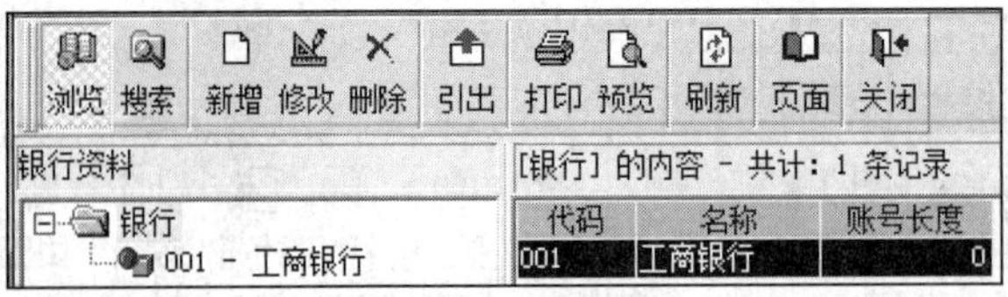

图5-113　新增银行

(6) 项目设置

在项目设置中可以定义核算工资项目的全部信息，如职员代码、职员姓名、部门名称、应发合计、实发合计、代扣税等。

选择“工资管理”|“项目设置”功能，进入“工资项目设置”窗口。在“工资项目设置”中，职员代码、职员姓名、部门代码、部门名称、职务、基本工资、应发合计、代扣税、扣款合计、实发合计、个人账号等系统已经预设了，就不用再设置，可以根据需要增加新项目。

根据需要增加新项目时，需单击“新增”按钮，增加没有预置的项目，如图5-114所示。

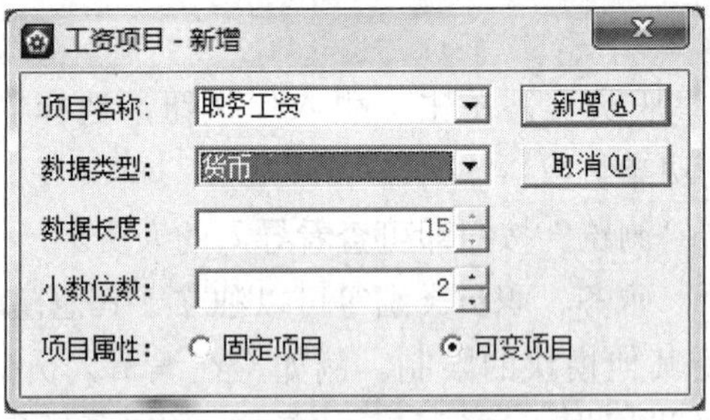

图5-114　新增项目

要进行工资的相关项目的排序，可先执行“排序”功能，然后通过“上移”“下移”功能完成，如图5-115所示。

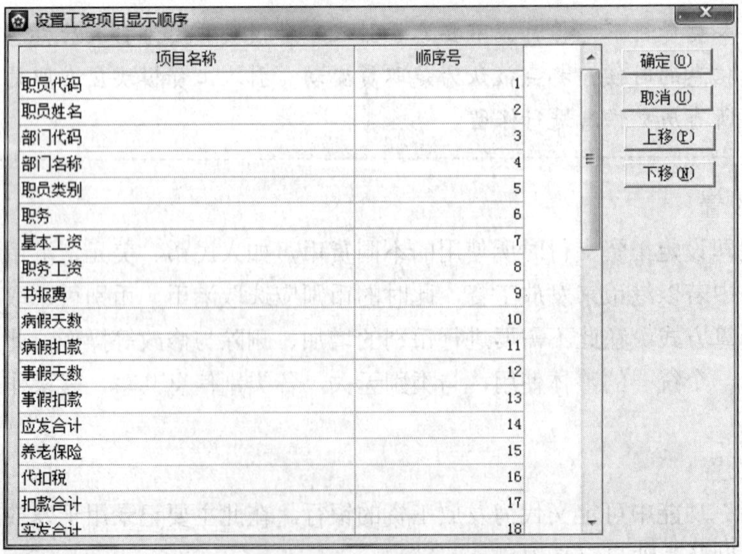
设置工资项目显示顺序
项目名称 顺序号
职员代码 1
职员姓名 2
部门代码 3
部门名称 4
职员类别 5
职务 6
基本工资 7
职务工资 8
书报费 9
病假天数 10
病假扣款 11
事假天数 12
事假扣款 13
应发合计 14
养老保险 15
代扣税 16
扣款合计 17
实发合计 18
确定(O)
取消(U)
上移(P)
下移(N)

图5-115　工资项目排序

(7) 公式设置

选择“工资管理”|“公式设置”，系统弹出“公式设置”窗口。在设置的过程中，可以通过“计算公式说明”查看有关的函数和规则。设定公式时，先单击“新增”按钮，输入公式名称，然后单击“保存”按钮，如图5-116所示。

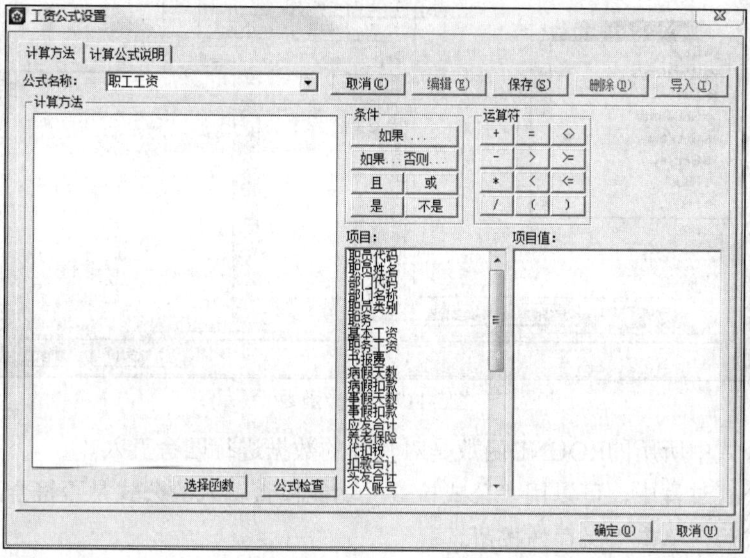

图5-116 设定公式名称

公式设置举例：

如果 职务="部门经理" 则 职务工资=800

否则 职务工资=500

如果完

① 设置公式之前，先单击“编辑”按钮进入公式编辑状态。单击条件“如果…否则…”，在计算方法处显示：

如果 ... 则

否则

如果完

② 将光标移动到“如果”后空一个空格，双击项目中的“职务”，然后单击运算符“=”，再双击项目值“部门经理”：

如果 职务="部门经理" ... 则

否则

如果完

③ 删除部门经理后的“...”。

按照同样的方法，在“则”后空一格再输入“职务工资 = 800”，要特别注意空格分隔符。再在“否则”后输入“职务工资=500”。

在需要函数的地方，单击“选择函数”按钮，可显示出系统提供的函数，如图5-117所示。

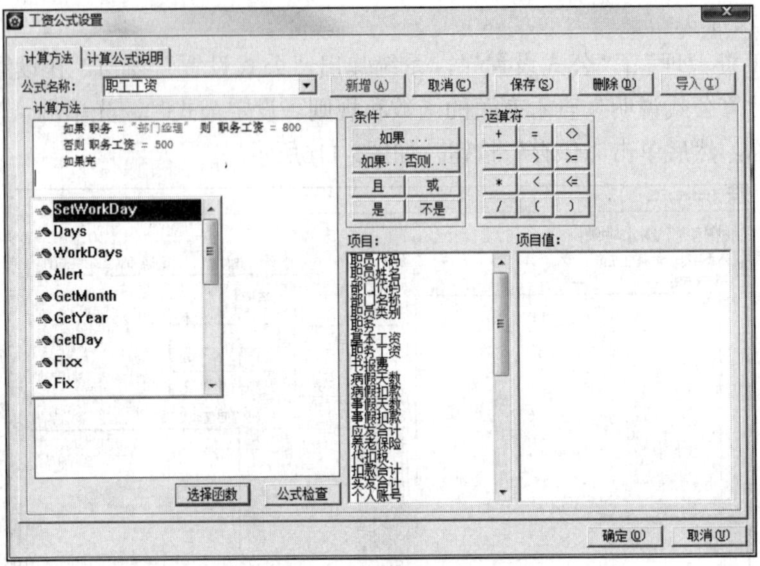

图5-117　选择函数

如计算公式中所用的ROUND函数是对具体的数据进行四舍五入。

在设置公式过程中，可以用“公式检查”功能检查输入的公式是否符合系统的语法。公式设置完成后，单击“保存”按钮。

公式设置技巧主要有：

① 每输入一个小的计算公式段，就检查、保存一下，有错就会显示出来。不要等输入了很多公式后再保存，那样很难发现错误。

② 在输入过程中，要注意输入英文符号时，应处于英文状态。特别注意中文符号，容易混淆。

③ 空格是分隔符号，不可少。

如果后续发现公式需要调整或存在错误，确定要修改时，要先单击“编辑”按钮，然后进行编辑，编辑完成后单击“保存”按钮。

个人所得税的计算可以通过选择“工资管理”|“所得税计算”来生成，这里直接采用设置公式的方法完成。

实验提示

设置完成的公式如下：

如果 职务="部门经理" 则 职务工资=800

否则 职务工资=500

如果完

如果 职务="总经理" 则 职务工资= 1500

如果完

如果 职员类别="管理人员" 则 书报费= 80

否则 书报费= 50

如果完

病假扣款= Roundx(病假天数*基本工资/21*0.6,2)

事假扣款=事假天数*基本工资/21

应发合计=基本工资+职务工资+书报费-病假扣款-事假扣款

养老保险=应发合计*0.05

如果 应发合计-3500-养老保险< 0 则 代扣税=0

如果完

如果 应发合计-3500-养老保险 <= 1500且 应发合计-3500-养老保险> 0 则 代扣税=Roundx((应发合计-养老保险-3500)*0.03,2)

如果完

如果 应发合计-3500-养老保险>1500且 应发合计-3500-养老保险<=4500 则 代扣税= Roundx((应发合计-养老保险-3500)*0.1-105,2)

如果完

如果 应发合计-3500-养老保险>4500且 应发合计-3500-养老保险<=9000 则 代扣税=Roundx((应发合计-养老保险-3500)*0.20-555,2)

如果完

如果 应发合计-3500-养老保险>9000且 应发合计-3500-养老保险<=35 000 则 代扣税= Roundx((应发合计-养老保险-3500)*0.25-1005,2)

如果完

如果 应发合计-3500-养老保险>35 000 且 应发合计-3500-养老保险<=55 000 则 代扣税= Roundx((应发合计-养老保险-3500)*0.30-2755,2)

如果完

如果 应发合计-3500-养老保险>55 000 且 应发合计-3500-养老保险<=80 000 则 代扣税=Roundx((应发合计-养老保险-3500)*0.35-5505,2)

如果完

如果 应发合计-3500-养老保险>80 000则 代扣税=Roundx((应发合计-养老保险-3500)*0.45-13 505,2)

如果完

扣款合计=养老保险+代扣税

实发合计=应发合计-扣款合计

三、工资录入

1. 实验资料

基本工资及考勤资料，如表5-18所示。

表5-18　基本工资及考勤资料表

序　号	职员代码	职员姓名	基本工资/元	病假天数/天	事假天数/天
1	0101	张文峰	4000	1.5	
2	0102	李天华	3000		2
3	0103	孙　正	9000		
4	0104	黄文胜	3500		5
5	0201	李东平	3600		
6	0202	王少红	4200	0.5	3
7	0203	张中杨	3100		3
8	0204	赵小兵	3900	3	
9	0301	周　力	4500		2
10	0302	刘一江	3200	4	1
11	0303	朱小明	2900	6	
12	0401	赵希文	5000	3	
13	0402	孙胜业	3000		0.5
14	0403	杨　真	2500		

2. 实验过程

(1) 定义过滤条件

选择“工资管理”|“工资录入”命令，进入过滤器设置界面，如图5-118所示。

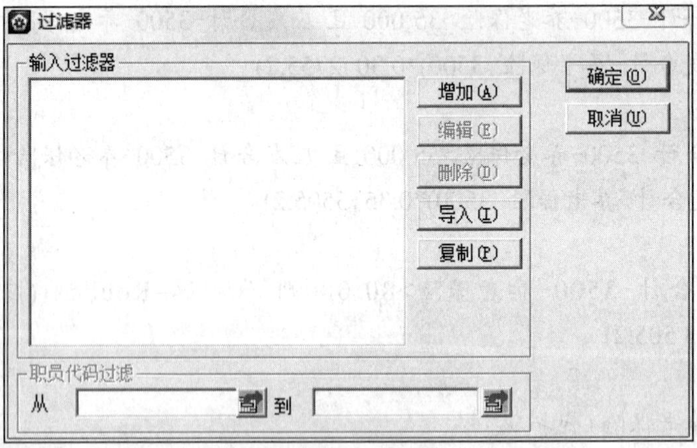

图5-118　过滤器

单击“增加”按钮，定义过滤条件。首先输入过滤名称，这里输入“职工工资”作为过滤名称。计算公式选择前面定义的“职工工资”计算公式。然后再选取需要的项目，最后单击“确定”按钮保存并退出定义状态，如图5-119所示。

选择计算公式后，如果存在多套计算公式，应单击“公式检查”按钮，以检查公式与本类工资的项目是否符合。项目的顺序可通过“上移”“下移”按钮进行移动，以符合实际需要。

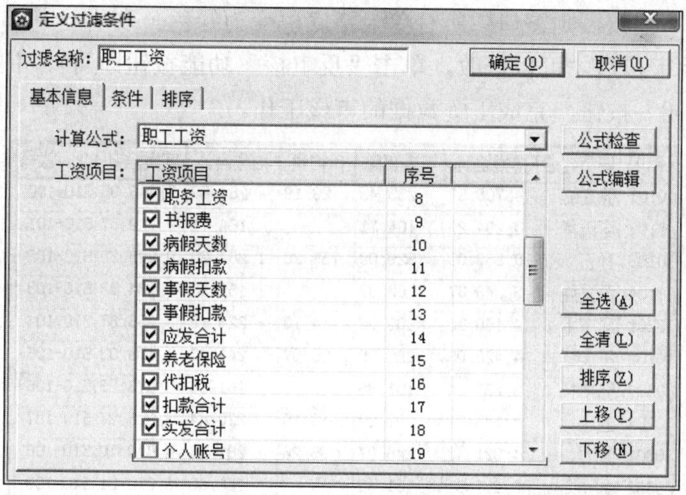

图5-119　定义过滤条件

(2) 工资数据录入

选择“工资管理”|“工资录入”功能，然后选择过滤条件，这里选前面定义的“职工工资”。

单击“确定”按钮后进入工资编辑状态。凡是从职员中引入的数据和通过计算的数据，不能更改。只需要输入基本数据，如图5-120所示。

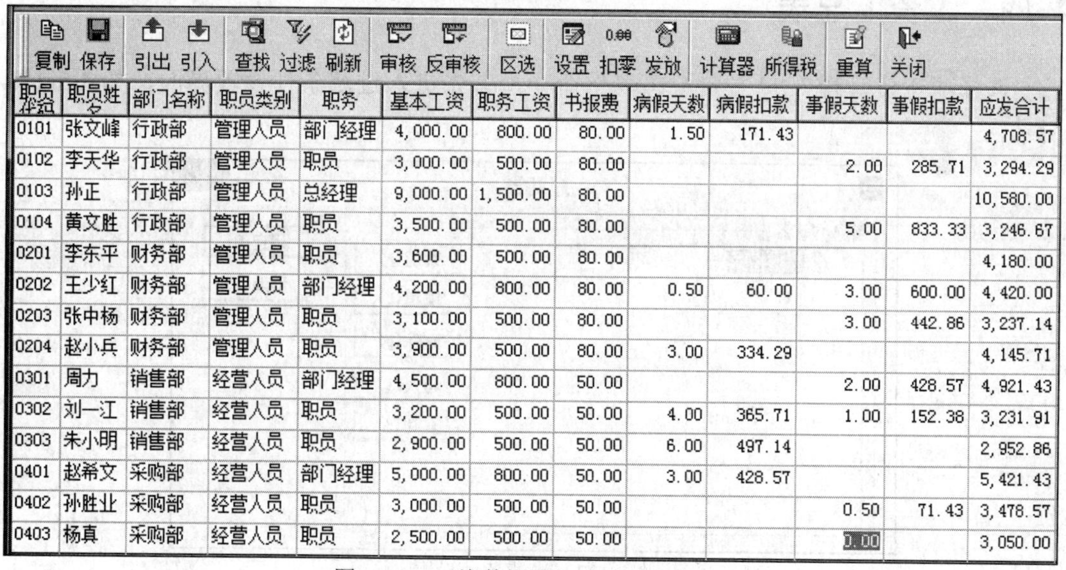

职员代码	职员姓名	部门名称	职员类别	职务	基本工资	职务工资	书报费	病假天数	病假扣款	事假天数	事假扣款	应发合计
0101	张文峰	行政部	管理人员	部门经理	4,000.00	800.00	80.00	1.50	171.43			4,708.57
0102	李天华	行政部	管理人员	职员	3,000.00	500.00	80.00			2.00	285.71	3,294.29
0103	孙正	行政部	管理人员	总经理	9,000.00	1,500.00	80.00					10,580.00
0104	黄文胜	行政部	管理人员	职员	3,500.00	500.00	80.00			5.00	833.33	3,246.67
0201	李东平	财务部	管理人员	职员	3,600.00	500.00	80.00					4,180.00
0202	王少红	财务部	管理人员	部门经理	4,200.00	800.00	80.00	0.50	60.00	3.00	600.00	4,420.00
0203	张中杨	财务部	管理人员	职员	3,100.00	500.00	80.00			3.00	442.86	3,237.14
0204	赵小兵	财务部	管理人员	职员	3,900.00	500.00	80.00	3.00	334.29			4,145.71
0301	周力	销售部	经营人员	部门经理	4,500.00	800.00	50.00			2.00	428.57	4,921.43
0302	刘一江	销售部	经营人员	职员	3,200.00	500.00	50.00	4.00	365.71	1.00	152.38	3,231.91
0303	朱小明	销售部	经营人员	职员	2,900.00	500.00	50.00	6.00	497.14			2,952.86
0401	赵希文	采购部	经营人员	部门经理	5,000.00	800.00	50.00	3.00	428.57			5,421.43
0402	孙胜业	采购部	经营人员	职员	3,000.00	500.00	50.00			0.50	71.43	3,478.57
0403	杨真	采购部	经营人员	职员	2,500.00	500.00	50.00			0.00		3,050.00

图5-120　工资数据录入(应发合计部分)

可以单击右键，执行相关的功能。如数据调整后，应选择“操作”|“重新计算”功能进行一次计算。计算后如图5-121所示。

输入和计算完毕，单击“保存”按钮完成数据的保存。

(3) 审核

如果数据录入内容正确无误，则开始工资数据审核工作。先单击“区选”按钮，然后单击“职员代码”列标题，则“职员代码”列所有单元格底色变黑，表明被选择。单击窗口工具栏“审核”按钮，则窗口中所有单元格底色变为绿色，表明已审核，无法再进行修改(提示：必须反审核后才可以修改，单击“反审核”功能按钮即可)。审核完成后，单击工具栏上的“关闭”按钮，完成工资数据的审核工作。

职员代码	职员姓名	应发合计	养老保险	代扣税	扣款合计	实发合计	个人账号
0101	张文峰	4,708.57	235.43	29.19	264.62	4,443.95	510-100
0102	李天华	3,294.29	164.71		164.71	3,129.57	510-101
0103	孙正	10,580.00	529.00	755.20	1,284.20	9,295.80	510-102
0104	黄文胜	3,246.67	162.33		162.33	3,084.33	510-103
0201	李东平	4,180.00	209.00	14.13	223.13	3,956.87	510-104
0202	王少红	4,420.00	221.00	20.97	241.97	4,178.03	510-105
0203	张中杨	3,237.14	161.86		161.86	3,075.29	510-106
0204	赵小兵	4,145.71	207.29	13.15	220.44	3,925.27	510-107
0301	周力	4,921.43	246.07	35.26	281.33	4,640.10	510-108
0302	刘一江	3,231.91	161.60		161.60	3,070.31	510-109
0303	朱小明	2,952.86	147.64		147.64	2,805.22	510-110
0401	赵希文	5,421.43	271.07	60.04	331.11	5,090.32	510-111
0402	孙胜业	3,478.57	173.93		173.93	3,304.64	510-112
0403	杨真	3,050.00	152.50		152.50	2,897.50	510-113

图5-121　工资数据录入(实发合计部分)

四、工资汇总表

选择“工资管理”|“工资汇总表”命令，首先进入过滤条件设置界面，如图5-122所示。

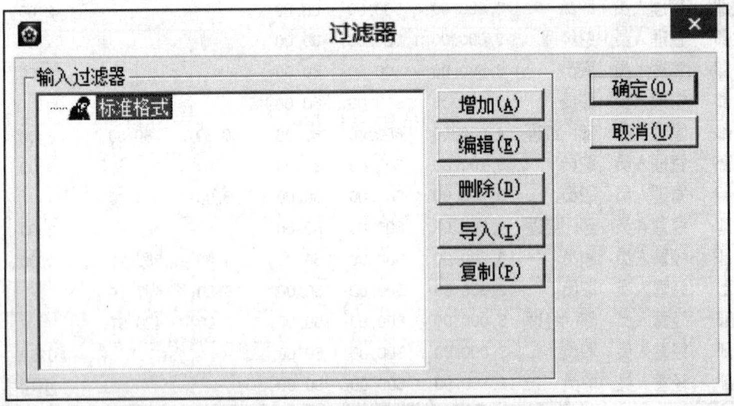

图5-122　过滤条件设置

可以设置多个过滤条件方案，单击“增加”可以增加过滤条件方案；单击“编辑”按钮可以对当前过滤方案进行相关设置，如图5-123所示。

在“其他选项”中，选择“部门”作为汇总的关键字，也可以选择其他项目。设置过滤条件后显示的汇总结果，如图5-124所示。

按职员类别的工资汇总表，如图5-125所示。

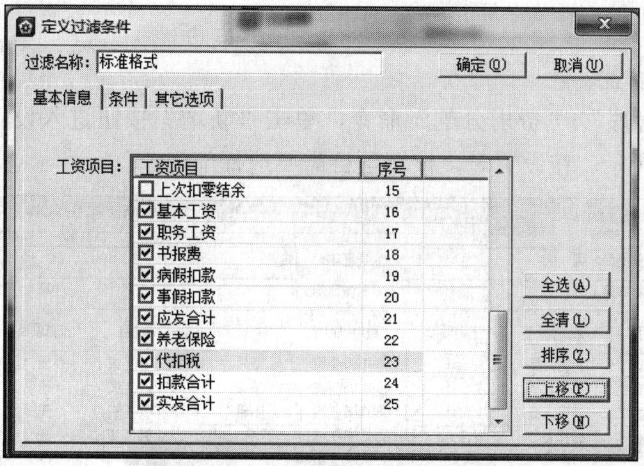

图5-123　定义过滤条件(基本信息)

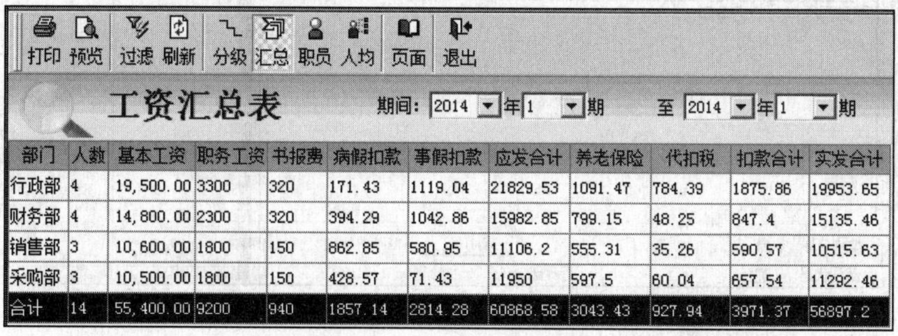

部门	人数	基本工资	职务工资	书报费	病假扣款	事假扣款	应发合计	养老保险	代扣税	扣款合计	实发合计
行政部	4	19,500.00	3300	320	171.43	1119.04	21829.53	1091.47	784.39	1875.86	19953.65
财务部	4	14,800.00	2300	320	394.29	1042.86	15982.85	799.15	48.25	847.4	15135.46
销售部	3	10,600.00	1800	150	862.85	580.95	11106.2	555.31	35.26	590.57	10515.63
采购部	3	10,500.00	1800	150	428.57	71.43	11950	597.5	60.04	657.54	11292.46
合计	14	55,400.00	9200	940	1857.14	2814.28	60868.58	3043.43	927.94	3971.37	56897.2

图5-124　工资汇总表(部门)

职员类别	人数	基本工资	职务工资	书报费	病假扣款	事假扣款	应发合计	养老保险	代扣税	扣款合计	实发合计
管理人员	8	34,300.00	5,600.00	640.00	565.72	2,161.90	37,812.38	1,890.62	832.64	2,723.26	35,089.11
经营人员	6	21,100.00	3,600.00	300.00	1,291.42	652.38	23,056.20	1,152.81	95.30	1,248.11	21,808.09
合计	14	55,400.00	9,200.00	940.00	1,857.14	2,814.28	60,868.58	3,043.43	927.94	3,971.37	56,897.20

图5-125　工资汇总表(职员类别)

五、工资费用分配

1. 实验资料

工资费用分配凭证项目设置，如表5-19所示。

表5-19　工资费用分配

部　门	职员类别	工资项目	费用科目	核算项目类别及明细	工资科目	核算项目
行政部	管理人员	应发合计	管理费用-工资	(部门)行政部	应付职工薪酬-工资	无
财务部	管理人员	应发合计	管理费用-工资	(部门)财务部	应付职工薪酬-工资	无
销售部	经营管理人员	应发合计	销售费用-工资	(部门)销售部	应付职工薪酬-工资	无
采购部	经营管理人员	应发合计	销售费用-工资	(部门)采购部	应付职工薪酬-工资	无

2. 实验过程

(1) 凭证项目设置

选择“工资管理”|“费用分配”命令，单击“新增”按钮进入设置，输入有关设置数据，如图5-126所示。在设置时，核算项目需要选择部门。

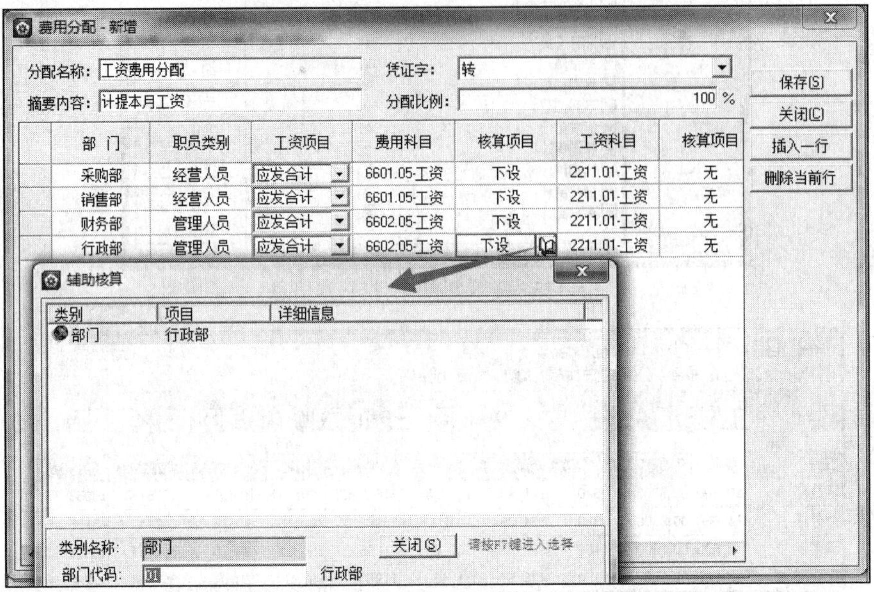

图5-126 工资费用分配凭证项目设置

设置完成，单击“保存”按钮完成。

(2) 生成凭证

选择“工资管理”|“费用分配”命令，然后选择费用分配名称，还可以设置有关选项，如图5-127所示。

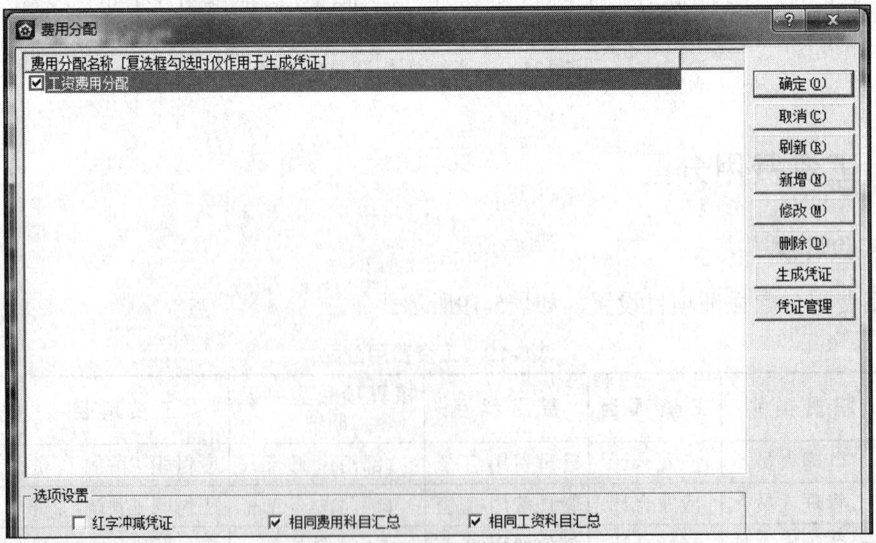

图5-127 选择工资费用分配名称

单击“生成凭证”按钮，进行凭证生成。生成结束后，可以单击“凭证管理”按钮，查看凭证。

选择“账务处理” | “凭证管理”，凭证分录如图5-128所示。

会计分录序时簿

过账	日期	凭证字号	摘要	科目代码	科目名称	原币金额	借方	贷方
	2014/01/31	转 - 12	计提本月工资	6602.05	管理费用 - 工资/[02]财务部	15,982.85	15,982.85	
			计提本月工资	6602.05	管理费用 - 工资/[01]行政部	21,829.53	21,829.53	
			计提本月工资	6601.05	销售费用 - 工资/[03]销售部	11,106.20	11,106.20	
			计提本月工资	6601.05	销售费用 - 工资/[04]采购部	11,950.00	11,950.00	
			计提本月工资	2211.01	应付职工薪酬 - 工资	60,868.58		60,868.58
			合计				60,868.58	60,868.58

图5-128　凭证分录簿

(3) 工资费用分配表

选择“工资管理” | “工资费用分配表”命令，显示结果如图5-129所示。

工资费用分配表　　分配名称：工资费用分配

职员类别	应发合计			合计
	费用科目代码	费用科目名称	金额	
行政部				
-管理人员	6602.05	工资	21829.53	21829.53
小　计			21829.53	21829.53
财务部				
-管理人员	6602.05	工资	15982.85	15982.85
小　计			15982.85	15982.85
销售部				
-经营人员	6601.05	工资	11106.2	11106.2
小　计			11106.2	11106.2
采购部				
-经营人员	6601.05	工资	11950	11950
小　计			11950	11950
总　计			60868.58	60868.58

图5-129　工资费用分配表

六、银行代发表

1. 实验资料

银行代发表的构成包括职员代码、职员姓名、个人账号、实发合计。按照职员代码排序。

2. 实验过程

选择“工资管理” | “银行代发表”命令，单击“编辑”按钮，选择所需项目，如图5-130所示。

单击“排序”按钮进行排序字段的设置，这里选择“代码”。生成的银行代发表如图5-131所示。

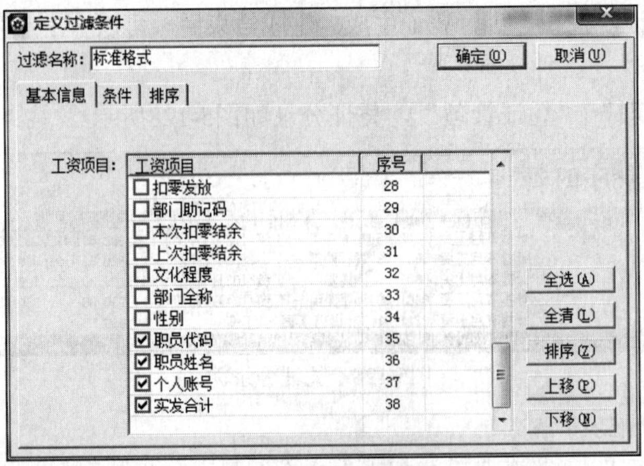

图5-130　项目选择

银行代发表

期间：2014 年 1 期

－[标准格式]

行次	职员代码	职员姓名	个人账号	实发合计	行次
1	0101	张文峰	510-100	4,443.95	1
2	0102	李天华	510-101	3,129.57	2
3	0103	孙正	510-102	9,295.80	3
4	0104	黄文胜	510-103	3,084.33	4
5	0201	李东平	510-104	3,956.87	5
6	0202	王少红	510-105	4,178.03	6
7	0203	张中杨	510-106	3,075.29	7
8	0204	赵小兵	510-107	3,925.27	8
9	0301	周力	510-108	4,640.10	9
10	0302	刘一江	510-109	3,070.31	10
11	0303	朱小明	510-110	2,805.22	11
12	0401	赵希文	510-111	5,090.32	12
13	0402	孙胜业	510-112	3,304.64	13
14	0403	杨真	510-113	2,897.50	14
15	合计			56,897.20	15

图5-131　银行代发表

第八节　期末业务

一、期末业务

1. 实验资料

(1) 1月31日，结转销售成本。

借：主营业务成本　　　　　　　343 213.58

　　贷：库存商品　　　　　　　　　343 213.58

(2) 1月31日，按当月应交增值税额计算应缴纳的城市维护建设税(税率7%，33 299.94×7%)。

借：营业税金及附加　　　　　　　　2331.00

　　贷：应交税费——应交城市维护建设税　2331.00

2. 实验过程

(1) 期末业务处理前的预备工作

在每期处理期末业务前，需要检查前面其他业务的凭证是否已全部审核、过账。期末业务的凭证一般都要依赖于前面的业务，如果前面的业务没有审核过账，其数据发生错误的可能性就很大。

(2) 输入业务凭证，并审核过账

选择“账务处理”|“凭证录入”功能，录入后的凭证如图5-132所示。

会计分录序时簿

过账	日期	凭证字号	摘要	科目代码	科目名称	原币金额	借方	贷方
	2014/01/31	转 - 13	结转销售成本	6401	主营业务成本	343,213.58	343,213.58	
			结转销售成本	1405	库存商品	343,213.58		343,213.58
	2014/01/31	转 - 14	应交城市维护建设税	6403	营业税金及附加	2,331.00	2,331.00	
			应交城市维护建设税	2221.02	应交税费 - 城市维护建设税	2,331.00		2,331.00

图5-132　业务凭证

二、自动转账

1. 实验资料

按当月应发工资总额的14%，计提职工福利费(注：采用账务处理“自动转账”功能完成)。

借：销售费用——福利费(销售部)　　　　1554.87

　　销售费用——福利费(采购部)　　　　1673.00

　　管理费用——福利费(行政部)　　　　3056.13

　　管理费用——福利费(财务部)　　　　2237.60

　　贷：应付职工薪酬——职工福利　　　　8521.60

2. 实验过程

自动转账功能可将一些有特定规律并且较为复杂的转账凭证预先定义出一个凭证模板，以后的凭证就可以根据模板由系统自动生成。这样可以提高凭证的生成效率，也避免了手工计算和录入可能产生的错误。

选择“账务处理”|“自动转账”命令，系统弹出自动转账方案设置界面，如图5-133所示。

单击“新增”按钮定义自动转账凭证，如图5-134所示。

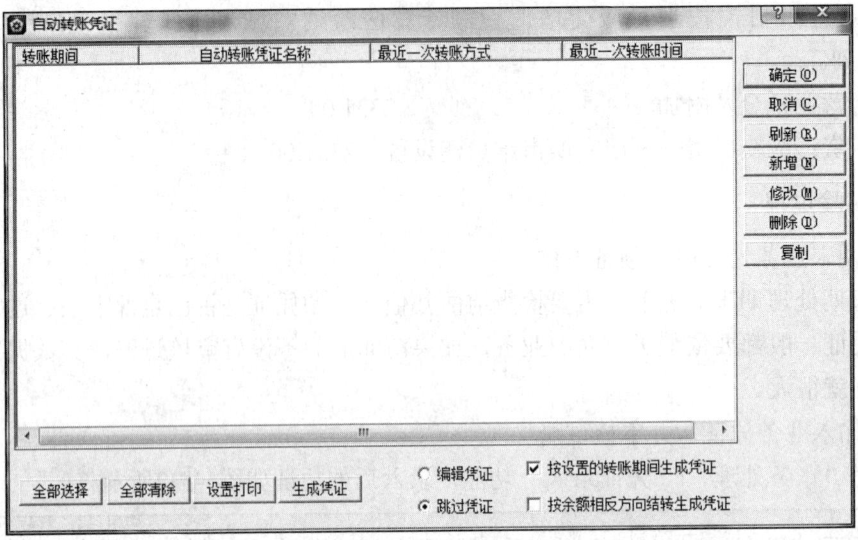

图5-133　自动转账凭证

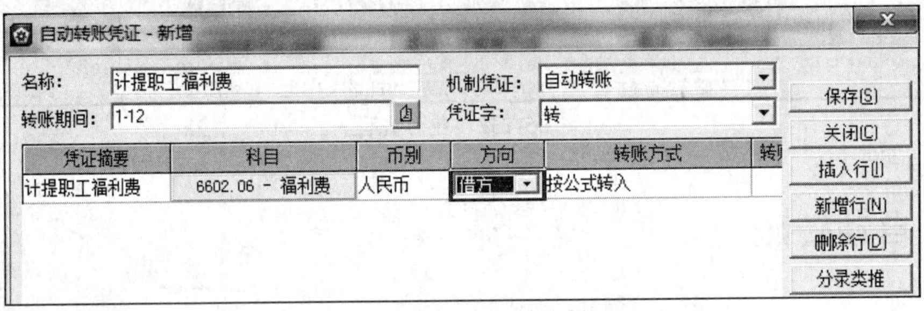

图5-134　新增自动转账凭证

各参数含义如下。

转账期间：系统提供了1～12个会计期间，根据本案例应该全选。

机制凭证：选择自动转账。

凭证字：选择生成凭证的凭证字，本案例是转账凭证。

凭证摘要：业务描述。

方向：会计分录的借贷方向，可以根据转账方式“自动判断”，除非确定，否则建议选择“自动判断”。

转账方式：按公式转入。根据后面的“公式定义”中的公式取数转入。

余下部分的参数定义如图5-135所示。

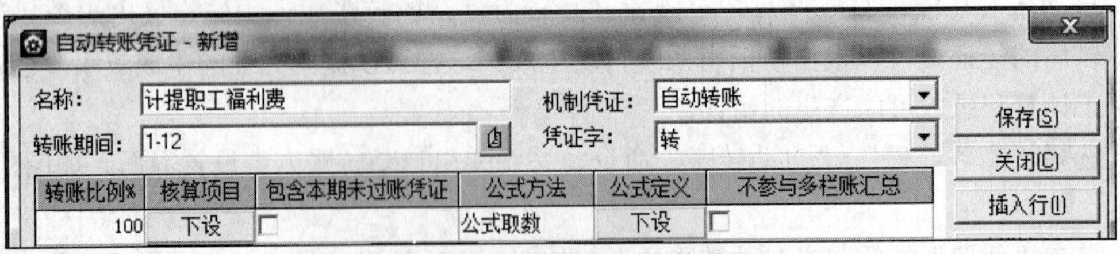

图5-135　自动转账凭证参数设置

转账比例：用于选择了比例转入(出)的转账方式，直接录入百分比例。

核算项目：如果会计科目下还下挂核算项目，则在此选择相应的核算项目。单击“核算项目”的“下设”按钮，选择相应的项目，如图5-136所示。

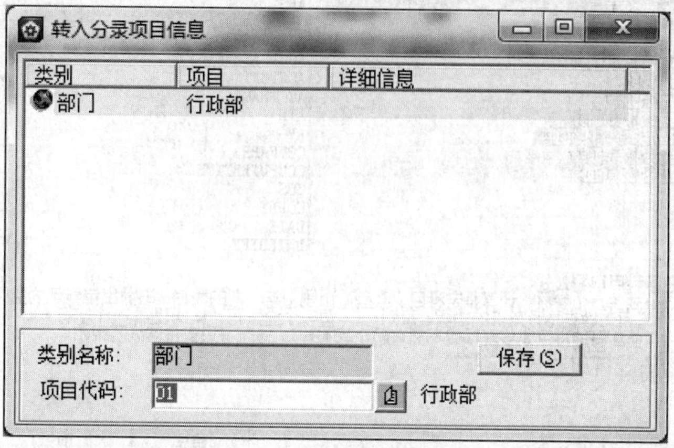

图5-136 设置核算项目

包含本期末过账凭证：选择“包含”和“不包含”二者之一。

公式定义：当“转出方式”选择“按公式转入或转出”，则在此定义公式，根据科目是否下设外币及数量，可以设置原币取数公式、本位币取数公式、数量取数公式。公式设置可以按F7或单击工具条中“获取”按钮进入公式向导辅助输入，公式的语法与自定义报表完全相同，通过取数公式可取到账务数据。另外，在公式中还可录入常数。

单击“公式定义”栏下的“下设”按钮，如图5-137所示。

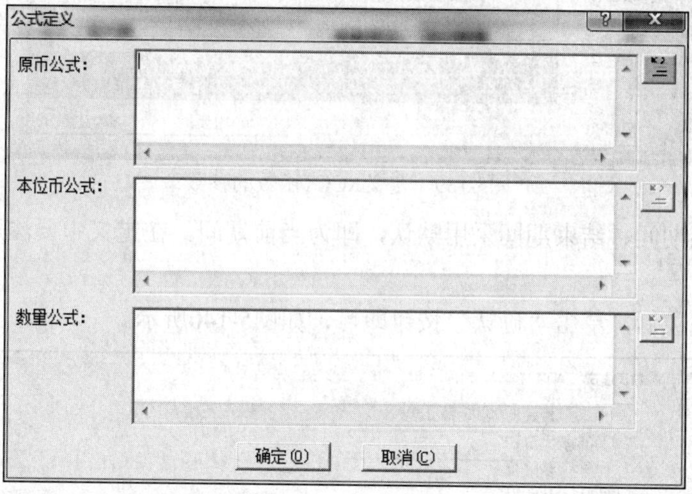

图5-137 公式定义

单击公式的函数按钮，选择“ACCT”函数(下面是函数的说明)，如图5-138所示。

单击“确定”按钮，定义科目及其相应参数。在“科目”处按F7键调出“取数科目向导”。在“科目代码”项中输入科目代码，然后选择核算类别。输入完成后，单击“填入公式”按钮则将公式填入“科目参数”中，最后再单击“确定”按钮，如图5-139所示。

取数类型为借方发生额，在取数类型项目中，按F7键后进行选择，“货币”项目也如此。

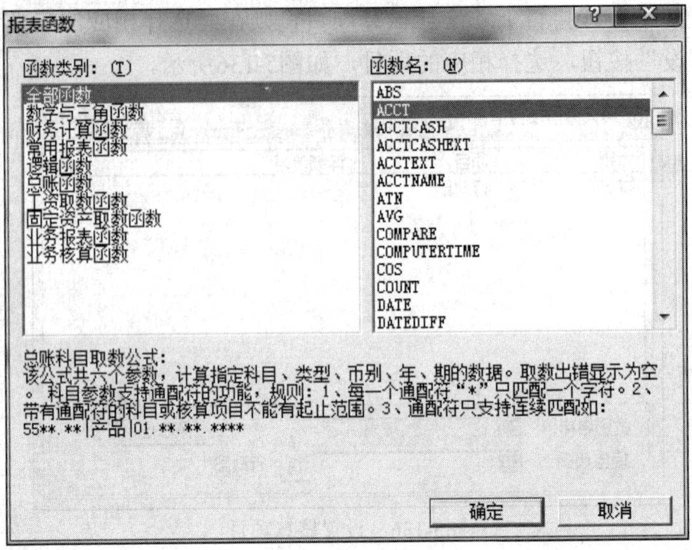

图5-138　函数

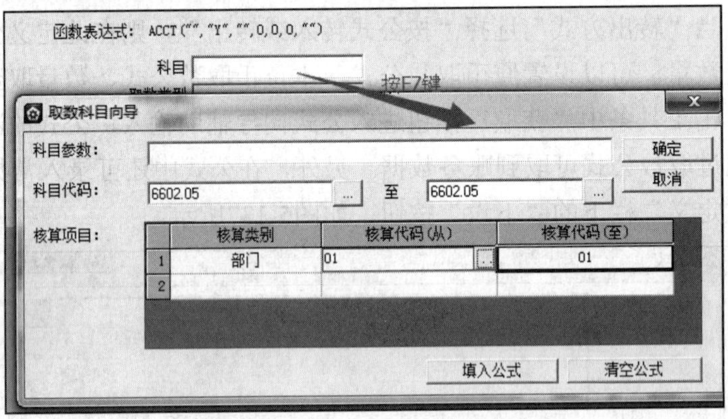

图5-139　定义ACCT函数的参数

年度、起始期间、结束期间采用默认，即为当前期间。在定义中要注意了解每个参数的说明。

参数设置完成后，单击“确认”按钮即可，如图5-140所示。

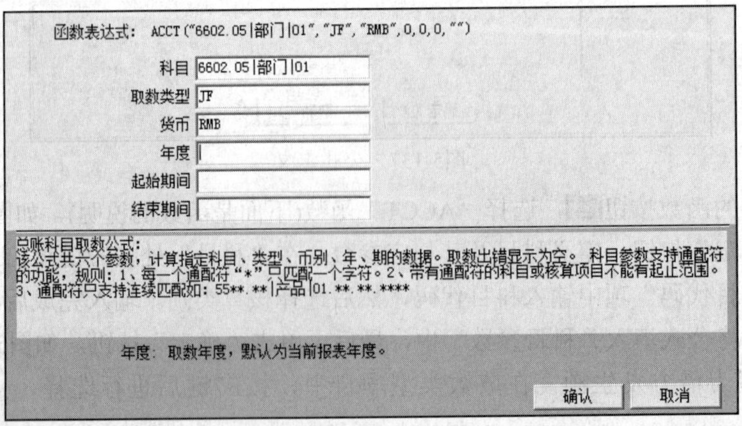

图5-140　公式定义

定义完成的公式：ACCT("6602.05|部门|01"，"JF"，"RMB",0,0,0,"")，再乘以参数0.14，单击“确定”按钮完成公式定义，如图5-141所示。

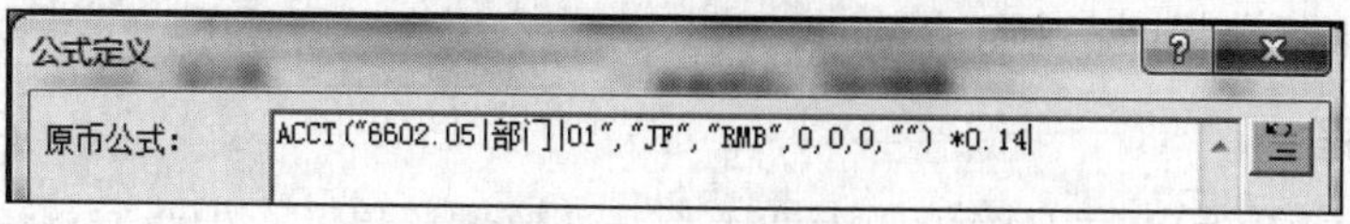

图5-141　公式定义

定义完成的自动转账凭证，如图5-142所示。

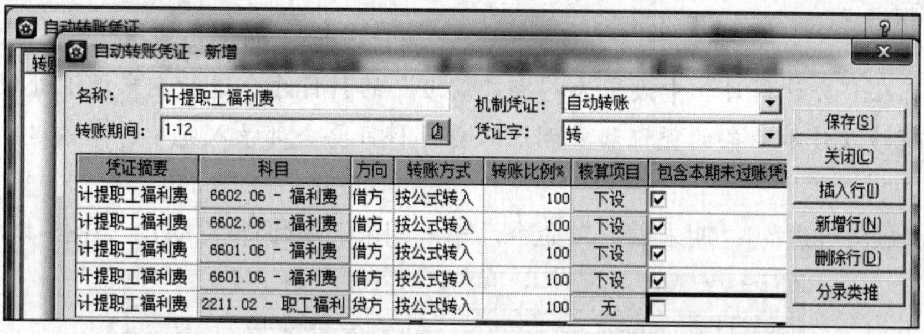

图5-142　凭证定义

凭证定义的相关参数，如表5-20所示。

表5-20　凭证参数表

科　目	方向	核算项目	公　式
管理费用——福利费	借	部门——行政部	ACCT(“6602.05|部门|01”,”JF”,”RMB”,0,0,0,"")*0.14
管理费用——福利费	借	部门——财务部	ACCT(“6602.05|部门|02”,”JF”,”RMB”,0,0.0,"")*0.14
销售费用——福利费	借	部门——销售部	ACCT(“6601.05|部门|03”,”JF”,”RMB”,0,0,0,"")*0.14
销售费用——福利费	借	部门——采购部	ACCT(“6601.05|部门|04”,”JF”,”RMB”,0,0,0,"")*0.14
应付职工薪酬——职工福利	贷		(ACCT(“6601.05”,”JF”,”RMB”,0,0,0,"")+ACCT(“6602.05”,“JF”,”RMB”,0,0,0,""))*0.14

定义完成后，就可以生成自动转账凭证(注意：生成之前务必将前面制作的凭证先审核记账)。首先选择要生成的自动转账凭证模板，然后单击“生成凭证”按钮，生成的自动转账凭证可以通过账务处理的“凭证管理”查看、复核等，如图5-143所示。

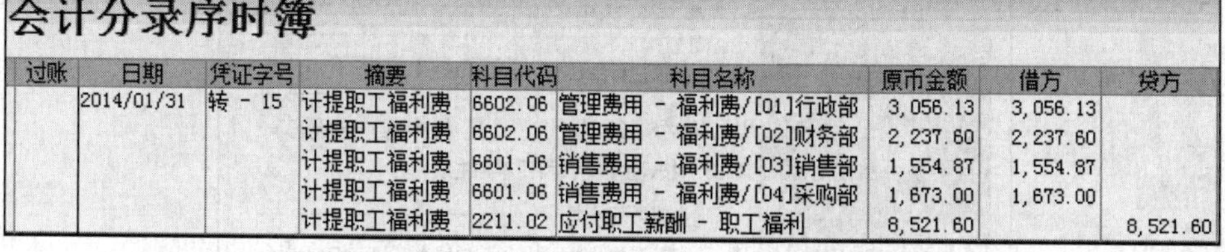
会计分录序时簿

过账	日期	凭证字号	摘要	科目代码	科目名称	原币金额	借方	贷方
	2014/01/31	转 - 15	计提职工福利费	6602.06	管理费用 - 福利费/[01]行政部	3,056.13	3,056.13	
			计提职工福利费	6602.06	管理费用 - 福利费/[02]财务部	2,237.60	2,237.60	
			计提职工福利费	6601.06	销售费用 - 福利费/[03]销售部	1,554.87	1,554.87	
			计提职工福利费	6601.06	销售费用 - 福利费/[04]采购部	1,673.00	1,673.00	
			计提职工福利费	2211.02	应付职工薪酬 - 职工福利	8,521.60		8,521.60

图5-143　记账凭证

三、期末调汇

1. 实验资料

1月31日，期末汇率调整，期末汇率为1美元=6.40元人民币(使用账务处理的“期末调汇”功能生成)。

借：财务费用——汇兑损益　　850

　　贷：银行存款——中行存款　　850

2. 实验过程

本功能主要用于对外币核算账户在期末自动计算汇兑损益，生成汇兑损益转账凭证及期末汇率调整表。

实验提示

① 只有在“会计科目”中设定为“期末调汇”的科目才会进行期末调汇处理。

② 所有涉及外币业务的凭证和要调汇的会计科目要全部录入完毕并审核过账。

选择“账务处理”|“期末调汇”命令，输入期末汇率(调整汇率)，如图5-144所示。

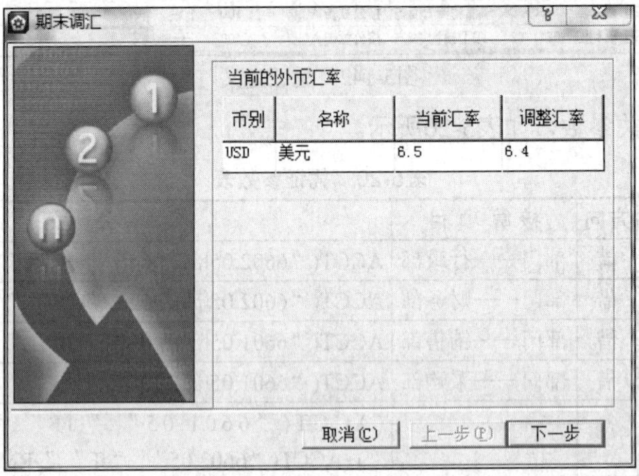

图5-144　期末调汇(调整汇率)

进入下一步，输入“汇兑损益科目”，并对其他需要调整的参数进行调整，单击“完成”按钮，系统自动生成汇兑损益凭证。如图5-145所示。

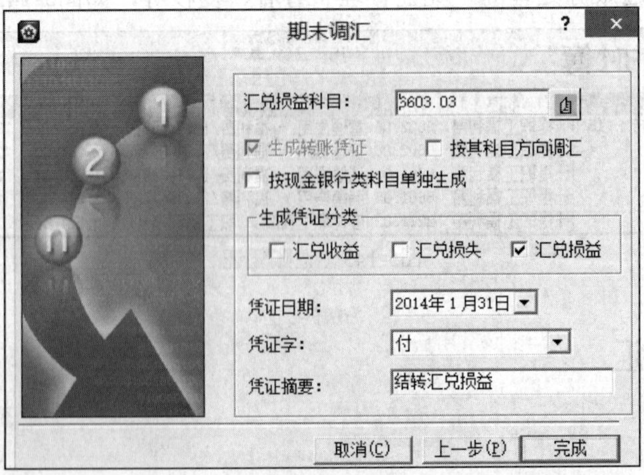

图5-145　期末调汇(完成)

通过“账务处理”|“凭证管理”功能，可以查看到输入的凭证，如图5-146所示。

会计分录序时簿

过账	日期	凭证字号	摘要	科目代码	科目名称	原币金额	借方	贷方
	2014/01/31	付 - 11	结转汇兑损益	6603.03	财务费用 - 汇兑损益	850.00	850.00	
				1002.02	银行存款 - 中行存款			850.00

图5-146　汇兑损益凭证

数据正确性验证方法：

期初：100 000美元，汇率：6.50。

购买固定资产，支付3000美元，汇率：6.45。汇兑损失：3000×(6.50−6.45)=150元人民币。

期末美元余额7000，汇率6.40。汇兑损失：7000×(6.50−6.40)=700元人民币。

合计汇兑损失：150+700=850元人民币。

四、结转损益

1. 实验资料

1月31日，结转损益(由账务处理的“结转损益”功能自动生成)。

2. 实验过程

(1) 对未审核、未记账的凭证进行审核和记账

(2) 结转损益

使用此功能将所有损益类科目的本期余额全部自动转入本年利润科目，自动生成结转损益记账凭证。在结转损益前一定要将所有的凭证全部录入并审核过账，否则结转损益的数据就可能出现错误。

在结转损益前，先检查“基础设置”|“系统参数”|“财务参数”中，本年利润科目是否已经设置，如果没有设置，则设为“4103本年利润”科目。

实验提示

① 只有在“科目类别”中设定为“损益类”的科目余额才能进行自动结转。

② 所有的凭证一定要全部录入并审核过账。

选择“账务处理”|“结转损益”功能，显示结转损益的操作向导，单击“下一步”按钮，系统显示出所有损益类科目及各自对应的预设科目。

进入下一步，设置有关数据如图5-147所示。

凭证生成后，可以用“凭证管理”功能查看。生成的会计分录如图5-148所示。

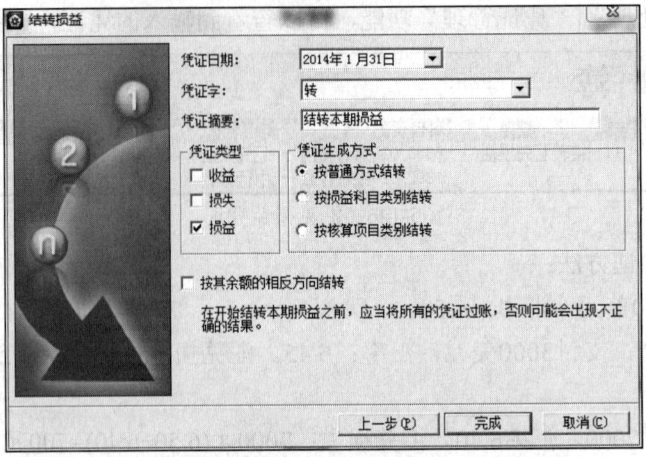

图5-147　完成凭证生成

科目代码	科目名称	原币金额	借方	贷方
6001	主营业务收入	422,500.00	422,500.00	
6111	投资收益	3,000.00	3,000.00	
4103	本年利润	425,500.00		425,500.00
4103	本年利润	417,462.27	417,462.27	
6401	主营业务成本	343,213.58		343,213.58
6403	营业税金及附加	2,331.00		2,331.00
6601.02	销售费用 - 差旅费/[03]销售部	800.00		800.00
6601.02	销售费用 - 差旅费/[04]采购部	1,000.00		1,000.00
6601.03	销售费用 - 招待费/[04]采购部	700.00		700.00
6601.04	销售费用 - 折旧费/[03]销售部	291.95		291.95
6601.04	销售费用 - 折旧费/[04]采购部	1,585.44		1,585.44
6601.05	销售费用 - 工资/[03]销售部	11,106.20		11,106.20
6601.05	销售费用 - 工资/[04]采购部	11,950.00		11,950.00
6601.06	销售费用 - 福利费/[03]销售部	1,554.87		1,554.87
6601.06	销售费用 - 福利费/[04]采购部	1,673.00		1,673.00
6602.04	管理费用 - 折旧费/[02]财务部	964.28		964.28
6602.04	管理费用 - 折旧费/[01]行政部	985.84		985.84
6602.05	管理费用 - 工资/[02]财务部	15,982.85		15,982.85
6602.05	管理费用 - 工资/[01]行政部	21,829.53		21,829.53
6602.06	管理费用 - 福利费/[02]财务部	2,237.60		2,237.60
6602.06	管理费用 - 福利费/[01]行政部	3,056.13		3,056.13
6602.99	管理费用 - 其他费用/[02]财务部	150.00		150.00
6602.99	管理费用 - 其他费用/[01]行政部	200.00		200.00
6603.02	财务费用 - 利息收入	-5,000.00		-5,000.00
6603.03	财务费用 - 汇兑损益	850.00		850.00
			842,962.27	842,962.27

图5-148　结转损益会计分录

五、财务期末结账

在本期所有的会计业务处理完毕之后，就可以进行财务的期末结账。系统的数据处理都是针对本期的，要进行下一期间的处理，必须将本期的业务全部进行结账处理，系统才能进入下一期间。

选择“账务处理”|“财务期末结账”功能，弹出“期末结账”对话框，单击“开始”按钮完成结账工作。

结账工作一般在报表工作完成后才进行。

第九节　报表与分析

一、主要功能

报表与分析的功能主要有自定义报表、报表分析、T型账户、现金流量表、汇总报表等。

二、自定义报表编制

1. 实验资料

自定义报表具体格式见表5-21。

表5-21　费用统计表

单位名称：重庆星月科贸公司　　日期：　　单位：元

行　次	项　目	本期金额
1	差旅费	
2	工资	
3	福利费	
4	折旧费	
5	业务招待费	
6	办公费	
7	其他	
	合计	

编制人：

编制说明：按照“销售费用”和“管理费用”对应明细科目借方金额进行汇总计算。

2. 实验过程

(1) 自定义报表的操作流程

建立一个新的报表，要完成报表格式的设置和公式定义等一系列工作，其操作过程如图5-149所示。

报表建立过程中，设置取数和计算公式是关键环节，要特别注意本身报表单元的含义和取数公式。

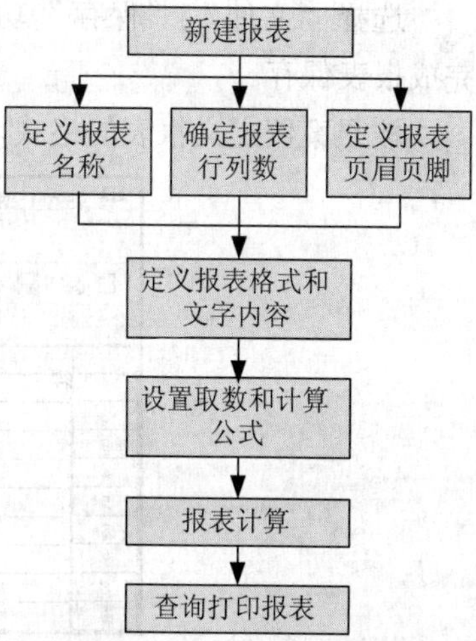

图5-149　新建报表操作流程

(2) 建立报表

选择“报表与分析”|“自定义报表”功能，单击“新建”按钮，然后选择“格式”准备设置报表的属性，如图5-150所示。

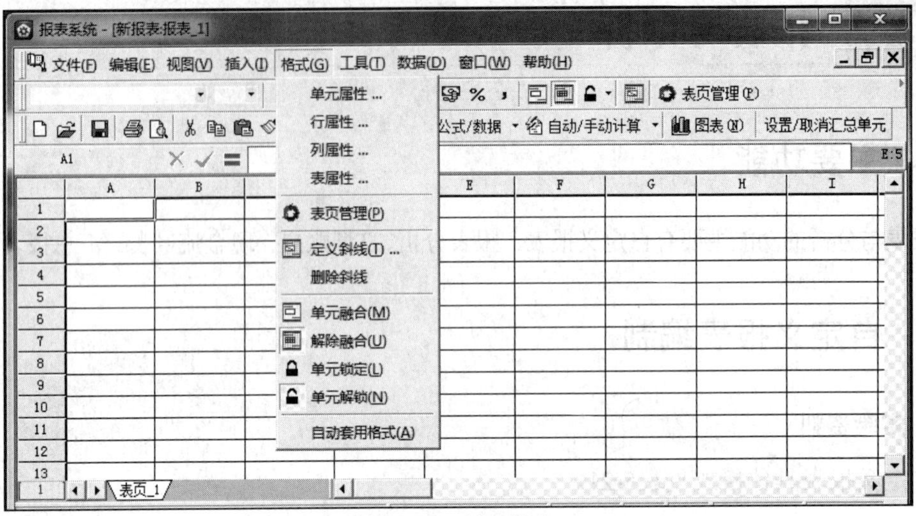

图5-150　新建报表

选择“格式”|“表属性”功能，定义报表的名称和行列数，如图5-151所示。

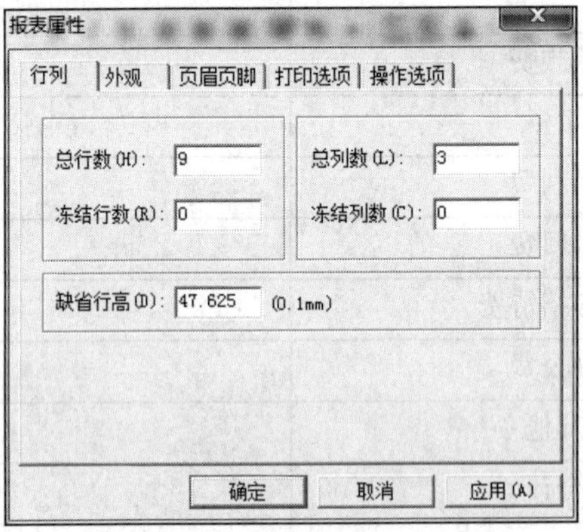

图5-151　行列定义

单击“应用”按钮，然后单击“确定”按钮完成行列定义。

选择“文件”|“保存”功能，输入报表名称“费用统计表”后，单击“保存”按钮完成报表保存。

按照案例定义报表的格式，如图5-152所示。

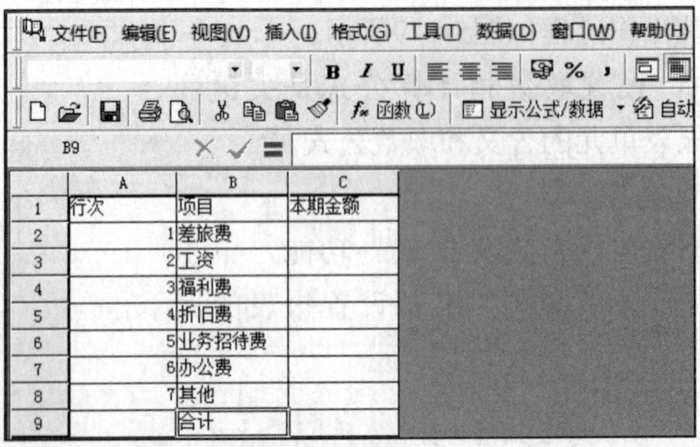

图5-152　报表格式

选择“格式”|“表属性”功能，再选择“页眉页脚”定义报表的页眉页脚，如图5-153所示。

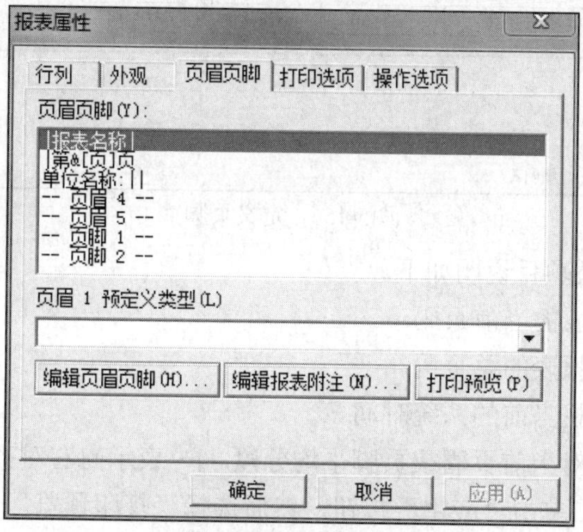

图5-153　页眉页脚

先选择“报表名称”，再单击“编辑页眉页脚”按钮。输入报表名称“费用统计表”，完成后单击“确定”按钮，如图5-154所示。

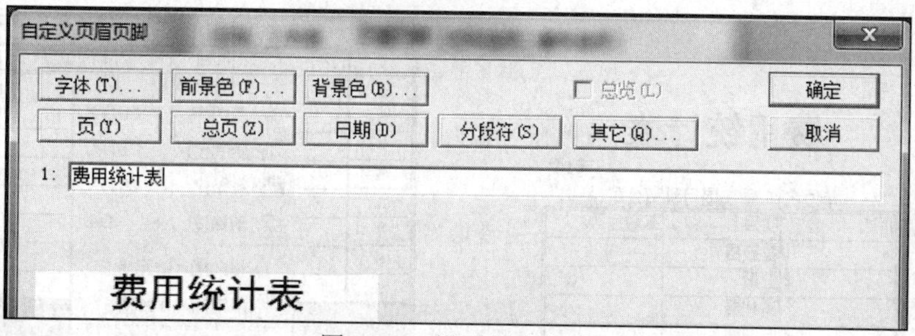

图5-154　设置报表名称

对于报表名、页数、日期等可直接单击上面相应的按钮进行设置，分段符起项目间的分隔作用。

单位名称自行设定。在相应位置直接输入单位名称，如图5-155所示。

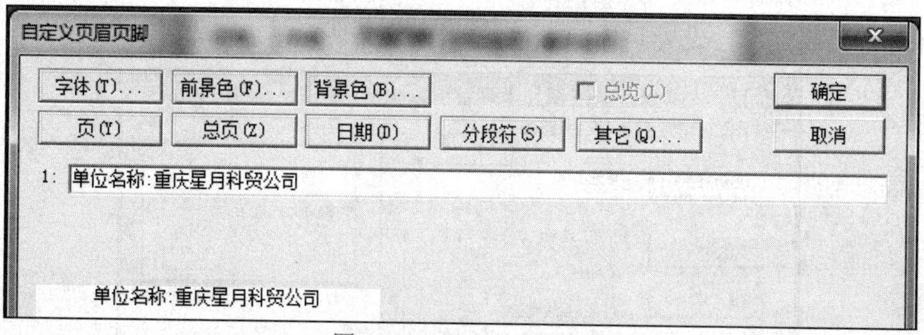

图5-155　设定单位名称

页脚的定义，如图5-156所示。

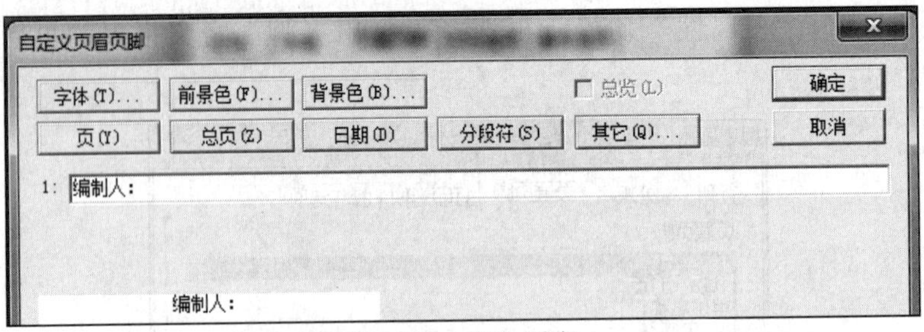

图5-156　定义页脚

页脚定义中的有关项目说明如下。

- 页：取纵向报表的当前页码。
- 总页：取纵向报表的总页码。
- 日期：取计算机当前的系统时间。
- 分段符：表示对当前页眉或页脚平均分段。|…表示向右对齐，…|表示向左对齐。

在报表属性窗口，单击“应用”按钮，然后选择“打印预览”可查看定义后的打印预览效果，如图5-157所示。

(3) 表格绘制

在某一单元处单击右键，可设置单元格属性，如图5-158所示。

图5-157　打印预览结果

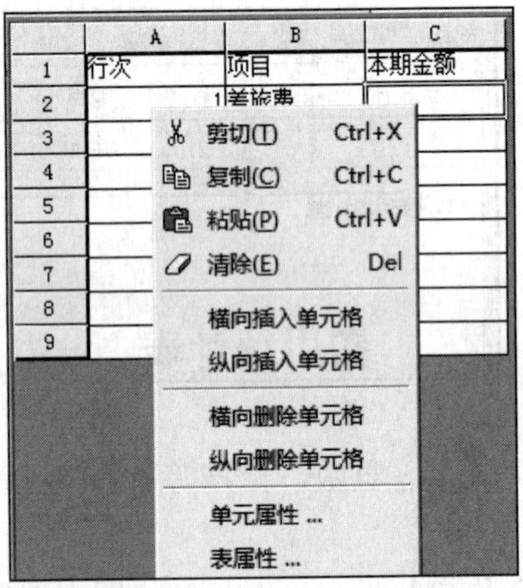

图5-158　设置单元格属性

选择“单元属性”，设置字体、颜色，如图5-159所示。

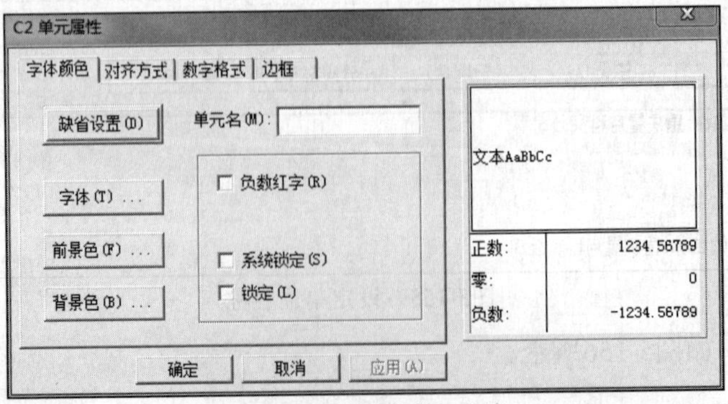

图5-159　设置字体、颜色

数字格式设置，如图5-160所示。

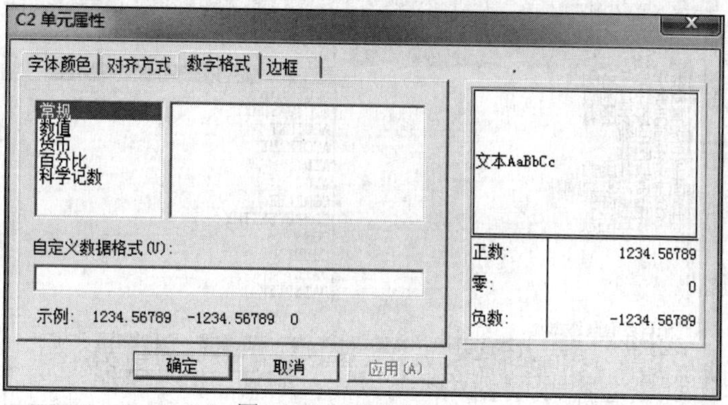

图5-160　设置数字格式

边框设置，如图5-161所示。

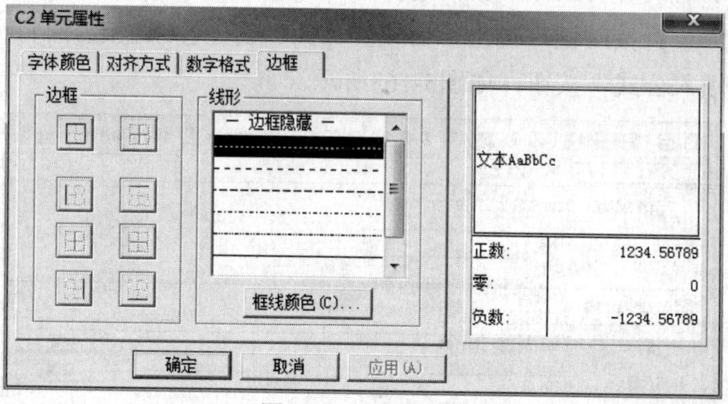

图5-161　设置边框

(4) 设置计算公式

单击需设置公式的单元格，选择“插入”菜单中的“函数”选择或单击相应的快捷功能按钮“fx函数”即可设置计算公式。系统将函数进行了分类，函数类别和函数的名称分别显示，选择不同的函数类别时，系统会列出该函数类别下的函数名称。当单击到具体的函数名时，在报表函数界面的下方会出现该函数的具体含义。系统设置了全部函数与常用函数：全部函数即全部列出的函数的集合；而经常使用的函数系统将会自动显示在常用函数中。

实验提示

一般情况下，取数公式的取数账套、年度、期间参数均采用默认值，这样才能根据需要改变来取数。如果在公式中设置了参数，则系统始终按设置值取数，如公式中设置了会计期间为1，则该单元格的数据一直按第一期取数，不论报表期间的值是多少。此种情况仅适用于定基分析等情况。原则是：公式设置了参数，则按公式设置的参数取值；公式未设置，则按“报表期间设置”取值。

先选择C2，再单击“fx函数”按钮，如图5-162所示。

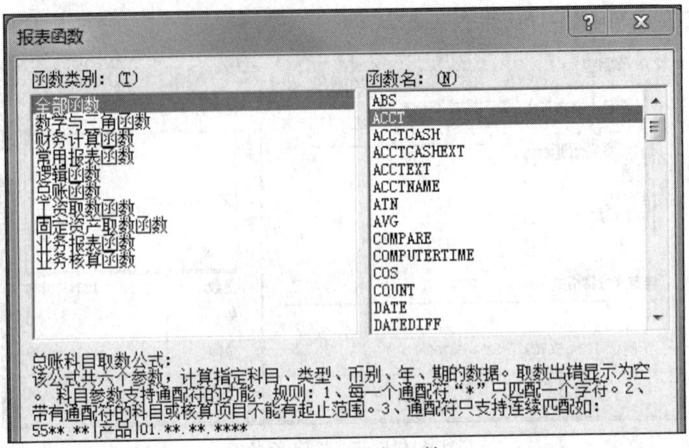

图5-162　报表函数

在本案例中，需使用ACCT函数。选择“ACCT”函数，单击“确定”按钮进入公式设置。在“科目”位置按F7键，调出科目设置界面。首先输入或选择科目代码，再输入核算类别，单击“填入公式”按钮，如图5-163所示。

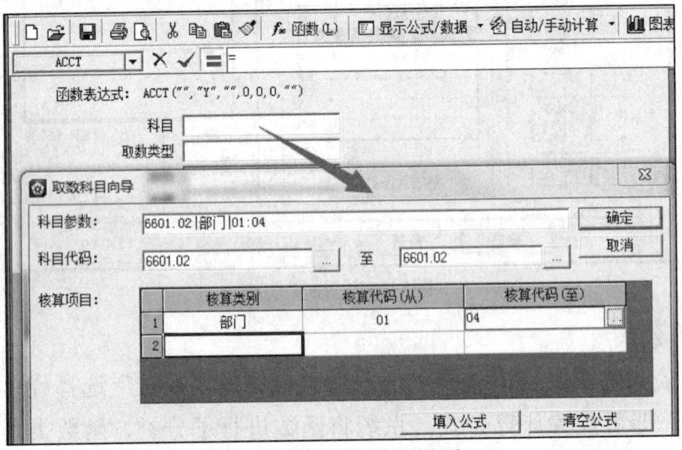

图5-163　取数科目设置

“6601.02|部门|01:04”公式的含义是：“销售费用——差旅费”按照辅助核算“部门”进行“01”～“04”部门的汇总。单击“确定”按钮返回继续定义。

在“取数类型”处按F7键后显示全部取数类型，根据需要选择取数类型，如图5-164所示。

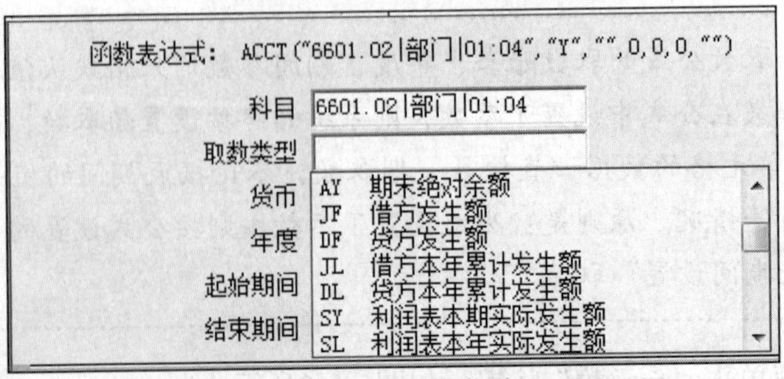

图5-164　取数类型

取数类型为“JF”，即借方发生额。其他选择默认值。按“确认”按钮完成本公式的定义。

取管理费用的公式，先在公式后输入“+”号，然后单击“fx函数”按钮，按照前面的方法定义公式，如图5-165所示。

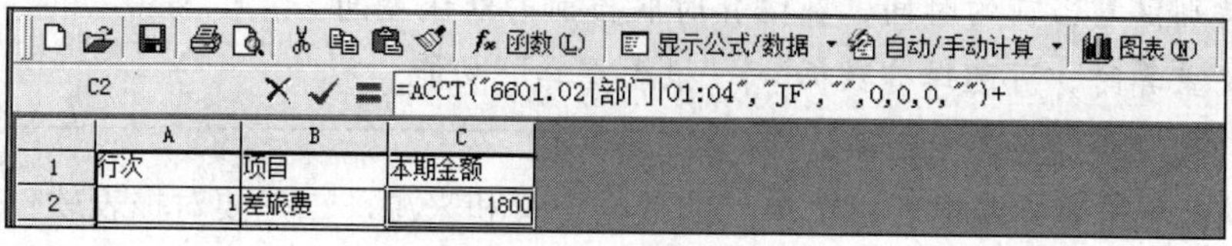

图5-165　取数公式

定义完成，显示的公式为：

=ACCT("6601.02|部门|01:04","JF","",0,0,0,"")+ACCT("6602.02|部门|01:04","JF","",0,0,0,"")

其他公式按照同样方法定义。也可以通过前一公式修改，这样会更加快捷。

定义完成的公式如下。

"差旅费"项目:=ACCT("6601.02|部门|01：04"，"JF"，""，0，0，0，"")+ACCT("6602.02|部门|01：04"，"JF"，""，0，0，0，"")

"工资"项目:=ACCT("6601.05|部门|01：04"，"JF"，""，0，0，0，"")+ACCT("6602.05|部门|01：04"，"JF"，""，0，0，0，"")

"福利费"项目:=ACCT("6601.06|部门|01：04"，"JF"，""，0，0，0，"")+ACCT("6602.06|部门|01：04"，"JF"，""，0，0，0，"")

"折旧费"项目:=ACCT("6601.04|部门|01：04"，"JF"，""，0，0，0，"")+ACCT("6602.04|部门|01：04"，"JF"，""，0，0，0，"")

"业务招待费"项目：=ACCT("6601.03|部门|01：04"，"JF"，""，0，0，0，"")+ACCT("6602.03|部门|01：04"，"JF"，""，0，0，0，"")

"办公费"项目:=ACCT("6601.01|部门|01：04"，"JF"，""，0，0，0，"")+ACCT("6602.01|部门|01：04"，"JF"，""，0，0，0，"")

"其他"项目:=ACCT("6601.99|部门|01：04"，"JF"，""，0，0，0，"")+ACCT("6602.99|部门|01：04"，"JF"，""，0，0，0，"")

"合计"项目:=SUM(C2：C8)

取数和计算结果，如图5-166所示。

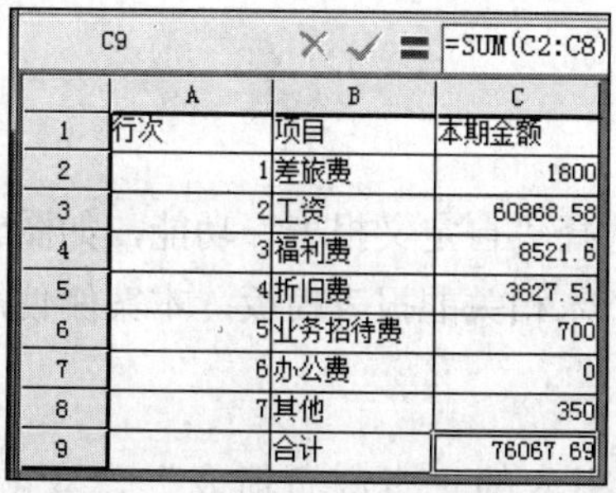

图5-166　取数和计算结果

实验提示

① 在设置公式后，对取出的数据，要与账务的科目余额表进行核对校验，确保数据的正确性。

② 要特别注意当前的时间，在运算时取当前的默认期间。

③ 需要重算时，可选择“数据”|“报表重算”功能。

编制报表一是要弄懂报表每个单元的数据含义和来源，二是要对报表软件提供的每个公式进行仔细研究，以弄清楚使用方法，这也是编制编表的难点。

(5) 报表授权

针对具体的报表，在报表与分析中需要重新授权。授权者需要有系统管理员资格，才能给其他使用者授权。

授权的方法是打开“费用统计表”，报表授权通过“工具”|“报表权限控制”进行。先选择待授权的用户，然后选取“访问类型”(选择拒绝访问、读取、打印、修改、更改权限、完全控制之一)，单击“增加”按钮，然后单击“退出”按钮完成授权，如图5-167所示。

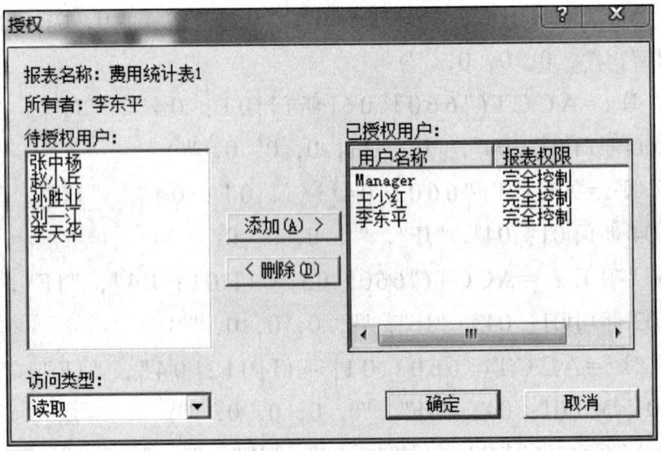

图5-167　执行授权

管理员需要对每一张报表进行授权，以保证信息的安全性。

三、常规报表编制

1. 引入报表模板

在“报表与分析”中，选择“自定义报表”功能，如图5-168所示。

还可以选择“引入”，引入相关的报表模板，本案例使用的是“新会计制度模板”。

2. 资产负债表

选择“自定义报表”中引入的“资产负债表”，双击打开。第一次打开后显示如

图5-169所示。

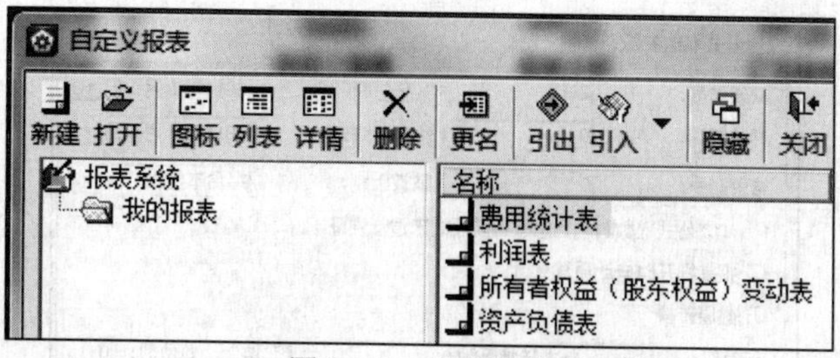

图5-168　报表及其报表模板

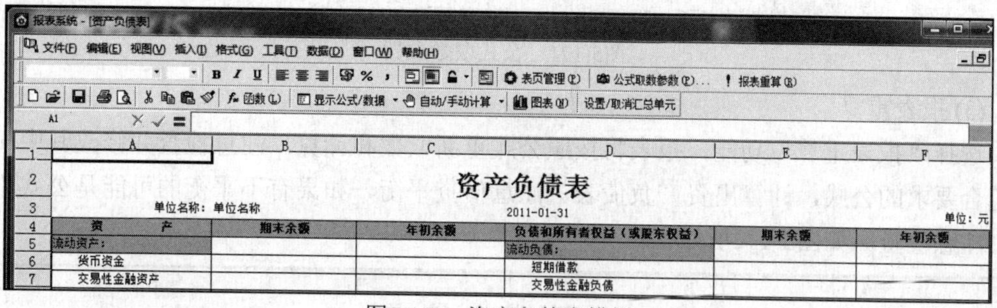

图5-169　资产负债表模板

(1) 建立新的表页

在左下角表页处单击鼠标右键，显示“插入表页”和“删除表页”功能，可以进行插入和删除表页。

选择“格式”|“表页管理”功能，然后进行相关参数的修改。

单击“单位名称”，在“字符”处输入“重庆星月科贸公司”，如图5-170所示。

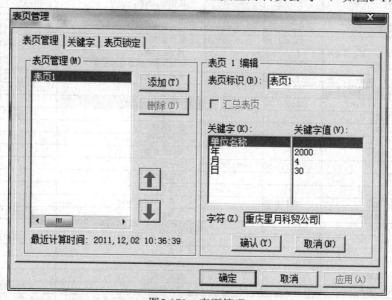

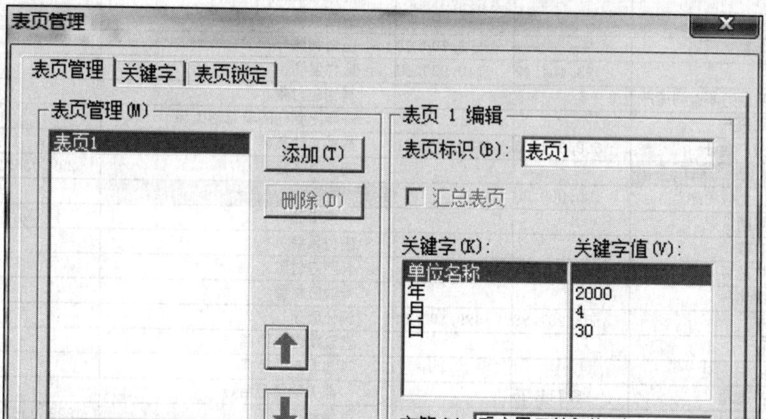

图5-170　表页管理

(2) 修改公式取数参数

选择“工具”|“公式取数参数”功能，然后输入相应年月期间，取数公式取数时，

将按照指定年份和期间取数，如图5-171所示。

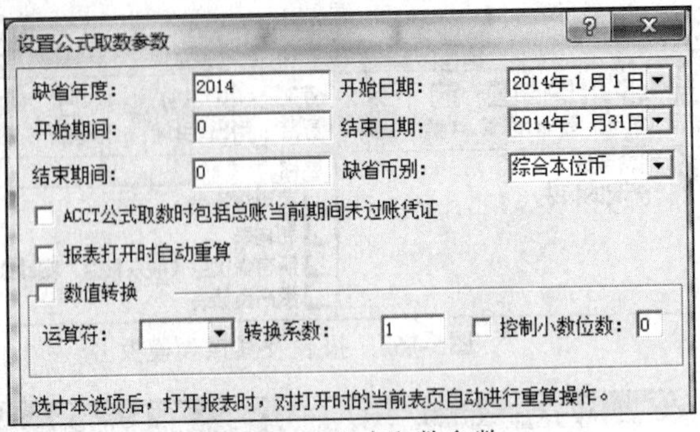

图5-171 公式取数参数

(3) 报表重算

选择“报表重算”功能，报表将按照公式重新取数和计算。注意检查并修改其中一些不符合要求的公式，计算出资产负债表。注意借贷平衡，如果有不平衡的可能是公式不正确，注意检查。如图5-172所示。

资产负债表

单位名称：重庆星月科贸有限公司　　2014-01-31　　单位：元

资产	期末余额	年初余额	负债和所有者权益（或股东权益）	期末余额	年初余额
流动资产：			流动负债：		
货币资金	382,985.21	522,675.21	短期借款	79,000.00	79,000.00
交易性金融资产	10,000.00	15,000.00	交易性金融负债		
应收票据			应付票据		20,000.00
应收账款	243,625.00	29,300.00	应付账款	104,943.06	29,800.00
预付款项			预收款项		
应收利息			应付职工薪酬	79,462.13	80,071.95
应收股利			应交税费	35,630.94	
其他应收款		2,700.00	应付利息		
存货	23,404.42	140,000.00	应付股利		
一年内到期的非流动资产			其他应付款		
其他流动资产			一年内到期的非流动负债		
流动资产合计	660,014.63	709,675.21	其他流动负债		
非流动资产：			流动负债合计	299,036.13	208,871.95
可供出售金融资产	100,000.00		非流动负债：		
持有至到期投资			长期借款		
长期应收款			应付债券		
长期股权投资			长期应付款		
投资性房地产			专项应付款		
固定资产	538,287.98	499,196.74	预计负债		
在建工程			递延所得税负债		
工程物资			其他非流动负债		
固定资产清理	8,771.25		非流动负债合计		
生产性生物资产			负债合计	299,036.13	208,871.95
油气资产			所有者权益（或股东权益）：		
无形资产			实收资本（或股本）	1,000,000.00	1,000,000.00
开发支出			资本公积		
商誉			减:库存股		
长期待摊费用			盈余公积		
递延所得税资产			未分配利润	8,037.73	
其他非流动资产			所有者权益（或股东权益）合计	1,008,037.73	1,000,000.00
非流动资产合计	647,059.23	499,196.74			
资产总计	1,307,073.86	1,208,871.95	负债和所有者权益（或股东权益）总计	1,307,073.86	1,208,871.95

图5-172 资产负债表

3. 利润表

选择“自定义报表”|“利润表”功能，具体设置和修改方法与资产负债表相同。

选择“格式”|“表页管理”功能，然后进行相关参数的修改。

选择“工具”|“公式取数参数”功能，然后输入相应年月期间，取数公式取数时，将按照指定年份和期间取数。

报表重算后如图5-173所示。

利润表

单位名称：　　2014-01　　单位：元

项　　目	本期金额	上期金额
一、营业收入	422,500.00	
减：营业成本	343,213.58	
营业税金及附加	2,331.00	
销售费用	30,661.46	
管理费用	45,406.23	
财务费用	-4,150.00	
资产减值损失		
加：公允价值变动收益（损失以“-”号填列）		
投资收益（损失以“-”号填列）	3,000.00	
其中：对联营企业和合营企业的投资收益		
二、营业利润（亏损以“-”号填列）	8,037.73	
加：营业外收入		
减：营业外支出		
其中：非流动资产处置损失		
三、利润总额（亏损总额以“-”号填列）	8,037.73	
减：所得税费用		
四、净利润（净亏损以“-”号填列）	8,037.73	
五、每股收益：		
（一）基本每股收益		
（二）稀释每股收益		
六、其他综合收益		
七、综合收益总额	8,037.73	

图5-173　利润表

四、报表分析

1. 常规报表分析

选择“报表分析”功能，可查看系统提供的有关分析表。

2. 老板报表

在KIS专业版中，还专门提供了一个独立的“老板报表”模块进行专门的报表查询和分析，以更全面地掌控单位的运行状况并辅助经营者决策。

同步测试题

一、思考题

1. 简述金蝶KIS专业版操作的基本流程。
2. 往来管理与账务的关系有哪些?
3. 金蝶账套文件怎样备份和恢复?
4. 工资管理和固定资产与账务有哪些关系?
5. 自定义报表的操作流程有哪些步骤?

二、判断题

1. KIS专业版会计科目只能核算两种币别。(　　)

2. KIS专业版不用考虑账套所在期间是否在第一期，可以直接对财务系统反结账。(　　)

3. 通过自动转账功能生成的凭证不能直接在凭证查询处修改，而应回到“自动转账”凭证模板处修改。(　　)

4. 固定资产卡片本期清理本期不用计提折旧。(　　)

5. 有外币业务核算的情况下，对初始数据进行试算检查一定要将币别切换为综合本位币状态。(　　)

6. 录入凭证摘要的快速复制功能快捷键是“//”。(　　)

7. 固定资产卡片里基本入账信息处的累计折旧是所购旧设备原来的折旧，如企业入账的是全新的固定资产，则此处不需填列。(　　)

8. 在增加凭证字(凭证类型)时一定要设定“科目范围”，否则系统不让保存。(　　)

9. 已全额计提减值准备的固定资产，不再计提折旧。(　　)

10. KIS专业版中应收应付初始化数据录入完成后，可以直接传递到总账作为科目的初始化数据。(　　)

11. KIS专业版中，如果本期凭证没有过账，则不能查询当期科目余额表的数据。(　　)。

12. 金蝶账套的系统管理员账户不可以清除其他操作员的密码。(　　)

13. 对于误操作引起的被删除的凭证，在本系统中都可以利用“恢复”功能进行恢复。(　　)

14. 本月固定资产计提折旧完成后，发现本月录入的月工作量不对，可以直接修改相关的折旧凭证。(　　)

15. 往来业务核销时，自动核销的原则是：同一业务编号中，核算项目相同，余额为零的以前所有往来业务资料核销掉。(　　)

16. 在工资项目定义中，文字型的工资项目不能参与工资计算。(　)

三、单项选择题

1. KIS专业版采用(　　)数据库。

A. MDAC　　B. Access　　C. SQL Server　　D. Foxpro

2. 目前KIS专业版的权限管理，主要可设置(　　)类型权限管理。

A. 业务权限管理　　B. 财务权限管理

C. 功能权限管理　　D. 数据权限管理

3. 不参与固定资产卡片计提折旧计算的要素项目是(　　)。

A. 购进原值　　B. 原币金额　　C. 预计使用期间　　D. 预计净残值

4. 在新增凭证界面发现凭证录入错误，要将整个录入的内容删除，可以通过(　　)功能实现。

A. 还原　　B. 删除　　C. 作废　　D. 清除

5. 对于企业发生现金折扣时，一般应记入(　　)科目。

A. 管理费用　　B. 财务费用　　C. 产品销售费用　　D. 应收账款

6. 在不考虑最后两年的折旧情况下，双倍余额递减法月折旧额计算公式为(　　)。

A. 固定资产账面余额×(2/固定资产预计使用年限)÷12

B. 固定资产原值-预计净残值/固定资产预计使用年限

C. 固定资产账面余额×(2/固定资产预计使用年限)

D. 固定资产账面余额×(1/固定资产预计使用年限)

7. 正确的企业利润计算公式是(　　)。

A. 主营业务收入-主营业务成本-主营业务税金及附加+其他业务收入-其他业务支出-营业费用-管理费用-财务费用

B. 营业利润+投资收益-投资损失+补贴收入+营业外收入-营业外支出

C. 营业利润+投资收益-投资损失+营业外收入-营业外支出-所得税

D. 主营业务收入-主营业务成本

8. KIS专业版账套年中启用，科目初始余额录入时各损益类科目一定要录入(　　)。

A. 年初余额　　B. 本年累计借方　　C. 本年累计贷方　　D. 损益的实际发生额

9. KIS专业版固定资产模块，需要设置某个固定资产无论如何都不提折旧，应在资产类别中选择(　　)。

A. 由使用状态决定是否提折旧　　B. 由操作人员决定不提折旧

C. 不管使用状态如何一定提折旧　　D. 不管使用状态如何一定不提折旧

10. KIS专业版账务系统的期末处理只能在(　　)模块完成。

A. 固定资产　　B. 工资管理　　C. 账务处理　　D. 报表系统

11. 需要在账务处理模块进行往来核销，首先必须进行(　　)设置。

A. 对科目设置“往来业务核算”

B. 在系统参数设置“启用往来业务核销”

C. 在系统参数设置“往来业务必须录入业务编号”

D. 对科目设置往来明细账

12. 在报表系统，需要取报表“返回指定格式的当前报表日期”的函数是(　　)。

A. RATE　　B. DATE　　C. RPTDATE　　D. DATEDIFF

13. 在KIS专业版调出计算器的快捷键是(　　)。

A. Ctrl+F12　　B. F11　　C. Shift+F4　　D. 空格

14. 作为KIS专业版的系统管理员，通过查看(　　)可以得到网络用户对KIS专业版的操作记录。

A. 用户管理　　B. 财务系统　　C. 业务系统　　D. 上机日志

15. 在用户管理中，新建用户时系统默认的用户组是(　　)

A. manager　　B. users　　C. administrator　　D. Morningstar

16. 工资管理中的职员可以从以下(　　)项目引入。

A. 总账数据　　B. 基础设置

C. 出纳管理　　D. 核算项目－职员

17. 在工资管理中，允许新增工资项目，新增实数类型的工资项目的数据长度最大是(　　)。

A. 8位　　B. 12位　　C. 16位　　D. 18位

18. 为控制账务操作人员对凭证号的修改，需要选择(　　)参数进行控制。

A. 允许修改凭证号　　B. 不允许修改凭证号

C. 结账　　D. 账套权限

19. 在“结转损益”处理前，应将所有凭证进行(　　)处理。

A. 过账　　B. 审核　　C. 检查　　D. 汇总

20. 某凭证制单员将借方金额误填入贷方，可用以下(　　)方法将金额放回借方。

A. 按回车键　　B. 按Esc键　　C. 按空格键　　D. 按左移键

21. F7键的快捷功能是(　　)。

A. 数据重算　　B. 刷新

C. 调出金蝶计算器　　D. 获取科目、摘要、核算项目等信息；

22. 在金蝶KIS专业版中，一个会计科目最多可以挂(　　)个核算项目。

A. 1　　B. 2　　C. 4　　D.5

23. 结账后，录入的固定资产在(　　)中可以查看。

A. 固定资产增加　　B. 固定资产减少　　C. 固定资产清单　　D. 都可以

24. 固定资产的预计使用年限5年，折合成使用期间是(　　)。

A. 60期　　B. 50期　　C. 30期　　D. 25期

25. 凭证的操作过程，最合适的流程是(　　)。

A. 录入→审核→过账　　B. 录入→过账→审核

C. 录入→编辑→过账　　D. 录入→检查→过账

26. 在科目余额表中，要查看某科目的明细账和相关凭证，正确操作方法是(　　)。

A. 不必退出科目余额表，双击某科目，即可查看到相应的明细账和凭证

B. 退出科目余额表，选择账簿中的“明细分类账”进行查看

C. 在科目余额表直接查看明细账，然后选择“凭证查询”进行查看凭证

D. 不必退出科目余额表，双击某科目，即可查看到相应的明细账，再双击明细记录，即可查看该张凭证

27. 要使用往来业务处理功能，会计科目属性设置中要选择(　　)。

A. 核算项目　　B. 往来业务核算

C. 辅助核算|单一核算项目　　D. 辅助核算|多核算项目

28.会计科目属性设置为(　　)的可以进行期末调汇。

A. 选择核算所有币别　　B. 选择核算单一外币

C. 选择期末调汇　　D. 选择现金类科目

29.以下四种报表，(　　)报表查询前是需要先设置的。

A. 总分类账　　B. 日报表　　C. 多栏账　　D. 试算平衡表

四、多项选择题

1. KIS专业版账套备份后，生成(　　)类型的文件。

A. *.BAK　　B. *.EXE　　C. *.INI　　D. *.DBB

2. 新建KIS专业版账套时，以下(　　)为必录项。

A. 账套号　　B. 账套名称　　C. 公司名称　　D. 数据库路径

3. 非年初启用的账套，初始数据录入窗口中，能录入的内容主要包括(　　)。

A. 期初余额　　B. 累计借方

C. 累计贷方　　D. 本年累计损益实际发生额

4. 凭证号整理功能需要满足的前提有(　　)。

A. 凭证已审核　　B. 凭证未审核且未过账

C. 凭证在已结账期间　　D. 凭证存在断号

5. 资产负债表中“未分配利润”项目应根据(　　)科目的余额填列。

A. 本年利润　　B. 实收资本　　C. 资本公积　　D. 利润分配

6. KIS专业版支持(　　)会计期间的定义。

A. 自然年度会计期间　　B. 自定义年度会计期间

C. 按季度定会计期间　　D. 固定会计期间

7. 新建账套后，系统默认的用户名是(　　)，密码是(　　)。

A. Manager　　B. System　　C. Admin　　D. 空

8. 工资数据录入时，(　　)和(　　)项目不允许直接录入。

A. 固定项目　　B. 有计算公式的项目

C. 清零项目　　D. 公式

9. 如果凭证不能过账，一般是由(　　)原因造成的。

A. 初始化工作没有完成　　B. 操作员没有过账的权力

C. 该凭证不是当期凭证　　D. 凭证未审核

10. 关于核算项目，下列说法正确的是(　　)。

A. 在科目中挂核算项目可起到以新增方式添明细科目一样的效果

B. 任何时候会计科目下都能挂接核算项目

C. 核算项目当中还可再挂核算项目或下设明细科目

D. 会计科目中可挂多个核算，且这些核算项目之间是并列平行的关系

11. 新建账套后，(　　)参数不能修改。

A. 账套文件名　　B. 选择的企业行业

C. 定义的会计科目结构　　D. 会计期间界定方式

12. 系统提供了(　　)折旧方法，根据具体情况，用户也可以对固定资产不提折旧。

A. 工作量法　　B. 双倍余额递减法

C. 平均年限法　　D. 年数总和法

13. 在系统里添加新用户时，需要进行以下(　　)方面的授权。

A. 操作权限　　B. 报表权限

C. 科目权限　　D. 权限使用范围

14. 下列关于固定资产卡片的说法正确的有(　　)。

A. 可以添加附属设备信息　　B. 允许使用多部门核算

C. 不允许使用多折旧费用科目　　D. 入账允许使用外币

15. 利润表不正确，可能是因为(　　)。

A. 手工结转本期损益　　B. 结转本期损益时，还有未过账的凭证

C. 没有进行期末调汇　　D. 没有设置损益类科目

16. 往来业务核销时，可以采用(　　)。

A. 自动核销　　B. 自动对账　　C. 手工核销　　D. 手工对账

17. 期末处理包括(　　)。

A. 汇率调整　　B. 结转本期损益

C. 自动转账　　D. 期末结账

会计电算化综合测试题(一)

一、单项选择题(本类题共40题，每小题1分，共40分。多选、错选、不选均不得分。)

1. 计算机运行中突然断电，下列存储器中记录的信息会全部丢失的是(　　)。

A. 硬盘　　B. 软盘　　C. ROM　　D. RAM

2. 计算机硬件系统是由(　　)、控制器、存储器、输入和输出设备五个基本部分组成。

A. 硬盘驱动器　　B. 运算器　　C. 加法器　　D. RAM

3. 计算机显示器参数中，参数640*480，1024*768等表示(　　)。

A. 显示器屏幕的大小　　B. 显示器显示字符的最大列数和行数

C. 显示器的分辨率　　D. 显示器的颜色值

4. 在表示存储器容量时，1MB的准确含义为(　　)。

A. 1024B　　B. 1B　　C. 1024KB　　D. 1024字节

5. 下列软件中属于应用软件的是(　　)。

A. 系统软件　　B. 会计软件

C. 数据库管理系统　　D. 编译系统

6. 一般由专业软件公司研制，公开在市场上销售，能适应不同行业、不同单位会计核算与管理基本需要的会计软件称为(　　)。

A. 专用会计软件　　B. 通用会计软件

C. 独立型会计软件　　D. 非独立型会计软件

7. 小型企业在开展会计电算化时，会计软件一般(　　)。

A. 定点开发　　B. 选择通用会计软件

C. 委托软件公司进行开发　　D. 委托会计事务所进行开发

8. 账务处理系统初始余额录入后，系统提示数据错误时，应当(　　)。

A. 不必一定改正　　B. 必须修改直到借贷双方平衡

C. 对借贷双方是否平衡没有影响　　D. 改不改都行

9. 按会计信息共享与否划分，会计软件可以分为(　　)和网络版会计软件。

A. 会计核算软件　　B. 单用户会计软件

C. 管理型会计软件　　D. 决策型会计软件

10. 账务系统中，建账时间一旦设定则(　　)。

A. 允许修改　　B. 不允许修改

C. 允许对月进行修改　　D. 允许对日进行修改

11. 总账中会计科目如果使用过，在(　　)不能进行修改和删除。

A. 使用当天　　B. 本会计期间　　C. 本会计年度　　D. 任何时间内

12. Excel中，现有5个数据需要求和，用鼠标仅选中这5个数据而没有空白格，那么单击“自动求和”后会出现的情况是(　　)。

A. 和保存在第5个数据的单元格中　　B. 和保存在数据格后面的第1个空白格中

C. 和保存在第1个数据的单元格中　　D. 没有什么变化

13. Excel中，假设当前活动单元格在B2，然后选择“视图”后再选择“冻结窗格”命令，则冻结了(　　)。

A. 第一行和第一列　　B. 第一行和第二列

C. 第二行和第一列　　D. 第二行和第二列

14. 以下各项，对Excel中的筛选功能描述正确的是(　　)。

A. 按要求对工作表数据进行排序

B. 隐藏符合条件的数据

C. 只显示符合设定条件的数据，而隐藏其他

D. 按要求对工作表数据进行分类

15. 在Excel中，排序对话框中的“主要关键字”有(　　)方式。

A. 升序、降序、自定义序列　　B. 升序

C. 降序　　D. 升序和降序

16. 在Excel中，排序对话框可以设置排序方向为(　　)。

A. 按列排序　　B. 按行排序

C. 按行或列排序　　D. 同时按行和列排序

17. Excel中，以下选项中可以实现将工作表页面的打印方向指定为横向的是(　　)。

A. 进入页面布局的纸张方向，选中“横向”

B. 进入页面布局的纸张方向，选中“纵向”

C. 进入文件菜单下的打印功能进行设置

D. 在视图的工作簿视图中设置

18. 在Excel中，排序对话框中的“升序”和“降序”指的是(　　)。

A. 数据的大小　　B. 排列次序　　C. 单元格的数目　　D. 以上都不对

19. Excel中，若某一个单元格右上角有一个红色的三角形，这表示(　　)。

A. 数据输入时出错　　B. 附有批注　　C. 插入图形　　D. 重点数据标识

20. Excel中，前两个相邻的单元格内容分别为3和6，使用填充句柄进行填充，则后续序列为(　　)。

A. 9，12，15，18…　　B. 12，24，48，96…

C. 9，16，25，36…　　D. 不能确定

21. Excel中，若选择了从A5到B7，从C7到E9两个区域，则在Excel中的表示方法为(　　)。

A. A5:B7C7:E9　　B. A5:B7，C7:E9　　C. A5:E9　　D. A5:B7:C7:E9

22. Excel中，要对某些数字求和，则采用下列(　　)函数。

A. SUM　　B. AVERAGE　　C. MAX　　D. IP

23. Excel中，在创建图表之前要选择数据，必须注意(　　)。

A. 可以随意选择数据　　B. 选择的数据区域必须是连续的矩形区域

C. 选择的数据区域必须是矩形区域　　D. 选择的数据区域可以是任意形状

24. Excel中，如果给某单元格设置的小数位数为2，则输入12 345时显示(　　)。

A. 1 234 500　　B. 123.45　　C. 12 345　　D. 12 345.00

25. 在Excel 2003中，工作簿文件的扩展名是(　　)。

A. xlw　　B. xlt　　C. xls　　D. xlc

26. Excel中，将单元格E1的公式SUM(A1:D1)复制到单元格E2，则E2中的公式为(　　)。

A. SUM(A1:D1)　　B. SUM(B1:E1)　　C. SUM(A2:D2)　　D. SUM(A2:E1)

27. 在Excel中，要对工作表分页，将1～15行作为一页，将16～30行作为另一页，则在添加分页符前，应选择单元格(　　)。

A. B15　　B. A16　　C. B16　　D. A15

28. KIS专业版中，不参与固定资产卡片计提折旧计算的要素项目是(　　)。

A. 购进原值　　B. 原币金额　　C. 预计使用期间　　D. 预计净残值

29. KIS专业版中，在新增凭证界面发现凭证录入错误，要将整个录入的内容删除，可以通过(　　)功能实现。

A. 还原　　B. 删除　　C. 作废　　D. 清除

30. KIS专业版中，在不考虑最后两年的折旧情况下，双倍余额递减法月折旧额计算公式为(　　)。

A. 固定资产账面余额×(2/固定资产预计使用年限)÷12

B. 固定资产原值−预计净残值/固定资产预计使用年限

C. 固定资产账面余额×(2/固定资产预计使用年限)

D. 固定资产账面余额×2

31. KIS专业版固定资产模块，需要设置某个固定资产无论如何都不提折旧，则应在资产类别中选择(　　)。

A. 由使用状态决定是否提折旧　　B. 由操作人员决定不提折旧

C. 不管使用状态如何一定提折旧　　D. 不管使用状态如何一定不提折旧

32. KIS专业版财务系统的期末处理只能在(　　)模块完成。

A. 固定资产　　B. 工资管理　　C. 账务处理　　D. 报表系统

33. KIS专业版中，基础设置的辅助资料中的职员类别主要运用在(　　)模块。

A. 账务处理　　B. 出纳管理　　C. 工资管理　　D. 固定资产

34. KIS专业版中，工资管理中的职员可以从以下(　　)项目引入。

A. 总账数据　　B. 基础设置

C. 出纳管理　　D. 核算项目－职员

35. KIS专业版中，为控制财务操作人员对凭证号的修改，需要选择(　　)参数进行控制。

A. 允许修改凭证号　　B. 不允许修改凭证号

C. 结账　　D. 账套权限

36. KIS专业版中，固定资产的预计使用年限为5年，折合成使用期间是(　　)。

A. 60期　　B. 50期　　C. 30期　　D. 25期

37. KIS专业版中，当会计科目有核算外币时，并且该科目有初始数据，使用(　　)方法可以出现录入该科目的初始数据窗口。

A. 双击该科目

B. 过滤出该会计科目

C. 选择左上角数据类型下列表，再选择相应币别

D. 使用查找功能

38. KIS专业版中，在凭证处理过程中，下列(　　)项目叙述正确。

A. 会计科目有核算项目时必须录入核算项目

B. 数量金额辅助核算的会计科目中的单价只能是两位小数

C. 有核算外币的会计科目的汇率不能修改

D. 会计科目有核算项目时必须录入核算项目代码及业务编号

39. 金蝶KIS专业版产品，不支持的操作系统是(　　)。

A. Windows 2003　　B. Windows 7旗舰版

C. Windows 7家庭版　　D. Windows XP

40. KIS专业版中，固定资产折旧管理说法错误的是(　　)。

A. 固定资产折旧是指在固定资产使用寿命内，按照确定的方法对应计折旧额进行的系统分摊

B. 固定资产当月新增固定资产需要进行计提折旧

C. 固定资产结账与总账同步

D. 固定资产计提折旧后，系统自动生成折旧凭证

二、多项选择题(本类题共30题，每题1分，共30分。多选、错选、不选均不得分。)

1. 会计软件中的备份功能是重要的基本功能，进行这一工作时应(　　)。

A. 注明备份时间　　B. 备份的介质应有多份

C. 删除数据前必须先备份　　D. 先恢复数据

2. 银行对账功能中，对账单在核对中出现下列(　　)情况不能使用自动核销功能，

核销未达账项。

A. 多对多　　B. 多对一　　C. 一对多　　D. 一对一

3. 账务处理系统中初始设置主要设置的内容是(　　)。

A. 账套设置　　B. 科目

C. 各种初始数据的录入　　D. 凭证类别

4. 报表模块的主要功能有(　　)。

A. 新建报表　　B. 定义报表公式

C. 查看科目余额表或科目汇总表　　D. 资金日报表

5. 下列关于报表取数公式的说法正确的是(　　)。

A. 可以从其他报表取数　　B. 可以从账上取数

C. 可以用函数取数　　D. 不可以从本表内取数

6. 下列属于审核记账员的职责的有(　　)。

A. 对操作员输入的凭证进行审核并及时记账，打印输出有关的账表

B. 定期检查电算化系统的软件、硬件运行情况

C. 负责电算化系统升级换版的调试工作

D. 对不符合要求的凭证和输出的账表不予签章确认

7. 会计报表系统中，报表初始设置的内容主要包括(　　)。

A. 报表格式　　B. 报表公式

C. 报表计算　　D. 报表分析

8. 如按硬件结构划分，会计软件可分为(　　)。

A. 单用户会计软件　　B. 专用会计软件

C. 多用户(网络)会计软件　　D. 通用会计软件

9. 报表结构的基本要素是(　　)。

A. 页码　　B. 表头　　C. 表体　　D. 表尾

10. 计算机替代手工进行会计工作，在会计核算方法上与手工方式相比具有(　　)优势。

A. 便于对会计科目按数字分类、计算、存储、检索

B. 可以减少凭证的分类

C. 避免了手工账簿登记方式下人为误差引起数据的不一致

D. 会计报表的编制、打印极其方便、准确

11. 下列正确的日期型数据的输入格式包括(　　)。

A. 2014/7/10　　B. 2014-7-10　　C. 2014.7.10　　D. 2014：7：10

12. 在Excel中，通过设置单元格格式可以对工作表中的单元格内容进行(　　)。

A. 合并及居中　　B. 粘贴　　C. 复制　　D. 字体设置

13. 关于账务处理模块结账功能，下列说法中正确的有(　　)。

A. 结账前，一般应进行数据备份　　B. 结账操作只能由会计主管进行

C. 已结账月份不能再填制该月记账凭证　　D. 结账功能每月可根据需要多次进行

14. 账务处理模块中记账凭证的来源有(　　)。

A. 从其他业务系统自动传递转入

B. 根据审核无误的原始单据人工编制录入

C. 系统根据设定的自动转账分录自动生成

D. 从外部导入，如凭证引入或接口开发

15. 使用Excel的排序功能可以对一列或多列中的数据按(　　)进行排序。

A. 数字　　B. 日期时间　　C. 自定义　　D. 文本

16. Excel 表格中可以使用的数字格式有(　　)。

A. 常规　　B. 数值　　C. 货币　　D. 文本

17. Excel中的财务函数包括(　　)。

A. SLN　　B. DDB　　C. SYD　　D. COUNTA

18. 在Excel中，可以进行(　　)。

A. 数据管理　　B. 图表制作　　C. 表格管理　　D. 插入艺术字

19. Excel为保护工作簿，采取的措施有(　　)。

A. 设置打开权限　　B. 设置保存权限　　C. 设置阅读权限　　D. 设置修改权

20. 在Excel中，若要对A1至A4单元格内的四个数字求平均值，可采用的公式或函数有(　　)。

A. SUM(A1:A4)/4　　B. AVERAGE(A1:A4)

C. (A1+A2+A3+A4)/4　　D. (A1:A4)/4

21. 在Excel中，有关绝对引用和相对引用，下列说法正确的是(　　)。

A. 当复制公式时，单元格绝对引用不改变

B. 当复制公式时，单元格绝对引用将改变

C. 当复制公式时，单元格相对引用将会改变

D. 当复制公式时，单元格相对引用不改变

22. 在Excel中，下面说法正确的是(　　)。

A. 新建工作簿的快捷键是“Ctrl+N”　　B. “新建”命令在“文件”菜单下

C. 使用“Alt+N”也可以新建工作簿　　D. 按“Alt+O”组合键再按“N”键

23. 在Excel的视图选项中，可以设置(　　)。

A. 是否显示网格线　　B. 是否显示编辑栏

C. 是否显示标题　　D. 是否显示数据

24. 在Excel中有关“删除”和“删除工作表”，下面说法正确的是(　　)。

A. 删除是删除工作表中的内容

B. “删除工作表”是删除工作表和其中的内容

C. Delete键等同于删除命令

D. Delete键等同于删除工作表命令

25. KIS专业版账套备份后，生成(　　)类型的文件。

A. *.BAK　　B. *.EXE　　C. *.INI　　D. *.DBB

26. KIS专业版中，非年初启用的账套，初始数据录入窗口中，能录入的内容主要包括(　　)。

A. 期初余额　　B. 累计借方

C. 累计贷方　　D. 本年累计损益实际发生额

27. KIS专业版中，凭证号整理功能需要满足的前提有(　　)。

A. 凭证已审核　　B. 凭证未审核且未过账

C. 凭证在已结账期间　　D. 凭证存在断号

28. KIS专业版中，资产负债表中“未分配利润”项目应根据(　　)科目的余额填列。

A. 本年利润　　B. 实收资本

C. 资本公积　　D. 利润分配

29. KIS专业版中，新建账套后，系统默认的用户名是(　　)，密码是(　　)。

A. Manager　　B. SYSTEM　　C. ADMIN　　D. 空

30. KIS专业版中，如果凭证不能过账，一般是由(　　)原因造成。

A. 初始化工作没有完成　　B. 操作员没有过账的权力

C. 该凭证不是当期凭证　　D. 凭证未审核

三、判断题(本类题共30题，每题1分，共30分。)

1. 在计算机中用KB、MB、GB、TB等单位来表示存储容量，其中1GB=1024MB。(　　)

2. 硬件系统是指构成计算机的五大部分：运算器、控制器、存储器、输入设备和输出设备。(　　)

3. 当关闭计算机的电源后，RAM中的程序和数据就丢失了。(　　)

4. 一个会计软件只能管理一个企业的账套。(　　)

5. 一旦买了杀毒软件，就不用担心计算机被病毒感染了。(　　)

6. 突然断电时，外部存储器中的信息保持不变，ROM和RAM中的信息丢失。(　　)

7. 裸机是可以完成有实际意义的工作的。(　　)

8. 鼠标按其工作原理的不同一般可以分为机械鼠标和光电鼠标。(　　)

9. ROM只能用于暂时存储而不能永久保存信息，一旦关机或突然断电，其中的数据就会丢失。(　　)

10. 计算机病毒是一种人为蓄意编制的程序。(　　)

11. 在文档编辑过程中，凡是屏幕上显示的内容，都已经保存在外存储器(如硬盘)上。(　　)

12. 只有审核后的凭证才能执行记账操作。(　　)

13. 凭证一经审核就不能再修改或删除，若要修改或删除必须先取消审核才能进行，但取消审核签名只能由审核人自己进行。(　　)

14. 已知工作表中K6单元格中公式“=F6*$G$4”，在第3行插入一行，则插入后K7单

元格中的公式为“=F7*$G$5”。(　　)

15. 在Excel中，先选择I2和I4，按“Ctrl+C”键进行复制，然后将光标移动到I16按“Ctrl+V”键，则I16是I2的内容，I17是I4的内容。(　　)

16. 在Excel中，排序时只能指定一个关键字。(　　)

17. Excel将工作簿的每一张工作表分别作为一个文件来保存。(　　)

18. 在Excel中，复制和粘贴操作只能在同一个工作表中进行。(　　)

19. 在Excel中，关系运算符的运算结果是TRUE或FASLE。(　　)

20. 在Excel中，输入公式必须以“=”开头，输入函数时直接输入函数名，而不需要以“=”开头。(　　)

21. 在Excel中，当前工作簿可以引用其他工作簿中工作表的单元格。(　　)

22. 在Excel的数据清单中可支持数据记录的增、删、改等操作。(　　)

23. 在Excel中，[汇总表]销售分析表!$B$10是合法的单元格引用。(　　)

24. 在Excel中，要将数字作为文本向单元格中输入，可以先输入西文撇号“'”作为前导符。(　　)

25. 在Excel中，AVERAGE(F5：H8)的功能是计算F5到H8单元格区域的平均值。

26. KIS专业版中，账务处理系统中，结账后还可以补记当月凭证。(　　)

27. KIS专业版中，其他子系统传递到总账系统的凭证可以在总账系统中进行修改。(　　)

28. KIS专业版中，银行对账单可以从银行日记账中导入。(　　)

29. KIS专业版中，业务系统单据可以实现保存时自动审核的功能。(　　)

30. KIS专业版业务系统中，以后期间的收发单据可以在本期间生成凭证。(　　)

会计电算化综合测试题(二)

一、单项选择题(本类题共40题，每小题1分，共40分。多选、错选、不选均不得分。)

1. 会计软件系统可以是一个独立的系统，也可以是(　　)的一个子系统。

A. ERP　　B. AIS　　C. Windows　　D. Excel

2. 微型计算机中，ROM的中文名字是(　　)。

A. 随机存储器　　B. 只读存储器

C. 高速缓冲存储器　　D. 可编程只读存储器

3. 下列关于存储器的叙述正确的是(　　)。

A. CPU能直接访问存储在内存的数据，也能直接访问存储在外存中的数据

B. CPU不能直接访问存储在内存的数据，能直接访问存储在外存中的数据

C. CPU只能直接访问存储在内存的数据，不能直接访问存储在外存中的数据

D. CPU既不能直接访问存储在内存的数据，也不能直接访问存储在外存中的数据

4. 网上“黑客”是指(　　)。

A. 总在晚上上网的人　　B. 匿名上网的人

C. 不花钱上网的人　　D. 在网上私闯他人计算机系统的人

5. 下列各组设备中，输入、输出和存储的设备分别是(　　)。

A. 键盘、显示器、光盘　　B. 打印机、显示器、磁带

C. 键盘、鼠标、磁盘　　D. CPU、显示器、RAM

6. 计算机病毒的特点有以下几种论述，其中不正确的是(　　)。

A. 感染性　　B. 潜伏性　　C. 破坏性　　D. 免疫性

7. 由于汇编语言和机器语言都依赖于计算机硬件，常将它们合称为(　　)。

A. 高级语言　　B. 计算机母语　　C. 低级语言　　D. 程序设计语言

8. 计算机病毒能够破坏计算机系统，甚至使整个计算机瘫痪，危害极大。一般来说，计算机病毒是(　　)。

A. 一条命令　　B. 一段特殊的程序　　C. 一种生物病　　D. 一种芯片

9. 填制凭证时，如系统提示“科目不存在”，表示该科目是(　　)的科目。

A. 没有设置　　B. 不是明细　　C. 非法对应　　D. 都不是

10. 某账套的科目编码规则是422，下列代码中不是正确的科目代码的是(　　)。

A. 1002　　B. 100201　　C. 100200301　　D. 10020201

11. 为了明确操作员的工作范围和职责，应为每个操作员设定(　　)。

A. 操作员代码　　B. 操作权限　　C. 操作员姓名　　D. 操作时间

12. 如果账套的启用日期是2014年1月，则初始余额录入时需录入(　　)。

A. 期初余额　　B. 借方发生额　　C. 贷方发生额　　D. 三种都要

13. 账务处理系统初始余额录入后，系统提示数据错误时，应当(　　)。

A. 不必一定改正　　B. 必须修改直到借贷双方平衡

C. 对借贷双方是否平衡没有影响　　D. 改不改都行

14. 填制凭证时，如输入的科目属于外币核算，则需要输入(　　)。

A. 外币原值　　B. 外币汇率

C. 外币币种　　D. 外币原值和汇率

15. 发现已记账的凭证有错误时，可用(　　)修改错误。

A. 红字冲销法　　B. 删除该凭证　　C. 直接修改　　D. 都不对

16. 账务处理系统中，凭证输入和审核应由(　　)完成。

A. 一个人　　B. 两个人　　C. 财务经理　　D. 会计主管

17. 工作簿即通常所说的Excel文档，Excel 2007及以后的版本中，其后缀名为(　　)。

A. xlsx　　B. doc　　C. xls　　D. mdb

18. 在Excel中，可借助于(　　)键，来选定较大的单元格区域。

A. Alt　　B. Shift　　C. Delete　　D. Insert

19. 在Excel中，需要选定多个区域时，可在选定第一个区域后，按住(　　)键不放，再选定第二个、第三个……区域。

A. Alt　　B. Shift　　C. Delete　　D. Ctrl

20. 在Excel中，使用(　　)快捷方式，可以选定整张工作表。

A. Ctrl+A　　B. Shift+A　　C. Ctrl+Shift　　D. Ctrl+W

21. 在Excel中，用于取出当前系统日期信息的函数是(　　)。

A. Time　　B. Today　　C. Now　　D. Tonight

22. 在Excel中，根据指定条件对若干单元格求和的函数是(　　)。

A. SUM　　B. SUMIF　　C. COUNT　　D. COUNTA

23. 在Excel中，需要在表格中查找与第一列中的值相匹配的数值，可以使用(　　)工作表函数。

A. Index　　B. Dget　　C. VLOOKUP　　D. Find

24. 在Excel中，需要确定数据清单中数值的位置，可以使用(　　)工作表函数。

A. Index　　B. Match　　C. Locate　　D. Find

25. 在Excel中有关“另存为”命令选择的保存位置，下面说法正确的是(　　)。

A. 只可以保存在驱动器根目录下

B. 只可以保存在文件夹下

C. 既可以保存在驱动器根目录下又可以保存在文件夹下

D. 既不可以保存在驱动器根目录下又不可以保存在文件夹下

26. 在Excel中，右键单击一个单元格出现的快捷菜单，下面(　　)命令不属于其中。

A. 插入　　B. 删除　　C. 删除工作表　　D. 复制

27. 在Excel中，若要重新对工作表命名，可以使用的方法是(　　)。

A. 单击表标签　　B. 双击表标签

C. F5　　D. 使用窗口左下角的滚动按钮

28. 在Excel的工作表的单元格中可输入(　　)。

A. 字符　　B. 中文　　C. 数字　　D. 以上都可以

29. 在Excel中，若要在工作表中选择一整列，方法是(　　)。

A. 单击行标题　　B. 单击列标题

C. 单击全选按钮　　D. 单击单元格

30. 在Excel中，下列对“删除工作表”的说法，正确的是(　　)。

A. 不允许删除工作表　　B. 删除工作表后，还可以恢复

C. 删除工作表后，不可以再恢复　　D. 以上说法都不对

31. Excel中，选择下面(　　)命令会弹出对话框。

A. 剪切　　B. 复制　　C. 粘贴　　D. 选择性粘贴

32. KIS专业版采用(　　)数据库。

A. MDAC　　B. Access　　C. SQL Server　　D. Foxpro

33. KIS专业版账套年中启用，科目初始余额录入时各损益类科目一定要录入(　　)。

A. 年初余额　　B. 本年累计借方

C. 本年累计贷方　　D. 损益的实际发生额

34. KIS专业版中，以下不属于损益科目表结法的说法的是(　　)。

A. 系统参数中不能设定“结账要求损益类科目余额为零”

B. 月终结账前不进行“结转损益”，只在年终进行

C. 月终结账前进行“结转损益”

D. 损益表报表取数公式可以定为取对应科目的本月累计或本年累计发生额

35. 作为KIS专业版的系统管理员，通过查看(　　)可以得到网络用户对KIS专业版的操作记录。

A. 用户管理　　B. 财务系统

C. 业务系统　　D. 上机日志

36. KIS专业版在用户管理中，新建用户时，系统默认的用户组是(　　)。

A. manager　　B. users　　C. administrator　　D. morningstar

37. KIS专业版在制单时，用来获取基础资料等内容的通用获取键是(　　)。

A. F7　　B. Ctrl+F7　　C. F11　　D. ESC

38. KIS专业版中，关于出纳日记账获得方法说法正确的是(　　)。

A. 可以手工录入也可以从总账引入

B. 可以手工录入不可以从总账引入

C. 不可以手工录入可以从总账引入

D. 可以从银行日记账中引入

39. KIS专业版中，自动转账时，必须注意(　　)。

A. 涉及科目凭证必须审核

B. 涉及科目凭证必须过账

C. 涉及的制单人不能与自动转账制单人同一人

D. 以上都不对

40. KIS专业版中，一个会计科目最多能挂(　　)核算项目。

A. 2个　　B. 3个　　C. 4个　　D. 6个

二、多项选择题(本类题共30题，每题1分，共30分。多选、错选、不选均不得分。)

1. 计算机安全技术是一门不断发展的学科，就目前来说，主要有以下关键技术(　　)。

A. 信息加密技术　　B. 漏洞扫描技术　　C. 入侵检测技术　　D. 防火墙技术

2. 计算机网络按拓扑结构分为(　　)。

A. 环型网　　B. 星型网　　C. 网层型　　D. 总线型

3. 黑客攻击的主要目标是(　　)。

A. 网络组件　　B. 网络服务　　C. 计算机系统　　D. 网络客户端

4. 计算机病毒的预防方法有(　　)。

A. 不使用非原始启动介质引导机器

B. 用U盘拷贝数据不会受病毒感染

C. 安装防病毒软件，及时升级更新病毒库

D. 不要随便共享文件夹，要共享的话也要设置成只读共享

5. 基本会计核算账簿管理包括(　　)的查询及打印。

A. 总账　　B. 余额表　　C. 明细账　　D. 客户往来账

6. 账页格式一般有(　　)。

A. 金额式　　B. 外币金额式　　C. 数量金额式　　D. 数量外币式

7. 日常业务处理的任务主要包括(　　)。

A. 填制凭证　　B. 审核凭证　　C. 记账　　D. 结账

8. 在账务处理系统中，(　　)状态下的错误凭证可以实现无痕迹修改。

A. 已记账　　B. 已审核未记账　　C. 未审核　　D. 审核未通过

9. 账务处理系统进行期末结账处理时，应注意(　　)。

A. 各科目的摊、提、结转必须在结账以前完成

B. 当月输入的记账凭证必须全部记账

C. 上月未结账的本月无法结账

D. 每月只能结账一次

10. 会计档案资料保管员的具体工作包括(　　)。

A. 系统各类数据盘、会计软件系统盘及各类账表、凭证、资料的登记和存档保管工作

B. 做好各类数据资料、账表、凭证的安全保密工作，按规定的批准手续办理借还手续

C. 按规定期限，向各类有关人员催交备份数据及存档数据资料

D. 凭证、账页、报表等的打印工作

11. 下列属于系统管理员的操作权限的是(　　)。

A. 建立账套　　B. 分配操作员权限　　C. 设置账套主管　　D. 年度账结转

12. 系统提供的凭证限制类型包括(　　)。

A. 借方必有　　B. 借方必无　　C. 贷方必有　　D. 贷方必无

13. 在总账系统中，下列说法正确的是(　　)。

A. 对已输入但未审核的凭证可进行删除

B. 只能删除最后一张未审核的凭证，确保凭证号连续

C. 已审核的凭证不能直接删除

D. 已记账的凭证不能删除，可采用红字凭证冲销法冲销

14. 计算机网络按拓扑结构分为(　　)。

A. 环型网　　B. 星型网　　C. 网层型　　D. 总线型

15. 关于账务处理模块结账功能，下列说法中正确的有(　　)。

A. 结账前，一般应进行数据备份　　B. 结账操作只能由会计主管进行

C. 已结账月份不能再填制该月记账凭证　　D. 结账功能每月可根据需要多次进行

16. 账务处理模块中记账凭证的来源有(　　)。

A. 从其他业务系统自动传递转入

B. 根据审核无误的原始单据人工编制录入

C.系统根据设定的自动转账分录自动生成

D. 从外部导入，如凭证引入或接口开发

17. Excel中，向单元格内输入有规律的数据时应(　　)。

A. 单击选中一个单元格，输入数据

B. 将鼠标指针移到单元格光标右下角的方块上，使鼠标指针呈“+”形，按住并拖动鼠标

C. 将鼠标指针移至选中单元格的黑色光标上，此时鼠标指针变为箭头形

D. 按住鼠标左键并拖到目的位置，然后松开鼠标即可

18. 以下(　　)快捷键的用法正确。

A. Ctrl+A：选择整个工作表

B. Ctrl+Shift+拖动某个单元格：复制单元格，并以插入方式粘贴到目标位置

C. Ctrl+;：插入当天的日期

D. F4：设置绝对或相对引用方式

19. 费用明细表的列标题为“日期”“部门”“姓名”“报销金额”等，欲按部门统计报销金额，可用方法有(　　)。

A. 高级筛选　　B. 分类汇总

C. 用SUMIF函数计算　　D. 用数据透视表计算汇总

20. 在Excel中，常用的复制数据的方法有(　　)。

A. 按住鼠标左键并拖到目的位置，然后松开鼠标即可

B. 选择“开始”标签页下的“复制”选项

C. 在选中的单元格上单击鼠标右键，在显示的快捷菜单中选择“复制”选项

D. 选择要复制的数据，按下“Ctrl+C”键

21. 只允许用户在指定区域填写数据，不能破坏其他区域，并且不能删除工作表的设置方法为(　　)。

A. 设置“允许用户编辑区域”　　B. 保护工作表

C. 保护工作簿　　D. 添加打开文件密码

22. Excel中关于合并及居中的叙述，下列说法正确的是(　　)。

A. 仅能向右合并　　B. 也能向左合并

C. 左右都能合并　　D. 上下也能合并

23. 在Excel中，若查找内容为“e？c*，则可能查到的单词为(　　)。

A. Excel　　B. Excellent　　C. education　　D. etc

24. Excel会将无法识别的数字符号当作文本来处理，下列会被Excel作为文本处理的有(　　)。

A. 2014-6-18　　B. 198A23　　C. 3876_9877　　D. 8:30 AM

25. 对于Excel的查找和替换功能，下列说法正确的有(　　)。

A. Excel进行查找和替换时可以按行、按列或者在选定区域中进行

B. Excel可以按单元格格式进行查找和替换

C. 若不能确定完整的搜索信息，可以使用“？”和“*”等通配符来替代不能确定的那部分信息

D. 如果按单元格匹配的方式进行查找和替换，只有单元格中的内容与查找内容完全一致时，才会被替换

26. 在Excel中，关于函数的说法，正确的是(　　)。

A. 函数名和左括号之间允许有空格　　B. 相邻两个参数之间用英文逗号分隔

C. 参数可以代表一个区域　　D. 参数可以代表数值或单元格v

27. 新建KIS专业版账套时，以下(　　)为必录项。

A. 账套号　　B. 账套名称　　C. 公司名称　　D. 数据库路径

28. KIS专业版中，总账初始化科目余额数据可以从(　　)模块导入。

A. 出纳模块　　B. 固定资产模块　　C. 业务系统　　D. 现金流量模块

29. 在KIS专业版“出纳系统”中，用户可根据支票的管理实现(　　)功能。

A. 购置　　B. 领用　　C. 报销　　D. 支付

30. KIS专业版中，关于核算项目下列说法正确的是(　　)。

A. 在科目中挂核算项目可起到以新增方式添明细科目一样的效果

B. 任何时候会计科目下都能挂接核算项目

C. 核算项目当中还可再挂核算项目或下设明细科目

D. 会计科目中可挂多个核算，且这些核算项目之间是并列平行的关系

三、判断题(本类题共30题，每题1分，共30分。)

1. 硬盘一般固定在主机机箱内，用户不能随意带走，为此，除了安装固定硬盘之外，用户必要时可以配置一个可移动硬盘。(　　)

2. 防火墙是企业内部网与互联网之间的一道屏障，在一定程度上可以保护企业网免受黑客的攻击。(　　)

3. 一个局域网可以安装多个服务器，按其所提供的服务可分为文件服务器、打印服务器、应用程序或数据库服务器等。(　　)

4. 使用杀毒软件可以检查和清除所有的病毒。(　　)

5. 计算机病毒在入侵正常的计算机系统后，其破坏性不一定马上表现出来，它往往会在系统内潜伏一段时间，等待发作条件的成熟。(　　)

6. U盘在读写时不能取出，否则可能会造成数据混乱。(　　)

7. 在文档编辑过程中，计算机会随时将内容保存到外存储器上。(　　)

8. 只有审核后的凭证才能执行记账操作。(　　)

9. 凭证审核后，必须先取消审核才能对凭证进行修改。(　　)

10. 会计软件中，对于拟采用的总分类会计科目的名称和编号方法，用户可以根据自己的需要进行设定。(　　)

11. 在Excel中，在单元格中输入公式为“=SUM($A$3:C$3)”，是表示绝对引用。(　　)

12. 在Excel中，相对引用会伴随着公式所在的单元格位置的变化而变化，所以日常工作中一般使用绝对引用。(　　)

13. 在Excel中，排序条件随工作簿一起保存，每当打开工作簿时，都会对 Excel 表(而不是单元格区域)重新应用排序。(　　)

14. 在Excel中，常量是直接输入到单元格或公式中的数字或文本，或由名称所代表的数字或文本值。(　　)

15. 在Excel中，编辑栏位于名称框右侧，其中显示的是当前单元格中的数据或公式，用户可以对单元格中的数据进行输入、删除和修改等操作。(　　)

16. 在Excel中，在单元格中输入内容时，若要在单元格中另起一行开始，按“Ctrl+Enter”键输入一个换行符即可。(　　)

17. 在Excel电子表格窗口下，按下“ALT+F4”键就能关闭该窗口。(　　)

18. 在Windows开始菜单中打开“运行”程序，在弹出的对话框中输入“Excel”就能

打开Excel。(　　)

19. 在Excel中，单元格是最小的单位，所以不可以在多个单元格中输入数据。(　　)

20. 在Excel中，通过设置单元格格式可以单元格字体、数据资格等工作。(　　)

21. 在Excel中，如果对同列的5个数据求和，那么只要用鼠标选中包含这5个数据的5个单元格就可以了。(　　)

22. 在Excel中，选中某个数据，单击“筛选”按钮后，首行的数据会出现一个下拉箭头，单击下拉箭头，则会出现“全选”、具体的选择项目，选择后就可完成筛选。(　　)

23. 在Excel中，对工作表数据进行排序，如果在数据清单中的第一行包含列标题，在排序条件设置时不选择“数据包含列标题”，则列标题会当成普通数据排序。(　　)

24. 在对Excel进行分类汇总计算时无须先对工作表排序，即可实现分类汇总。(　　)

25. 在Excel中，对单元格$B$1的引用是混合引用。(　　)

26. 在Excel中，执行“数据”选项卡中的“排序”命令，可以实现对工作表数据的排序功能。(　　)

27. KIS专业版中，其他子系统传递到总账系统的凭证可以在总账系统中进行修改。(　　)

28. KIS专业版中，银行对账单可以从银行日记账中导入。(　　)

29. KIS专业版会计科目只能核算两种币别。(　　)

30. KIS专业版中，固定资产卡片本期清理本期不用计提折旧。(　　)

参考文献

1. 毛华扬，陈旭等. 会计电算化原理与应用[M]. (第3版). 北京：清华大学出版社，2013.
2. 毛华扬. 会计信息系统原理与方法[M]. 北京：清华大学出版社，2011.